高等院校通识教育课程系列教材

三创教育
理论与实践

主　编 / 宋兴航

副主编 / 郭国法　李俊晓

SANCHUANGJIAOYU
LILUN YU SHIJIAN

北京师范大学出版集团
BEIJING NORMAL UNIVERSITY PUBLISHING GROUP
北京师范大学出版社

图书在版编目(CIP)数据

三创教育理论与实践 / 宋兴航主编. —北京：北京师范大学
出版社，2023.8(2025.8 重印)
高等院校通识教育课程系列教材
ISBN 978-7-303-29340-7

Ⅰ. ①三… Ⅱ. ①宋… Ⅲ. ①创造教育－高等学校－教
材 Ⅳ. ①G40-012

中国国家版本馆 CIP 数据核字(2023)第 136420 号

出版发行：北京师范大学出版社 https://www.bnupg.com
　　　　　北京市西城区新街口外大街 12-3 号
　　　　　邮政编码：100088
印　　刷：三河市兴达印务有限公司
经　　销：全国新华书店
开　　本：787 mm×1092 mm　1/16
印　　张：17
字　　数：390 千字
版　　次：2023 年 8 月第 1 版
印　　次：2025 年 8 月第 4 次印刷
定　　价：41.00 元

策划编辑：陈仕云　　　　　　　责任编辑：陈仕云
美术编辑：焦　丽　　　　　　　装帧设计：焦　丽
责任校对：陈　民　　　　　　　责任印制：马　洁

前言
Preface

当前，世界正经历百年未有之大变局。为应对变局，推动中国经济高质量发展，国家不断推进"大众创业、万众创新"，将创新创业教育上升到国家发展的战略高度。习近平总书记指出，创新是社会进步的灵魂，创业是推动经济社会发展、改善民生的重要途径，青年学生富有想象力和创造力，是创新创业的有生力量。时代呼唤创新创业，也为创新创业搭建了广阔舞台。广大青年身上所蕴藏的无穷智慧与青春活力，将成为中国未来发展的不竭动力。在此背景下，加强对在校大学生的创新创业教育，使之未来成为我国创新创业的重要生力军，变得更加紧要和迫切。

面对创新创业教育发展的新形势，作为山西省首批应用型建设高校，山西应用科技学院不断丰富大学生创新创业教育内涵，立足于"创新意识、创造能力、创业目标"的核心育人理念，遵循创新创业教育的具体教学特点和实际，结合我校应用型人才培养教学改革成果，组建团队编写了《三创教育理论与实践》教材，旨在为培养应用型、创新创造创业人才提供理论与实践指导。

本教材由宋兴航教授担任主编并策划总体方案，郭国法、李俊晓任副主编，黄东升任顾问。全书由创新教育篇、创造教育篇、创业教育篇三部分组成，共计16章。具体章节编写分工为：高培金、刘凯编写创新教育篇，孔宪毅、孔庆新、张锋兵、侯振江编写创造教育篇，王星星、牛鑫、史永菲、王晨、左亚娟、白龙杰、赵凯飞、郝卫芳（山西丰谷源农业开发有限公司）、王志斌（山西博斐律师事务所）编写创业教育篇。在编写过程中，我们力求实现理论性与实践性结合、典型性与普遍性结合、前瞻性与历史性结合。同时，本书在遵循教育部创新创业教育教学大纲要求的前提下，尝试在结构、内容和形式上有所创新，努力实现语言精练、内容丰富、结构合理，突出方法适当、案例典型、实用指导等特色。希望本书可以给予广大学生以启迪和帮助，能够不断激发当代大学生的"三创"精神，增强其"三创"素质，引导更多青年学子投入创新创业的时代浪潮中，成为善创新、能创造、勇创业的时代新人。

本书在编写过程中，广泛参考和借鉴了相关专家、学者的研究成果和理论观点，书中引用的案例与材料部分来自期刊、网络，在此一并表示感谢。由于编者水平有限，加之高校应用型创新创业教育尚处于探索发展中，书中难免存在疏漏或不当之处，敬请专家、读者批评指正。

编者

2023 年 3 月

目录
Contents

第一篇　创新教育

第二篇　创造教育

第三篇　创业教育

第一篇　创新教育

第一章
创新教育概述

第一节 创新教育的概念和内容

一、创新教育的概念

1. 创新教育的定义

创新教育就是以培养人们的创新精神和创新能力为目的的教育。大学生创新教育是在普及九年义务教育的基础上,在全面实施素质教育的过程中,为迎接知识经济时代的挑战,着重研究与培养大学生的创新意识、创新精神和创新能力的教育。

创新教育不仅是教育方法和内容的改革,更是教育功能的重新定位,是带有全局性、结构性的教育革新和教育发展的价值追求,也是新的时代背景下教育发展的方向。创新教育并不是单单在操作层面上搞小发明、小制作,或在学科教学中仅仅培养发散思维能力就能实现的,而是要考虑如何创造适宜创新型人才成长的"土壤"、良好的环境。环境对人的影响是比较大的,尤其对青少年的影响更是巨大。

2. 创新教育与素质教育的关系

《中共中央、国务院关于深化教育改革全面推进素质教育的决定》指出,不是创新教育离开素质教育另起炉灶,而是素质教育要以培养学生的创新精神和实践能力为重点。创新教育把素质教育推向了一个新的台阶,创新教育是素质教育的灵魂、核心,创新教育为实施和深化素质教育找到了一个"抓手"。1999年10月20日《中国教育报》头版报道创新教育课题会时指出:"创新是实施素质教育的关键"。江泽民同志在该会上曾作出指示:第一,创新是关系国家前途命运的关键问题;第二,素质教育要提高全民族的素质,提高全民族的创新能力,它同创新教育追求的目标是一致的;第三,实施素质教育必须在一系列问题上创新,包括教育观念、教育思想、教育制度、教育内容、教育方法都要创新。如果不创新,还是沿袭旧的那一套,素质教育就很难实施。所以,不管是从时代的发展、现代化的需要、教育改革的需要、党和国家领导人的倡导来看,还是从素质教育追求的目标来看,提倡创新教育的目的都是推行素质教育。教育部原副部长吕福源认为:深化教育改革,全面推行素质教育有很多方面,其中最重要的是创新精神和创新能力的培养,它能保证素质教育的实施并且使之得到深化。

二、创新教育的内容

创新教育的内容大致可分为：思维教育、发现教育、发明教育、信息教育、学习教育、渗透教育、艺术教育、参与教育、未来教育、个性教育、和谐教育等，着重培养创新精神、创新能力、创新人格。

创新精神，主要包括好奇心、探究兴趣、求知欲，对新兴事物的敏感度，对真知的执着追求，对发现、发明、革新、开拓、进取的百折不挠的精神，这是创新的灵魂与动力。

创新能力，主要包括创新感知能力、创造思维能力、创造想象能力、创造性的计划、组织与实施某种活动的能力，这是创新的本质力量之所在。

创新人格，主要包括创新责任感、使命感、事业心、执着的爱、顽强的意志和毅力，能经受挫折和失败的良好心态，以及坚韧不拔的性格，这是坚持创新、做出成果的根本保障。

第二节　创新教育的意义和实施

一、创新教育的意义

1. 创新教育有利于师生交流和学生互动

传统教学中的交流形式比较单一，通常只涉及师生之间的交流。而创新教学强调的交流包括师生交流和学生互动。

2. 创新教育有利于学生创新思维方式的培养

在传统教育模式下，学生个性难以充分舒展，不利于创新思维方式的培养，容易出现思维定式、唯老师是从、唯书本是从的现象。创新教育则注重学生的自主思维训练，鼓励学生自主探究、努力突破和创新，有利于培养学生的创造性思维。

3. 创新教育有利于学生创新能力的培养

在传统应试教育模式的影响下，教师更注重传授学生知识，而往往忽视对学生能力的培养，尤其是创新能力的培养。创新教育的主要目标是培养和发展学生的创造性思维品质，不断开发学生的创造能力，提升其创新能力，培养应用型、复合型、创新型人才。

4. 创新教育有利于培养学生的创造性潜能

国内外心理学家和脑科学研究表明，创造能力是人类普遍具有的一种心理能力。而教育是人的创造能力得以涌现、发挥的决定性条件。开展创新教育，有利于开发和强化学生的创造性潜能，不断提高学生勇于创造的个性品质。

二、创新教育的实施

创新教育使整个教育过程被赋予人类创新活动的特征，并以此为教育基础，培养创新型人才和实现人的全面发展。所谓创新型人才，是具有创新精神和创新能力的行业领军人才。其中，创新精神主要由创新意识、创新品质构成。创新能力则包括人的创新感知能力、创造思维能力、创造想象能力等。从两者的关系看，创新精神是影响创新能力生成和发展的重要内在因素和主观条件，而创新能力提高则是对丰富创新精神的最有力支持。

实施创新教育就是要从培养创新精神入手，以提高创新能力为核心，带动学生整体素质的自主构建和协调发展。创新精神和能力不是天生的，它虽然受遗传因素的影响，但主要在于后天的培养和教育。创新教育的过程，不是消极被动地塑造受教育者的过程，而是充分发挥其主体性、主动性，使教学过程成为受教育者不断认识、追求探索和完善自身的过程，即培养受教育者独立学习、大胆探索、勇于创新能力的过程。因此，教师在教学过程中要致力于培养学生的创新意识、创新能力及实践能力。具体来说，要做好以下几点。

1. 转变教育观念，培养创新意识

教师观念的转变是实施创新教育的关键和前提。首先，要正确认识课堂教学中教师与学生的地位和作用，认识教与学的关系，发挥教师的主导作用和学生的主体作用，充分调动学生的学习主动性和积极性，使学生以饱满的热情参与课堂教学活动。建构主义理论认为：知识不是通过传授得到的，而是学习者在一定的情境即社会文化背景下，借助他人（包括教师和学习伙伴）的帮助，利用必要的学习资料，通过意识构建而获得。因此，教师在学生的学习过程中应是组织者、指导者、帮助者、评价者，而不是知识的灌输者，不能把教师的主观意志强加于学生；而学生是教学活动的参与者、探索者、合作者，学生的学习动机、情感、意志对学习效果起着决定性作用。其次，在教学方法上要将传统的注入式转变为启发式、讨论式、探究式，使学生通过独立思考，处理所获取的信息，学会将新旧知识融会贯通，构建新的知识体系。只有这样才能使学生养成良好的学习习惯，从中获得成功的喜悦，满足其心理上的需求，体现其自我价值，从而进一步激发学生内在的学习动机，增强创新意识。

2. 营造教学氛围，提供创新舞台

课堂教学氛围是师生即时心理活动的外在表现，是在师生的情绪、情感、教与学的态度、教师的威信、学生的注意力等因素共同作用下所产生的一种课堂状态。良好的教学氛围是由师生共同调节、控制形成的，实质就是处理好师生关系、教与学的关系，真正使学生感受到他们是学习的主人，是教学成败的关键，是教学效果的最终体现者。因此，教师要善于调控课堂教学活动，为学生营造民主、平等、和谐、融洽、合作、相互尊重的学习氛围，让学生在轻松、愉快的心情下学习，鼓励他们大胆质疑，探讨解决问题的不同方法。"亲其师，信其道"，师生关系融洽，课堂气氛才能活跃，而良好的教学气氛，为学生提供了一个培养创新能力的舞台。

3. 训练创新思维，培养创新能力

创新思维是对某种事物、问题、观点等产生新的发现、新的解决方法、新的见解的思维，它的特征是超越或突破人们固有的认识，使人们的认识"更上一层楼"。创新思维是创造能力的催化剂，而提问是启迪创新思维的有效手段。因此，教师在课堂教学中要善于提出问题，通过特定的问题引导学生独立思考，使学生掌握重点，突破难点，在课堂上始终保持活跃的思维状态。

4. 掌握研究方法，提高实践能力

科学的研究方法是实现创新能力的最有效手段，任何新的发现、新的科学成果都必须用科学的方法去研究，并在实践中检验和论证。因此，教师要使学生掌握科学的探究方法，其基本程序是：提出问题—作出假设—制订计划—实施计划—得出结论。课堂教学中，教师主要通过实验来训练学生的实践能力，应尽量将传统的演示性实验、验证性实验转变为探索性实验；另外，还可以向学生提供一定的背景材料、实验用品，让学生根据特定的背景材料提出问题，自己设计实验方案，通过实验进行观察、分析、思考、讨论，最后得出结论，这样才有利于培养学生的协作精神和实践能力。有时实验不一定获得预期的结果，此时教师要引导学生分析失败的原因，找出影响实验结果的因素，从中吸取教训，重新进行实验，直到取得满意的结果为止。这样做不仅可以提高学生的实践能力，而且有利于培养学生的抗挫折能力。

5. 利用新信息，激发创新灵感

现代社会中，教师要培养学生收集和处理最新信息的能力。科学技术的迅猛发展，新技术、新成果的不断涌现，使瞬息万变的信息纷至沓来，令人目不暇接。大学生只有不断获取并储备新信息，掌握科学发展的最新动态，才能对事物具有敏锐的洞察力，激发创新的灵感。否则，创新将成为无源之水、无土之木。因此，教师要引导学生通过各种渠道，如图书馆、电视、报纸、互联网、社会调查等来获取信息，为创新奠定坚实的知识基础，这样才能高屋建瓴、运筹帷幄，驾驭科学发展的潮流，从而将创新能力转化成丰硕的成果。

6. 不断学习新知识，完善知识结构

现代社会中，知识的增长及更新换代的加速、新学科的涌现，促进教学内容的不断更新和课程改革的不断推进，并呼唤着教育终身化。不断学习成为现代人的必然要求。教师作为知识的传授者，更要适应现代教育的发展需求，不断学习新知识、更新自己的知识结构。继承是学习，创新也是学习。教师要提高自学能力必须要做到有目的地学习，有选择地学习，能独立地学习，能在学习上进行自我调控，最终走上自主创新的学习之路，以学导学，以学导教。同时，教师除了要掌握广博的科学文化知识外，还要学习心理学、教育学知识，掌握现代信息技术，不断更新和完善自身知识结构，以更好地适应社会发展的需要。

第三节　弘扬创新精神

一、创新精神的内涵

创新精神是指能够综合运用已有的知识、信息、技能和方法，提出新方法、新观点的思维能力和进行发明创造、改革、革新的意志、信心、勇气和智慧。

创新精神是国家和民族发展的不竭动力，也是现代人必备的素质。

创新精神属于科学精神和科学思想的范畴，是进行创新活动必须具备的一些心理特征，包括创新意识、创新兴趣、创新胆量、创新决心以及相关的思维活动。

创新精神是一种勇于抛弃旧思想旧事物、创立新思想新事物的精神。例如，不满足于已有知识(掌握的事实、建立的理论、总结的方法),不断追求新知;不满足于现有的生产生活方式、方法、工具、材料、物品,根据实际需要或新的情况,不断进行改革和革新;不墨守成规(规则、方法、理论、说法、习惯),敢于打破原有条条框框,探索新的规则、新的方法;不迷信书本、权威,敢于根据事实和自己的思考,对书本和权威提出质疑;不盲目效仿别人的想法、说法和做法。

创新精神是科学精神的一个方面,与其他方面的科学精神并不矛盾,而是统一的。例如,创新精神以敢于摒弃旧事物旧思想、创立新事物新思想为特征,同时创新精神又要以遵循客观规律为前提,只有当创新精神符合客观需要和客观规律时,才能顺利地转化为创新成果,成为促进自然和社会发展的动力;创新精神提倡新颖、独特,同时又受到一定的道德观、价值观、审美观的制约。

创新精神提倡独立思考、不人云亦云,并不是指不倾听别人的意见、孤芳自赏、固执己见、狂妄自大,而是要团结合作、相互交流,这是当代创新活动中不可缺少的方式;创新精神提倡胆大、不怕犯错误,并不是鼓励犯错误,只是强调错误在科学探究过程中是不可避免的;创新精神提倡不迷信书本、权威,并不反对学习前人经验,任何创新都是在前人成就的基础上进行的;创新精神提倡大胆质疑,而质疑要有事实和思考的根据,并不是虚无主义地怀疑一切。总之,要用全面、辩证的观点看待创新精神。

新时代的大学生,只有具有创新精神,才能在未来的发展中不断开辟新的天地。创新精神主要表现在以下几个方面:第一,首创精神;第二,进取精神;第三,探索精神;第四,顽强精神;第五,献身精神;第六,求是精神。

二、创新精神的培养

高校是培养和造就高素质创新型人才的摇篮,是认识未知世界、探索客观真理、为解决人类面临的重大课题提供科学依据的前沿,是知识创新、推动科学技术成果向现实生产力转化的重要力量。培养大学生的创新精神,是新时代推进教育创新和加强大学生思想政治教育的内在要求,也是高校思想政治教育创新发展的重要内容。

对大学生个体而言,培养创新精神,要做到以下几点。

1. 要有好奇心

牛顿从少年时期开始就有很强的好奇心,他常常在夜晚仰望天上的星星和月亮。星星和月亮为什么挂在天上?星星和月亮都在天空运转着,它们为什么不会相撞呢?这些疑问激发了他的探索欲望。后来,他经过专心研究,终于发现了万有引力定律。在学习的过程中,能提出问题的人,也一直在思考问题;提不出问题往往是大学生学习中最大的问题。好奇心包含着强烈的求知欲和追根究底的探索精神,强烈的好奇心是学习的内驱力,也是获取成功的内在动力。正如爱因斯坦所说:"我没有特别的天赋,只有强烈的好奇心。"

2. 敢于质疑

不要认为被人验证过的都是真理。许多科学家对旧知识的摒弃、对谬误的否定,无不是从怀疑开始的。例如,伽利略出于对亚里士多德"物体依本身的轻重而下落有快有慢"这一结论的怀疑,发现了自由落体规律。同样对于课本中的知识,我们不能因为其是被前人总结过的专业知识就想当然地不加怀疑。这些专业知识值得我们认真学习,但是事物在不断变化,有些知识以前适用，现在乃至将来不一定适用。更何况，现有的知识并非没有缺陷和疏漏。我们对待所学习或研究的事物不应迷信任何权威，而应大胆地提出质疑。质疑是人类创新的出发点，没有质疑就没有创新。

3. 不要害怕失败

要创新，就要有面对困难的勇气、克服困难的决心、坚持不懈努力的恒心和坚定不移的信心。不要怕失败，要坚信"失败是成功之母"。例如，著名学者周海中教授在探究梅森素数分布时就曾遇到不少困难，有过多次失败，但他并不气馁，经过坚持不懈的努力，终于找到了这一难题的突破口。1992年，他给出了梅森素数分布的精确表达式。目前这项重要成果被国际上命名为"周氏猜测"。

4. 要有求异思维

求异思维是创新的思想源泉。创新不是简单的模仿，不能"人云亦云"。求异思维即发散思维，其实质是换个角度思考，从多个角度思考问题，在比较的基础上得出新发现，取得新成果。具有求异思维的人看问题往往更深刻、更全面。

5. 要有冒险精神

创新实质上是一种冒险，因为否定人们已经习惯了的旧思想可能会招致公众的反对。这里所说的冒险不是那些危及生命健康与安全的冒险，而是一种合理性冒险。敢于冒险，才能最大限度地挖掘自己的创造潜能。

6. 要做到永不自满

一个具有创造性思维的人永远不会止步于已有的成果、成就，或因取得了一定的创新性成果而自满。一旦自满，一个人就可能停止继续创新和创造。

三、如何弘扬创新精神

新时代大学生是社会思想最活跃的群体，肩负着中华民族伟大复兴的历史使命，在弘扬创新精神方面，大学生责无旁贷。

第一，要树立崇高远大的理想，发扬艰苦创业精神。

第二，要弘扬民族精神，承担崇高使命，努力提高自身素质。

第三，要努力学习科学文化知识，学习中要敢于质疑，培养求异思维，不迷信书本，不墨守成规。

第四，要敢于创新，善于创新，把创新热情与科学求实态度结合起来，努力攀登科技高峰。

第五，要勇于承担时代赋予的使命，不断增强自身的社会责任感。

章节自测

一、名词解释

创新教育；创新精神

二、简答题

1. 创新教育的意义有哪些？

2. 如何弘扬创新精神？

三、案例分析

张刚是山西应用科技学院的一名学生。他是山西省天镇县人，父母从事养殖业近20年，让他对这个行业有了自己的看法。在家族事业遭遇挫折后，他开始与父亲商量对策。

2018年10月，张刚在市场调研中发现，现有的养殖设备都很老旧，使用不方便、效率低，且养殖场还存在消毒管理不严格等问题。张刚深知没有好设备是没资格打长久战的。为此，张刚的父亲和工人对已有的场地进行了整改，规划了养殖的方向。根据当地现有的条件，张刚和父亲制定了相应的模式，并东拼西凑了500万元（其中40%为银行贷款），于2019年2月在当地工商局注册成立了天镇中农养殖有限公司。

张刚通过调查发现，当时的猪价很低，正是育肥种猪的好时机（保证了亏本上限及更高的出栏量）。张刚的父亲在天镇县收购玉米多年，得到了当地广大农民的信任，公司成立后父亲先与农户签订了收购玉米的协议（相当于向农户贷款）。同时，公司从天津市购买了全国市场上最先进的料线系统，解决了人工紧缺问题。通过问卷和采访调查，公司获得了关于项目发展的有利数据，并最终确定了创业项目计划。

2019年年底，公司平均175千克的猪出栏量为2 350头，以每千克9.5元的毛重价格计算，营业收入15 627 500元，除去成本后利润为13 820 000元。2020年，经过对上一年工作中存在问题的总结和分析，公司准备培育具有天镇县当地特色的种猪，因为只有这样才不会让别人"卡住脖子"。公司技术总监曹日亮成立了天镇育种团队，并成功研发培育出以本地土猪为母本、杜洛克公猪为父本的新品种——"天镇火山猪"。

2020年9月，山西应用科技学院"1+1"实验班指导老师白龙杰在了解清楚这一创业项目后，表达了对该项目的认可与欣赏，决定担任"天镇火山猪"项目的指导老师，帮助公司申请Logo、注册商标，走品牌化发展路线。张刚重拾信心，更加坚定了自己的创业方向，立志要让全国人民吃到"天镇火山猪"。

要求：

结合案例分析，在创业过程中，创业者身上体现出哪些创新精神和创新思维。

第二章
创新思维

第一节 创新思维概述

一、创新思维的概念

思维是人脑对客观事物间接的、概括的反应。创新思维是指一种以新颖、独到的方法解决问题的思维，这种思维能突破常规思维的界限，以超常规甚至反常规的方法、视角去思考问题，提出与众不同的解决方案，从而产生新颖的、独到的、有社会意义的思维成果。

一切需要创新的活动都离不开思考，离不开创新思维。创新思维有两大障碍，即思维定式和思维封闭。思维定式，也称思维惯性，是指人们根据已有的知识、经验，在头脑中形成的一种固定的思维模式。思维封闭是指从单一角度出发，囿于一个思维模式，运用一种逻辑规则、一个评价标准而展开的思维方式。人只有突破了思维定式和思维封闭，才能打破常规，打开创新的思路。

二、创新思维的特征

创新思维的本质在于从新的角度、以新的思考方法来解决现有的问题，从而创造新的事物，其特征体现为能动性、变通性、独特性和敏感性。

1. 能动性

创新思维的能动性主要表现在三个方面：一是主动推理联想，从已知的知识和体验中推理、演绎出新的知识和形象。二是构思假设。思维一旦形成假设，就能正确指导人们的活动，减少盲目性，取得新的发明创造成果。三是控制大脑。思维虽然是大脑的产物，但思维在大脑中不是处于消极的、被动的地位，而是起着积极的、主动的控制作用。研究表明，人在思考时，大脑会出现"神经细胞聚会"的奇妙现象。我们知道，人的大脑虽然有将近140亿个神经细胞，但它们之间的联系、活动并不是杂乱无章的，而是有着严密的组织和分工。当大脑思考一个复杂的问题时，几个细胞和某个功能区是难以胜任的，要靠大脑皮层许多相关的细胞和功能区一起积极地活动起来，形成几千万、几亿个神经细胞聚集在一起"开会沟通"，交换信息。这时，大脑神经系统的所有"通信网络"全部开通，使信息传递畅通无阻，记忆细胞源源不断地提供各种信息，这就是大脑思维的"神经细胞聚会"现象。思维能动性强调大脑的兴奋期，在大脑处于疲劳状态或是睡眠状态或刚睡醒的不活跃时期，思维的能动性较差。因此，在思考重大、复杂的问题时要选择有利于激发思维能动性的时机，这样才会达到事半功倍的效果。

2. 变通性

创新思维的变通性，也称为思维灵活性，是指在解决问题的过程中，能迅速地变化和转移思维的方向，快速地从问题的一个侧面转向另一个侧面；从一个假设迅速转向另一个假设。思维变通性强的人不易受思维定式的束缚，也不受解决问题功能固着的影响，而是易受到启发，能举一反三、触类旁通。思维的变通性可以通过字词联想法训练来加以提高。

3. 独特性

创新思维的独特性，是指思维展开的思路不同寻常，思维获得的结果标新立异，具有独到之处及一定范围内的首创性和开拓性，通常表现为观点新颖，能打破常规，不受习惯思维所约束。创新思维的独特性是以大胆怀疑、勇于挑战、不盲目遵从、不迷信权威为前提的，它要求关注客观事物的差异性与特殊性，关注现象与本质、形式与内容的不一致性。

英国科学家何非认为："科学研究工作就是设法走到某事物的极端而观察它有无特别现象的工作。"创新也是如此。一般来说，人们对司空见惯的现象和已有的权威结论怀有盲从和迷信的心理，这种心理使人们很难有所发现、有所创新。而具有独特性思维的人通常不拘泥于常规，不轻信权威，以怀疑和批判的态度对待一切事物和现象。

4. 敏感性

创新思维的敏感性是指能敏锐地观察和认识客观事物的性质、特征。客观事物纷繁复杂，所表现出的特征也各式各样，如何正确区分和识别它们的特点与联系，这与人的思维敏感性密切相关。具有敏感性思维的人，创新能力也较强。语言是在人们的劳动生活中逐渐创造和丰富的，许多文学词汇和诗句都反映了思维的敏感性特征，创造和使用这些词汇和诗句的人，他们思维的敏感性无疑是很强的。例如，"窥一斑而知全豹""见一叶而知深秋"，从一块斑纹了解豹子全身的花纹，从第一片落叶的飘零感知秋天的来临，都是从某表象的特征而敏锐地觉察出事物的性质。又如，"春江水暖鸭先知""春风又绿江南岸"都是诗文名篇里的佳句，水温的升高预示着春天的来临；江堤微微泛绿了，田野微微泛绿了，春天的脚步也就近了。

很多科学实践活动表明，科学家正是由于在实验过程中，敏锐捕捉到细微的变化，观察出局部特征，从而有所突破，最终实现科学研究成果的飞跃。袁隆平的杂交水稻研究就始于他在野外偶然发现了一棵特殊的野生稻，进而确定研究方向，取得成功。1970年11月23日，袁隆平的助手李必湖和三亚南红农场技术员冯克珊在三亚南红农场发现了野生稻雄性不育株。袁隆平带领科研人员，以这棵野生稻雄性不育株为祖本，育成不育系品种，与保持系、恢复系配套，并于1973年成功培育出三系杂交水稻。海南一株不起眼的野生稻改写了世界水稻育种史。正是他们这种可贵的敏感性，促成了杂交水稻研究的成功，而在一般人的眼中这棵野生稻雄株只不过是一棵普通的野草。电磁学的发现也是得益于科学家创新思维的敏感性。1820年，一天丹麦科学家奥斯特在上课时突然发现，通电的导线引起旁边磁针的微微偏转，从而揭开了人类研究电与磁相互关系的序幕。英国科学家法拉第敏锐地觉察到这一发现的重大意义，并且预言它将打开一个新的科学领域的大门，他勇敢地在这个未知领域里大胆探索，终于开辟出电磁学的崭新天地。

三、创新思维的表现形式

思维有多种形式，如抽象思维、概念思维、逻辑思维、形象思维、意象思维、直感思维、社会思维、灵感思维、反向思维、相关思维等。而创新思维的表现形式主要有以下几种。

1. 延伸式思维

所谓延伸式思维，就是借助已有的知识，沿袭他人、前人的思维逻辑去探求未知的知识，将认识向前推移，从而丰富和完善原有知识体系的思维方式。

2. 扩展式思维

所谓扩展式思维，就是将研究的对象范围加以拓宽，从而获取新知识，使认识扩展的思维方式。

3. 联想式思维

所谓联想式思维，就是将所观察到的某种现象与自己所要研究的对象加以联系思考，从而获得新知识的思维形式。

4. 运用式思维

所谓运用式思维，就是运用普遍性原理研究具体事物的本质和规律，从而获得新的认识的思维形式。

5. 逆向式思维

所谓逆向式思维，就是将原有结论或思维方式予以否定，运用新的思维方式进行探究，从而获得新的认识的思维方式。

6. 幻想式思维

所谓幻想式思维，是指人们对在现有理论和物质条件下，不可能成立的某些事实或结论进行幻想，从而推动人们获取新的认识的思维方式。

7. 奇异式思维

所谓奇异式思维，就是对事物进行超越常规的思考，从而获得新知识的思维方式。

8. 综合式思维

所谓综合式思维，就是在对事物进行认识的过程中，将上述几种思维形式中的某几种加以综合运用，从而获取新知识的思维形式。

创新思维的形式是多种多样的。我们只有真正理解、掌握创新思维的多样性，并在实践中灵活运用创新思维的多种形式，才能自由地步入创新王国，获取创新的丰硕成果。

第二节　创新思维的价值与培养

一、创新思维的应用价值

创新思维训练作为一种客体存在，在与众多价值主体（教师、学生）相互作用的过程中，表现出来的价值形态十分复杂。经过仔细分析可以发现，创新思维训练针对不同的价值主体至少包括以下两方面的价值。

1. 社会性价值

社会性价值是指创新思维训练对一定社会存在及其发展所呈现出的意义。创新思维训练着眼于人类创造精神与实践能力的培养，把一个个"自然人"提升为"社会人""文化人""创造人"，使他们成为既能秉承人类文明成果，又能运用创新智慧和力量推动人类文明进程的主体责任人。这满足了人类文明赖以存在和发展的物质与精神条件的需要，推动了人类文明的进程，是创新思维训练社会性价值的集中体现。

2. 个人价值

创新思维训练不仅具有社会性价值，而且对人类个体的存在和发展也具有重要的意义。这种意义就是创新思维训练个体性价值的体现。一个人要生存，要发展，要享受生活的幸福，首要条件是个人要具备创新生活和享受生活的能力。创新思维训练是一门实践性很强的学科，是最富有个性的学习和创造性活动，也是一个循序渐进、融会贯通的过程。这种能力只有通过教育，尤其是创新思维训练才能得到有效培养。在当今社会，创新思维训练之所以得到广泛重视，主要是因为它能够赋予个体生存、发展的能力，能够改善人们创新精神的面貌，提升创新实践的水准，从而实现人生的目标和价值。

二、创新思维的训练与培养

新时代大学生的思维更活跃、视野更开阔、信息量也更丰富，高校教师是大学生逻辑思维的引导者和创新思维的训练者，不仅要教给学生一些基本的逻辑知识，还要引导学生进行理性思考，激发学生的创新精神。

1. 引导学生在主动参与中发展创新思维能力

主动参与学习是发展创新思维的前提和基础，只有主动参与才能充分发挥主体的能动作用，激发思维，发挥潜能，迸发创新思维的火花。例如，在教学过程中，教师要营造一种轻松活泼的学习氛围，创造一个有利于探索创新的学习情境，形成一种互动发展的学习空间。教师可以提出问题让学生思考，并把学生提出的方案一条一条列在黑板上进行分析，以选择最合理可行的办法。不论教学形式如何，教师都应该鼓励和表扬积极回答问题的学生，使其保持参与互动教学的热情。调动学生积极参与，是教学中发展学生思维、培养学生创新思维能力的好方法。

2. 引导学生主动质疑，发展创新思维能力

爱因斯坦说过，提出一个问题往往比解答一个问题更重要。因为一个好的问题，能激发学生的创造性思维，并在讨论、争辩中达到"蓦然回首""恍然大悟"的效果，因此教

师在教学过程中应鼓励学生提出质疑。首先，要保护学生提问的积极性。在课前，教师应引导学生进行自学，要求学生在预习时提出问题，并在讲授过程中不断启发和鼓励学生质疑的兴趣，调动学生质疑问难的积极性，并鼓励学生带着疑问自己去解决问题，这是培养学生积极思考、提高思维能力的好方法。其次，针对学生提出的一些共性问题，可以组织学生进行分组讨论，鼓励学生大胆表达自己的看法。但仅仅这样还是不够的，还要教给学生思考问题的方法，指点发问途径，教授发问方法，指导学生具体问题具体分析、具体解决，使学生善于提问、勇于质疑和敢于创新。

3. 引导学生大胆想象，发展创新思维能力

爱因斯坦说过，想象力比知识更重要。因为知识是有限的，而想象力概括着世界上的一切。想象力是创新思维最重要的东西，它是一种酶，能够活化知识。想象力可以帮助学生在思维的天空中尽情翱翔。因此，在教学过程中，教师应让课堂变得更为生动有趣，引导学生充分发挥自己的想象力，提升自己的创新思维能力，以提高教学效果。

4. 通过自主探究式学习培养学生的创新思维能力

自主探究式学习对于学生培养创新思维能力大有裨益，这是因为通过自主探究，学生可以充分发挥自身的主体作用，激发自己探究事物本质和真相的兴趣，从而不断发现问题，寻求解决问题的办法，使自身的创新思维能力得到提高。具体来说，教师在教学过程中可以通过以下方式开展：一是要给予学生主动探究、自主学习的时间和空间；二是要鼓励学生多进行拓展阅读。鼓励学生从大量的课外读物中拓宽知识面，汲取更丰富的营养，使学生养成自主读书、自觉培养创新思维能力的习惯。

5. 利用现代信息技术培养学生的创新思维能力

营造有利于创新的良好教学环境是培养学生创新能力的关键。随着现代信息技术和互联网的发展，网络和多媒体等教辅工具越来越多地被运用于各类学科的教学之中，高校教师也应该运用现代信息技术来培养学生的创新思维能力。在教学过程中，运用现代教学技术手段能激发学生的学习兴趣，促进学生从形象思维向抽象思维过渡，有利于培养学生的创新能力。

总之，追求教育的创新是时代发展的必然。教师在教学过程中培养学生创新思维的方法还有很多，关键在于能够树立创新教育的观念，引导得法，这样才能更好地激发学生的创造潜能，培养学生的创新思维能力。

章节自测

一、名词解释

创新思维

二、简答题

1. 创新思维的能动性有哪些表现？
2. 创新思维的应用价值有哪些？
3. 如何训练与培养创新思维？

三、案例分析

李建威，山西朔州人，山西应用科技学院 2018 级实验班学员，普歌计算机研究基地(以下简称"普歌")主要创始人，现就职于中航信移动科技有限公司。2018年夏天，李建威在高考结束后的暑假开始自学C语言。9月，他进入山西应用科技学院，开启了大学生活。机缘巧合之下，他在实验班老师的带领下前往智慧城市论坛，见识了中国一线互联网公司的技术水平，更坚定了对计算机技术的追求。回到学校后，他和4位同学一起正式创建普歌团队，由于准备不充分，4位成员不久之后相继退出，创业项目也夭折了。为此他非常难过，消沉了两个月。在学校"拓荒精神"的引领下，他与志同道合的伙伴一起再次启程。创业之初，他们没有资源找资源，没有环境造环境，普歌第一次让李建威感受到了大家团结起来一心一意做一件事的力量。从零技术一步步摸爬滚打，普歌走出了一条艰苦的技术之路。截至2019年12月，普歌发布"1＋1"量化考核管理系统，服务了3届实验学子；2020年4月16日，普歌发布"普粒志鸟小程序"；2020年全年普歌共申请8项软件著作权，并且提出新愿景：构建趣味学习生态。普歌采用企业制架构进行管理，将自身计算机技术体系与项目开发制完美融合，具备了企业级研发水平。截至2020年年末，普歌共上线普歌官网、普歌内部平台、普歌总控系统、面面具报小程序、普粒志鸟小程序等多款产品，应用于自身内部平台管理整合；在抖音自媒体平台内部孵化了一个52万粉丝的抖音账号"小逸剪辑"，并且于2020年11月在媒体平台用信息流为普歌产品进行流量的获取；正式申请计算机营业牌照，成功申请微信支付、支付宝支付的授权。基于自身的发展速度，以诸多业务线的建立为底蕴，普歌提前超额完成2020年度既定营收，将自身性质从一个纯粹的兴趣学习平台转变为一个兼顾学习与业务的网络平台，并且根据自身情况定下了发展基调：普歌最终会成为一家具有社会责任感的科技公司。

要求：

结合案例分析，创业者在创业过程中应如何体现创新思维在实践中的应用。

第三章
创新教育的实施

第一节　创新型人才的培养

一、创新型人才的概念

1. 创新型人才的定义

所谓创新型人才，就是具有创新意识、创新精神、创新思维、创新知识、创新能力，并具有良好的创新人格，能够通过自己的创造性劳动取得创新成果，在某一领域、某一行业或某一工作岗位上为社会发展和人类进步做出创造性贡献的人。

虽然各国在高等教育改革中都非常重视培养创新型人才，但各国对创新型人才的理解并不一致。

我国从 20 世纪 80 年代中期开始倡导培养创新型人才或创造型人才，此后有关创新型人才培养的学术论文不胜枚举。但对于什么是创新（创造）型人才，大家的观点并不一致。具有代表性的观点是：所谓创造型人才，是指富于独创性，具有创造能力，能够提出、解决问题，开创事业新局面，对社会物质文明和精神文明建设做出创造性贡献的人。这种人才，一般基础理论知识扎实、科学知识丰富、治学方法严谨，勇于探索未知领域；同时，具有为真理献身的精神和良好的科学道德。他们是人类优秀文化遗产的继承者，是最新科学成果的创造者和传播者，是未来科学家的培育者。

创造型人才的主要素质是：有大无畏的进取精神和开拓精神；有较强的永不满足的求知欲和永无止境的创造欲望；有强烈的竞争意识和较强的创造才能；同时还具备独立完整的个性品质和高尚情感等。

国外学者对创新型人才的理解更宽泛，他们大多是在强调人的个性全面发展的同时突出创新意识、创新能力的培养。这从国外有关大学教育培养目标的阐释中可以清晰地看出来。世界主要发达国家对人才的创新意识、创新精神、创新思维、创新能力的重视已有很长的历史。

在英国，培养绅士型的领袖和学者是大学教育的培养目标。什么是绅士型的领袖和学者？用英国 19 世纪教育家纽曼的话来说，就是"学会思考、推理、比较、辨别和分析，情趣高雅，判断力强，视野开阔的人"。牛津大学校长 C. 鲁卡斯认为，大学培养的人才要有很高的技术，非常宽的知识基础，有很强的个人责任感、革新能力和灵活性，能够不断地获取新的技术以适应社会需要。截至 2019 年，牛津大学共培养了 64 位诺贝尔奖获得者、27 位首相。

德国高等教育的人才培养深受柏林洪堡大学办学理念的影响。20 世纪，德国教育家雅斯贝尔斯提出大学应该培养"全人"的理念，追求"全人"前提下的创新。

美国高等教育有着自由教育的传统。早在 20 世纪初，弗莱克斯纳就提出大学教育应培养社会的精英。20 世纪中叶，美国教育家赫钦斯批评美国大学教育在人才培养上的专业化和非智力化倾向，强调教育的目的在于培养"完人"，使人成为作为人的人、自由的人，而不是片面发展的工具。大学教育的目的与教育目的是一致的，就是要发展人的理性，养成智性美德，实现最高的智慧（睿智）及最高的善，从而培养出"完人"。美国的许多大学都在致力于培养创新型人才。截至 2022 年，仅哈佛大学就培养了 161 位诺贝尔奖得主、18 位菲尔兹奖得主、14 位图灵奖获得者，成为培养创新型人才最成功的大学之一。该校以追求真理为办学宗旨，在人才培养上以培养全面发展的人、有教养的人为目标，强调培养的人才应该是在情感、智力方面全面发展的人，应该是受过广泛而深刻教育的人，是独立思考能力、分析能力、批评能力和解决问题能力高度发展的人才。麻省理工学院（MIT）也很重视创新型人才的培养，该校规定，"MIT 的本科教育扎根于广泛的学科领域，结合这些学科的力量来形成对价值和社会目标的看法。除了广泛的自由学习的机会之外，还鼓励学生获得某一领域的基本知识和继续学习的兴趣，并成为创造性的智力探索者，能够独立追求学问。""MIT 致力于给学生打下牢固的科学、技术和人文知识基础，培养学生创造性地发现问题和解决问题的能力。"

联合国教科文组织有关 21 世纪教育发展的报告也要求培养创新型的人才，但在教育目的的阐述上仍坚持"全人"或"完人"的培养目标。

国内外对创新型人才的理解有一些共同点，即都强调创新型人才必须具有创造性、创新意识、创新精神、创新能力等素质。但是又有很大的差异，主要表现在以下三个方面：其一，我国明确提出了创新型人才、创造型人才的概念，而国外只有创造性思维、创造型人格等外延较窄的概念。其二，我国对创新型人才的理解大多局限于"创新"上，对人才的知识结构、能力结构、个性品质的关注不够全面；国外则强调在全面发展的基础上培养创造性、创新意识、创新精神、创新能力等素质，强调个性的自由发展。其三，我国对创新型人才的理解存在一些分歧，有的受政策文件的影响较大，有的受西方心理学的影响较大，表现出很强的实用性，缺乏支持其概念的理论基础。国外对创新型人才的理解，大多是将当代社会对创新的需要融入全面发展的人才培养理念之中的产物。

我国在创新型人才理念上的局限性，容易导致对创新型人才的误解和实践上的偏颇。如有的把创新型人才与理论型人才、应用型人才、技艺型人才对立起来；有的认为培养创新型人才就是要使学生具有动手能力，而把创新能力与知识对立起来；有的认为培养创新型人才就是为学生开设几门"创造学""创造方法"课程，而把所谓的创新素质与人的全面发展特别是个性发展对立起来。掌握了所谓的创造知识、创造方法的人未必就能成为真正的创新型人才。

2. 对创新型人才的几点基本认识

在对创新型人才的理解上，应该坚持以下几点基本认识。

（1）创新型人才与通常所说的理论型人才、应用型人才、技艺型人才等是相互联系的，它们是按照不同的划分标准而产生的不同分类。无论是理论型人才、应用型人才还是技艺型人才，都需要有创造性，都需要成为"创新型人才"。

（2）创新型人才的基础是人的全面发展。创新意识、创新精神、创新思维和创新能力并不是凭空产生的，也不是完全独立发展的，它们与人才的其他素质有着密切的联系。从这个意义上讲，创新型人才首先是全面发展的人才，是在全面发展的基础上具有创新意识、创新精神、创新思维和创新能力的人才。

（3）个性的自由发展是创新型人才成长与发展的前提。日本临时教育审议会关于教育改革的第一次审议报告指出："创造性与个性有着密切的联系。"大学要培养具有创造性的创新型人才，就必须首先使他们成为一个作为人的人、真正自由的人、具有个体独立性的人，而不是成为作为工具的人、模式化的人、被套以种种条条框框的人。虽然不能说个性自由发展了人就有了创造性，就能成为创新型人才，但没有个性的自由发展，创新型人才就不可能诞生。从这个意义上讲，创新型人才就是个性自由、独立发展的人。

（4）创新和创新型人才都是历史的概念，在不同的历史时期，人们对创新和创新型人才的理解都存在一定差异。当代社会的创新型人才，是立足于现实而又面向未来的创新型人才，应该具备以下几个方面的素质：博与专结合的充分的知识储备；以创新能力为特征的高度发达的智力和能力；以创新精神和创新意识为中心的自由发展的个性；积极的人生价值取向和崇高的献身精神；强健的体魄。

二、创新型人才的特征

1. 有可贵的创新品质

当前，我国正处于发展的重要战略机遇期，大力培育创新型人才，为建设创新型国家、完善国家创新体系和全面建成小康社会提供坚强的人才保证和智力保障，显得尤为迫切和重要。从一定意义上说，创新型人才正以前所未有的时代需求承载着推进国家自主创新，在激烈的国际竞争中占据主动，实现中华民族伟大复兴的历史使命。因此，创新型人才必须是有理想、有抱负的人，具备良好的献身精神和进取意识、强烈的事业心和历史责任感等可贵的创新品质。具备了这种品质的创新型人才，才能够有为求真知、求新知而敢闯、敢试、敢冒风险的大无畏精神，才能构成创新型人才的强大精神动力。

2. 有坚韧的创新意志

创新是一个探索未知领域和对已知领域进行破旧立新的过程，充满各种阻力和风险，可能遇到重重的困难、挫折甚至失败。人类科学技术发展到一定程度，要获得每一点进步都相当困难。因此，创新型人才每前进一步都需要非凡的胆识和坚韧不拔的毅力，为了既定的目标必须坚持不懈地进行奋斗，锲而不舍，遭到阻挠和诽谤不气馁，遇到挫折和挫败不退却，牺牲个人利益也在所不惜，不达目的誓不罢休，不自暴自弃，不轻言放弃。我们只有具备了这样的创新意志，才能不断战胜创新活动中的种种困难，最终实现理想的创新效果。

3. 有敏锐的创新观察

历史上的科学发现和技术突破，无一不是创新的结果。从这个意义上讲，创新就是发现，而且是突破性的发现。要实现突破性的发现，就要求创新型人才必须具有敏锐的观察能力、深刻的洞察能力、见微知著的直觉能力以及一触即发的灵感和顿悟，能不断地将观察到的事物与已掌握的知识联系起来，发现事物之间的必然联系，及时地发现别人没有发现的东西。创新型人才的观察力同时还应当是准确的，能够入木三分，发现事物的真谛，具有善于在平常中寻求不寻常的创新观察能力。例如，壶水滚沸使瓦特发明了蒸汽机，苹果落地使牛顿发现了"万有引力"，带细齿的野草划破了鲁班的手指使他发明了锯子，这些事例无不证明了敏锐的创新观察能力在创新中的重要作用。

4. 有超前的创新思维

创新思维是创新的基本前提，创新型人才只有具备思维方式的前瞻性、独创性、灵活性等良好思维品质，才能保证在对事物进行分析、综合和判断时做到独辟蹊径。

5. 有丰富的创新知识

创新是对已有知识的发展，人类知识越来越丰富和深奥，要求创新型人才的知识结构既有广度，又有深度。因此，创新型人才须具有广博而精深的文化内涵，既要有深厚而扎实的基础知识，了解相邻学科及必要的横向学科知识，又要精通自己专业并能掌握所从事学科专业的最新科学成就和发展趋势，这是从事创新研究的必要条件。只有通过知识的不断积累才能用更为宽广的眼界进行创新实践。创新型人才拥有的信息量越大，文化素养越高，思路便越开阔。同时，完备的知识结构使他们具有科学综合化、一体化意识，有助于增强综合思维能力和创新能力。

6. 有科学的创新实践

创新的过程是遵循科学，依据事物的客观规律进行探索的过程，任何一种创新都不能有半点马虎和空想，因此，创新型人才必须具有严谨而求实的工作作风，严格遵循事物的客观规律，从实际出发，以科学的态度进行创新实践。冬暖式蔬菜大棚的发明人、社会主义新农村建设的重大典型、山东省寿光市三元朱村党支部书记王乐义同志，在创建冬暖式蔬菜大棚之初，为了求证大棚的最佳地理朝向，连续两年用罗盘观测当地的光照情况，最后提出了本地区的大棚最佳朝向为正南偏西5度的理论。来自北京的专家赞叹说，"地理学上的专题被一个土专家钻研透了"。在带领群众发展蔬菜生产的过程中，也正是基于这种严谨科学的创新实践，他不断改进种植模式，并相继研发了立体种植、无土栽培等20多项蔬菜种植新技术，从而由一个土生土长的普通农民，走到了农业科技的最前沿。

三、创新型人才的类型

1. 从社会分工的角度，主要分为科学研究、工程技术、企业经营管理、公共管理创新型人才

创新本质上是多元的，涵盖自然科学与社会科学、科学研究与技术开发、经济建设和社会管理等不同领域，因此创新型人才存在于社会生活的多领域、多行业、多岗位之中，并在各自工作的不同领域、不同行业、不同岗位上进行着不同的创造，做出了不同的贡献。

2. 从发挥作用的角度，可分为理论研究、实践应用创新型人才

能否成为创新型人才，不仅要进行创新性实践，更要取得创新性成果并得到社会的认可。有的从事基础研究，提出某种新思想、新观点、新论断等，推动了相关理论的发展进步，属于理论研究创新型人才；有的从事应用研究，取得专利、实用新型、外观设计等发明创造，推动了生产力领域的变革，属于实践应用创新型人才。

四、创新型人才的培养途径

创新是人类生存发展的重要特征和手段，是人类的本质特征，也是人类经过一定的经验积累之后具备的能力特点。

1. 高校层面

（1）高校应当成为培养创新精神和创新型人才的摇篮。创新在于不断超越自我，超越某个群体，乃至超越人类现有的认知水平。在知识经济时代特征逐渐凸显的今天，创新正在成为民族进步的灵魂和国家兴旺发达的不竭动力。没有哪一个时代对创新有着如此急切的呼唤，没有哪一个时代对培养创新型人才有着如此迫切的需要。

创新有层次之分，中小学教育主要是为学生成为创新型人才打好基础，做好准备。高等教育创新创业教育的目标是培养学生的创新意识与实践能力，塑造学生成为创新型人才。叶圣陶先生曾这样说："儿童遇到事物，发生了求知的动机，于是亲自去观察，去实验，结果，他们对于这一事物得到了一条新知识，他们在生活中就有了一个新趋向。这种活动创造的能力，什么时候什么地方都用得着，这才是做人的根本方法。学校教育能注重这一点，学生就能不断创造，以谋求社会的进步。"

（2）高校创新创业教育要使学生敢于思考，善于思考。高校应积极推进人才培养模式的创新。教师在教学中应当注重引导学生的思维过程，而不能仅仅提供前人的思维成果。这就要求教师善于创设开放的教学情境，营造积极的思维状态和宽松的思维氛围，肯定学生的"标新立异""异想天开"，努力保护学生的好奇心、求知欲和想象力，进而激发学生的创新热情，培养学生的创新意识和创新精神，训练学生的思维能力。

在教学过程中，教师应当使学生懂得，生活中的重大突破都是来自全新的发现，来自挑战现状，而不是盲目地接受现状。"学"贵在"问"，"好课应当越讲问题越多"。教师要引导学生敏锐地提出问题，系统地分析问题，灵活地探索解决问题的多种途径和方法。

值得注意的是，创新能力的培养，需要脚踏实地地探索与实验，不能简单地用创造技法的教育取代创新精神的养成。

2. 企业层面

我国企业对创新型人才的需求较大，仅靠高等教育的培养是远远不够的。创新型人才的培养还应以企业为主体，以社会为桥梁，不断拓宽培养渠道。

（1）立足企业需求内部培养。创新型人才不仅要具有扎实的理论基础，还必须深入实践，具备能够将知识转化为技能的实践能力。另外，企业需要什么样的创新型人才，只有企业自身最了解、最熟悉。企业大量的工作岗位与新的技术装备为创新型人才提供了广阔的发展空间和舞台。从这两方面来看，在培养创新型人才方面，企业具有自己独特的优势。这就要求：①领导要重视，形成培养"创新型"人才的共识和合力；②形成机制，为人才提升自身的能力素质提供空间和机会；③紧密结合岗位需要，抓好实践锻炼。

（2）借助专业机构委托培养。专业机构相对于企业来讲，专业人才多、专业特点明显、优势突出，在人才培养上已经形成了自己成熟的培养模式和道路，有丰富的经验可以借鉴。对此，企业可以提供资金，通过与院校科研处所、地方科研机构等专业团体签订协议的方式，委托专业机构培养人才。

（3）面向社会招贤纳士进行引进培养。企业可以根据自身发展战略和需求，明确人才引进的方向和目标，通过制定明确的人才引进策略、多渠道招聘、制定个性化培训计划、建立导师制度、提供岗位轮岗机会、鼓励学习和自我提升、建立反馈机制等措施，面向社会招贤纳士并进行创新人才培养。企业在招聘过程中，还应注重团队配备的多样性，确保团队中拥有不同背景和专业素养的人才，以促进创新和多元化思维。

第二节　创新能力的培养

一、创新能力的定义

创新能力是指在各种实践活动领域中，能不断提供具有经济价值、社会价值、生态价值的新思想、新理论、新方法和新发明的能力。

创新能力按主体分，有国家创新能力、区域创新能力、企业创新能力等，并且存在衡量创新能力的多个创新指数。

我国几千年的教育发展史，闪烁着一些简单而朴素的创新能力培养的思想和方法。例如，两千多年前，老子就在《道德经》中提出"天下万物生于有，有生于无"的创造思想；孔子提出要"因材施教"以及"不愤不启，不悱不发。举一隅不以三隅反，则不复也"的思想。1919 年，我国著名教育家陶行知先生第一次把"创造"引入教育领域。他在《第一流教育家》一文中提出要培养具有"创造精神"和"开辟精神"的人才，指出培养学生的创新能力对国家富强和民族兴亡有重要意义。1998 年 11 月 24 日，江泽民同志在新西伯利亚科学城会见科技界人士时曾指出："创新是一个民族进步的灵魂，是一个国家兴旺发达的不竭动力。创新的关键在人才，人才的成长靠教育。"以此次讲话为契机，我国将大学生创新能力的培养作为教育改革的重要目标，在教育界引发了一次对创新能力的内涵、创新能力培养的影响因素以及方式方法的大讨论。

纵观近十年的研究成果，虽然国内学者对创新能力的理解各不相同，但他们对创新能力内涵的阐述基本上可以划分为三种观点：第一种观点以张宝臣、李燕、张鹏等为代表，认为创新能力是个体运用一切已知信息，包括已有的知识和经验等，产生某种独特、新颖、有社会或个人价值的产品的能力。它包括创新意识、创新思维和创新技能三部分，核心是创新思维。第二种观点以安江英、田慧云等为代表，认为创新能力表现为两个相互关联的部分，一部分是对已有知识的获取、改造和运用；另一部分是对新思想、新技术、新产品的研究与发明。第三种观点从创新能力应具备的知识结构着手，以宋彬、庄寿强、彭宗祥、殷石龙等为代表，认为创新能力应具备的知识结构包括基础知识、专业知识、工具性知识或方法论知识以及综合性知识四类。上述三种观点，尽管表述方法有所不同，但基本上能将创新能力的内涵解释清楚。

二、创新能力的形态

提起企业创新，人们往往联想到技术创新和产品创新，其实企业创新能力的体现远不止这些。一般来说，企业创新能力的表现形态主要有发展战略创新、产品（服务）创新、技术创新、组织与制度创新、管理创新、营销创新、文化创新等。

1. 发展战略创新

发展战略创新是对原有的发展战略进行变革，以制定更高水平的发展战略。实现企业发展战略创新，就要制定新的经营内容、新的经营手段、新的人事框架、新的管理体制、新的经营策略等。企业普遍面临发展战略创新的任务。例如，当前有些企业经营策略明显过时，有些企业经营范围明显过宽，有些企业经营战线明显过长，还有些企业经营内容本来就与自身特长严重脱节。诸如此类的企业如果不重新定位，发展前景堪忧。再如，很多企业都有需要重新解决靠什么经营的问题。为了从根本上改善经营状况，只能另谋新的依靠。

2. 产品（服务）创新

创新能力对于生产企业来说，主要是指产品创新；对于服务行业而言，主要是指服务创新。例如，手机在短短的几十年内就从模拟机发展到数字机、可视数字机、智能手机，逐渐成为人们的智能化伴侣。手机的更新换代生动地告诉我们，产品的创新是多么迅速。

3. 技术创新

技术创新是企业发展的源泉、竞争的根本。就一个企业而言，技术创新不仅指商业性地应用自主创新的技术，还可以创新地应用合法取得的他方开发的新技术或已进入公有领域的技术，从而创造市场优势。例如，沃尔玛1980年在全球率先使用的条形码即通用产品码（UPC）技术，使其收银效率提高了50%，极大地降低了经营成本。

4. 组织与制度创新

组织与制度创新主要有三种：一是以组织结构为重点的变革和创新，如重新划分或合并部门、组织流程改造、改变岗位及岗位职责、调整管理幅度等。二是以人为重点的变革和创新，即改变员工的观念和态度，包括知识的更新、态度的变革、个人行为乃至整个群体行为的变革等。例如，通用电气总裁韦尔奇在掌管企业后就曾采取一系列措施来促进通用电气这家老企业重新焕发创新动力。有一个部门主管工作很得力，所在部门连续几年盈利，但韦尔奇认为他可以干得更好。这位主管不理解，韦尔奇建议其先休假一个月，等再回来时，他会变得就像刚接下这个职位，而不是已经工作了4年。休假之后，这位主管果然调整了心态，像换了个人似的，对本部门工作又有了新的思路和对策。三是以任务和技术为重点的创新，即对任务重新组合分配，并通过更新设备、技术创新等，来达到组织创新的目的。

5. 管理创新

世上没有一成不变的、最好的管理方法。管理方法往往因环境情况和被管理者的改变而改变，这种改变在一定程度上就是管理创新。例如，英特尔总裁葛洛夫的管理创新就是因环境情况和被管理者的改变而改变，实行产出导向管理——产出不限于工程师和工人，也适用于行政人员及管理人员。在英特尔公司，工作人员不只对上司负责，也对同事负责，打破障碍，培养主管与员工的亲密关系等。

6. 营销创新

营销创新是指营销策略、渠道、方法、广告促销策划等方面的创新。

7. 文化创新

文化创新是指企业文化的创新。企业文化的与时俱进和适时创新，能使企业文化一直处于一种动态的发展过程。这样不仅仅可以维系企业的发展，更可以给企业带来新的历史使命和时代意义。

三、创新能力的提升

随着社会的不断发展，国家对新时代的大学生有了更高的要求。创新精神是国家兴旺发达的不竭动力，是一个民族进步的灵魂。21世纪是知识经济时代，知识经济的本质就是创新。大学生是国家的希望和未来，不仅要掌握理论知识，更需要实践、创新的能力。因为只有不断地创新，才能为国家注入新的发展力量。那么大学生该如何提高创新能力呢？

1. 要打破常规，敢于超越

想要提高创新能力，首先要在思想上打破常规。例如，牛顿发现了万有引力，就是从生活常见的事情中打破了惯有的思想。苹果一定不是第一次掉在地上，但牛顿就发现了这个现象，经过深入的研究，最后发现了万有引力。每一位创新者都是因为大胆地打破了惯性思维模式，才有了最后的成就。

2. 善于运用不同的思维方式

就像解答数学题一样，一道数学题有多种解题方式，生活中，大学生看待事物时也要善于从不同的角度思考如何解决问题。思维的不断转换有利于大学生提高大脑的灵活程度，从而能提高创新能力。

3. 多思考

在生活中要多进行思考，普朗克说过："思考可以构成一座桥，让我们通向新知识"。不断进行思考的过程，也是知识进行不断更新的过程。如同阅读一本好书，每一遍读完之后都会有不一样的感受和收获。

4. 积累基础知识

积累基础知识是提高创新能力的基础。大学生想要提升创新能力，首先要拥有扎实的基础知识，只有在拥有了一定的基础知识之后，才能够发挥知识的作用，将自己所学的知识逐渐整合起来，结合成新的事物。创造新事物的能力就是大学生创新能力的最好体现。

四、创新能力的训练

1. 求同求异进行创新训练

求同即模仿、跟我学，通过这种方式让学生掌握基本操作。求异即创新、创造，在教学中，一般分三步走：第一步是看示范，主要是学习软件的操作。学生跟着老师学操作，老师一步一步做，学生一步一步学。第二步是同步学，主要是强化操作技能技巧，要求学生做与老师相同的操作(求同,类似于其他学科的默写)。第三步是求创新,主要是学习创作,培养创造性思维,要求学生做与老师不同的操作(求异)。这个过程还要求学生说作品,说创意,在创作与实践中进行创新思维训练。

2. 运用漫画进行创新训练

这种方式主要通过欣赏、思考、议论、评价、联想或想象、发散迁移的过程,用欣赏完整的漫画、给漫画拟标题等方式进行思维创新。在这种情境下,学生能积极主动参与课堂教学,主动进行思考、交流、感受、感悟,在观察、思考、交流中进行创新思维训练。例如,教师在创新思维训练中用一组漫画来引导学生思考和讨论"地上本无路,走的人多了,也便成了路"这句话。大多数学生对这一观点都有所认识,但通过漫画呈现出的"乱走的人多了,便没有了路",却是他们未曾思考过的。学生从这组漫画中看到、想到了许多,特别是对添加了一个"乱"字,便出现了完全相反的结论,感觉很有创意,也引发了热烈的讨论。

3. 利用电视广告进行创新思维训练

电视广告的创意可以运用到教学中,让学生通过对耳熟能详的电视广告的感知、评论、发散思维,进行创新思维训练。例如,教师要求学生用批判性的眼光去欣赏分析广告作品,并和家庭成员一起讨论"如果我来做这个广告,我会如何思考"。课后调查发现,学生们普遍对纳爱斯的洗洁精广告"我家的盘子会唱歌(幼儿园版)"很感兴趣,也纷纷对这个广告评头论足,用学生的眼光对广告进行评论,在批评中进行创新思维训练。

4. 利用优秀作品进行创新思维训练

在创新思维的培养和创新作品的制作过程中,学生往往有心理障碍,缺乏自信心,怀疑自己的能力,认为创造、创新高不可攀。教师将优秀的学生作品展示给学生观察、思考、体验,能拓展学生的创新思维,增强学生的自信心。

第三节 创新的过程与训练方法

一、创新过程的四个阶段

创新的过程一般可以分为模仿阶段、改良阶段、创新阶段和发明阶段。

1. 模仿阶段

这个阶段是最初始的创新,站在巨人的肩上才能看得更远,方法是以模仿别人的设计和产品为主。优点是:投入少,见效快,成功率高。缺点是:模仿创新容易引发知识产权纠纷。成果的专利申请以外观设计为主。

2. 改良阶段

这个阶段是在别人的基础上,加以改进、改良或合成、拆分、组合来产生新的构思、设计。优点是:投入较少,见效比较快,成功率比较高。缺点是:新的构思、设计的创造性因素不是很高。成果的专利申请以实用新型为主。

3. 创新阶段

这个阶段是在仔细研究别人现有产品及现有专利资料的基础上,提出独特的解决方案来产生新的构思、设计。优点是：投入适中，见效还比较快，成功率也比较高。缺点是：需要有综合知识结构的团队来产生新构思、设计，创造性属中等。成果的专利申请以实用新型为主，对比较有突破的新构思、设计可以同时申请发明专利。

4. 发明阶段

这个阶段是在仔细研究别人现有产品及现有发明专利资料的基础上，提出显著的、突出的解决方案来产生新的构思、设计。优点是：成果的创造性最大，经济效果最高；缺点是：需要有综合知识结构的优秀团队来产生新构思、设计，投入的人力、物力和财力都较大。成果的专利申请以发明专利为主，设计可以同时申请实用新型专利。

二、创新过程中的六个原则

1. 保持积极乐观的态度

在进行创新活动的过程中，学生之间可能会遇到一些挫折、误解、委屈或摩擦，还有一些诽谤等，这些都需要用积极的心态去应对，不畏惧失败。比如爱迪生面对失败的态度是"成功地学习了 6 000 种不能成就电灯泡的能力，而不是失败 6 000 次"。

2. 对事物保持好奇心

在实际工作与生活中，要多留心观察身边的事或人，要多听、多看、多思考，对所做事物要保持好奇心，让自己的思维能够保持活跃状态。

3. 善于回顾自己的工作

很多人做完一件事情后就将其抛诸脑后，没有及时总结与回顾其中的经验和教训。在进行创新实践活动时，最好每周、每月、每季度、每年都进行一次回顾、总结、梳理、提炼，从中积累一些有益的思路与创意。

4. 让想法服务于工作

有想法很重要，但能让想法与自身的工作结合起来，则更有价值和意义。所以，创新过程中应及时地总结想法与创意，通过不断实践，让这些想法和创意服务于我们当前的工作或生活。

5. 加强与团队成员的合作

在与团队成员一起工作时，要发现他人的长处与优点，同时通过与他人的良好合作，取长补短，提高工作效率。

6. 发散性思考问题

在创新过程中，多发挥自己的想象力，用多维度来思考看到的事物，看待所做的工作。比如，有没有更好的做法，能否通过改变、扩大、减少、代替、转换、颠倒、组合等方式，让发明物或创新更有价值。

三、创新能力的训练方法

1. 三三两两讨论法

此法可归纳为每两人或三人自由成组，在三分钟的限定时间内，就讨论的主题，互相交流分享。三分钟后，再回到团体中做汇报。

2. 头脑风暴法

头脑风暴法是人们最为熟悉的创意思维策略，该方法是由美国创造学家亚历克斯·

奥斯本所倡导的，又称脑力激荡法。此法强调集体思考的力量，注重参与者之间互相激发思考，鼓励参加者于指定时间内，提出大量的设想，并从中引发新颖的构思。虽然头脑风暴法主要以团体方式进行，但个人思考问题和探索解决方法时也可运用此法激发思考。

头脑风暴法的基本原理是：只专心提出构想而不加以评价，不局限思考的空间，鼓励想出越多主意越好。此后的改良式头脑风暴法是指运用头脑风暴法的精神或原则，在团体中激发参与者的创意。

3. 六六讨论法

六六讨论法是以头脑风暴法为基础的团体式讨论法。其做法是：将大团体分为六人一组，只进行六分钟的小组讨论，每人一分钟，然后再回到大团体中相互分享，做最终的评估。

4. 心智图法

心智图法是一种刺激思维及帮助整合思想与信息的思考方法，也可说是一种观念图像化的思考策略。此法主要采用图志式的概念，以线条、图形、符号、颜色、文字、数字等方式，将意念和信息快速地以上述各种方式摘录下来，绘成一幅心智图。结构上，此方法具备开放性及系统性的特点，让使用者既能自由地激发扩散性思维，发挥联想力，又能有层次地将各类想法组织起来，以刺激大脑做出各方面的反应，从而发挥全脑思考的多元化功能。

5. 曼陀罗法

曼陀罗法又称九宫格思考法，是一种有助于培养发散思维的思考策略，利用一幅类似于九宫格的图，将主题写在中央，然后把由主题所引发的各种想法或联想写在其余的八个格子内，此法也可配合"七何检讨法"从多方面进行思考。

6. 分合法

分合法是美国心理学家戈登于1961年在《分合法：创造能力的发展》一书中提出的一套团体问题的解决方法。此法主要是将原不相同亦无关联的元素加以整合，以产生新的意念(面貌)。分合法利用模拟与隐喻的作用，协助思考者分析问题以产生各种不同的观点。

7. 逆向思考法

逆向思考法是从一件事情的反面或者另一个角度来思考。很多事情用普通的逻辑思维往往找不到解决方法，可以试着换个角度来思考，也许就会得到答案。逆向思考法要求：第一要理解、认识、重视逆向思维的价值，不断提高运用逆向思维进行学习和研究的自觉性；第二，在平常的学习、生活和研究活动中，要主动运用逆向思考法去思考问题，养成习惯，培养逆向思维的自觉性。

8. 属性列举法

属性列举法是由美国学者克劳福特(Crawford)于1954年提出的一种创意思维策略。此法强调使用者在创造的过程中观察和分析事物或问题的特性或属性，然后针对每项特性提出改良或改变的构想。

9. 希望点列举法

这是一种不断地提出"希望""怎样才能更好"等理想和愿望，进而探求解决问题的办法和改善对策的技法。

10. 优点列举法

这是一种逐一列出事物的优点，进而探求解决问题和改善对策的方法。

11. 缺点列举法

这是一种不断地针对一种事物，检讨此事物的各种缺点，进而探求改善对策的技法。

12. 检核表法

检核表法是在考虑某一个问题时，先制成一览表，对每项检核方向逐一进行检查，以免遗漏。该方法可用来帮助员工进行全面思考，有助于构想出新的工作方法。

13. 七何检讨法

七何检讨法，也称5W2H分析法，其中，5W是指何故（why）、何事（what）、何人（who）、何时（when）、何地（where）；2H是指如何（how）、何价（how much）。该方法的优点在于提示讨论者从不同的层面去思考和解决问题。

14. 目录法

目录法又称强制关联法，指在考虑解决某一个问题时，一边翻阅资料性的目录，一边强迫性地把眼前出现的信息和正在思考的主题联系起来，从中得到构想。

15. 创意解难法

美国学者帕尼斯于1967年提出的"创意解难"的教学模式，发展自奥斯本所倡导的头脑风暴法及其他思考策略。创新解难法的重点在于解决问题的过程中，问题解决者应以有系统、有步骤的方法，找出解决问题的方案。

第四节　创新实践的成功案例

案例一　沈亚：创立唯品会

创立唯品会前，沈亚已经在商海沉浮多年，主要经营通信器材的进出口贸易。沈亚负责在国内协调通信器材厂商、组织货源，洪晓波担任欧洲的渠道商和代理商。2007年沈亚到长江商学院读书，不久把洪晓波也拉了进去，他们希望能够找到新的方向，也希望商学院的平台和人脉能给他们带来帮助。

一天早上，洪晓波看到妻子在一家法国电商网站上购买打折的名牌服装，该网站的特点就是几乎囊括所有世界名牌，并且均有折扣，但需要在规定时间内抢购。洪晓波把这种模式告诉了沈亚，沈亚马上判断出这种电商模式在中国会有长远的发展，于是两人一拍即合，经过3个月的调研，租下了信义会馆1 200平方米的办公室，正式创立唯品会。

唯品会成立后，沈亚都是亲自飞往欧洲采购商品。他们看到了国内市场对奢侈品的强劲需求，但3个月后，沈亚果断地放弃了这一模式。据其回忆，当时国内消费者对网购1 000元以上的商品是抗拒的，每日只有几个订单。随后，唯品会决定转向中高档大众时尚品牌，而奢侈品只作为其中的一个频道，如今业务占比不足5%。

当被问及如果当年坚持下来，是否会做得更好时，沈亚笑着说："如果坚持做奢侈品，恐怕唯品会早就关门了。"

"当初也没有想能够做多大规模，只想尽量把限时抢购这个模式做成功。"沈亚坦言自己出发时看到了远行的方向，并没有过多考虑账面数字。2009年这种模式初步被认可，到2010年交易量也随之攀升，于是他们将全部精力集中于限时抢购上。至此，源于法国VP而又本土化后的盈利模式初见雏形。

唯品会成立之初，团队成员只有25人，如今员工数已超过8 000人。熟悉中国商业土壤和文化的沈亚，在创业过程中一直致力于创新，将这一"舶来品"本土化。比如物流配送，在国外，消费者从下单到收货可能等待一周或者两周，但在我国，各大电商企业已经开始比拼配送的速度，唯品会也不可避免地加入了这一"战争"。

案例二　索芙特：知己知彼，创意先行

索芙特的发展，经历了一个由小到大，由一个名不见经传的中小企业，发展到今天的知名品牌的历程。索芙特的成功，与其知己知彼、创意先行的创新策略是分不开的。当时的化妆品市场，大部分都在强调一种精神感受，但真正能把功能利益点落到实处的产品却很少。于是，索芙特看准了这一市场及竞争品牌的弱势，在产品开发和品牌营销上，走出了介于保健品与化妆品之间的品牌战略，提升了产品的附加值，赢得了消费者的信任，从而迅速与其他品牌区分开来，取得了很好的市场效果。

基于此，索芙特的市场选择有两个要素：其一是特殊利益需求者，其二是有购买能力者。这两个消费群体对价格都不太敏感，而更关注问题的解决。面对清晰的定位，索芙特更关注的是如何使消费者支付的价格达到利益最大化。所以，它敢于实行特殊的价格，成功实现其价格差异与市场差异。

进行了差异化的市场定位以后，索芙特便在差异化的市场层面，开发与竞争品牌完全不同的产品，走创意先行的道路。在产品开发方面，索芙特坚持开发高附加值的产品，不参与非理智的价格战，在获取合理利润的前提下实现了高速发展，这从其产品开发之旅可见一斑。

1993年，针对当时的市场差异，索芙特率先开发了"海藻减肥香皂"。索芙特海藻减肥香皂的诞生，率先实现了香皂的功能化，满足了消费者安全、方便的消费心理需求。1995年在中国市场形成了规模优势。这是来自市场终端的差异化定位的成功，更是知己知彼，创意先行的另类成功。

1997年，索芙特推出的"木瓜白肤香皂"大受欢迎。木瓜素有岭南果王之称，其蕴含的木瓜果酸、木瓜蛋白酶具有良好的分解黑色素和去死皮功能。木瓜白肤香皂受到了香港地区和两广地区消费者的欢迎。索芙特再次引领了中国市场的美肤护肤潮流，木瓜护肤成了各个品牌竞相开发的领域。

2000年，索芙特开始全面进入洗面奶市场。索芙特从消费者的需求入手，研发了木瓜白肤、珍珠白肤、柠檬白肤、收缩毛孔、微粒护肤、MG祛痘、芦荟保湿、羊胎除皱、眼圈活肤、瘦脸十个单品，推出了"十大美女"洗面奶，提出"用洗脸的方式解决面子问题"。独特的产品使索芙特在洗面奶市场上一路高歌猛进。2001年，索芙特洗面奶已位居同类品牌销售量第九名、国产品牌第一名。

索芙特的成功，与其深入研究行业，深入分析竞争品牌，做到知己知彼，百战不殆

是分不开的。尤其是在这一思想的指导下开发的系列产品，都做到了"人无我有"，从而迅速占领了市场。不仅如此，在品牌传播上，索芙特也追求"人无我有"。比如，1997年索芙特"木瓜白肤香皂"上市时，以一篇"天然木瓜，白肤新发现"的文章形式发布，跳出了以往的硬性广告的思路，令消费者耳目一新，取得了不错的推广效果。

现在的很多新产品一上市就降价，甚至在一个行业还没有成熟时，产品的价格战已经打得天翻地覆。而索芙特在上市之初，价格不降反升，这说明了什么问题呢？索芙特正是在充分知彼劣势的基础上，充分发挥自己的优势，开发出有独特附加值的产品，精准执行了"人无我有"的差异化定位战略，所以取得了成功。如索芙特强调的香皂减肥安全有效，不会产生毒副作用，对消费者产生了很大的吸引力。

案例三 王传福：未来再造一个比亚迪

据比亚迪股份有限公司董事长兼总裁王传福介绍，"云轨"是比亚迪历时5年，投入1 000多人的研发团队，耗资50亿元研发的治理城市拥堵、噪声和空气污染的神器；是针对世界各国城市拥堵问题推出的战略性解决方案，也是应对中国未来快速城市化尤其是三四线城市便捷出行的新型交通工具。

按照王传福的说法，"云轨"属于中小运力的轨道交通，造价仅为地铁的1/5；建设周期仅为地铁的1/3；爬坡能力强，转弯半径小，具有极强的地形适应能力；噪声低，可从城市建筑群中穿过；桥梁通透，独立路权，景观性好，能很好地适应城市生态环境；编组灵活，运能为每小时1万～3万人（单向）；最高时速可达80千米。比亚迪"云轨"可广泛用于中小城市的骨干线和大中城市的加密线、商务区、游览区等线路，解决大众出行的"最后一千米"难题。

据了解，目前地铁的造价为每千米7亿～8亿元。在比亚迪所在的深圳市，为建设地铁总计投入财政资金3 000多亿元，不仅如此，每年折旧以及银行利息超过150亿元。而在地价更高的北京，每千米地铁的造价甚至超过10亿元，其中北京16号线每千米12亿元。建设周期上，根据城市地貌地况的不同，每100千米地铁至少需要3～5年。对于很多二三线城市，地铁的建造周期及大规模的资金需求都对城市的财政以及占地施工的居民生活造成巨大的压力。即使在很多中等发达国家，如墨西哥、巴西、阿根廷，修建地铁也面临着很大的财政困难，王传福认为，"云轨"将是这些国家和城市很好的选择。比亚迪在这些地方也有一定的品牌认知度，随着"云轨"技术的成熟和大力推广，"一带一路"沿线国家将是比亚迪的目标市场。

就在比亚迪宣布"云轨"单车项目试制成功不久，汕头市政府就与比亚迪签订了长250千米、造价500亿元的"云轨"建设协议。目前，除了汕头，还有广东省的坪山、中山、滨海以及外省市的柳州、泉州、宜昌等20多个城市表现出浓厚的合作意向。比亚迪估算，全国273个地级市将会形成超过10万亿量级的公共交通建设规模。王传福坦言，未来"云轨"将成为比亚迪继横跨IT、汽车、新能源之后轨道交通的第四大产业。

2010年推出的"城市公交电动化"战略，已经在全球6大洲48个国家的200多个城市开花结果，成为比亚迪目前最具盈利能力的产业项目。王传福说，随着"云轨"轨道交通在全国乃至全球的推广，有望再造一个比亚迪。

案例四 于敦德：追求梦想创立途牛

于敦德，途牛旅游网（以下简称"途牛网"）首席执行官，毕业于东南大学。不善言辞是于敦德身上最为明显的标签，但这并不妨碍他成为很多年轻人的偶像。25 岁，创办途牛网；30 岁，公司年销售额达 12 亿元；33 岁，公司在纳斯达克挂牌上市……他说："人生从来没有捷径，追求梦想需要有一股敢拼敢闯的牛劲和永不言弃的精神。"

1. 25 岁创办途牛旅游网

于敦德的创业经历，和当下很多创业的"80 后""90 后"非常相似：在大学校园寻找志同道合的伙伴，毕业后开始几番创业摸索，最后找准一个方向并一头扎进去。

大学期间，数学系的于敦德和金融系的严海锋，都参与了东南大学的校园门户网站——"先声网"的运营。在先声网的合作，成为这两个喜欢互联网的年轻人在大学时代最难忘的社团活动经历。

如今的严海锋，已经是途牛网的运营总监。"在校期间我们就爱折腾，也创过业，做软件、做代理产品，都失败了，但那段经历非常珍贵，我们从中学到了很多东西。"于敦德说。

毕业之后，于敦德先后参与创办了五家互联网创业公司，但在每家公司都待了不到一年。因为酷爱做网站，想在这个领域干出一番事业，又因为喜欢旅游，于敦德在这个市场看到了更多商机，就将创业目标瞄准了旅游网站。

创业之初，于敦德和几个朋友一起筹备了 100 万元启动资金，租了一间 70 平方米的办公室，创办了"途牛网"。"图牛"是于敦德当时博客的名字，后来更名为"途牛"，用作公司的名字。"最初的 4 万多个景点都是一个一个手工添加进去的，那时就是没日没夜地干，不知疲倦。"于敦德说。网站完成后，对于是做社区网站提高流量卖广告，还是通过卖旅游产品直接赚钱？于敦德选择了后者，直接卖产品。他认为卖旅游产品发展空间大，并且内容容易放大。那时的盈利模式很简单，为旅行社提供旅游线路预订服务，消费者跟旅行社签订合同后，公司从中抽取一定服务费。事实证明，这个大方向是对的。

2. 获得 200 万美元风险投资

后来，100 万元启动资金花完了，而这时网站软件急需升级，30 多名员工要发工资，网站对外营销需要大量资金……更糟糕的是，这时国际金融危机爆发。大环境不好，投资人都捂起了口袋不敢轻易掏钱，于敦德记得那时一共见了 50 位投资人，他做了充分的准备，可是大部分人并不看好这个没有名气的小网站。面对一次又一次的失败，他来不及沮丧，又匆匆赶去见下一位投资人。"一个没戏，接着约见下一个，但从未想过放弃。"因为资金紧张，他在外地只能住小旅馆、地下室。"当时压力很大，如果融资不成功，那么公司肯定就挂了。"非常幸运的是，公司获得了 200 万美元的风险投资。忆起当初，他有些感慨："有梦想就要勇敢去追逐，不要放弃，因为成败有时就只有一步之遥，支撑我们走完这一步的是坚定的信念。"

拿到资金后，于敦德做的第一件事就是发工资，接着又开始升级呼叫中心。之前，途牛网扮演的一直是中介的角色，接了订单交给旅行社。2009 年，于敦德成立自己的旅行社，直接和消费者签订合同。此外，又收购了一些旅行社，并不断开发出以北京、上海、深圳等不同城市为出发地、目的地的旅行线路。

然而，当时内地在线旅游市场基本被携程网、去哪儿网、艺龙网三家网商把持，于敦德靠何良方突围呢？

在思考途牛网的商业模式时，于敦德有过犹豫。他说，在途牛网起步阶段，公司主攻社区旅游，如果坚持做下去基本就是现在的穷游网、马蜂窝，但这些旅游社区网站由于多是围绕话题、目的地做文章，面临许多流量无法变现的难题。"产品的创新是冲锋，商业模式的创新是变现，两者密不可分。通过用户良好的体验和口碑，可以极大降低营销成本，来积累一个非常庞大的用户群。"

经过几年打拼，于敦德悟出了途牛网要在同业中脱颖而出的"变现经"。途牛网与携程网在业务上是差异互补，途牛网70％的产品专注于出境游，而携程网主要是境内游。另外，途牛网主要服务休闲旅游客户，而携程网更多服务商旅客户，于敦德基于途牛网的商业运作模式及其与携程网的不同，认为途牛网更像电商，可以做在线旅游行业的"京东"或"唯品会"。

2010年，途牛网业务量快速增长，销售额4亿元。2011年获得红杉资本等C轮联合投资5 000万美元。2012年，网站注册用户达120万人，销售额达12亿元。2013年9月，途牛网完成D轮6 000万美元的融资。

3. 美国上市身家过亿美元

2014年5月9日，继携程网、艺龙网、去哪儿网之后，途牛网成为在纳斯达克上市的第四家中国在线旅游企业，也是美股市场上第一家专注于在线休闲旅游的中国公司，口号是"要旅游，找途牛"。

市场对途牛网的热情出乎不少人的意料，仅仅半个月，途牛网的股价涨幅已超过100％，到8月8日，股价最高触及25美元，已经比9美元的上市发行价上涨了178％。途牛的市值为10亿美元，而持股10.9％的于敦德，身家超过1亿美元，成为亿万富豪。对于敦德来说，途牛网抓住了中国人出国"跟团游"的商机，途牛网的火爆也再一次印证了资本市场对中国在线旅游市场的高预期值。

于敦德说，途牛网主打的"跟团游"跟亚洲人的旅游文化有关。"我们在中国跟团游这个市场是排在第一位的。美国人外出旅游，在语言上基本不会有太大的问题，因为很多目的地都是讲英语的国家。但是在亚洲，以韩国、日本和中国为首的国家，大多数人都只会讲本国语，对英语的掌握程度不太高，所以'跟团'的需求就比较大。亚洲人每次去一个地方，多数都倾向于选择跟团。"现在，因为我国各个城市居民的消费层次、文化差异、英语水平不同，一线城市中的自助游增长比例比较快，而在二三线城市，跟团游仍然是最主流的产品类型。

于敦德说，随着互联网被接受程度越来越高，越来越多的客户会在互联网上购买高客单价的产品。目前，途牛网平均一个跟团游订单是1.3万元，自助游平均一个订单是1万元。

如今越来越多的年轻人想要创业，在于敦德看来，创业之路从来都是无限精彩，但又荆棘丛生，回想自己的创业经历，于敦德感触颇多："年轻人创业不容易，失败率很高。但创业还是要趁早，要选择自己熟悉的领域，有坚定的信心，有承受痛苦和磨难的心理准备，能承受较大的压力和痛苦。"

案例五 宗庆后：抢占先机，创立娃哈哈帝国

宗庆后出生于1945年，在江苏宿迁长大。因为父亲身体不好，一家五口的生活来源主要靠在小学当老师的母亲，家境贫寒使得宗庆后和兄妹们先后辍学。1963年，初中刚毕业的宗庆后听说舟山马木农场要招收一批知识青年，就高兴地报了名。在这里，他们每天要做的就是挖沟筑坝、挖山路、拉土石方。这个18岁的年轻人一干就是15年，饱受了极度体力和过度劳累之苦。然而，也正是这番苦干，让宗庆后瘦弱的身体逐渐变得强壮起来，也养成了他遇难不惧的沉稳性格。1978年，宗庆后的母亲退休并找到了一份卖纸箱的工作，宗庆后也回到杭州，在一家茶厂工作。母亲年纪大了之后，宗庆后"接手"了卖纸箱的工作，也结束了靠卖力气赚钱养家的生活。

1987年，42岁的宗庆后想做点大事——接手因为亏损而无法经营的校办企业的经销部。下定决心突破过去的宗庆后开始向身边的人借钱，虽然有人愿意帮助宗庆后，但是没有一个人看好他。宗庆后并不在乎，他在心里告诉自己，如果做得好就能成为"杭州李嘉诚"。虽然经销部很小，没有客流量，但这里也是一个承载着他中年梦想的创业之地。为了寻找客户，宗庆后开始在街上卖冰棒。虽然这段凄惨的经历并没有让宗庆后致富，却让他积累了丰富的市场经验。

1989年，决心自己创业的宗庆后，用家里所有的积蓄创办了一家娃哈哈小食品厂。工厂的规模不大，但宗庆后并不急于扩产。而是专注于生产适合儿童的营养产品。当时，国内生产儿童饮料和食品的厂家并不多。娃哈哈的第一款产品是娃哈哈儿童营养液。该产品一经推出，便受到广大儿童的喜爱。随着"喝了娃哈哈，吃饭就是香"系列广告的推出，产品走红，营养液迅速冲出杭州市场，一路奔向上海、北京等地。产品销售越来越火的同时，也给娃哈哈带来了不小的挑战，暴露了公司生产能力不足的问题。1991年，宗庆后带领校办工厂100多名员工深入市场进行了全面调查。为了解决生产力问题，他斥资8411万元兼并了拥有2000多名员工的国有老厂杭州罐头厂，成立了娃哈哈食品集团。宗庆后想先解决问题再给钱，没想到这一举动让陷入困境的杭州罐头厂员工对自己很不满。一方面，杭州罐头厂员工认为，校办企业的销售部门没有资格收购国有老厂；另一方面，娃哈哈的员工觉得花这么高的代价收购一家即将倒闭的罐头厂是不值得的。双方的矛盾迫在眉睫。为了团结员工，宗庆后在罐头厂召开了职工大会。他诚恳地和大家说明了娃哈哈急需扩张的现状和罐头厂当前面临的形势。为了安抚工人，他还提出了不更换现有干部，提前给三个月奖金的对策，这次会议使工人暂时团结起来。三个月来，娃哈哈的销量和广阔的市场给原罐头厂的全体员工打了一剂强心针，全厂的工作氛围也焕然一新。杭州罐头厂全面融入娃哈哈后，宗庆后走上了一条营养之路。然而，越来越多的企业开始进入这个行业，并试图从中分一杯羹。为了牟取利润，许多厂家开始混迹其中从事造假活动。眼看市场越来越混乱，宗庆后在1992年决定放弃保健品市场，转投纯净水。在事业转型的第二年，整个保健行业都受到了严惩，不少企业在1992年经历了寒冬。而宗庆后则带领娃哈哈研发生产AD钙奶和纯净水。也正是从这一时期开始，娃哈哈与农夫山泉十多年的"拔河"正式打响。1996年，娃哈哈纯净水一经推出就占领较高的市场份额，成为知名产品。从娃哈哈工厂正式成立到此时，宗庆后只用了7年时间就成了一名成功的商人。

案例六　墨迹天气：独辟蹊径，终获成功

2016年，墨迹天气提交了IPO招股说明书，拟登陆创业板。作为国内天气应用的头部品牌，墨迹天气拥有超过5.5亿用户，可以支持约199个国家，超过20万个城市和地区的生活类天气查询。在中国天气应用活跃用户里，墨迹天气的覆盖率达到69.1%。资料显示，2015年墨迹天气收入达到了1.25亿元，此后几年营收一直稳中有涨，2017年总营收达到3.10亿元。然而，拥有较高用户活跃度和稳定营收的墨迹天气在提交招股说明书接受资本市场的监督和考验时仍然逃不掉商业模式单一的质疑。的确，单为C端用户提供天气服务的模式本身不易进行商业模式创新，自2016年就开始探索B端和前向收费等商业模式的墨迹天气也许还称不上硕果累累，但却展现出了一个广阔的商业空间。

气象在中国的属性一直是公益服务，从20世纪80年代开始，气象部门提出了要在做好公益性气象服务的同时，积极开展有偿专业服务，并围绕气象事业发展开展综合经营，这一政策走到今天并无特别大的进展，气象部门的公益服务属性仍然强而又强。但气象与经济的关系非常密切，据推测有五分之四的经济活动与之有关，而消费者心理和消费决策等也都同天气有很大关系。在强劲的市场需求之下，商业气象产业的发展应该受到更多重视，这恰恰是墨迹天气的转型方向。

由中国气象局主办的《中国气象报》曾于2022年12月27日刊文《勇立潮头风云壮——改革开放40年气象现代化建设综述》，其中就提到要"气象部门积极推动服务体制改革，充分发挥市场在资源配置中的作用，推动一批如墨迹天气等气象服务公司快速发展"。墨迹天气是除各电视台发布的天气预报之外，普通人能够近距离接触到的气象服务之一，更重要的是，这还是一款运行在移动设备上的气象服务，时刻在线，不受地域、场景、设备的影响，通过手机就能很方便地获取其服务。

墨迹天气创始人兼CEO金犁在两会期间接受新华社采访时曾表示，墨迹天气是一家通过互联网提供服务的气象服务企业，特点是通过新技术方式将传统服务做成一门生意。的确，移动互联网崛起之后，很多行业受其影响发生变化，但新兴的互联网公司在商业模式上特点鲜明，要么就是独辟蹊径寻找新的商业模式，要么就是在现存传统服务基础上做加持。墨迹天气却不同，这家公司遵循传统服务的规律，利用技术手段使其更有效率，分发给更多人群，这符合国家气象产业政策方向，也是移动互联网行业中难得的不企图越界作业、安守本分的企业。

从传统气象服务的角度来说，这是个广义而普适性强的服务，但缺少一些个性化和定制化色彩。任何人都可以打开电视去看广义的天气预报，可一旦涉及本行业乃至于个人的需求时，这种广义天气服务是很难满足需求的。墨迹天气首先利用移动互联网的便利性，将广义气象服务分发给个人，并借此建立起一大批忠诚的用户群体，在这个基础之上积极探索更细化的市场需求，向个性化和定制化这些服务中的死角和用户痛点发起冲击。这个建设过程与成效，与电视台铺设覆盖全国的信号发射塔，气象局在全国各地建立气象观测站，从意义上来说是一样的，这其实是一种新形式的实体经济模式。

这种新技术支持的气象服务，在需求端到底有何意义呢？一方面，实体经济中有大量对天气高度依赖的企业，例如涉及大量户外运作的快递、物流、出行、航空等，他们

对个性化气象服务的需求很大。据了解，目前包括饿了么、美团等在内的国内大多数的外卖企业都在使用墨迹天气的气象服务，用于解决不良天气下后台送达时长预测、骑手调配以及精准补贴等问题。另一方面，个人对气象服务的需求趋势也在显现，例如大雾造成的海南滞留问题，如果用户能提前预知天气，也许就不必花天价机票才能回家了。个人的旅游出行、婚纱摄影、重要户外活动等，对气象服务的需求也同样旺盛。电视里播报的天气预报显然不能完全满足这些需求，通过便携式、移动化设备随时获取信息的方式，更有可能满足这些需求。

墨迹天气在个性化和定制化气象服务方面所做的事情，是传统气象服务很难做到的。将人工智能应用到气象服务中，是墨迹天气一直在着力打造的一个基础能力。目前墨迹天气对外提供的服务，以"专业数据＋用户数据"为基础。墨迹天气一方面与国内外专业的气象机构部门合作(如中国气象局、北京市气象局，还有国际专业气象组织，比如美国国家海洋和大气管理局、欧洲中期天气预报中心等)，定期获取数据；另一方面还会通过用户后台关于短时天气的反馈以及时景社区每天收到的几十万张时景图片等对局部气象情况进行实时监测，这也就是所谓的众包数据。多来源的数据结合在一起，由墨迹天气进行分析之后加以运用，可使得气象预报更为准确，也能以更多样化的方式来满足用户的不同需求。

金犁在两会期间接受新华社采访时特别提到人工智能在气象预测上的重要作用。墨迹天气的技术研发费用占到总营收的15％，其中重要的一项机器算法主要用于"短时预报"，也就是让墨迹天气能够实现精确到分钟级和千米级的天气预报数据的重要技术，这是墨迹天气基于官方数据和实时数据做出来的新的气象产品，也是满足B端用户市场需求，助力其服务实体经济，实现商业模式多样化的重要因素。

纵观行业，像腾讯、百度、京东这样的互联网巨头也在抓住了流量红利之后，用C端市场为B端市场培养客户，通过技术端、数据端等储备的经验和优势为服务B端市场蓄力。

而在经济高速发展的今天，实体经济对天气预报服务的依赖性正在日益加强，各种大大小小的个性化和细分需求铺天盖地而来，基于多来源的气候观测数据建立智能化天气预测平台，是未来的一个发展方向。智能化能解决很多问题，如快速预测、短时预测、突发情况的预测、预测结果的点对点分发等，这都是同传统天气预报相比得天独厚的优势。墨迹天气这种用新技术手段将广义天气预报服务细分化、垂直化、个性化、定制化的企业，其服务的对象是蓬勃发展的实体经济，其本身作为一种实体经济基础服务的提供者，是另一种形式的新实体经济创新模式。

《中国气象服务产业发展报告》显示，到2025年中国气象服务产业规模可达3 000亿元人民币。而随着气象数据的进一步开放，这个市场也到了即将腾飞的前夕。墨迹天气在C端获取大量用户之后，又积极转型做B端服务，除了外卖行业外，也在向航空、物流等行业布局。作为移动互联网公司，墨迹天气坚持将主业聚焦在气象服务这一点之上，旨在为用户提供更为有价值的服务，并从中实现自己应有的商业价值，这是墨迹天气与很多移动互联网公司不同的地方。在未来的商业气象大市场中，墨迹天气将占有一个相当显著的位置，伴随着中国的商业气象市场共同成长。

案例七　王卫：冒着生命威胁铁腕"削藩"

1993 年，22 岁的王卫创办顺丰，缔造了"中国的联邦快递"，并迅速成长为中国的"快递之王"。马云曾说，他最佩服的人是能管理 7 万基层员工的顺丰创始人王卫。

王卫喜欢挑战极限运动，是一个审慎的商人，也是一个热情的梦想家。正是这样的魄力，使王卫带领顺丰从草根班底走向发展正轨，但这个过程并非一帆风顺。

顺丰最初的产品基本是深港件，需求增长很快。不久，顺丰以顺德为中心，将发展网络辐射至广东省以外。业务模式快速复制到长三角地区，进而扎根华中、西南和华北地区。除了公司所在地顺德，当时顺丰新建的快递网点大多采用类似加盟的方式，对地方放权并进行利润激励，自下而上，顺丰似乎走上了有序的发展之路。1999 年之前，王卫曾短暂地离开公司，淡出日常管理。

然而每天喝茶、打高尔夫的清静的富贵闲人生活并没有持续太久，顺丰的放权管理逐渐出现破绽。随着网点和人员的增多，被"承包"的各个片区开始形成各自为政的局面。在利益的驱使下，一些加盟商夹带私货、延揽业务，如果不及时控制，顺丰很有可能丧失信誉和市场。

1999 年，意识到事态已经很严重的王卫，明白自己需要马上回归。同时，他性格中强硬的一面开始凸显，从 1999 年起，王卫不动声色地展开了全国的"削藩收权"行动。一方面强制要求加盟商将股份卖给他，另一方面对加盟商以后的福利待遇给出了相当丰厚的条件。

这场改革遇到了各种阻力，王卫甚至受到了生命威胁，但他也毫不退却。正是由于他的坚持，经过近三年的整顿，顺丰的架构和各分公司的产权逐渐明晰，王卫重新拿回了失去的控制权。在这个过程中，他甚至将曾经供职于公司的父亲与姐姐拒之门外，这足以看出王卫的雷霆铁面。

案例八　梁芸：专创融合，用青春助力家乡振兴

梁芸，2015—2018 年在山西应用科技学院求学，现为山西中农化生物技术股份有限公司（以下简称"中农化公司"）总经理。

大学毕业以后，因为家庭原因，梁芸选择投身农业，公司主要经营土地、果树所需的各种营养元素，即各种肥料。从生产到销售，再到供应及财务，梁芸不断学习，从一无所知到能独当一面，经历了一段漫长的时间。好在功夫不负有心人，中农化公司的发展蒸蒸日上。2020 年公司研发的土壤保水剂"水力方"，在创客中国、双创大赛及第六届互联网大赛上都取得了优异的成绩。2021 年的新品"土酵母"也已经申报项目。这些工作的顺利进行，都离不开梁芸在学校的所学所看，离不开老师们的辛勤培育和教导。大学期间，她在实验班的老师的带领下去参观各种企业，参加各种大赛，学会了一系列的流程，自身综合能力得到了较大提升。

中农化公司的发展理念是"降本增效"，为老百姓降低成本，提升收益，努力为乡村振兴做出一定的贡献。2020 年，中农化公司响应中央省市县"万企进万村"文件精神，与刘家沟村签订"企村结对"协议，两年来，总经理梁芸无偿捐赠刘家沟村生物有机肥 58 吨，

价值30余万元；安排公司农技专家到田间地头开展送技术下乡活动40余场，累计惠农3 800余人；2020年中农化公司投资1.1亿元的5万吨处理甘蔗渣（液）废弃资源综合利用项目上马后，公司人事部门第一时间联系刘家沟村委会签订了帮扶用工合同，安排当地就业50余人，月均收入达4 500元，助力帮扶该村脱贫增收。

"助力家乡脱贫，积极服务社会"一直是梁芸的奋斗信念。2018年起，梁芸带领公司员工先后为抗震救灾、帮扶困难学生和贫困地区等捐款捐物累计高达200多万元。其中：疫情期间，捐赠防护服、口罩、消毒液等防疫物品，价值10万元；2021年4月，资助甘肃贫困山区小学文具、电脑、书籍等物资，价值10万元；2021年10月，驰援运城市稷山县、新绛县抗洪救灾，捐赠编织袋、矿泉水、方便面等物资，价值14余万元；农耕期间，捐赠有机肥料到夏县、垣曲、平陆、灵宝等贫困山区，共计150余吨，价值90余万元；逢年过节，看望孤寡老人、贫困户，送去日用品和慰问金；连年举办打响"净土"保卫战、"土壤修复万里行"和"冬季一把剪培训班"等系列送技术下乡活动，目前在全国范围内送技术下乡活动达10 000余场。

发展不忘本、努力回馈社会、履行社会责任是梁芸一直坚持的又一份事业。接下来，中农化公司在梁芸的带领下，将一如既往地开展社会公益事业，反哺大众，切实履行企业社会责任，努力打造诚信高远、品质高远的公司形象。

章节自测

一、名词解释

创新型人才；创新能力

二、简答题

1. 创新型人才的特征有哪些？
2. 创新型人才的类型和培养途径分别有哪些？
3. 创新能力的训练方法有哪些？

三、案例分析

1996年7月，山西焱鑫多种经营有限公司的厂房里，第一批汽车配件正式下线。在随后的20多年里，爷爷与父亲两代人投身汽车相关行业，并响应国家号召，于2004年成立焱鑫车辆检测有限公司。

车辆检测站（简称车检站）在为道路安全保驾护航的同时，也为国家承担了监督检查的工作。但是，近年来从业者素质参差不齐，导致车检站想方设法抢顾客，而车主对审车流程和要求不了解，更关心如何安全快速地为爱车体检并享受周到的服务。当车主为了应付检查而审车时，这个行业本身就失去了存在的意义。为车主带来实打实的便利，为每一位交通参与者保驾护航是爷爷与父亲最初创业的梦想。与此同时，在耳濡目染中，这份使命深深地扎根于我幼小的心灵中。

2014年国家颁布政策，车检行业真正实现了从资源属性到市场属性的转变。车检站不再是少部分人近水楼台先得月的产物，存亡去留都由市场决定。2017年，在市场的冲击下，公司经营状况不理想，改革刻不容缓。看着父亲脸上难掩的焦急，当时刚上高中的我看在眼里急在心里。经过长时间的市场调研，我发现以车检为代表的所有汽车服务业，都面临着因为不透明和服务质量低而导致的车主体验感差的问题。在与父亲不断地探索下，"喝着咖啡审车倡导者"的创新理念横空而出，一经推广，在车主之间获得众多好评。这一阶段性的成绩，也成为我们车检站改革的正式开端。

在互联网与传统行业的碰撞愈演愈烈的信息时代，"汽服＋互联网"成为发展的必然趋势，将车检与网络完美融合，也逐渐成为我的梦想。2020年高考结束后，我开始筹备建设专注于车辆服务的线上平台，希望通过构建平台，为汽服商家与车主之间搭建桥梁，真正实现行业透明、规范经营。然而理想很丰满，现实很骨感，阅历和经验的欠缺，让我空有想法却无法实践。当初的满腔热血，随着残酷的现实逐渐被浇灭。

2020年10月，已是一名大学生的我，幸运地加入了学校组织的实验班，创新创业的专业课程让我如获至宝，也有机会结交到了各个专业的优秀学子，创业梦想的火种再次被点燃。在学校软件工程、汽车检测等相关专业同学的加盟下，"易享畅行"团队成立，同时研发出"易享畅行——汽车一站式服务平台"微信小程序。在老师的启发和团队不断的市场调研下，我们发现，运营平台收获的活跃数据，除了可以为车检站等汽车服务行业带来可观的客户外，还可以为国家大力发展的"智慧交通""车联网"工程建设提供数据支持。车联网的推广让我们看到了汽服领域广阔的前景。也因如此，山西行易科技有限公司，一家专注于车联网大数据研发及应用的自主创新型科技企业顺势而生。

光靠平台获取的数据是远远不够的。为了获取深层次的数据，在北京开物鼎新技术团队等众多行业专家的技术指导下，行易科技有限公司的研发团队结合5G技术，研发出"易享畅行"OBD终端，产品获取的数据可以实时上传至汽车检测站，进行监督，使检测效果更加精准；此外，还可以为车主提供汽车安全检测、驾车评测、油耗评估、寻找车辆、碰撞和防盗提醒、保养顾问、违章提醒、紧急救援、酒后代驾、智能路线规划、语音导航等全方位的出行服务。

为了更好地规范平台汽服商家的质量，团队大胆规划，创立"行易车管家"汽车一站式服务直营店，最终实现了"平台养黏性，产品获数据，实体保质量"，让车主出行，更安全更容易，让爷爷与父亲的初心更好地延续下去，也让"易享畅行"成为真正让车主可信赖的汽服品牌。

要求：

结合案例分析，创新型人才具有哪些特点。

第四章
创新行为

第一节　创新行为概述

一、创新行为的概念

习近平总书记在党的二十大报告中提出：必须坚持科技是第一生产力、人才是第一资源、创新是第一动力，深入实施科教兴国战略、人才强国战略、创新驱动发展战略，开辟发展新领域新赛道，不断塑造发展新动能新优势。新时代下创新是引领国家发展的第一动力。创新行为是一种"创造性的破坏"，它赋予资源一种新的能力，使它能创造价值，并成为社会进步与发展的动力所在。创新行为是以新思维、新发明和新描述为特征的一种概念化过程。创新行为有三层含义：第一，更新；第二，创造新的东西；第三，改变。从本质上说，创新行为是对创新思维蓝图的外化、物化。创新行为就是在原有资源(工序、流程、体系单元等)的基础上，通过资源的再配置，再整合(改进)，进而提高(增加)现有价值的一种行为。

创新行为是指以现有的思维模式提出有别于常规或常人思路的见解为导向，利用现有的知识和物质，在特定的环境中，本着理想化需要或为满足社会需求，而改进或创造新的事物、方法、元素、路径、环境，并能获得一定有益效果的主动行为。

法国数学家亨利·庞加莱提出创新行为的四阶段模式。第一阶段是准备阶段，绞尽脑汁考虑问题，收集各种各样的数据信息。在这个阶段人们可能会钻牛角尖，发现众多可能性却没有灵感。第二阶段是酝酿阶段，将所有信息和可能性在脑中慢慢"加温"，放飞思想，异想天开，一旦有什么想法冒出来，就马上抓住，即产生许多潜在的解决方案。第三阶段是豁朗阶段，常常要凭运气，灵光一闪，然后就有新想法随机诞生，以实现问题的突破。第四阶段是验证阶段，要求人们坚持下去，抵抗住压制新兴事物的反对、挫折、考验与失败，以证明新想法的可行性。

二、创新行为的表现形式

创新行为是创新素质与能力的表现，是指产生新颖且具有潜在价值的事物或想法，并促使组织或个体在激烈的竞争中立足与成长的行为。创新行为的表现会因组织对个体的定位不同而存在差异。

2021年6月3日，中国科学技术发展战略研究院在2021浦江创新论坛上发布了《国家创新指数报告2020》(以下简称《报告》)。《报告》显示，我国国家创新指数综合排名居世界第14位，比2019年提升1位，是唯一进入世界排名前15位的发展中国家。与英国、芬兰、法国、爱尔兰等排名第10~13位的国家间的差距进一步缩小。中国科学技术发展战略研究院副院长刘冬梅介绍，2018年中国人均GDP为9 771美元，在世界40个主要国家中仅高于印度、南非、巴西、土耳其和墨西哥。但中国创新指数得分已接近人均GDP 5万美元左右的欧洲国家，是唯一一个研发投入强度超过2%的中高收入国家。根据国家创新指数历年结果，《报告》将40个国家划分为三个集团，综合指数排名前15位的国家主要为欧美发达经济体，均为公认的创新型国家，属于第一集团；第16~30位为其他发达国家和少数新兴经济体，属于第二集团；第30位以后的多为发展中国家，属于第三集团。

对企业而言，创新行为主要表现为四种类型：产品创新、市场创新、商业模式创新和管理模式创新。

(1)产品创新，是指将新产品、新工艺、新服务成功地引入市场，以实现商业价值。如果企业推出的新产品不能为企业带来利润，带来商业价值，那就算不上真正的创新。产品的创新通常包括技术上的创新，但是产品创新不限于技术创新，因为新材料、新工艺、现有技术的组合和新应用都可以实现产品创新。例如，在国内摩托车制造行业，宗申和隆鑫等摩托车生产企业基于日本摩托车的整体产品设计架构，进行了模块化结构设计的产品创新。这种模块化结构的产品设计，使得建立专业化的零部件供应商网络成为现实，非常利于零部件成本的降低和质量的改进。借助于这种创新，中国的摩托车出口迅速增加，目前份额约占全球生产量的50%。对此，《麦肯锡季刊》2005年第一期有专文介绍，并指出这种模块化产品设计非常值得西方公司学习研究。

(2)市场创新，是指在产品推向市场阶段，基于现有的核心产品，针对市场定位、整体产品、渠道策略、营销传播沟通(品牌、广告、公关和促销等)，为取得最大化的市场效果或突破销售困境所进行的创新活动。市场定位创新就是选择新的市场或者挖掘新的产品利益点。所谓整体产品的创新指企业基于现有的核心产品，或改变包装设计，或变换产品外观设计，或组合外围配件或者互补的产品，或提供个性化服务。整体产品、渠道策略、营销传播和客户服务的创新必须要在重新调整后的市场定位策略的指导下开展，以取得整体最佳市场效果。很多国内企业都堪称这方面的高手。

(3)商业模式创新，是指改变企业价值创造的逻辑，以提升客户价值和企业竞争力。好的商业模式应该能够回答管理大师彼得·德鲁克的几个经典问题：谁是我们的客户？客户认为什么对他们最有价值？我们在这个生意中如何赚钱？我们如何才能以合适的成本为客户提供价值？商业模式的创新就是要成功对现有商业模式的要素加以改变，最终使公司在为顾客提供价值方面有更好的业绩表现。

(4)管理模式创新，是指基于新的管理思想、管理原则和管理方法，改变企业的管理流程、业务运作流程和组织形式。企业的管理流程主要包括战略规划、资本预算、项目管理、绩效评估、内部沟通、知识管理。企业的业务运作流程有产品开发、生产、后勤、采购和客户服务等。通过管理模式创新，企业可以解决主要的管理问题，降低成本和费用，提高效率，增加客户满意度和忠诚度。挖掘管理模式创新的机会可通过以下方式实现：和本行业以外的企业进行标杆对比；挑战行业或本企业内普遍接受的成规定式，重新思考目前的工作方式，寻找新的方式方法，突破"不可能""行不通"的思维约束；关注日常运作中出现的问题事件，思考如何把这些问题变成管理模式创新的机会；反思现有工作的相关尺度，如该做什么、什么时间完成和在哪里完成等。持续的管理模式创新可以使企业自身成为有生命力、能适应环境变化的学习型组织。

大学生的创新行为，包括创新意识与创新行动，主要表现在日常的生活和学习中能够主动以新颖独特的方式解决存在的问题，并能激发其转化知识的行为。个体做出创新行为，需要一些持续有效的动力，而这种动力来源于自我效能感。自我效能感强的人更愿意根据自身知识和经验去尝试找到解决问题的新颖思路或独到方法，这种意愿反映出个体对自身的充分认识和对自身知识技能的自信；相反，自我效能感弱的人观念保守、过于谨慎，不会主动去尝试一些新想法。现有大量研究表明，自我效能感对创新行为具有显著的正向影响。

第二节　创新行为的十六大特征

一、对从事领域有浓厚的兴趣

兴趣是创新思维和创新行为的营养。我国古代伟大的教育家孔子说过："知之者不如好之者，好之者不如乐之者。"可见他特别强调兴趣的重要作用。对所从事的领域有浓厚的兴趣是最好的老师，也是培养学生创新意识和创新能力的重要手段。

二、敏锐的洞察力

1. 从反馈信息中获得洞察力

取得洞察力的方法之一是深刻地解释所反馈的信息。一般人会就事论事地接受所反馈的信息，而富有魅力的人可能会从中挖掘出更多的意义。面对反馈的信息，有两种不同的解释方法：一种是简单、肤浅的方法，学习者对问题只寻找少之又少的反馈信息，这是一种防御性的思维模式；另一种是需要精神高度集中的方法，它要求深入细致地学习，利用反馈信息来检验在特定情况下自己思维的有效性。例如，一位刚从供应商名单上被撤下来的企业负责人可能这样自言自语："真倒霉，这家公司决定削减成本，因此选择了费用较低、质量较差的供应商。"另一位被撤下来的供应商可能会说："为什么不再选择我们供货了呢？客户认为我们比不上其他供货商，我对此很气愤，也很失望。我要做一番调查，看看为什么我们不能继续供货。"

当深入细致地处理反馈信息的人与小组或者与另一个人分享所获得的这些深刻见解时，这种方法就有助于增强魅力。因为大多数人不习惯这种极富有见地的、非防御性的思维，所以这将会激发他们的智力。

为了获得敏锐的洞察力，你必须尽可能不要产生防御性思维的倾向。你必须仔细分析反馈信息的意义。当你可以对反馈信息进行一种以上的解释时，不妨问问自己："我的目的是在尽可能多的情况下取得优势。我能从这种情况中努力获取什么信息呢？这种环境说明了什么?"然后与受这一情况影响的人分享你的深刻见解。

2. 提高洞察力的思考

当你收到反馈信息时，问问自己："这对我改进一贯的做法有没有意义?"当你观察一般的新闻事件或者与工作有关的事件时，问问自己："这一消息对我工作的意义何在?"当你从同事那里获得含糊其词的消息时，问问自己："这个人想告诉我什么?"当你在家里或在工作中出现问题时，问问自己："这是一个偶然事件还是一个警钟?"（假定你丢了钥匙，想一想这样的事情是否永远也不会发生了，抑或它意味着你需要一个放置钥匙的固定地方?）当你从事商业活动或者进行娱乐时，问问自己："在这一活动中，导致成功的主要因素是什么?"（例如，一家室内网球运动俱乐部要设法吸引能在白天参加俱乐部活动的初学者，比如家庭主妇和退休人员。）在获得深刻的见解以后，记住要与人分享，以此来提高你的魅力。

三、丰富的想象力

想象力可以赋予思想以创造性，它能让你做出很多富有创造性的活动。就像锻炼你的肌肉一样，有效的训练可以让你拥有无限的想象力。你必须经常为你的想象力注入新事物，否则它就会逐渐枯萎、萎缩。但是，千万不要把想象力错误地理解为幻想。幻想是"白日梦"，它是精神分散的一种形式，很多人都喜欢沉迷于幻想，结果遭遇了人生的失败。

创造性的想象是一种精神劳动。这种劳动并不轻松，只有最艰苦的劳动才能换来丰厚的回报，因为上天偏爱将成大事的机会留给那些勤于思考、想象和努力的人。

人的思想是唯一的创造之源，它无所不能，无所不知，无所不在。当你深刻认识到这一点时，你就在通往真理的道路上迈出了一大步。我们要想办法获得这种力量。思想就在我们的内心。但是，思想的力量却要经过精心培育、不断施肥才能获得。所以我们要多去接受新事物。

人类能够利用的一切力量都来自内心。只有认识你的力量，正视你的力量，让你的力量进入你的意识，与你融为一体，才能体验到它的威力。你最终得到的一定是和你的习惯、个性、精神状态相一致的人生条件、环境和生活经历，所以你的精神态度才是解决人生问题的关键。

所有的错误都源于人们的无知，而知识让人进步。所以，对知识的认知和应用也是获得力量的过程。知识是精神上的力量，是人类进步和发展的关键。知识是人类思考的结果，可见，思想是人类发展的基础。

精神是一种永恒的、进步的力量。你的人生取决于你对理想的执着程度，不过，要想顺利实现自己的理想，必须先做好规划，并利用一切必要条件来达成。如果能做到这些，你的精神与力量将充斥于你的整个身体，并在周围凝聚起一股积极的力量。

你要不断提高你的想象力、洞察力、感知力。当你的思想透过某个事物的表面看到其本质时，你就会明白，结果其实并不重要，那些过去曾经被你忽视的原因和过程才是世界上真正重要的东西。

四、强烈的好奇心

好奇是创新意识的萌芽。黑格尔说过："要是没有热情，世界上任何伟大事业都不会成功。"所有个人行为的动力，都要通过他的头脑转变为他的愿望，才能使之付诸行动。卢梭也讲过，人们受到的教育越多，好奇心就越强。

五、勇于实践

真正的勇并非暴虎冯河，应当是"自反而缩，虽千万人，吾往矣"。孔子曾讲过，"知者不惑，仁者不忧，勇者不惧"。《论语·公冶长》是对子路勇于实践、知行合一的赞美。子路是个急性子，因为这种性格，他还曾受到老师的批评。但是，子路之勇也是备受后世推崇的。每当听闻一个道理，如果认为是对的，子路会立即把它付诸实践。在没有完全领悟或者验证这个道理之前，子路害怕再听到更新的道理。因为子路认为，理论是用来指导实践的，听到好的道理而不去做，那是一种罪过。

反观成功者，无一不是高效的执行者。他们的可贵之处在于能把学到的知识运用到实践中，让它真正发挥作用。所以，我们不仅需要理论学习，更需要积极投身实践。子路的精神之所以可贵，正是这个道理。

六、"三创"精神

"三创"精神是对创新行为的一种态度。2014年，山西应用科技学院提出"创新意识、创造能力、创业目标"的"三创"育人理念，以培养"一专多能，活学活用"的应用型人才为目标，首创"1+1"实验班，致力于探索"三创"人才培养新模式。近年来，学校"三创"教育取得了显著成绩，受到广泛肯定与好评。

1. 创新

习近平总书记指出："创新是一个民族进步的灵魂，是一个国家兴旺发达的不竭动力，也是中华民族最深沉的民族禀赋。""在激烈的国家竞争中，惟创新者进，惟创新者强，惟创新者胜。"创新是发展的前提，一个没有创新思路的人很难创造出产品，正如华罗庚讲过的一句话：人之可贵在于能创新性地思维。为了拓宽学生视野，学校首先倡导培养学生的发散思维和创新意识，要求学生勇于思考，大胆创新。为培养更多的适应社会需求的技术技能型、应用型人才，学校给广大学生提供平台，在全校开展了"微创空间""创客星辰"等项目，形成了全校性的"1+N"创客集群和有特色、有规模、有声势的"应用众创空间"，营造了良好的"三创"文化生态。

创新精神的主要内涵包括创新意识、创新思维和创新实践。创新精神是一个国家和民族发展的不竭动力，也是现代大学生应该具备的素质。只有具有创新精神，我们才能不断开辟新的天地。大到一个国家，小到一所学校、一家企业、一个部门，创新是其事业长盛不衰的法宝，还决定着人们的精神面貌。一个墨守成规的人只会老气横秋，一家因循守旧的企业只会暮气沉沉。我们正处于一个飞速发展的时代，只有坚持创新，个人才能实现价值，企业才能跨越发展，国家才能繁荣富强。

2. 创造

苏联无产阶级作家高尔基有一句名言："生活的价值在于创造。"为了培养学生的创造能力，学校提出了大兴小发明、小创造之风；为了适应山西经济建设主战场以及应用型教育面临的新形势、新挑战，学校倡导学生走出校门学习成功的经验。学校立足于"应用型高校"这个定位，会同大学生创业园、众创空间，以参加各种创新创业大赛为抓手，激活创新活力和动力，培育师生创造的能力，组成教师和学生共同参与的教科研活动项目团队，将成果转化为教学内容，推动教学改革，推动产学研探索。同时，依托现有平台，遴选2～3项重点科技任务和项目进行培育，为早出成果、多出成果奠定基础。2019年，"1＋1"实验班宋达团队项目"康达智能养老护理床"在第三届中华职业教育创新创业大赛中夺得金牌，实现了我校乃至山西省中华职业教育创新创业大赛国赛一等奖零的突破。

为了提升全校师生的创造能力，学校出台了鼓励创造行为的激励政策，使创造之花开遍了各二级学院。仅2021年一年，全校就创设了27项省级课题立项、国家实用新型专利授权13项、软件著作权授权4项、实验班学生的实用新型专利授权4项；在山西省高等学校大学生创新创业训练项目中，有21个创意获得立项。积极创造蔚然成风，科研项目遍地开花，这是学校继续发展的底气和动力。

3. 创业

"创业是一种思考、品行、素质、杰出才干的行为方式，需要在方法上全盘考虑并拥有和谐的领导能力。"这是美国学者杰夫里·提蒙斯所著的创业教育领域的经典教科书《创业创造》的基本观点。对普通创业者来说，创业就是要把自己拥有的资源或通过努力拥有的资源进行优化整合，从而创造出更大经济价值或社会价值的过程。创业是一种需要创业者运营、组织、运用服务、技术、器物作业的思考、推理和判断的行为。山西应用科技学院特别重视毕业生的创业工作，在应用型人才培养方面，学校通过"工学结合""校企合作"等方式为学生零距离就业提供了通畅渠道，拥有各类综合实验实训室近130个，校外实训基地150多个，为学生创业提供了实训平台。

由于重视创业教育工作，学校也收获了硕果，适销对路的技术技能型毕业生好评如潮。例如，本校美术专业毕业生李定三，毕业后创办了山西乾通新能源开发集团公司，任中国书法家协会发展委员会委员，其作品被国家博物馆收藏，曾任山西省政协委员。本校舞蹈专业毕业生董文滨，担任八路军太行纪念馆讲解员，曾任山西省政协委员。毕业生刘卫红以勤奋的风貌，获得编辑高级职称，现任北岳文艺出版社副书记。表演专业毕业生牛艳军，现任山西步步高升文化传媒集团董事长，为山西文化产业发展做出了突出贡献。毕业生成才成功的例子可谓比比皆是，不胜枚举。据不完全统计，近几年来，我校毕业生就业率均在96%以上。

七、坚持的力量

那些成功的人总是坚持理想，为了实现理想，他们心里一直牢记下一步该做什么。思想是他们用来建造理想大厦的"基地"，想象力就是他们精神上的"建材"。坚毅顽强是成功人士共有的精神品质，坚持的力量正如荀子阐述的那样，"不积跬步，无以至千里；不积小流，无以成江海。骐骥一跃，不能十步；驽马十驾，功在不舍。锲而舍之，朽木不折；锲而不舍，金石可镂。"

八、思维发散、不受局限

发散思维又称辐射思维、放射思维、扩散思维或求异思维，是指大脑天马行空、四处发散的一种思维模式，你胡思乱想时的状态基本上就是发散思维。所谓思维导图、创新思维、发散联想等都属于发散思维。

如何让思维发散不受局限：①拓宽知识面、视野和格局。知识面越丰富，视野越宽阔，格局越宏大，思维越不受约束。反之，如果知识面狭窄，视野局限，格局窄小，思考问题也必将坐井观天，思路难以打开。②培养胆量。胆量，虽然有先天差异，但是后天是可以培养的。胆子越大，越不容易受到思维束缚，反之胆小的人，很容易思维受限。③培养发散式的思维习惯。不预设立场，即不要开始就考虑是否可行，那样会一开始就限制了思维的展开。④多问"还有吗"。

所谓的发散思维就是根据已有信息，从不同角度、不同方向进行思考，寻求多样性答案的一种思考方式。

创新思维学者托尼·巴赞指出，发散思维有两方面的含义：一方面是指来自或者连接到一个中心点的联想过程；另一方面是指思维的爆发。这种思考方式不受传统规则和方法的限制，要求我们遇到问题的时候尽可能地拓宽思路。发散思维的意义在于找出多种可能性。思路越广阔，想到的解决问题的方法也就越多。我们可以从众多的可选项中找出最佳途径。

一个思想呆滞的人不可能在某个领域做出太大的成就。科学家的新发明、商人的新点子、艺术家的新创作大部分都是通过发散思维来取得的。发散思维要求我们思考问题的时候从一个问题出发，探索多种不同的答案。

有人曾请教爱因斯坦："你和普通人的区别在哪里？"爱因斯坦把普通人的思考比作一只在篮球表面爬行的甲虫，他们看到的世界是扁平的；而他自己的思考则像一只飞在空中的蜜蜂，他看到的世界是全方位的、立体的。

缺乏发散思维的人总是想到一个思路之后便不再思考了，得到一个说得通的解释就不再去探索其他的解释了，这样就养成了懒惰的思维习惯。

九、知识面宽泛

知识是兴趣产生的基础条件，因而要培养某种兴趣，就应有某种知识的积累，例如，要培养写诗的兴趣，就应先接触一些诗歌作品，体验诗歌美好的意境，了解写诗的基本技能，这些对于诱发诗歌创作的兴趣很有帮助。通常，知识越丰富的人，兴趣也越广泛。因而要培养更多的兴趣，就要从多种渠道拓宽自己的知识广度，了解更多不同方面的知识，从中找到自己的兴趣点。

那么，如何拓宽自己的知识面呢？

1. 增加阅读量

要拓宽知识面，最有效的方法莫过于阅读。俗话说，"书中自有黄金屋，书中自有颜如玉，书中自有千钟粟"，阅读是获取知识的最佳途径，也是发现兴趣的深厚基础。只有你知道的东西多了，你才会知道你爱什么、喜欢什么，很多故事里的情节、场景都有可能引起你的共鸣。若你对某一过程产生了共鸣，有身临其境的感觉，那么这可能就是你的兴趣所在。

闻名世界的英国发明家法拉第，年轻时是个书店学徒。他在装订《大英百科全书》时，书中的电学知识引起了他的好奇心，使他对电学产生了浓厚的兴趣，并开始以顽强的毅力进行钻研。1831 年，他发明了世界上第一台发电机——法拉第圆盘发电机，这是人类创造的第一个发电机。

2. 开阔眼界

所谓"读万卷书，行万里路"，在认识世界的过程中能增长见识，开阔视野，也能找到一些自己感兴趣的事情。你之所以不知道自己对什么感兴趣，或者对什么都没有兴趣，那是因为你长期地关注自己身边的事情，忘记了远处的风景。也有可能你以自我为中心太久了，把世界的万物都忘记了，建议来个 3～5 天的短期旅行，出去走一走，或许能让你豁然开朗。

3. 多与朋友交流

"三人行，必有我师焉"，从朋友身上能学到更多的知识，而且朋友的爱好也最能感染到你，他们对你喜欢什么也最了解。可以让他们指出你在做什么事情的时候最出神或最静心。这些你有意识地去主动关注的事物，有可能正是你的兴趣所在。

总之，要多学习，拓宽自己的知识面，努力发现自己的优势，还要广泛结交一些朋友，在交友的过程中，你会发现朋友都各有自己的特长爱好。多参与一些活动，在与他们的接触中，找出自己有潜力的空间。欠缺什么就培养什么，即便你不喜欢，只要能坚持下来，必将终身受益。此外，对这个世界要始终保持好奇心，好奇心是兴趣产生的基础。兴趣总是从好奇开始，因为好奇、想认识而去探究其中的奥秘，久而久之就成为你的专属兴趣。

十、脚踏实地

《履卦·象辞》曰："上天下泽，履。君子以辩上下，定民志。"意思是君子要深明大义，知道社会中每个人都有不同的身份、职责，各安其分，才能井然有序。

脚踏实地是人们成长道路上最大的智慧，因为成功从来没有捷径可言，只能点滴积累，步步靠近。脚踏实地做好每件事，这既是一个自强不息、激情奋发的过程，更是一个涵德养性、厚德载物的过程，可以很好地磨砺心性，涵养品行，从而具备担当大任的能力素质。

北宋史学家司马光编撰了一部我国最大的编年体史书《资治通鉴》。他治学严谨、刻苦，为编撰《资治通鉴》，每天天不亮就起床，一直工作到深夜。他对书稿精益求精，六百多卷的初稿，到定稿时只剩下 80 卷，而且全部用小楷书写，没有写一个潦草的字，剩下的废稿堆满了两间屋子。全书上起战国，下至五代，共记录了 1 360 余年的历史。他这种认真踏实的治学态度，受到人们的赞扬。一次司马光问他的朋友：你觉得我是怎样一个人？朋友答道：你是一个脚踏实地的人。

那么，如何才能做到"脚踏实地、行稳致远"呢？

1. 要正确认识自己

2000 年前，古希腊人就把"认识自己"作为铭文刻在阿波罗神庙的门柱上，中国也有

"知人者智，自知者明"的古训，可见，东西方文化都不约而同地强调了认识自己的重要性。在这个世界上，只要摆正自己的位置不懈努力，人人皆可成才。岗位无高低，工作无贵贱，只要用心去做，就能干出不平凡的业绩。

（1）要客观、正确地评价自己。俗话说，人贵有自知之明。自我评价是对自己的感知、想法、品德、行为及个性特征的判断与评估。要做到真正认识自己并能客观、正确地评价自己，往往比客观地评价别人更困难。

（2）要积极地肯定和提升自己。积极地肯定自己是一种自信，自信就是动力，它给予人们不断向前的勇气。人生不如意之事十有八九，我们总会碰到各种挫折和困惑，需要不断进行自我激励，把自己的心境调节到最好，在实践历练中不断提升自己，把自己的表现发挥到极致，这样才能顺利工作、快乐生活。

（3）要学会独立思考。独立思考是完善人格的基本前提，对于提升自我认识能力非常重要。人云亦云，被别人的言论所左右，这是没有主见的表现，也是人生成功的大忌。如果你认准了奋斗目标，就要聚集自己的能量，全力以赴地去拼搏，去奋斗，去赢得一个无悔的人生！

2. 要保持终身学习的能力

非学无以广才，非志无以成学。美国著名的未来学家托夫勒曾经说过："21世纪的文盲不再是目不识丁的人，而是不会学习的人。"每个人的学习方法都不同，不是生搬硬套别人的学习方法就一定能够成功。只有掌握适合自己的学习方法，才能达到良好的学习效果。我们在不断学习、不断尝试的过程中要慢慢学会发现和总结属于自己的"学习秘诀"，从而让自己更乐于学习，在学习中获得成就感，形成良性循环。在学习上要循序渐进，根据工作需要设置清晰的学习目标，将一个大的目标分解成若干个小目标，然后逐步实现，这样才能达到理想的学习效果。要保持谦虚好学的学习心态，"学"与"问"相结合。敏而好学，不耻下问，是以谓之文也。学问学问，不懂就要问，为了弄清楚道理，就算挨打也值得。这句话是孙中山先生讲的，体现了他认真读书的精神。伟人尚且如此，我们更应该学习这种精神。大学毕业生马上就要走向工作岗位，面对的是一个新环境，处理的是许多新问题，更需要多学多问。一方面，要做到"在学中问"。法国作家巴尔扎克曾说：打开一切科学的钥匙毫无疑问是问号，我们大部分的伟大发现都应该归功于如何问，而生活的智慧大概在于遇事都要问个为什么。可见，提出问题是多么的重要。"问"体现的是思考，体现的是主动学习的精神，"问"得越多，思考得越多，收获也越多。另一方面，要做到"在问中学"。在询问他人时，不能左耳进右耳出，别人把自己的知识技能传授给你，是一种真诚的表达，我们要在询问的过程中发现自己的不足，学习别人的方法、技巧或经验，充实自己，提升自己，不断掌握新知识、新技能。

要多学多练，将"学"与"习"相结合。"学"是学习的意思，而"习"有两层意思，一层意思是"练习"，另一层意思是把所学到的东西运用到实际生活中去。例如，职业教育最显著的特点就是技术性、应用性和实践性，尤其强调实践的重要性。"曲不离口，拳不离手"，只有不断地练习，才能熟练掌握专业技能，储备扎实的技术功底。所以"学"和"习"是相辅相成的，缺一不可，我们不仅要认真地"学"，而且要用心地"习"。

3. 要不断强化实干精神

纸上得来终觉浅，绝知此事要躬行。走出校园，踏上社会，大家踌躇满志，意气风发，充满了对未来美好生活的憧憬。然而，只有想法，没有行动，一切都等于零，"脚踏实地"的真谛在于真抓实干。

（1）要把理想付诸行动。再长的路，一步步也能走完；再短的路，不迈开双脚也无法到达。想好了什么就去做，时间不等人，机会不等人，不要做思想上的巨人，行动上的矮子。因为机会只会迎接那些热血沸腾、努力奔跑的人，决定一个人成功的关键因素是行动。心动不如行动，我们要把自己的理想付诸行动，不被自己的空想耽误人生。

（2）要从小事做起。道虽迩，不行不至；事虽小，不为不成。每一项事业，不论大小，都是一点一滴干出来的，成就一番事业必然是一个积少成多、集腋成裘的过程。希望大家认真对待每一项工作，不断丰富自己。大国工匠——高铁首席研磨师宁允展，19岁从铁路技校毕业，进入当时的四方机车车辆厂，从车辆钳工干起，一干就是24年，他潜心研究工艺改进和工装发明，打破高速动车组转向架生产瓶颈的难题，成为高铁首席研磨师，成为国内第一位从事高铁"定位臂"研磨的工人，成为受人尊敬的全国道德模范、大国工匠和全国最美职工，是我们高职学生学习的榜样。

（3）要面向实际、持之以恒。一分耕耘一分收获，几许汗水几许成果。我们要像习近平总书记勉励的那样：广大青年既是追梦者，也是圆梦人。要努力成为有理想、有学问、有才干的实干家，在新时代干出一番事业。梦想之所以叫梦想，因为它很遥远，想要实现梦想，就要持之以恒，达到一个量的积累，从而实现质的飞跃。持之以恒就需要在行动的过程中排除万难、永不放弃。三天打鱼，两天晒网，懒懒散散，缺乏自律，最终会失去目标，梦想破灭。所以不管遇到任何困难，一定要克服，一定要坚持。大学生在今后的工作中要耐得住寂寞，孜孜以求，克服浮躁心理，锤炼务实作风，练就过硬本领，为个人成长蓄力蓄能。

4. 要涵养高尚品德

德若木之根，才若木之枝，求木之长者，必固其根本。这一比喻言近旨远，喻义深刻，人之德行犹如树根，是根本，根深方可叶茂，本固才能枝荣。一个人只有拥有高尚的德行，再配上过硬的本领，才能够造福社会，成就事业。否则，人无佳德，其才就如无本之木，没有根基，必将枯萎。当然，根也离不开枝叶，德不能没有才相助，必须"德有才以辅之，才有德以主之"，德与才相互依存、相得益彰，有才能又有品德，才德兼具，是为最佳。我们中华民族历来高度重视道德教育，德才兼备也是我们选用人才的重要标准，"行稳致远"必然要求有良好的道德品质保驾护航。

总之，新时代的大学生要做一个遵纪守法的、有远大抱负且有正确价值取向的人。

十一、思维逻辑严谨

很多人说话做事都缺乏逻辑，这常常会让他们身边的人感到很不舒服。比如，在向上司汇报工作时，主次不分、语无伦次、废话连篇，说了半天都说不到点上，以致上司不得不恼怒地打断他，要求他直接说重点。又如，在和朋友聊天时，总是啰唆重复自己的观点，喜欢车轱辘话来回说，还毫无条理，说了半天别人也听不懂他到底想表达什么意思。再如，在日常生活中，总是丢三落四、思维混乱、毫无主见，别人说什么都觉得有道理，做事总是三分钟热度，经常会莫名其妙地做出某些奇怪动作。这些都是逻辑混乱的表现，逻辑混乱不仅会降低我们的工作效率，而且还会让对方认为我们能力差、不可靠。

电影《教父》里面有一句话："花半秒钟就看透事物本质的人，和花一辈子都看不清事物本质的人，注定是截然不同的命运。"这句话里面所说的"看透事物本质"的能力，就是逻辑思维能力。

逻辑思维能力指的是和分析、比较、概括、推理有关的能力。逻辑好的人，通常都思维清晰、目标坚定、算无遗漏，做事严密谨慎，擅长分析总结问题，能把复杂的事物化繁为简，能透过现象看本质。想要提高逻辑思维能力，有很多方法和途径，很多书中都介绍了训练逻辑思维的方法，其中美国著名管理咨询师芭芭拉·明托的著作《金字塔原理》是这方面的代表作。

十二、善于批判性思考

质疑是创新行为的举措。我国古代教育家早就提出"前辈谓学贵知疑，小疑则小进，大疑则大进""学从疑生，疑解则学成"。著名的商界领袖安德鲁·格罗夫，是计算机芯片制造商英特尔公司总裁，他经常提出关于商业的发人深省的真知灼见，他的座右铭是"只有病态多疑的人才能生存下来"。

十三、懂得变通

任何人想做成一件事情都不是一帆风顺的，总是会遇到这样或那样的困难，不是资源不足，就是时间不够，或者是难度太大。这些"拦路虎"有时会让人们放弃实现目标的决心，对所有困难都束手无策。而能成大事者，大都不会与"拦路虎"撞个头破血流，而是懂得绕开，寻找另一条道路抵达终点。

因此，那些站在事业巅峰的人，固然受到幸运女神的眷顾，或许情商和智商也各有千秋，但他们有一个共性不容忽略：他们都拥有极高的变通能力。变通能力强的人，能跳出"格式化认知"，懂得"折线突破"和"绿灯思维"。

十四、懂得举一反三

《论语·述而》中说："举一隅不以三隅反，则不复也。"这句话的意思是说，学一件东西就可以灵活思考，运用到其他相类似的东西上。比如学数学的时候，老师有没有告诉你鸡兔同笼问题还有很多其他的出题方式，比如有的时候不是鸡和兔子同笼，而是猪和鸭子同笼，所以要学会举一反三、灵活处理。这样一来，学会一道题的解法，其他的题也都迎刃而解了。这就是举一反三在现实生活中的运用。

十五、善于归纳总结

首先，要加强练习，不管什么能力，我们都要积极主动地去练习，以使自己的能力得到不断提高。在工作中，我们要主动寻找机会来锻炼归纳总结能力，比如在烦琐的工作中，不要不假思索就行动，而应先总结具体的步骤，再分解到具体的环节实施，这样既可以有效提高工作效率，还可以锻炼我们的能力。这就需要我们刻意练习，形成习惯。

这是最重要的。

其次，要丰富知识，提升社会实践能力。这是一个不断积累、持之以恒的过程，要贯穿在我们的工作和生活中。可以通过多读多写来锻炼，比如，阅读一篇文章，概括出它的中心、论据等；在写文章或介绍产品时，先总结出重点，再用简洁的语言加以描述。在这个过程中，往往需要查资料，需要快速阅读、归纳、总结。梳理资料，就是一次次地练习、提高。

最后，不仅要多写，还要多讲。我们的想法，要经过实践的检验才知道能否行得通；写的方案或者做的产品介绍要讲给客户听才知道写得怎么样，能否满足客户需求；制订的计划要加以实施才能检验我们的能力。

十六、敢于突破，勇于超越

探索是创新学习的方法，学习就是不断尝试突破与超越自我。具体包括以下五个方面。

1. 直接式学习法

直接式学习法是指根据创新的需要选修知识，不搞烦琐的知识准备，与创新有用的就学，没有用的就不学，直接进入创新之门。

2. 模仿学习法

模仿学习法是指按照别人提供的模式样板进行模仿性学习，从而形成一定的品质、技能和行为习惯的学习方法。换句话说，就是从"学会"到"会学"。

3. 探源索隐学习法

探源索隐学习法是指采用创新性的思维方式，对所接受的某项知识出处或源泉进行认真探索和追溯，并经过分析、比较和求证，从而掌握知识的整个体系。探源索隐学习法对于激发学生提出问题大有益处。

4. 创新性阅读

创新性阅读是指发现新问题，提出新见解，从而能超越作者和读物，产生创新思考，获取新答案的阅读方法。

5. 创新性学习

大学生应将接受性学习转变为创新性学习，参照创新性学习理论，结合大学生创新性学习的参考模式，增加适量的人文素质教育方面的课程学习，提升自身人文素养和创新能力。

第三节　创新行为的训练

一、创新行为训练方法

西方普遍认同的观点是创新行为是新颖而有益的产品和想法的产出，即将创新行为看作新颖性和有益性两个方面的融合，其中新颖性反映了想法的唯一性，而有益性则反映了一种解决方案的价值性、有效性及适宜性。因此，创新行为具有自主性、不确定性和风险性。创新行为训练对于提高大学生的创新思维和创新能力有很强的针对性。

1. 建立信任感

在培养团队成员的创新能力之前，首先要做的就是消除其对集体的陌生感，鼓励成员融入团体，建立安全感，试着接纳他人，开放自我。为此，团队可以选择一些较为轻松的、需通过合作完成的活动，以建立彼此之间的信任感。随着团体成员信任感、亲密感的增加，可以自动调节成员的精神状态，提高成员的情绪唤醒水平，进而提高工作效率。

2. 互动释放

通过一些拓展活动使成员充分体验信任与合作，同时设置某些情境来激发成员的创新思维，突破原有观念。无论什么活动形式，都要发挥创造性思维，找到最佳的方法和途径。当然，也要允许活动失败，失败后可以重新开始，直至成功。活动之后，还要组织成员进行讨论，要求成员坦诚表达、回馈个人的体验感受。因为创造性思维的自组织形成的过程，就是大脑思维不断开放的过程。

3. 心理干预

这是指广义上的心理训练和心理干预，其目的在于培养成员的健康心理素质，塑造健康的人格。心理素质的训练和培养能促进一个人创造性的发挥。心理干预活动包括三个方面：一是行为训练技术，通过行为训练来塑造新的行为，如对成员进行自信心训练，还可以通过行为模拟、角色扮演等来提高成员的交往技能和团队合作技巧；二是心理分析技术，通过心理分析来调控成员的内部冲突及影响其行为方式的情结和童年经验等，如对成员习惯性的消极行为方式进行分析，发现其心理潜能；三是认知领悟技术，消极情绪的产生往往源于一些错误的、非理性的思维方式，应该用积极的心态和观念来看待客观事物。

4. 创新技法训练

培训师向成员介绍有关的创造技法，如组合法、列举法等。成员在领会和理解技法的要旨后，要在培训师的主持下进行相关的创造技法的练习。还可以进行一些思维能力训练，如发散思维能力训练，通过训练成员的灵活性、变通性、流畅性来提升其发散思维能力。

5. 案例分析

配合所介绍的创造技法以及成员所属的企业部门，进行案例分析与研讨活动。成员可以分成几个小组进行讨论，也可以轮流发言。培训师的主要职责是营造平等、尊重的交流气氛。当出现冷场时，培训师要采取积极的策略来化解这种局面，比如提议让成员做一些简单的互动问答等。

6. 经验分享，学以致用

每个成员都会对其他成员产生影响。这一阶段最重要的是要求成员说出自己真实的感受，对成员个人面临的问题，其他成员要积极寻求办法协助解决。培训师的主要职责在于引导成员思索一些问题，从而帮助他们突破思维、开拓自我。

创新能力训练实施后的一个重要问题就是让成员在工作中能应用所学的技能，即强调训练成果的转化。许多工作环境特征会影响培训成果转化，如管理者和同事的支持、执行的机会等，这也需要不同成员之间的频繁互动。学习型组织被认为是培训成果转化的最有利的工作环境，它能使创新能力训练的成果在工作和生活中得到转化与运用。

二、大学生创新行为训练

为提升大学生创新意识，促进大学生积极参加创新创业活动，高校可从以下几方面加强对大学生的指导。

1. 创设情境，激发兴趣

创设具体情境是激发学生学习兴趣的重要途径，也是课堂教学的重要任务。所以，创造一定的教学情境是非常重要的，而情境创设的核心应该是让学生在情景交融中学习，使学生整个身心都融入情境中。托尔斯泰有这样一句名言："成功的教学，所需要的不是强制，而是激发学生学习的兴趣。"只有当学生的学习兴趣被积极地调动起来时，他们才会产生高涨的学习热情和强烈的求知欲望，从而营造良好的课堂气氛。

2. 贴近生活，源于现实

教师在进行课堂导入时，要从学生的生活经验、认知特点出发，要从生活中取景，所选内容和方法要与学生现实生活密切相连。教材旨在帮助学生养成在日常生活与学习中应用信息技术解决问题的基本态度和基本能力，这和新课程标准的要求也是相辅相成的。

3. 设置悬念，引发探究

心理学研究表明，大学生都具有很强的好奇心，他们在遇到矛盾、对问题产生悬念时，大脑中会出现特有的兴奋，于是他们就会积极思考，千方百计去探索其中的奥秘，以获取心理上的满足。教师可以依据这一研究，精心设计出能够引起学生好奇心、探索欲的问题，以激发学生学习新知识的强烈愿望，然后自然进入新课学习。

4. 制订大学生创新创业训练计划并实施

"国创计划""省创计划"实行项目制管理，分别包括创新训练项目、创业训练项目和创业实践项目三类。

（1）创新训练项目。本科生团队在导师指导下，自主完成创新性研究项目设计、研究条件准备和项目实施、研究报告撰写、成果（学术）交流等工作。

（2）创业训练项目。本科生团队在导师指导下，团队中每个学生在项目实施过程中扮演一个或多个具体角色，完成商业计划书编制、可行性研究、企业模拟运行、创业报告撰写等工作。

（3）创业实践项目。学生团队在学校导师和企业导师共同指导下，采用前期创新训练项目或创新性实验的成果，提出具有市场前景的创新性产品或服务，以此为基础开展创业实践活动。

（4）开展专项技能培训并取得成绩证书。

①培养创新创业意识。我国的大学生创新创业教育刚刚起步，多数大学生对于自身的定位依然是"求职者"，想要通过实习和招聘会找到一份好工作，缺乏创新创业意识，这也影响了其对于自主创业的积极性和能动性。对此，应该培养大学生的创新创业意识，鼓励其对自身进行客观全面的审视，深入挖掘自身的创造能力，以便更好地适应时代发

展的需要。

②加强教师队伍建设。教师在大学生创新创业能力培养中发挥着非常关键的作用，但是就目前来看，许多高校教师并没有创业的经历和体验，在创新创业教育过程中往往用收集到的相关资料和数据进行客观分析，盲目的纸上谈兵不仅无法确保教育的效果，甚至可能会对学生产生误导。在这种情况下，高校应该加强教师队伍建设，为教师提供学习和深造的机会，鼓励教师到合作企业进行实习，提升其理论水平和实践能力，也应该要求各行各业的专家到学校开展讲座等活动，就学生在创新创业方面的问题进行答疑解惑。不仅如此，高校还应该对教师培训机制进行改进和完善，构建起长效的教师培训机制，从国家政策、市场需求、科技研究、就业指导等方面，不断提升教师的综合素质。

③完善创新激励机制。对于高校而言，应该对创新创业教育的激励机制进行完善，以更好地激发大学生创新创业的积极性，在校园中形成良好的环境和氛围，结合创新型校园文化，提升学生的创新创业能力，拓展学生思维，在引导学生树立创新创业意识的同时促进其对学习的自主性。在条件允许的情况下，也可以设置相应的创新创业奖学金，对于表现优异的学生，予以一定的奖励，以进一步激发学生创新和创业的积极性。

④强调创新创业实践环节。高校应该做好引导工作，鼓励学生积极参与创新创业的学习和实践活动，对学生的创新创业意识和能力进行培养，提升创新创业教育的有效性。例如，可以与企业共建产业学院或在校园内设置创业园区，鼓励学生自主或者以小组为单位进行创业项目的申报，提交可行性研究报告，待获得批准后，可以根据实际情况，以校园为市场，开展相应的创业活动。在这个过程中，高校必须设置专门的管理部门，对学生在创业过程中遇到的问题进行指导，为其提供一个良好的创新创业问题沟通和技术经验交流平台，帮助学生更好地了解创业的流程和风险，为其走向社会奠定良好的基础。

第四节　创新行为案例

一、创新行为的成功案例

1. 鲁班发明锯的故事

在鲁班之前，肯定有不少人碰到过手被野草划破的情况，为什么只有鲁班能从中受到启发，发明了锯？这是值得我们思考的。大多数人会认为这是一件生活小事，不值得大惊小怪，他们往往在治好伤口以后就把这件事忘记了。而鲁班却有强烈的好奇心，很注意对生活中的一些微小事件进行观察、思考和钻研，从中找到解决问题的方法和思路，甚至获得某些创造性发明。这告诉我们一个道理，留意生活中许多不起眼的小事，勤于思考，会增长许多智慧。

2. 牛顿的力学三大定律

牛顿是世界上最伟大的科学家之一，他提出了万有引力定律和三大运动力学定律，揭示了宇宙天体的基本运行规律，推动了科学革命。他用三棱镜识别了七色光谱，又倒置棱镜把光谱还原为白色，解释了虹的现象。他发明了反射望远镜，创立光的微粒说，提出了光粒子学说。他创立了二项式定理、微积分学、传热学、牛顿冷却学定律，并研究了音速。与此同时，他还是一位经济学家，担任过皇家铸币厂督办，着力防止伪币，并亲自设计硬币，提出使用至今的金本位制度。

3. 爱因斯坦的光量子理论创新

25岁的爱因斯坦敢于质疑权威，大胆突进，赞赏普朗克假设并向纵深引申，提出了光量子理论，奠定了量子力学的基础。随后，他又推翻了牛顿的绝对时间和空间的理论，创立了震惊世界的相对论，一举成名，成了一个更伟大的权威。

爱因斯坦承认，他不再理解波动光学的起源，但他也得出结论，辐射与物质相互作用的实验信息与基本尺度上的波行为不相容。这种信念在接下来的几年里得到了加强，爱因斯坦为量子理论的进一步发展做出了决定性贡献。

4. 哥白尼的《天体运行论》

长期以来，古希腊天文学家托勒密的地心体系理论统治着人们的头脑。托勒密认为，地球居于中央不动，日、月、行星和恒星都环绕地球运行。之后，哥白尼推翻了托勒密的理论。哥白尼在《天体运行论》中阐明了日心说，告诉我们：太阳是宇宙的中心，地球围绕太阳旋转。而后，布鲁诺理解并发展了哥白尼的日心说，认为宇宙是无限的，太阳系只是无限宇宙中的一个天体系统。伽利略透过望远镜观察天体，发现日球表面凹凸不平，木星有四个卫星，太阳有黑子，银河由无数恒星组成，金星、水星都有盈亏现象等。不久，开普勒分析第谷·布拉赫的观察资料发现，行星沿椭圆轨道运行，并提出行星三大运动定律，揭开了天体的层层面纱，为牛顿发现万有引力定律打下了基础。可见，科学是不断发现的过程，真理是不断创新的过程。

5. 松下幸之助创新企业管理模式

不经历磨难如何成就百年企业。松下幸之助在1917年开始创业时，全身上下只有100日元，外加不到4年的学校正规教育。到了1927年，创业10年有余，事业已经大有所成的他，满心以为不怕任何打击，却经历了独子夭折的噩梦。这个背负着一部家庭辛酸史的男人，一手创办了松下电器。如今，松下电器已成为拥有几十万名员工的著名跨国企业。人们都称他为"经营之神"，但很多人可能不知道，他是靠双插头插座和自行车灯这两项专利起家的。他的这两项创新成果，在方便用户的同时也解决了几十万名员工的就业。

二、大学生创新行为案例

1. 诸云云：由大学生向创客身份的转变

毕业于南京铁道学院的诸云云和大多数人一样，在创业前就是一名普通的大学生，不同的是他拥有强烈的创业意愿和热情。大学期间，他就处处寻找机会。一次在为雇主家做保洁工作时，他发现了传统家政服务模式中雇主、保洁员和公司三方存在供求信息不通畅、不准确的问题。

"自己能否搭建起一个平台，满足这三方的联络需求？"他提出了这样的疑问。很多人也曾对生活中的一些事感到不满意，也想过用自己的力量去改善它。这其实就是大部分创新创业者"梦开始的地方"，关键在于能否真正地付诸行动。

诸云云的创新精神成就了他。谈到要搭建这样的平台，很多人的第一想法就是创办一家公司，并且一定要比传统的家政公司更高效，但事实却是个人的力量很难突破传统公司的模式，兜兜转转后又回到了老样子。而借助已有的先进的事物，搭上时代的快车才能突破窠臼，迎来真正的改变与进步。

意识到这一点的诸云云选择尝试在线服务，即搭建一个网站，让雇主、保洁员和公司在这里能够实时沟通，完成交易。这在当时的家政服务行业并不常见，也正因为这样，他在创业时遇到的竞争并不算太大，许多创新创业项目也都具有这样的优势。

网站成立后，诸云云并没有坐等客人找上门来，而是主动出击。他坚持自己跑客户、跑市场、做调研，在奔走中逐渐打开了市场，发现除了做家政服务外，还可以承担物业外包。物业外包可以带动家政服务发展，家政服务也能促进业主满意度的提高，这就形成了良性循环，销售渠道也随之打开。后来他又以连锁经营的方式逐步扩大了自己的事业圈，成功也就变得水到渠成。

诸云云认为，大学生群体具有创新创业的许多优势，有想法，有拼劲，有对未来趋势敏锐的洞察力，更重要的是年轻、学习能力强，能够更多地进行尝试。

诸云云就读的是音乐表演专业，但是却不想局限于专业去找工作，他想挑战自己，考验自己的能力，所以早在大学期间就萌生了毕业后自主创业的想法。通过对饮食行业的了解以及经常跑市场做调查，他发现，奶茶店是一个资金投入低、消费人群广、回收成本快，而且门面非常好找的创业项目。一般除了保留3个月左右的店租、人员工资和日常开销外，奶茶店的经营管理不需要太多周转资金，非常适合小成本自主创业，而且有非常大的市场潜力。这也是比较适合大学毕业生的创业方式。

毕业后他进入一家奶茶连锁店打工。工作中，他把日常的经验用本子记录下来，也摸清了进货渠道，学习了调制配方。经过一段时间的经验积累，他感觉自己具备了开店的能力，于是就把这个大胆的想法跟家人分享了，出乎意料的是，家人非常赞同他的想法，也愿意为他的创业项目进行前期投资。

随后，诸云云辗转于各大美食街，在人流量大的地方找铺位，最终在大学城里找到一家正在转让的店，开始了自己的创业生涯。开店之初非常辛苦，但由于他有在奶茶店打工的经验，加上他挑战自我的决心，奶茶店的运营还算得心应手。

回首自己走过的每一步路、流过的每一滴汗，诸云云十分感慨，从他计划开一家属于自己的店，到最后实现，历时整整3年，其中的酸甜苦辣并非三言两语能说清的。其实很多人都曾萌生自主创业的想法，但是往往担心这个，害怕那个，最终没有付诸实际行动。诸云云认为，创业者最重要的是创造条件，只有自己创造出来的条件才是属于自己的。大学生创业者要相信自己，更要为自己的理想踏踏实实去奋斗。有想法就去做，没有什么是做不了的。要相信，通过自己的努力和不畏困难勇往直前的精神，你一定能书写出属于自己的精彩人生。

2. Dormi：由学校向社会的突围

在这样一个强调个性的时代，大学生无疑是最具代表性的，他们并不满足于单调和平淡的生活，从吃、穿到住、行都要体现出自己的个性，就连千篇一律的大学宿舍，也被纷纷改造成了功能齐全兼具美观的"秘密基地"。各种"最牛宿舍改造"的帖子在网上疯传。哪里有市场，哪里就有商机。有这么一群广东外语外贸大学的大学生看到了"宿舍家居"的潜在市场，针对大学生宿舍改造做起了宿舍家居的电商项目。

打开 Dormi 的网页，清新的网页设计马上就吸引了眼球。Dormi 是由几名广东外语外贸大学的学生共同创办的宿舍家居区域性电商。创始人余梓熔对记者说，Dormi 的意思就是"dormitory and I"，即"宿舍与我"之意，他们的目标消费群体是在校大学生，主要是为广州大学城的在校大学生提供宿舍家居装饰用品等服务。

（1）创业初衷。余梓熔和几个同学出于相同的兴趣运营了"装修宿舍带来市场"这个创业项目。而他们几个人的共同点就是喜欢装饰自己的宿舍，有的人因为抽奖抽得了一个鱼缸就在宿舍养起了鱼；有人因为有那么点"考据癖"而把宿舍的书架填得很满；有人因为喜欢某位歌手的歌曲而将宿舍桌面的每个角落都放满了 CD。余梓熔说，"在 Dormi 的概念里，大学生活应该更有生活的味道，不是中学时的三点一线。宿舍也不再是只剩下门牌和方位来标识，它需要属于自己的小天地。"

仔细琢磨后，他们发现同样不屈于平凡而有装饰自己宿舍想法的大学生并不在少数，这个市场充满了商机，于是几个志同道合的人就办起了这样一个平台。他们的初衷是"不希望被格式化和快节奏淹没"，让宿舍有一种家的归属感，这或许有些理想化，但并非不可实现。

最初团队里只有 8 个人，他们分别来自不同专业，有学国际贸易的，也有学计算机的。他们针对大学生的喜好，建立了一个颇具小清新风格的简洁而有趣的网站，在上面放上自己的货品和宿舍家居的设计方案。他们的货品主要以一些组合式的简易家居为主，如组合式收纳盒、书架、相框、宿舍床门帘等，这些产品的特征就是符合宿舍的狭小空间，最大限度地利用这些组合家居打造出简洁实用又美观的宿舍环境。这些货品大多是团队中的成员从批发市场中精挑细选而来的。除了广州市内，余梓熔的团队也去过佛山、东莞等地寻找货源。

（2）抓住学生创业的身份和地域优势。广州大学城位于广州番禺区新造镇小谷围岛及其南岸地区，总共入驻了广东省 10 所高校，在这个不到 18 平方千米的区域内生活着近 20 万名在校大学生。而大学城内的学生购买 Dormi 的产品后，Dormi 还提供相应的免费送货上门服务。送货的环节由团队成员承担，同时与快递公司合作，由于大学城的区域相对较小，这部分的成本也并不高。

经过一段时间的发展，Dormi 在学生中也获得了不少支持。在网站流量很难达到预期的情况下，他们在网购平台上开了一间网店，这对销售情况有很大的提升，尽管目前项目整体还未达到盈利，但网店发展起来之后每个月都能有一笔收入。

和许多大学生创业一样，Dormi 的团队也遭遇了毕业这个坎，由于团队成员都到了大四的阶段，对于未来的考虑让一部分人决定选择先就业，Dormi 这个项目目前不得不面临一个搁置的状况。不过，余梓熔对宿舍家居的未来充满信心，他觉得目前又多了类似微信商城这种移动互联网方面的创业机会，在对项目进行一定调整后，他认为在今后应该还是有其他机会。

"伟大的事业都有一个微小的起点"，就像Facebook始于哈佛校园的一个学生社交网络，"饿了么"也是起源于上海交大的一个针对校园的外送订餐网络，大学生基于校园的创业思维从不缺少成功的案例。Dormi也是源于校园的创业项目，学生的身份和大学城这样一个相对人口密集且面积不大的区域，给校园创业提供了不少优势。

（3）抓住市场空缺。尽管家居行业满足了不同人的需求，但针对学生群体的宿舍家居在目前广州的市场上尚属空白，而宿舍环境相对比较特殊，能够满足学生需求的产品并不多。许多学生发现，校园里的超市尽管有不少符合宿舍环境的家居产品，但不够美观和个性化，如果需要购买美观的产品，又不得不到市区购买，来回的成本很高。如广州大学城的学生要到宜家去购买家居产品单程至少需要一小时，因此，Dormi尽管定价并不能算是低廉，但地域上的接近性、产品较区域内的竞争对手更加美观和实用，使得他们能够获得自己的市场。

另一方面，大学生创业除了缺乏经验，也比较缺乏资金。在学校里，通过参加学校组织的创业大赛，在一定程度上能够帮助团队缓解资金上的压力，如"饿了么"就曾通过参加创业大赛来筹得启动资金。Dormi也参加了学校组织的创业大赛，并获得了相应的奖项和奖金。

（4）贴近目标群体。Dormi最大的竞争优势就是对学生群体的需求和消费心理比较了解。他们自己就是学生，因此懂得学生在装饰自己宿舍时遇到的困难。例如，很多家居卖场或者网店并没有提供与宿舍相适配的产品，特别是宿舍空间狭小、床位宽度较窄、桌面的空间也不够多，这些特殊要求使得学生在选择宿舍用品的时候不得不花费大量的精力进行搜索，并且收获甚小。Dormi则切入了这个市场空白点，提供与宿舍相适配的产品，并提供相应的组合设计方案，甚至亲自送货上门，通过这些细微的产品服务，很容易就能够获得学生的认可。

（5）借助校园人际传播。Dormi也积极利用学校组织的如"宿舍装饰大赛"和"交换空间计划"等项目，与学生合作参与这些校园活动，通过学生之间的口耳相传，达到口碑传播的目的。他们也在微博上进行推广，设计一些与产品相关的话题进行传播。不少学生在购买他们的产品后会自觉地发到微博上晒单，这也在一定程度上促进了品牌的推广。不过比较遗憾的是，由于推广时恰逢微博的衰退时期，所以微博推广效果不如预期。

（6）项目盈利就不要轻易放弃。在广州尚道女性营销有限公司董事长张桓看来，宿舍家居的创业想法比较新颖而且符合逻辑。他认为，如今的大学生比较追求个性化，不满足于学校提供的比较单一的住宿环境，而这个创业项目恰好就满足了这种特定人群的特殊需求。

类似这样的创业项目，成功的关键在于一是能否控制成本，二是话题的传播能否达到一定的范围。而利用校园里的优势，可以很容易地实现一些话题式的快速传播。例如，邀请"校园女神"拍一组和宿舍家居相关的图片放到网上，再利用微博、微信等工具，在校园这个相对封闭的环境内会很快得到传播。

对于校园创业团队在毕业时面临着合伙人思想不统一，想就业和想继续创业项目的人意见相左的情况，张桓建议，如果一个创业项目已经实现盈利或者处于上升期，就不要轻易放弃项目选择就业。尽管他鼓励大多数毕业生还是以就业为主，但是在这样一个时代，他认为创业的机会很多，如果创业者已经找到一个很好的切入点，项目已成型并有一定增长率的话，就不要轻易放弃，"毕竟人的一生中能够遇到这样的战略机会并不多"。

章节自测

一、名词解释

创新行为；"三创"精神

二、简答题

1. 创新行为的表现形式有哪些？
2. 创新行为的十六大特征是哪些？
3. 创新行为的训练方法包括哪些？
4. 高校如何进行创新行为的训练？

三、案例分析

对美贸易一直以来是中国对外贸易的重要组成部分，2001年年底美国给予中国永久性正常贸易关系地位(PNTR)后中美贸易取得了跨越式发展，其后近20年美国均为中国最大的出口贸易和第二或第三大进口贸易伙伴国。理论与经验证据表明，来自美国等发达国家的进口显著提升了中国制造业效率水平和产品质量，成为中国技术进步和经济增长的重要动力之一。与此同时，中国企业因对进口技术溢出的过度依赖、技术吸收能力不足以及发达国家的"俘获效应"而陷入"低端锁定"的困局也备受关注。此外，2018年美国主动挑起了中美经贸摩擦，通过限制高技术产品和技术对华出口与进口的"双重限制"以削弱中国创新能力。因而，来自美国的进口竞争对中国制造业创新行为产生怎样的影响仍存在较大学术争议。党的十九届五中全会提出：坚持创新在我国现代化建设全局中的核心地位，把科技自立自强作为国家发展的战略支撑。同时，中国仍将实施扩大进口战略，通过高水平开放促发展、促创新推动以制造业为主的工业高质量发展。目前，在中国高创新投入下呈现的较为明显的创新产出"低质低效"的突出问题是制约中国创新转向高质量发展的主要障碍。因此，来自美国的进口竞争是否有助于提升中国制造业创新水平是具有理论意义和政策价值的重要命题，也是新发展格局下推动国内国际双循环相互促进的关键研究视角。

直接研究中国企业创新行为受进口竞争影响的文献较为鲜见，且主要聚焦于同行业竞争效应和技术溢出效应分析，忽视了产业链关联效应和产品锁定效应影响。纳入全球价值链模式，将产业链关联和技术差距引入基准分析框架进行了扩展，揭示了来自美国的进口竞争对中国企业创新行为的作用机制。基于四大微观数据库和投入产出表更好地刻画了企业创新行为和产业链关联影响，提供了扩大进口和自主创新相融合的发展模式。总体上，来自美国的进口竞争显著提升了中国企业创新数量、质量和效率，同行业正向作用大于前向关联负向作用，后向关联影响整体不显著。关于来自美国的进口竞争程度呈现"倒 U 形"曲线关系，绝大多数行业处于正向作用区间。机理上，进口竞争对中国企业创新行为存在正向竞争逃避效应、技术溢出效应和资源重置效应，负向竞争挤出效应和产品锁定效应。从产业链不同环节的检验表明，竞争效应主要存在于同行业，技术溢出效应存在于同行业和上游行业，产品锁定效应存在于上游行业。政策上，强化与日本、韩国和德国等"第三国"进口合作，提升企业技术水平、管理效率和地区市场化水平，有利于更好地发挥进口竞争的正向创新效应。

　　要求：

结合案例分析美国对中国创新行为的影响。

第五章
创新文化

第一节　创新文化概述

一、创新文化的定义

近十几年以来，我国教育部和各级政府高度重视高校创新创业教育，推出了一系列鼓励大学生创新创业的政策、措施，并在 2010 年《教育部关于大力推进高等学校创新创业教育和大学生自主创业工作的意见》中进一步明确了做好高校创新创业教育工作的要求和意义。各地高校纷纷参加了以团中央组织的"挑战杯"为代表的一系列创新创业比赛活动，还开办了一批创业基地、创业孵化园等。2016 年，教育部要求所有高校都要开设创新创业教育课程，深入持续地推进高校创新创业教育改革。然而当前我国正处于社会、经济转型期，高校也在转型中，其办学理念和人才培养目标并不明晰，企业精神还没有为高校所广泛认同和接受，创新创业文化建设严重滞后。这直接导致高校并没有成为推动国家创新的核心动力源和创新创业中心。总体上看，高校创新创业教育存在大学生创业人数少、成功率低、高校创新文化建设薄弱等问题。

1999 年，李喜先在《论创新文化的本质与内涵》中提到，在严格意义上，创新文化是指现实不存在而要重新创造出来的物质性和精神性客体。创新文化既区别于传统文化，也不同于照搬外来文化。因此，创新文化是正在形成或兴起的新文化。创新文化必须要继承传统文化中的精华，同时还要吸取外来文化中最精致、最成熟的部分，即要融合人类最优秀的文化。创新文化应是能引导社会进步、社会可持续发展、符合人类的目的性的、更加人性化的高尚文化，其中科学文化与人文文化、东方文化与西方文化将重新融合和理性重建，从而将导致全人类整体的新文化。

同一时期，聂彦将等人提出，创新文化是高级知识分子团队中的一种典型状态，对知识创新有着巨大影响和推动作用。2003 年上海市科技党委课题组给出了创新文化的定义：创新文化是科学文化与人文文化交叉、互补和融合的文化，是一种以马克思主义、邓小平理论、江泽民"三个代表"重要思想为指导的，在特定的城市和社会群体中，主要是在科技活动中产生和形成的崇尚创新、勇于创新、激励创新、保障创新的理念、价值观、制度、环境和氛围的总和。

季颖利于 2006 年提出，创新文化是指与创新有关的社会意识形态、文化氛围，它包括人们在创新过程中所形成的思想观念、价值体系和心理意识，它主导着人们的思维方式和行为方式。创新文化是一种与时俱进的文化、开放的文化，是先进文化的重要组成部分。

2007 年，杨立男、王思锦进一步指出，创新文化是文化的一种形态，是与创新相关的文化形态，是对原有文化的扬弃，即对原有价值观、心理定式、思维方式、体制等的解构，也是对新的价值观、制度、环境与氛围的重新建构，是对传统习俗的消解，也是对传统精华的重建。

综上所述，创新文化是与创新实践相关的，以追求变革、崇尚创新为基本理念和价值取向的文化形态的总和，其内涵包括与创新相关的理念、制度和环境三个层面。在不同领域，创新文化的内涵有所区别。在理念层面，创新文化注重科技工作者个体，包括中国科学家精神、创新精神、创造动机、创新价值、创新意识、创新思维等；在制度层面，创新文化注重科学共同体群体，包括支持和激励创新的组织体制、运行机制、行为规范、管理模式等；在环境层面，创新文化从科学与社会互动的视角出发，注重科研工作的环境和氛围，包括科技工作者对创新的社会认同，如创新成就感以及社会对科技创新和科技工作者的支持和态度等，这也会影响科技工作者的创新活动。各层次有着紧密的内在逻辑联系，缺一不可，构成整个创新文化体系。

二、创新文化的作用和意义

创新文化是科技创新的内在动力，是国家科技竞争的软实力，对创新具有导向和牵引作用。党的十九大确立了到 2035 年我国跻身创新型国家前列的战略目标，明确提出要倡导创新文化。党的十九届五中全会全面擘画"十四五"时期国家发展蓝图，强调坚持创新在我国现代化建设全局中的核心地位，以科技自立自强支撑国家发展。党的二十大报告指出，要培育创新文化，弘扬科学家精神，涵养优良学风，营造创新氛围。"十四五"时期，在科技领域，创新文化是营造创新生态的重要一环，亟须厚植创新沃土，培育良好的创新文化。

首先，创新文化可以推动社会实践的发展。文化既源于社会实践，又引导、制约着社会实践的发展。推动社会实践的发展，是文化创新的根本目的，也是检验文化创新的标准所在。

其次，文化创新能够促进民族文化的繁荣。文化创新是文化富有生机和活力的重要保证，是一个民族永葆生命力和富有凝聚力的重要保证。

第二节　创新文化的建设

一、倡导创新文化，建设创新型国家

创新文化是一切创新创造的精神源泉，是创新驱动发展的根基。一切创新活动都离不开创新文化的支撑和引领。

"我们要以中国特色社会主义文化的繁荣兴盛，凝聚起实现民族复兴的磅礴精神力量。"2018 年的政府工作报告掷地有声，抒发了发展社会主义先进文化的昂扬斗志。对创新文化的高度关注和着力倡导，是推动社会主义先进文化大发展大繁荣、建设创新型国家的不竭动力。代表委员们表示，中国要迈入创新型国家行列，应当把科学精神和创新文化建设融入社会主义核心价值观的建设中，在全社会倡导求真务实、勇于创新的理念，全方位营造尊重知识、崇尚创新的浓厚氛围。

1. 倡导创新文化，推动产业发展

"过去 5 年来，我国在载人航天、深海探测、量子通信、大飞机等领域重大创新成果不断涌现，高铁网络、电子商务、移动支付、共享经济等引领世界潮流。"全国政协委员、西安市副市长方光华表示，创新正在改变生产生活方式，也在塑造中国经济增长格局和中国形象。中国进入新时代，最重要的特征就是国家的创新潜力将得到更加充分的释放。

2. 创新离不开文化的熏陶

创新文化的核心是价值观正确、正能量大，同时要善于从本民族传统思想中汲取力量，并对其他文化抱有强烈的好奇心。要更加重视厚植创新文化，在民族文化遗产的保护和展示、当代文化创新探索，以及中华文化对外交流方面，取得显著进展，使民族创造能力争相迸发，不断书写民族复兴的精彩华章。

倡导创新文化也是顺应时代潮流和创新发展规律，应对挑战、实现创新发展的必然选择。

在创新全球化的今天，经济竞争的实质就是文化的竞争，自主创新能力、文化软实力成为国家竞争力的核心，知识产权成为财富的最大源泉。因此，对于我国而言，对内倡导创新文化、营造良好舆论氛围和营商环境，对外讲好知识产权故事、传播知识产权价值，是树立良好国家形象、传播社会主义核心价值观不可或缺的工作。

创新是人类进步的源泉，是国家兴旺的核心动力，而设计力则是创新不可缺少的构成部分。以创新为导向推动设计业发展，是建设制造强国不可或缺的一部分。要全面提升中国制造的品质，就要努力打造具有世界级声誉的中国品牌，而知识产权密集度极高的设计力则是全球领先品牌的共性；需要在全社会强化对设计意识的培养，以创新设计引领制造业升级。

3. 营造良好氛围，建设创新型中国

创新创造催生创新文化，创新文化激励创新创造。建设创新型国家，需要大力培育和发展创新文化，进一步营造鼓励创新的环境和氛围。

"在欧洲国家的城市公园中、大街上，随处可以看到历史人物的雕像，其中既有豪情万丈的革命领袖、民族英雄，也有成绩斐然的科学家，可以身临其境地感受到尊重知识、崇尚创新的文化底蕴。"全国人大代表、北京市社会科学院法学所研究员马一德认为，这些公共雕塑在装点城市生活的同时，在全社会潜移默化地营造了崇尚创新的文化氛围，这是倡导创新文化的重要手段。

新时代的中国，高铁四通八达、桥梁飞架南北，"玉兔"奔月、"蛟龙"探海、"天眼""悟空"傲视苍穹、"墨子""北斗"遨游太空……这些具有标志性意义的创新成果是培育和弘扬创新文化的最好载体。"持续性创新不仅仅在于科研硬件或制度软件，而是在于文化软实力——崇尚科学、追求创新的文化环境是影响社会进步最深刻的因素，是科学家创

造能力最持久的内在源泉，是人类不断寻求超越的最持久动力。"马一德建议，在国家级创新园区建造中外杰出科学家的雕像，宣扬其生平事迹，让创新者的光荣与梦想永世流传，充分体现尊重科学、崇尚创新的文化导向；通过多种方式，开发有效宣传创新文化的科技场馆、虚拟体验场馆、影视作品播放平台，大力宣传科学家的先进事迹和崇高精神；鼓励科技企业、社会团体或个人等社会力量创办私人科普馆、博物馆、创业咖啡馆，推动科学基础设施向创客开放，激发全社会的创新热情和创造活力。

在创新过程中，既没有成功经验可以借鉴，也没有既定模式可以遵循，犯错和失败在所难免，这也是创新活动中最大的风险。要营造良好的创新氛围，全社会需要对创新活动具有包容性和宽容性。一是要倡导敢为人先、敢冒风险、宽容失败的新风尚，既要重视成功，也要宽容失败；二是要使一切有利于社会进步的创业创新的愿望得到鼓励、行动得到支持、成果得到尊重，形成创业创新光荣的鲜明导向。只有催生富有理性、活力和创新意识的科学文化精神和创新氛围，才能实现蓬勃的大众创业、万众创新，才能成就常态化、规模化的科技创新。

二、突出"以人为本"的创新文化

1. 厘清"以人为本"的概念

在近代科学的影响下，人的概念被物理学范式构建，如莱布尼茨认为人的构成是"单子"，拉美特利提出"人是机器"的观点等。此类将人理解为单纯客观存在或人是可以被人之外的客观力量塑造的观点，是一种富有自然主义色彩的观点。同时，随着社会的发展，人的"异化"现象越发凸显，人处于"自然—社会"框架中，或以人类中心主义理解世界，或以非人类中心主义理解自身。

但是，人兼有自然属性和社会属性，对人的理解就不能偏执一方。"以人为本"，既要看到人的自然属性，侧重于物质生存的一面；又要关注人的社会属性，侧重于精神自由发展的一面。而马克思主义理论与中国传统哲学都存在相关论述，因此，厘清"以人为本"的概念以及构建相应的创新文化理论框架，可以基于马克思主义理论与中国传统哲学对人的理解。

在自然属性层面，马克思主义理论认为，全部人类历史的第一个前提是有生命的个人的存在，应重视个体、感性的人的生存；在社会属性层面，马克思主义理论指出，"人的本质不是单个人所固有的抽象物，在其现实性上是一切社会关系的总和"。自然属性是人的生存属性，社会属性则是人的价值属性。而中国传统哲学对于人的理解，从天人合一的角度出发，除了含有"自然—社会"的意思外，还含有具体的人与抽象的人的意思。具体的人性源自上天，如"天命之谓性，率性之谓道，修道之谓教"（《礼记·中庸》），上天是具体人性的抽象存在；同时，中国传统哲学重视具体人的存在与塑造，如"格物、致知、诚意、正心、修身、齐家、治国、平天下"（《礼记·大学》）。因此，对人的理解既要兼顾自然属性与社会属性，又要兼顾具体人与抽象人的存在和发展。

自然人、社会人、具体人、抽象人，是"以人为本"概念框架的四个要素。自然人侧重个体的自然性生存，社会人侧重群体的现实存在，具体人侧重个体精神的自由发展，抽象人侧重群体现实存在的伦理基础。"以人为本"，需要关注的既有自然人意义上的生存需要，又有社会人意义上对于美好生活的向往；既有具体人生活水平的不平衡，又有抽象人生活水平发展不充分的问题。

"以人为本"的创新文化既要扬弃斯诺对于"科学文化—人文文化"的理解，又要扬弃物理学范式和"人类中心主义—非人类中心主义"争论背景下的创新文化，是融合马克思主义理论对人的理解与中国传统哲学对人的理解的一种新理解。"以人为本"的创新文化，既能不忘人的自然属性，又能观照人的社会属性；既能不弃具体人，又能尊重抽象人，是一种科技与人文共融、科技进步与伦理观共荣的创新文化。

2. 应对科技发展带来的挑战

立足新时代，面向新工业革命，构建"以人为本"的创新文化迫在眉睫且意义重大。

当今世界，以信息科学、生命科学、认知科学等为代表的新一轮科技革命与工业革命蓄势待发。各科技领域发展迅猛，随之而来的担忧也此起彼伏，如互联网、大数据背景下的隐私问题，人工智能、基因编辑等领域的伦理问题等。科技问题不期而至，其中大多涉及对"人"和"以人为本"的理解问题。很多时候，单纯的伦理道德批判难以恰当解决科技发展及其引发的挑战，而且有时也存在阻碍科技发展的可能。

当前，以人工智能为代表的智能科技领域受到各界关注，不少国家也投入了大量资源。以人工智能为例，人工智能代替人类劳动是新工业革命的趋势，从长远来看，这对人类未来的自由发展或许存在有利的一面；但从人的自然属性和个体的物质性生存等方面来看，如果我们在此过程中不进行制度完善，很有可能会给当下具体的人的物质性生存带来不利影响。

再比如，基因编辑婴儿问题，如果不解决基因编辑婴儿产生的根源问题——具体人在 HIV 阻断和治疗相当有效的情况下还要选择基因编辑以求一劳永逸免疫 HIV，人的自然属性和个体的物质性生存就难以得到保障。单纯通过人的社会属性和道德伦理批判很难规避这一问题。

当这些科技问题不期而至时，单纯的强制性约束与伦理道德批判难以恰当解决科技发展带来的挑战。甚至，过于强硬的态度有可能阻碍科技的进步与发展，使新的工业革命发展功亏一篑。因此，问题不仅在于解释世界，而且在于改变世界，更在于恰当地改变世界。新时代的新科技问题和新工业革命问题，不能仅通过强制性约束与伦理道德批判进行治理，还需要一种合理的妥协和有效的创造，需要"以人为本"的创新文化。

3. 开辟生态问题新视角

"以人为本"的创新文化，对于传统的生态危机问题，也能够开辟新的视角和领域。

生态危机的产生原因可以归结为过于重视人的自然属性，即过于重视人的物质性生存，人无节制地向自然索取而导致自然反噬。但是，如果在毫无任何制度保障的情况下强制关停高污染企业，或者不顾企业承受能力进行转型升级，则是从一个极端走向另一个极端——过于重视人的社会属性，即过于重视人的精神存在与发展。如此行为，在改善生态问题的同时会带来失业和生活水平下降等问题，因而并不能让人感受到切实的幸福与生活的美好。

"以人为本"的创新文化可以为治理生态问题提供一套方法论的支持，在传统的"自然—社会"思维惯性中增加"具体人—抽象人"的维度。在对待自然生态问题上，要承认人向自然索取的合理性，这是尊重人的自然属性和具体人的生存需要。问题的关键在于平衡索取与保护间的关系，尊重人的社会属性和人的抽象层面的道德伦理。

所以，我们既不能因为保护生态而无视人的自然属性和个体的物质需要，也不能为满足人的自然属性和个体的物质需要而放弃对于人的社会属性和道德伦理的坚守。因此，构建"以人为本"的创新文化，生态问题有望得到更恰当的治理。

无论是信息科学领域的问题，还是生命科学领域的问题，抑或是生态环境领域的问题，都涉及对"人"的理解。我们尤其要留意，有些人工智能与生命科技已经触碰到人之所以为人的边界。它对"人"的冲击可能不仅是"颠覆性"那么简单，很可能将"人"冲刷成"妖魔鬼怪"。新时代是人与新科技共舞的时代，解决好"以人为本"的问题，中国特色哲学社会科学便有望实现引导科技前沿发展、化解科技发展引发的危机以及解决中国社会的发展问题的伟大使命。

三、创新文化服务方式

创新文化服务方式能够调动群众积极性，使群众变被动为主动，为基层文化事业添砖加瓦。随着我国全面建成小康社会战略目标的实现，人民群众不再只为吃穿发愁，已逐步趋向于追求精神生活的满足。政府强行灌输的文化理念和方式并不能被群众所接受，而将主动权赋予人民，由群众自主选择文化类型，不仅能够丰富群众生活，还能带动群众致富，实现"双赢"的结果。

创新文化服务方式需要政府转变思路，创新服务方式。纵观当今基层农村，大多文化活动缺乏新意，而国家的文化下乡工程，也存在雷同低质的现象；尽管硬件设施配套齐全，但由于人手不足、资金短缺等问题，文化服务无法高效展开。政府应当找准问题短板，明确主导思路，加大财政投入，并引导政府相关部门及社会团体组织深入基层开展文化服务，为基层提供先进的文化理念和科学的文化建设思路，从而解决基层群众娱乐方式少、文化生活单调的现状。

创新文化服务方式需要政府工作人员提高为人民服务的能力。近年来我国政府明确树立为人民服务的思想，打造优质基层文化的宏伟蓝图，但在实施过程中出现了执法方式粗暴、一刀切、信息未能及时公开透明等问题，这都体现了政府工作人员为人民服务的能力需要进一步加强。在实际操作中，政府部门应当灵活运用方法，以百姓能够接受的方式去解决问题，多与群众进行沟通交流，增强群众在文化建设过程中的参与感；同时还应打造公平透明的服务平台，消除百姓的疑虑，及时解决群众关心的切身利益问题，推进文化服务扎根基层。

第三节　创新文化的实现

一、拓展创新文化的途径

实践是文化创新的根本途径。具体来说，文化创新的两个重要途径是"取其精华、去其糟粕""推陈出新、革故鼎新"；不同民族文化之间的交流借鉴与融合。

1. 社会实践对文化创新的决定作用

实现文化创新的根本途径在于立足社会实践。因此，我们要立足发展中国特色社会主义的实践，与时俱进，发挥人民群众作为文化创造主体的作用，大力进行民族文化的创新发展。

(1)社会实践是创新文化的源泉。"文化创新是国家治理现代化的内驱力"，不论是中华优秀传统文化，还是现代社会文化创新的先进理念都来自社会实践，不能脱离社会实践来谈文化创新的构建。

(2)社会实践是创新文化的动力。创新文化，能够为国家建设与发展源源不断地提供软实力支撑，社会实践的构成恰好可以作为文化创新的补充。因此，必须培养社会实践能力，遵循客观实际和文化发展规律。

2. 继承传统，推陈出新

创新文化的过程，既是一个改造传统文化的过程，又是一个创造新文化、发展先进文化的过程。对传统文化"取其精华、去其糟粕""推陈出新、革故鼎新"，是文化创新的基本途径之一。

创新文化离不开对传统文化的继承，继承是创新的必要前提。对一个国家、一个民族来说，如果漠视对传统文化的批判性继承，其民族文化的创新，就会失去根基。

创新是继承的必然要求，文化创新表现在为传统文化注入时代精神。

3. 创新与借鉴、融合

文化创新的过程，既是一个不同民族文化相互交流、融合的过程，又是一个借鉴、汲取人类一切优秀文化成果，发展民族文化的过程。不同民族文化之间的交流、借鉴与融合，是文化创新必然要经历的过程。

在文化交流、借鉴与融合的过程中，必须以世界优秀文化为营养，充分吸收外国文化的有益成果。

在学习和借鉴其他民族优秀文化成果时，要以我为主，为我所用；要植根于中华民族的文化土壤，不断实现中华民族的文化创新。

二、高校文化创新的融合

高校文化创新的融合主要是一种文化精神、价值理念、制度规约、行为规范等文化价值的渗透和融通。它主要体现在学校文化创建、校园环境空间策划设计与合理布局、学校教学组织管理制度创新、学校师生关系重建等方面，对学生综合素质的养成具有潜移默化的熏陶作用。

高校创新文化尽管不像课程教学那样直接、显性，但作为学校育人系统中的重要组成部分，具有强烈、深刻、持久的教育作用和正向、积极的导向价值，从而对师生的思想观念、价值引领、行为方式乃至学校的高效运行能产生统摄性的引领作用。从这个意义上说，在学校文化创新建设的层面应当以学校和师生的长远发展和全面发展来体现五育融合。为此，我们要把握好以下几个基本原则，即导向性、发展性、科学性、适切性、开放性等。

基于这些原则，高校文化创新的融合主要有以下两条路径。

1. 价值理念融合

五育融合首先是一种价值理念的融合，这是贯穿学校整个育人过程的灵魂和主线，它为师生的共同发展提供目标导向、价值引领和行动准则。通过价值理念的融合方式把党和国家倡导的主流的价值观、先进的教育教学理念有机融入学校的办学理念、育人目标和制度建设中，形成上下一体、内外协同的学校文化价值系统。

(1)党的教育方针的导入。全面贯彻党的教育方针、集中体现马克思主义关于人的全面发展观，促进学生德智体美劳全面发展，是学校文化制度建设首要的、总体的规定，是实现五育融合的第一要求。学校必须坚持"五育并举"，五育一个都不能少，一个都不能弱，彼此互动，相互影响，共同发力，融合育人。

(2)中华优秀传统文化的融入。按照习近平总书记关于"把马克思主义基本原理同中国具体实际相结合、同中华优秀传统文化相结合"的重要思想，立足学校教育发展的实际，有机渗透中华优秀传统文化的精髓和要义，把中华优秀传统文化的思想观念、人文精神和传统美德等融入学校文化创新体系中，传承好中华优秀文化传统，让学校文化深深打上中国底色和中国基因。

(3)社会主义核心价值观的融入。社会主义核心价值观是新时代统领和规范社会主义合格公民的主导的价值取向和行动准则，也是培养社会主义建设者和接班人的应有之义，理所应当进入学校文化创建的系统中，成为学校践行立德树人根本任务的有效落实机制。

(4)先进教育思想理念的植入。学校文化创新体系是指向学生生命成长的动态开放的文化生态系统，是合理汲取人类文明成果、集中体现时代先进教育思想经验的文化生态系统。如学习者中心理念、和谐共生理念、终身教育理念等，应当植入学校文化创新系统中。这样，学校可以依据自身实际特点和发展需求，结合以上四个方面融合的内容方式，使之在不同学校的大熔炉里实现交融聚合，提炼出学校文化价值和制度的适切表达，形成普适性与个性化特色相统一的学校文化价值系统的"统一体"。

2. 精神品格融合

科学精神与人文精神相统一是新时代的精神品质。它不仅推动着人类文明成果的创造过程，更是一种引领人类走向真善美的价值追求，也是大学生必备的核心素养。尽管在不同时代人们对两种精神的关注度不尽相同，但人类的精神文明一直指引着社会的文明进步，并深刻地影响着学校教育的育人目标和价值导向。对科学精神而言，我国近年来科学技术取得了长足的进步，社会大众的科学素养不断提升，但与发达国家相比还有一定的差距，一些关键领域的核心技术也就是"卡脖子技术"急需发达的基础科学研究做支撑。早在一百多年前，胡适就指出，就是在人生观问题上，也不应排斥科学。对于作为人的价值坐标与精神支柱的人文精神的培养同样任务艰巨，既要扎根中国大地从中华五千年优秀文化中汲取营养，又要面向未来，具有开放而宽广的胸襟，合理吸收人类文明成果。要阐明人文精神的学理，仅有一种对现实精神文化危机的忧患意识和诗化的激情是远远不够的，而必须对人性有不加丝毫伪饰的真实体认，必须有从人类文明发展的大道上走一趟的深厚学养，必须有培根、洛克式的理性精神，有帕斯卡、康德式的探讨人类心灵底蕴的深沉智慧，要有黑格尔式的巨大历史感和马克思的"世界历史的眼光"，必须对中国文化的历程，特别是近代中国文化转型的历程做出唯物史观的科学总结，对当代人类普遍面临的精神危机有深刻的认识和把握，在此基础上，我们才能对人文精神的学理作出比较明晰的阐释，才能对如何建立起一种既顺应时代进步潮流且合乎现代文明普遍价值之公理，又具有鲜明中华民族特色的新人文精神，做出有益的探索。

尽管培养兼具科学精神和人文精神的时代新人还有很长的路要走，但这种精神品质必须牢固地、坚定地融入高校的文化建设之中，成为影响和塑造学生成长发展的必备因素。科学精神中的求真精神、探索精神、质疑批判精神和创新精神等，以及人文精神中的追求理想、崇尚正义、尊重人性等精神，都应融入学校文化创新与建设的系统中。正如有学者强调的在学校文化创新建设中不可缺少的精神品质是"人道、理性和民主"。联合国教科文组织早在 2015 年发表的《反思教育：向"全球共同利益"的理念转变》中指出："应持以下人文主义价值观作为教育的基础和目的：尊重生命和人格尊严，权利平等和社会正义，文化和社会多样性，以及为建设我们共同的未来而实现团结和共担责任的意识。"

批判性思维、独立判断蕴含的科学精神与人文精神如同人之双臂、鸟之双翼，缺一不可。无论是一个人还是一个社会，只有精神的维度或者只有物质的维度，只高谈心性或只关注消费，只读经典名著或只唱卡拉 OK，只关心政治或根本不问政治，都是极其片面的。由此可见，把科学精神与人文精神相统一的时代精神品质有机地融入高校文化建设的系统中，以塑造和促进大学生全面发展，是新时代高校育人体系中不可或缺的组成部分。

三、企业创新文化应用的实现路径

不同企业在推动创新文化应用时，要选择适合自己的道路，这样才可以做到事半功倍。一般来讲，有以下四条最常见的实现路径。

1. 自主原创

什么是原创？通俗地说，就是无中生有，以小博大。原创的难度最大，失败的风险也最高，一旦获得"三权保护"，形成原创 IP，形成唯一性竞争力，就有机会获取比较高的价值和回报，而且可以迭代发展，有可持续性。自主原创的路径，适用于有创新基因和创新精神的中小企业。这些企业有创新发展的经验，善于控制创新风险，这些企业有其共同的属性，如负责人习惯于逆向思维，懂文化创意，有品牌运营的实战功底，重视知识产权建设，还有最重要的一条，就是目标坚定，不赚快钱。

2. 博物馆授权

这是当前大家选择最多的一条路径，这条路径最大的特点就是时间短、投入不高，一旦二次创作和转化获得成功，回报也很快。最典型的案例是《故宫》和《敦煌》的博物馆授权，涉及范围广，在行业中的影响力也比较大。受这两个案例影响，全国范围内的省级博物馆都开展了博物馆授权业务，海量馆藏文物的历史文化信息正在被开发和应用。

在应用实践中，存在一个突出的问题，就是大量有价值的历史文化信息被简单复制应用，而进行二次创作，形成原创 IP 的作品却非常少。复制应用是文化创新应用中最初级的方法，简单实用的背后，其商业价值并不高，也很难迭代发展。当一批追求赚快钱的企业与这些博物馆签订了长期授权协议，就会出现严重的占坑问题，会做的企业拿不到资源，市场上优秀的原创 IP 作品非常少，取而代之的是海量简单复制的国潮产品充斥市场，很快会面对激烈的同质化竞争。

博物馆是文化创新应用资源的"富矿"，这些资源的开发需要科学规划，追求精耕细作，鼓励二次创新，出品要经得起市场的检验，切忌一切以经济利益为中心的粗制滥造。

3. 委托创作

这个路径适用于缺乏创新基因和团队的企业，它们可以委托文创领域的专家或顾问团队打造原创文化 IP，并协助完成文化创新应用的创作期和孵化期，然后再转由企业销售团队去完成项目成长期的快速扩张。这个路径最大的特点是可以借助专业的人才资源，投入有限的资金，撬动自主原创的 IP 文化项目，而且还锻炼培养了自己的文化创新型人才。

寻找到优秀的文创专家或顾问团队，是这条路线取得成功的关键，首选本行业的文化创新应用专家和团队，也可以在行业外寻找合作伙伴。

4. 投资收购

对于头部品牌或者上市公司，由于企业的经营战略与中小企业不同，介入文化创新应用的方式也不一样。大多数企业会选择对优秀的原创 IP 产品或品牌进行直接收购，用购买的方式来解决创新资源不足的问题，他们收购的项目多为成熟或至少完成孵化的项目。

第四节　创新文化建设案例

方案一　建好景德镇国家陶瓷文化传承创试验区，打造对外文化交流新平台

千年窑火不熄的景德镇，即将开启重振辉煌的新篇章。2019 年 10 月 10 日，江西省政府召开新闻发布会，对近期由国家发展改革委、文化和旅游部正式印发的《景德镇国家陶瓷文化传承创新试验区实施方案》进行解读。景德镇国家陶瓷文化传承创新试验区是国务院批复设立的首个文化旅游类试验区，肩负着为我国陶瓷及其他传统文化产业转型发展创经验、探新路的重任。

《实施方案》成功获批公布，凝聚了党中央、国务院的亲切关怀，凝聚了国家部委的倾力支持，是江西又一个具有里程碑意义的重大国家战略，标志着千年瓷都景德镇开启了重振辉煌的新篇章。

建设景德镇国家陶瓷文化传承创新试验区，是党中央、国务院为推进景德镇陶瓷文化传承创新走出一条具有世界意义、中国价值、新时代特征、景德镇特色新路子作出的战略部署，具有深远的历史意义和积极的现实意义。

第一，有利于深入实施"一带一路"倡议，打造对外文化交流新平台。建设景德镇国家陶瓷文化传承创新试验区，将深入推进景德镇共建"一带一路"重要节点城市、打造中外文明交流互鉴重要桥梁，将进一步推动景德镇建设成为对外展示中国文化的新名片、讲述中国故事的新舞台、传递中国声音的新窗口。

第二，有利于完善景德镇陶瓷文化保护利用机制，开辟中华优秀传统文化传承创新新路径。景德镇陶瓷文化是中华文明的瑰宝，是我国优秀传统文化的重要组成部分。一千多年来，瓷都人民砥砺前行，创造了从未中断、蜚声中外的陶瓷文化。这座千年古镇拥有全国重点文物保护单位9处，世界级文化陶瓷遗迹30多处，手工制瓷技艺和传统窑炉作坊建造技艺是历久弥新的国家非物质文化遗产，青花、玲珑、粉彩、颜色釉四大传统名瓷，代表了我国历史上瓷器制作的最高艺术成就。千年以后的今天，党中央、国务院赋予景德镇建设国家陶瓷文化传承创新试验区，着力把景德镇建设成为传承陶瓷文化、延续厚重文脉、留住城市记忆的"活历史"，为弘扬中华优秀传统文化书写浓墨重彩的新篇章。

第三，有利于激发创新创造活力，推动文化产业转型升级。在两千多年冶陶史，特别是一千多年官窑史和六百多年御窑史上，景德镇陶瓷不断推陈出新，从影青瓷、青花瓷到玲珑瓷，从高温颜色釉、青花斗彩到新花粉彩，从龙窑、蛋型窑到煤窑电窑，处处体现了创新创造的生机和活力，形成了完整的陶瓷产业链，对中国陶瓷发展产生了广泛深刻的影响。20世纪90年代后，景德镇陶瓷产业面临转型发展关键期。建设景德镇国家陶瓷文化传承创新试验区，为景德镇带来了推动陶瓷文化产业创新发展的重大战略机遇，通过推动体制机制创新，打造陶瓷文化与产业融合发展新平台，探索陶瓷文化引领经济社会发展新模式，能够为培育经济发展新动能，构建现代化经济体系提供有力支撑，探索有益经验。

方案二　中国科学院上海药物研究所创新文化建设2021年工作计划

2021年，中国科学院上海药物研究所（以下简称"药物所"）创新文化建设将紧紧围绕药物所面临创新研究院筹建工作验收、国家重点实验室评估、"十四五"规划开局和自主部署项目推进等一系列重大任务的完成，以"新药梦·落实"为年度工作主题，号召全体药物所成员崇尚实干、狠抓落实，推进"出新药"战略，共同谱写中国科学院药物创新研究院建设的新篇章。

一、总体要求

根据"新药梦·落实"的年度工作主题要求，创新文化建设将继续坚持紧扣中心工作和科研的需求，由党组织、群团组织和室组、部门共同推进，按照药物所全体成员共同参与的原则开展。

各级党群组织、文明室组要明确药物所的总体目标和各自的分解目标，在狠抓落实的过程中，结合自身特点开展创新文化活动，以凝聚人心、营造氛围、提供保障助力创新。

二、活动内容

1. 以"行、严、实"抓落实

通过文化活动在科研、支撑、管理及各项工作的落实中体现"行重于言、事重在实、严守规范"的要求。

（1）各文明室组以"落实"为主题开展特色项目。文明室组在党总支、党支部的组织下开展特色活动，针对科研、支撑、管理、服务的不同特点，围绕药物所的改革发展目标，紧扣室组在新药研究的突破、科学规范的执行及创新研究院规章制度的实施等不同方面的工作任务和目标，针对落实过程中需要解决的制度、方法、技术、管理、服务等方面问题，按照"行、严、实"的要求设计和开展有学科特色的"落实"活动，通过相应特色项目进一步落实发展目标。

(2)各群团组织结合特色发挥作用。工会、共青团、妇联、研究生会各自开展以"落实"为主题的专项文化活动。药物所工会以海科技术讲堂、药化专利知识讲座、职能执行力提升等系列培训为载体，开展"提升职工能力、落实科研任务"的系列活动；共青团委以"制度宣介、直观示范、评选推广"的形式，开展青年科研行为制度规范"我行我 show"微作品征选活动；妇联开展"落实·巾帼在行动"，由女科学家牵头轮流组织学术、产业、艺术沙龙，构建女科学家沟通交流的良好平台；研究生会通过举办优秀实验记录本评比展示活动提高研究生实验记录本记录的规范性，通过学位论文查重检测培训帮助同学们熟悉论文查重检测的基本要求，抓好学术规范落实行为；各文体协会结合自身特点，开展丰富活动活跃文体生活，为药物所大集体凝聚人心、营造温馨氛围。

(3)示范项目活动。对全所文明室组、党群组织开展的"规范"主题特色活动进行遴选，确定示范项目进行重点跟踪和推进，在内容和形式上进行不断完善，发挥更好的示范作用。

2. 以落实促发展

将创新成果转化为发展动力，使在创新驱动下的科研成果、规章制度能够落地。重点在于在目标导向的前提下，促进创新成果的探索和落地。

(1)对 2021 年"岗位双创明星"大赛成果进一步利用和推广。对大赛成果进行进一步梳理，遴选出具有代表性的成果，由党支部牵头开展成果的运用推进。对创新成果，采取演示、交流等形式进行推广；对创意项目，进一步跟进孵化，帮助其落地开花。

(2)组织"以疾病领域为核心探索新药研发模式"的系列讨论。聚焦"出新药"战略，围绕"探索以疾病领域为核心的科研组织模式"，通过党支部书记讨论、探索试点等方式，以围绕科研突破的主题讨论将文化活动转化为精神动力，进而转化成实现"新药梦"的实际行动，引导药物所成员深刻认识社会变革，形成浓郁的创新氛围。

3. 以交流促成效

在各党群组织、各室组开展活动的基础上，着眼于提升药物所成员的能力素质，开展"强素质、促落实"所级主题活动。

(1)组织制度规范落实经验交流会。以严格执行制度和规范为内容，邀请在科学研究、支撑管理中推进各项规章制度和规范标准落实有特色、有效果的组织在全所作经验介绍，为全所工作提供借鉴。

(2)组织目标完成成果展示会。遴选在完成年度重点事项和发展目标中效果明显、成绩突出的党群组织、室组和个人，在全所范围内介绍自己在"落实"过程中的思路、方法、体会等，进一步扩大落实成果的影响力，营造浓郁的"抓落实"氛围。

(3)以推进创新思路的实践和落实为内容，开展第三届文化节开幕式暨"大家论坛"。围绕改革聚焦点，组织不同领域的科学家共同探讨新药研究改革的发展与未来，共同谋划以落实创新促进药物所追求卓越发展。

4. "新药梦·落实"展示活动

关注每一位药物所成员，形成大家积极参与、互相启发、共同攀登的良好氛围。建设好"追梦之旅"微信平台、创新文化专刊、发挥好创新文化记者团的积极作用。利用好电子屏、网页专栏等宣传平台，围绕个人和团队在创新研究院建设中的发展定位和发展目标，进行思想分享和交流活动。

方案三　上海牡丹香精香料有限公司创新文化建设活动方案

根据《上海烟草集团有限责任公司关于开展全员创新文化建设大讨论活动的通知》要求，为进一步在公司内树立创新文化氛围，特制定本实施方案。

一、指导思想

紧紧围绕集团以"文化引领发展、品牌提升实力、服务创造价值、事业成就员工"的文化建设总体思路，以"十四五"发展规划为统领，以"发展，改革，规范"为主线，突出精神文明建设和全面从严治党主体责任工作要点，持续推动"创新驱动、转型发展"，以人为本塑造"创新构建美好未来"的企业文化。

二、活动主题

全员营造和谐氛围，创新构建美好未来。

三、活动目标

本次活动应与集团和公司中心工作紧密结合，充分发挥党工团齐抓共管共同推进的作用，充分体现党员、干部的带头作用和先进性，通过自下而上的创新举措进一步提高公司技术、工艺、管理等方面的水平，提升综合竞争力，同时营造出全员参与的创新文化氛围，使"创新构建美好未来"的企业文化进一步落地。

四、参与人群

公司全体员工。

五、活动内容

1. 广泛宣传，营造全员参与的创新文化氛围

(1)将本次创新文化建设活动列入领导班子学习计划，于6月底在领导班子和全体中层干部中开展一次学习讨论，形成学习纪要；

(2)将具体活动安排和专题大讨论内容于6月底以ERP宣传栏、邮件、公众号等形式传达给全体员工，在各部门做好宣传工作。

2. 群策群力，开启全员动脑的创新文化建设

(1)6月19日—6月30日，向全体党员征集创新讨论合理化建议，经支部筛选后形成建议清单；

(2)6月19日—7月10日，向全体员工每周征集创新文化小故事，讲述身边发生的创新瞬间。经办公室筛选后，选取部分优秀文章在《上海烟业报》专栏实名刊登。

3. 直击问题，建立360度无死角的创新要点清单

(1)针对上阶段党员们提出的合理化建议，于7月5日开展一次党员学习讨论会，对关键问题进行讨论，并形成学习纪要；

(2)于7月5—7日对各部门分批开展创新建议专题研讨会，针对中心工作，听取基层

员工意见；

（3）汇总创新意见，于7月11日前形成"创新点清单"，直面问题所在。

4. 举措落地，推动全面翔实的创新工作进程

（1）根据"创新点清单"中的问题，逐条商议制定创新措施，明确责任部门和落实时间，于7月13日传达给相关部门；

（2）对本次创新文化建设活动成果进行总结，于7月14日前形成书面报告，上报集团政工处。

六、活动时间

1. 策划阶段

2022 年 6 月 15 日—6 月 23 日

2. 实施阶段

2022 年 6 月 26 日—7 月 11 日

3. 总结阶段

2022 年 7 月 12 日—7 月 14 日

章节自测

一、名称解释

创新文化

二、简答题

1. 企业如何推动创新文化的应用？

2. 创新文化与文化创新的区别是什么？请举例说明。

三、案例分析

雀巢公司，由亨利·内斯特莱（Henri Nestle）于1867年创建，总部设在瑞士日内瓦湖畔的沃韦，是世界上最大的食品制造商。拥有138年历史的雀巢公司起源于瑞士，最初是以生产婴儿食品起家。2005年，雀巢公司在全球拥有500多家工厂、25万名员工，年销售额高达910亿瑞士法郎。2011年世界500强企业榜单中，雀巢公司排在第42位。

1867年的一天，在瑞士日内瓦湖畔的一个乡村，有一个早产婴儿降生了，这个婴儿既不能接受母乳，也不能接受其他任何的替代品。他吃不下东西，身体极度虚弱，因而被遗弃。一位先生收留了这个孩子，并用自己发明的一种食品——牛奶麦片喂养他，这个小生命获救了。这位先生就是后来驰名全球的食品业巨头——雀巢公司的创始人亨利·内斯特莱。他发明的这种食品给平时死亡率很高的欧洲婴儿带来了福音，后来传到了世界各地，发展成世界上最早的婴儿食品——婴儿营养麦片粥。婴儿食品的出现对妈妈们来说无疑是一个好消息。越来越多的人开始认可婴儿食品，很快，亨利·内斯特莱先生的婴儿食品销售遍及了整个欧洲。

对于市场份额正在不断下降的铁罐装糖果和浓缩牛奶，雀巢公司决定采用一款新型的包装理念和包装生产线，他们将浓缩牛奶灌装到配有一个清洁、可调节阀门的可挤压塑料瓶中。尽管增加了额外的包装成本，提高了售价，但增加了15％的销售量，给公司带来了更多的利益。雀巢公司因包装创新的胜利而成为行业的领先者，进一步巩固了在

大众消费者心目中的品牌形象。

要求：

结合雀巢公司创新的具体实例，谈谈亨利·内斯特莱改良与创新产品的文化建设之路对你的启发。

四、实训活动

量身定做新的创新文化款式

活动背景：

作为新生代的一分子，我们青年有着创新的智慧头脑，有着突破的灵活想法，有着旺盛的精气神，这些优势促使我们在社会生活中大放异彩，实现了自己的价值目标，为自己打开了更广阔的天地。

新的技术开发，为我们解决就业问题拓展了新空间。互联网、人工智能、大数据等新科技的发展扩大了我们的就业空间，增强了我们的生存能力。如果把以前的就业比喻成"从 10 个户型样板房里选择一款"，那么当今的就业理念可能就是"我要定制一个自己的房子"，时代赋予了年轻人更多的机会，其中就包括为自己量身定做一种生活方式。

以哔哩哔哩（Bilibili）上传者"才疏学浅的才浅"为例，2021 年 4 月，他发布的纯手工复原三星堆黄金面具的视频在网上迅速走红。8 月，他再一次复刻了三星堆出土的金杖，成功走红网络。作为一名手工爱好者，上大学时他因为课余时间比较多，就自学了剪辑和拍摄，把做手工的过程记录下来并上传到了网络；大学毕业时，他独自一人来到上海当了一名全职上传者，对手工的热爱给予了他追逐梦想的勇气。

年轻人放弃了传统职业的"安全区""舒适区"，敢于开疆辟土，勇气和热情值得肯定。在准备从事新职业前，年轻人也应当根据实际情况做出理性分析和选择。希望大家在怀揣热情的同时不要忘记理性思考，不要只看到别人光鲜亮丽的一面而忽视了他们背后付出的超乎常人的努力。

活动内容与要求：

利用课余时间参加实训活动，用心体会所在单位是否有自己的创新文化作为企业精神的源泉与动力，最后形成一份不少于 1 000 字的实训报告。

第二篇　创造教育

第六章
创造与创造学

第一节　创造

一、创造的定义

创造是人类解决难题、克服困难、摆脱危机、战胜挑战的锐利武器和有效工具，是对人潜力的挖掘和深层次的开发，是人潜能的释放和功能的发挥。创造是人类文明的生命，是人类发展进步的关键环节，是事业兴旺发达的典型标志。人类文明史就是一部创造史。科学技术因创造而发展，文化艺术因创造而繁荣；人类因创造而进步，社会因创造而昌盛；文明因创造而璀璨，生活因创造而便利；人生因创造而精彩，自己因创造而出彩。在实行"创新驱动发展"的今日中国，"创造"已成为出现频率很高的热门词汇，于是，"什么是创造""如何进行创造"便越来越成为人们关注的焦点、研究的重点和争论的热点。但因为创造的内涵异常丰富，创造的外延极其广阔，又使"创造"成为研究的难点。为把创造育人落到实处，必须学习和掌握创造的基础知识和基本方法。

1. 从词源和语义看——共同体论

"创造"是"创"与"造"的有机结合和高度统一，是"创"与"造"的共同体，是"创"与"造"的统称。

创造由"创"和"造"两个字组成，"创"有开始做、初次做、首次做等含义，"造"有制作、建设、建筑等含义。创造包括既相互联系、相互作用，又相互区别的"创"和"造"两个方面，"创"与"造"相辅相成，共同决定创造的质量、效率和效益。

2. 从含义看——活动论

创造是人类所进行的一种创造性活动，主要包括创造性思维活动、创造性认知活动和创造性实践活动。

《辞海》把创造的含义解释为"首创前所未有的事物"，《现代汉语词典（第7版）》把创造的含义解释为"想出新方法，建立新理论，做出新的成绩或东西。""创造"有"无中生有"之意，创造一定是前人或今人未曾实现过的活动，具有非重复性。

3. 从实施过程看——劳动论

创造是人类所进行的一种创造性劳动，包括创造性脑力劳动和创造性体力劳动。

创造既是创造性脑力劳动过程，也是创造性体力劳动过程；既是创造性思维过程，也是创造性实践过程；既是认识世界的过程，也是改造世界的过程；既是一种创造性认知过程，也是一种创造性实践过程。创造是脑力与体力的统一，是思维与实践的统一，是认识与实践的统一，是认识世界与改造世界的统一。创造也是人类自我优化、自我实现、自我革命、自我塑造、自我超越的过程，是人类发展进步的关键环节、集中反映和突出标志。创造性劳动与非创造性劳动（尤其是重复性劳动）是性质不同的两种劳动，二者是有本质区别的。

4. 从职能看——手段论

创造是人类所具有的最根本和最重要的思维方式、认知方式、实践方式、发展方式、进步方式，创造是人类所具有的认识世界和改造世界的一种最根本和最重要的有效手段。

创造是人类生存和发展的一种根本方式和核心方式，是人类战胜各种困难、险阻的锐利武器、有效工具和制胜法宝，是人类进行物质文明和精神文明建设的核心手段和特效措施，是人类"把理想变为现实，把现实变为理想"的重要途径和有效手段。

5. 从本质看——脑功能发挥论

从本质上来说，创造就是指人脑的创造功能的有效运用和高效发挥，是人脑的创造功能由潜在形态转化为显在形态，是人脑创造由微观活动转化为宏观活动，是人的创造由思维活动转化为认知活动或实践活动。简言之，创造是人脑固有创造功能的外部表现——是人脑潜在创造功能的显化，是将人脑潜在的、可能的创造功能转化为显在的、现实的创造功能。

人是创造的主体，人脑是创造的核心器官，创造既深层地根植于人脑的创造，又生动地体现着人脑的创造。可见，创造是人类所特有的一种高级智力活动和复杂的心理活动，是智力因素和非智力因素共同作用的结果。创造是人类主观能动性的集中反映、突出体现和根本标志。

6. 从效用看——功能论

凡是具有"把不可能变为可能并把可能变为现实"功能的活动都是创造活动。

创造是人类所具有的认识世界（包括客观世界和主观世界）和改造世界（包括客观世界和主观世界）的功能。创造也是人类所具有的不断地把不可能变为可能并把可能变为现实的功能。

7. 从性质看——主观能动性发挥论

所谓创造，就是对创造主体进行并完成创造的主观能动性的调动和发挥，是人类主观能动性的集中反映、突出表现和根本标志。从特性看，创造是指具有新颖性、独特性、首创性、超越性、不可预料性和价值性的人类活动。

8. 从结果看——成果论

所谓创造，就是指创造主体（个人或群体）从新的视角，通过新的途径，以新的方式，用新的方法为人类提供有价值的新文明成果的思维、认知或实践活动。创造是人类文明进步的根本方式、集中体现和主要标志，创造成果是人类文明进步的标志性成果。人类发展进步的历史就是一部创造史。

凡是能使人类取得有价值的新文明成果的人类认知行为和实践活动都可称为创造。一切人类文明成果都是创造的结晶。创造的成果必须是前所未有的，具有新颖性和先进性。创造的成果必须为人类文明宝库增加新的库藏，即为人类文明增加新的成分，否则就不能称为创造。

9. 从系统科学看——系统论

创造是人类所进行的一项复杂的系统工程。创造系统的定义详见本章第二节。

创造不仅是人类认识世界和改造世界的一种手段、一种方法、一种途径，也是一种思维、一种认知、一种实践，还是一种态度、一种作风、一种风尚，更是一种理念、一种精神、一种追求。作为人类智慧之泉、思想之髓、精神之魂、文明之源的创造不仅是一个人的潜力之根和活力之基，更是一个人的动力之本和魅力之魂。创造是人类的灵魂。永无止境的创造绝不是超然于现实世界之外的玄思与遐想，而是根植于现实生活之中的探索与超越。创造是人类与动物的本质区别，正是创造性劳动创造了人、发展了人、成就了人。人类的最大资源在创造、最大功能在创造、最大优势在创造、最大价值在创造；人类的最大潜力在创造、最大动力在创造、最大活力在创造、最大魅力在创造。一个自觉、主动、积极参与并善于创造的人才是一个潜力无限、前途无量的人。人类发展的历史就是把理想变为现实、把现实变为理想的历史，也是不断地把不可能变为可能并把可能变为现实的历史，也就是不断创造的历史；创造的过程就是挑战一个个不可能的过程，杰出的创造者都是把不可能变为可能并把可能变为现实的闯将、先锋、英雄，不断创造把不可能变为可能并把可能变为现实的纪录，又不断刷新这一纪录。

二、创造的特性

要对创造有完整深刻的理解和认识，除了要掌握创造的定义外，还必须了解创造的特性。一般来说，创造具有以下六个显著特性。

1. 新颖性

创造具有创新功能，能为人类文明宝库增加新的库藏。创造的成果必须是标新立异、独树一帜、前所未有的，具有新颖性。新颖性是通过纵向比较而总结出来的一个特性，新颖性体现出创造的空前性和先进性。

2. 独特性

创造是创造者独辟蹊径、别出心裁、独树一帜而做出的，是与众不同的，是创造者独有的——人无我有，是独一无二的，具有独特性。创造的成果应是创造者独立取得的(注意，不一定是独自取得的，因为有时创造者是多人；但一定是独立取得的，具有自主知识产权)。独特性是通过横向比较而总结出来的一个特性，独特性体现出创造的专有性、非重复性、批判性和革命性。实质上，创造就是批判的智慧、革新的智慧。

3. 首创性

创造一定是前人或今人未曾实现过的活动，即一定是原始性创新，特别强调"原创"和"首创"。例如，科学创造是首次知道、首次认识；技术创造是首次做到、首次实现。创造是从无到有的过程：科学创造使人类新认识从无到有，技术创造使人工自然或新技术从无到有。在创造中，只承认原始性创新成果，即发现权和发明权只授予首创者。首创性体现了创造的开拓性、原创性和优先性。

4. 超越性

所谓超越性，是指创造结果能超越人类已有认知水平或已有文明成果。例如，科学创造是指超越人类已有认知，即"超越已知"，使人类由原来的认知水平提高到新的认知水平；技术创造是指超越已有存在，即"超越已有"，为人类创造出原来所没有的新认知、新技术和新东西。超越性体现了创造的突破性和飞跃性。创造能使人类超越对已知、已有的满足和因袭而实现对未知、未有的探求和洞达。超越性体现了创造的超前性、超常性和非重复性、非常规性。

5. 不可预料性

创造由什么人完成、在何时何地完成、通过什么途径完成、采取什么方式方法完成等都是不能预知的，这说明创造的成功（或说创造成果的取得）在主体上、时间上、地域上、途径上、方式方法上等都具有不确定性。换言之，创造的成功（或说创造成果的取得）在主体、时间、地点、途径、方式方法等方面都具有不可预料性。不可预料性体现了创造的灵活性、变化性、多样性和不确定性。正因为创造具有不可预料性，所以创造才奥妙无穷、活力无比和魅力无限。

6. 价值性

创造成果必须具有使用价值和价值，即必须对人类和科学技术的发展做出有价值的贡献，而绝不是无效劳动。价值性体现了创造的功能、作用、意义，即体现了创造的有用性和重要性，决定了创造的地位和前途。

三、创造与相关概念辨析

1. 创造与创新辨析

创造与创新既有联系又有区别。区别主要表现在以下几方面。

（1）定义不同：创新是通过对已有事物进行变革与改造而引入新东西或引起新变化，是推陈出新、由旧到新；创造则是指首创前所未有的事物或首次达到前所未有的新认知，更侧重于首创——前所未有，是由无到有，实现"零"的突破。

（2）解决的问题不同：创造要解决的是"有没有"的问题，即创造是无中生有；而创新要解决的是"好不好"的问题，即创新是由已有变为更好。

（3）条件不同：新与旧是相比较而存在的，新是相对于旧而言的，新事物是相对于旧事物而言的，创新是变革、改造旧事物。创新有明显的相对性，它必须以一定的参照系来进行比较与判定；创造则具有明显的绝对性，是首创，即是从无到有，无须参照系。

（4）侧重点不同：创造是人特有的一种活动，比较强调过程；创新是人类所进行的一种变革，比较强调结果。

（5）新颖性程度不同：创造比创新的新颖性更强，即创造的创新程度更高。

（6）价值判断标准不同：判断创造是否成功侧重看是否正确，而判断创新是否成功侧重看是否具有经济效益和社会效益；评价创造价值侧重看认知价值、理论价值、科学技术价值、文明价值，评价创新价值侧重看经济价值（特别是市场价值和商业价值）和社会价值。

创造与创新有着很强的相关性和非常密切的联系，主要表现在以下几方面。

（1）创造和创新的主体都是人，创造和创新都是人类所进行的创造性活动，都是人类功能的实现与发挥。

（2）创造和创新都能引入新东西或引起新变化，即创造和创新都具有新颖性，虽然新颖性程度不同，但这只是新颖性强弱的问题，而不是新颖性有无的问题。

（3）创造和创新都具有非重复性。

（4）创造和创新都具有超越性，超越常态或超越常规，因而又可称为非常规性。

（5）创造和创新都能满足人类的某种需要，具有经济价值、精神价值或社会价值。

（6）创新包括创造，创造是创新的核心和骨干；创造既是创新不可缺少的必要组成部分，又是创新不容忽视的重要组成部分。

2. 创造与发明辨析

（1）创造与发明的区别和联系如下。

①创造涉及科学、技术、文学、艺术等各个领域；而发明则是专指技术领域中的创造，即发明不包括非技术领域的创造。

②发明的外延比创造的外延要小一些，创造成果的形式比发明成果的形式更多样化。

③创造是指创造活动，创造对应的是一个时间段，强调创造是一个过程；而发明则强调其创造的最后成果，只有创造的最后成果才可称得上发明。

④创造包括发明；发明是一种特殊的创造，是创造的组成部分。

⑤发明一定是创造，但创造却不一定是发明。

（2）自然科学创造与技术发明的区分和联系。

由于自然科学创造是具有代表性的典型创造，所以在讨论创造与发明的关系时，重点应讨论自然科学创造与技术发明的关系。自然科学创造就是指自然科学发现，发明就是指技术发明。这样，自然科学创造与技术发明的关系就变成自然科学发现与技术发明的关系。二者的区别主要表现在以下几方面。

①所回答的问题不同：自然科学创造回答"是什么"和"为什么"的问题，而技术发明所要回答的则是"做什么"和"怎样做"的问题。

②定义不同：自然科学创造是指人类首次把未知变为已知、把未认识变为已认识的活动；技术发明是指人类首次把不可行变为可行、把不能做变为能够做的活动。

③创造领域不同：自然科学创造是发生在自然科学领域中的创造，技术发明是发生在技术领域中的创造。

④创造对象不同：自然科学创造是发现、揭示自然界已存在的事物、现象或内在联系——规律，技术发明是创造出自然界原来不存在的新的人工产物或新技术。

⑤创造成果与创造主体关系不同：自然科学创造成果不完全是由创造主体生成的，技术发明成果则完全是由创造主体生成的。换言之，自然科学创造是发现了独立于主体而存在的自然界中已有事物、现象、规律，并不是创造出自然界中没有的新事物，而技术发明则是创造出发明前不存在的新事物。

⑥创造功能不同：自然科学创造是人类首次知道、首次认识，即使人类由未知到已知；技术发明是人类首次做到、首次实现，即使人工创造物从无到有。自然科学创造侧重于认识世界，技术发明则侧重于改造世界。

二者的联系主要表现在以下几方面。

①自然科学创造与技术发明都是创造。

②自然科学创造与技术发明都是人类创造功能的有效发挥。

③自然科学创造与技术发明都是人类认识和改造世界的锐利武器、有效工具和丰硕成果。

④自然科学创造与技术发明都是人类进步和文明发展的主要方式和重要标志。

⑤自然科学创造与技术发明相互联系、相互作用、相互制约。

⑥有些新技术的产生是自然科学创造的实际应用，即科学创造是新技术的来源之一。

3. 创造与创造能力辨析

创造与创造能力既有区别又有联系。二者的区别主要表现在以下几方面。

(1)创造是指创造活动，主要包括创造性思维活动、创造性认知活动和创造性实践活动等；创造能力是指人所具有的进行并完成创造的本领，主要包括创造性思维能力、创造性认知能力和创造性实践能力等。

(2)创造能力是指独特而新颖地创造性解决问题的能力，这是人所特有的一种认识世界和改造世界的能力；创造则是指独特而新颖地创造性解决问题的活动，这是人所特有的一种认识世界和改造世界的活动。

(3)创造能力是指一个人能胜任创造的主观条件；创造则是一个人进行创造的客观活动。

(4)创造能力是创造的一种储存；创造是创造能力的一种释放。

(5)创造能力是潜在的，创造活动是显在的；创造能力是创造的潜力，创造能使创造能力显化——由潜在形态转变为显在形态。

(6)创造能力是创造的内在根据；创造是创造能力的外在表现。

(7)创造能力是创造的微观基础；创造是创造能力的宏观表现。

(8)创造能力是创造的必要条件；创造是创造能力的实际应用。

(9)创造能力是一个人所具有的创造功能；创造则是一个人创造功能的有效运用和高效发挥。

(10)创造能力决定着、制约着创造；创造依赖于、取决于创造能力并反映和体现着创造能力。

(11)创造能力是创造的支撑；创造是创造能力的开发。

(12)创造能力是进行创造的本事；创造则是创造能力的显示和激活创造能力的方式。

(13)创造能力是决定创造质量、水平、效率、效益的制约因素，创造是检验、评价创造能力的标准和依据。

(14)创造能力与创造不是必然的关系，而是或然的关系，即有了创造能力就有进行创造的可能，但要把可能变为现实还要受到许多条件的制约。

(15)创造能力是进行创造的必要条件，但不是充分条件。有创造能力不一定就能进行创造，但没有创造能力肯定就不能进行创造。因而，为了创造，必须精心培育、着力提高、大力开发、多方激活、高效发挥创造能力。

由于人既是创造能力的负荷者——载体，也是实施创造活动的主体；换言之，创造能力的负荷者——载体是人，创造活动的主体也是人。因而创造能力与创造通过人在创造实践活动中密切联系起来。

（1）创造与创造能力相互依存：没有创造能力就不可能进行创造，没有创造活动，创造能力也无法发挥和显现；换言之，创造活动是创造能力的显示剂，在没有进行创造时，创造能力以潜在形态存在，只有在创造活动中创造能力才能充分发挥出来和显现出来，从而才能被人们深刻认识、普遍承认和有效利用。

（2）创造与创造能力相互作用：创造能力具有创造功能——不仅能够进行和实施创造，而且能够实现和完成创造，对创造具有决定作用；而创造不仅能表现创造能力，而且能发展创造能力，即创造对创造能力具有历练、表现、开发、激活、发挥、提升、发展等多种作用，最突出的是创造能使创造能力增值——创造能力在创造中不仅不会减少，反而会增加。

（3）创造与创造能力相互制约：创造能力是创造的主观条件和必要条件，创造既是创造能力大显身手的应用平台，又是创造能力大有作为的广阔天地。

综上，创造与创造能力是既有联系又有区别的，既不能因为有联系就把二者混为一谈、等同起来或互相代替，也不能因为有区别就把二者孤立起来、割裂开来，甚至对立起来。

四、创造的分类

众所周知，对事物进行科学分类是研究和认识事物的基础和前提。同理，对创造进行科学分类也是研究和认识创造的基础和前提。分类方法不是唯一的，为了不同目的、适应不同需要，可以从不同角度出发，按照不同的标准，对创造进行不同的分类。

1. 根据创造的领域划分

（1）科学创造：是指在科学领域中所进行的创造活动，科学创造主要是指科学发现。

（2）技术创造：是指在技术领域中所进行的创造活动，如技术发明、技术创新。

（3）文学创造：是指在文学领域中所进行的创造活动，如创作文学作品的创造活动。

（4）艺术创造：是指在艺术领域中所进行的创造活动，如创作艺术作品的创造活动。

2. 根据创造的主体划分

（1）个人独立创造：是指由一个人独立完成的创造。

（2）合作创造：是指由两个或两个以上的人密切合作而共同完成的创造。

（3）团队创造：是指由团队共同完成的创造。

3. 根据创造成果的性质划分

（1）理论创造：是指提出新观点、新概念、新理论、新假说或发现新公式、新原理、新规律的创造。

（2）实验创造：是指发现新的实验现象、新的实验手段、新的实验方法，或通过实验发现新的物质（如发现新的基本粒子）的创造。

（3）综合创造：是指在多学科领域而综合实现的创造，多指跨学科研究中所提出的新观点、新概念、新理论。

五、创造的过程

由于创造无固定的机制和模式，创造的具体过程复杂多样。从不同的角度看，创造过程有着不同的程序和步骤。

从创造与问题的关系看，创造过程包括三个步骤：一是发现和提出有价值的问题，二是认真研究和全面深入分析问题，三是妥善处理和正确解决问题。简言之，创造是指提出问题、分析问题、解决问题的全过程。

从科学创造与科学假说的关系看，创造过程包括三个步骤：第一步是大胆提出尽量多的科学假说，第二步是对已提出的科学假说进行选择，第三步是对所选择的科学假说进行证实。其中，第一步要求所提出的科学假说尽量多、尽量全，第二步要求所选择的科学假说尽量准、尽量正确，第三步要求对所选择的科学假说的证实既要有力又要快捷。简言之，创造是提出、选择、证实科学假说的全过程。

一般来说，创造过程既是创造性思维过程，又是创造性实践过程，还是创造能力发挥和实现的过程。创造过程既是人类认识世界和改造世界的过程，也是人类发展和进步的过程。

创造是人类永恒的主题，具有永久的魅力。创造只有开始，没有结束；只有起点，没有终点；只有进行时，没有完成时；创造永无止境，创造永远在路上。

第二节　创造系统和创造系统观

系统科学的诞生与发展为创造的研究提供了一个崭新的角度，开辟了一条有效的途径，更为人们确立了一种崭新的创造观——创造系统观。这对于完整理解创造的含义，优化创造的结构和功能，提高创造的质量、效率和效益，对于大力推动创造的开展和有效促进创造学的发展都具有重大的价值和重要的意义。

一、创造系统的定义

从系统论观点出发，可以把创造定义为一个特殊的系统，可称为创造系统。从主体、中介、客体看，所谓创造系统，就是指由既相互联系和相互作用又相互区别的创造者、创造手段与方法、创造对象三要素共同组合而成的具有特定结构和功能的有机整体。

二、创造系统的结构

所谓创造系统的结构，就是指创造系统各构成要素内在的有机联系形式，即创造系统内部各构成要素的组合方式和相互作用方式。创造系统的结构是创造系统保持整体性及具有特定性质、功能的内在根据。创造系统的结构可以简洁地表示为：

创造者——创造手段与方法——创造对象
（主体）　　　（中介）　　　　（客体）

可见，创造系统的三大构成要素是创造者、创造手段与方法、创造对象。其中，创造者是创造系统中起主导作用的第一位基本要素，是创造活动的组织者、引导者和指挥者，是实施创造的主体；创造对象是创造系统中起重要作用的第二位基本要素，是接受创造的客体；创造手段与方法是指能够实现创造功能、完成创造目标、保证创造有效进行的创造手段、途径、方式、方法、措施等，它也是创造系统中不可缺少的一个基本要素，是创造者对创造对象施加作用的中介，也是创造者与创造对象联系的纽带和沟通的桥梁。实质上，从系统论看，创造就是创造者与创造对象通过创造手段和方法相互作用的过程。简言之，创造就是创造者与创造对象互动的过程。

三、创造系统的环境

所谓创造系统的环境，就是指创造系统周围的境况，即创造系统赖以生存和发展并对创造系统产生作用和影响的各种外部因素的总和。换言之，创造系统之外存在的，并对创造系统产生作用和影响的所有事物或系统，统称为创造系统的环境。环境是创造系统存在与演化的必要条件和土壤，任何现实的创造系统都存续运行于一定的环境之中。创造系统与环境是密切联系和相互作用的：一方面，创造系统要受到环境的影响和制约，因而创造系统必须主动适应环境及其变化，否则，创造系统很难发展甚至无法生存；另一方面，创造系统具有相对独立性，它对环境也产生一定的作用和影响。

创造系统的行为及其功能是由内部要素、结构和外部环境共同决定的，因此，要描述创造系统，既要从构成要素、结构对创造系统进行内部描述，又要从环境角度对创造系统进行外部描述；要研究创造系统，既要研究创造系统的内部要素及其结构，又要研究创造系统的外部环境；要分析创造系统，既要对创造系统进行要素分析、结构分析和功能分析，又要对创造系统进行环境分析；要优化创造系统，既要优化创造系统的构成要素、结构及功能，又要优化创造系统的环境。

四、创造系统的功能

1. 创造系统功能的定义

所谓创造系统的功能，是指创造系统在与外部环境相互联系、相互作用的过程中所呈现出来的功效和能力，它是作为一个整体的创造系统对外部环境反作用的表征。换言之，创造系统的功能是施加功能的主体（创造系统）对接受功能的客体——外部环境（作用对象）所产生的作用和影响的表征。

2. 创造系统功能的特性

创造系统功能的形成和发挥，既依赖于作为功能主体的创造系统，又依赖于作为功能客体的外部环境，这一特征称为创造系统功能的双重依赖性。可见，创造系统的功能既与创造系统的构成要素和结构有关，又与外部环境（特别是作用对象）有关。的确，创造系统的功能是创造系统内部固有能力的外部表现，它归根结底是由创造系统的构成要素及其结构决定的，即创造系统的构成要素及其结构是它之所以具有对外界发生作用的功能的内在根据。同时，创造系统的功能只有在与外部环境的相互联系和相互作用过程中才能显现和发挥出来，从而也才能逐渐被人们深刻认识、普遍承认和有效利用。

3. 创造系统功能的分类

按功能发挥程度（即按功能是否实现），可将创造系统的功能分为以下两类。

（1）潜在功能（可能功能）：是指创造系统可能具有、但尚未实现的功能，即指尚未发挥出来的功能。换言之，是指创造系统所具有的潜在形态的功能。

（2）显在功能（现实功能）：是指创造系统已经发挥出来的功能，即指已经实现了的功能。换言之，是指创造系统所具有的显在形态的功能。

从理论上深入研究和科学认识潜在功能与显在功能的区别与联系，并在实践中正确对待和妥善处理潜在功能与显在功能的关系，这对创造系统功能的研究具有特别重要的意义。首先，它使人们明确认识到，只有把创造系统的潜在功能转变为显在功能，才能使创造系统的功能真正发挥出来，从而使创造系统功能研究真正具有现实意义，因此必须充分认识到把创造系统的潜在功能转变为显在功能的必要性、重要性和紧迫性；其次，要把创造系统的潜在功能转变为显在功能，要受多种因素的影响和制约，这说明创造系统功能的发挥和实现是一个非常复杂艰巨的过程，既不能否认创造系统潜在功能的存在，也不能否认把创造系统的潜在功能转变为显在功能的复杂性和艰巨性；最后，科学确定创造系统功能的研究内容和明确创造系统功能的研究任务也具有重要作用。创造系统功能研究的内容异常丰富，任务十分繁重：不仅要研究创造系统本身具有哪些潜在功能，而且要研究把这些潜在功能转变为显在功能的途径与方法，从而使创造系统的功能实现由潜向显的转变。换言之，创造系统功能研究的宗旨和根本任务不仅在于要把创造系统的潜在功能尽量全地挖掘出来，而且还在于要把创造系统尽量多的潜在功能尽量快地转化为显在功能，只有这样才能实现创造系统功能发挥的最优化，从而使研究创造系统功能的意义既充分又高效地发挥出来。

一般来说，创造系统的构成要素及其结构决定着创造系统功能的形成，即决定创造系统具有哪些潜在功能；而创造系统的外部环境则影响和制约着创造系统功能的实现和发挥，即影响和制约着创造系统的潜在功能向显在功能的转化。创造系统具有哪些现实功能和现实功能的大小则是由创造系统的构成要素及其结构和外部环境共同决定的。由于创造系统的内部结构和外部环境都是不断发展变化的，所以，在创造系统与环境互动过程中所呈现出来的创造系统的功能也会随着创造系统内部结构和外部环境的变化而变化。

4. 提高创造系统功能的途径

从系统论的角度看，要提高创造的质量、效率和效益就必须促使创造系统的功能增多和增大，进而使创造系统的功能既充分又高效地发挥出来，其实质就是要实现创造系统功能的最优化。那么，如何才能实现创造系统功能的最优化呢？从主体、中介、客体对创造系统的定义可以看出，创造的效果是由创造者、创造手段和方法、创造对象、创造系统的结构、创造系统所处的环境五个方面的因素共同决定的。因而，实现创造系统功能最优化的途径，即提高创造质量、效率和效益的途径也有五条。

（1）优化创造者，即提高创造者的素质，尤其是要提高创造者的创造能力。换言之，就是要优化创造主体，当创造主体是群体时，还要增强团结协作能力，增加创造的合力。

（2）优化创造手段和方法，即采用先进、有效的创造手段和方法。

（3）恰当地选择和优化创造对象。

（4）优化创造系统的结构，即优化创造者、创造手段和方法、创造对象的组合方式和相互作用方式。

（5）优化创造系统的环境，即优化创造系统与环境的关系。

五、创造系统观

所谓创造观，就是指人们对创造总的看法、本质认识和根本立场、观点、理念、态度；所谓创造系统观，就是从系统论角度，基于系统思维方式，运用系统科学思想、观点、理论、方法对创造进行研究、反思和再认识而形成的一种崭新的创造观。

需要强调的是，创造系统观是对创造的系统性认识和整体性把握，是一种整体的创造观。根据主体、中介、客体给创造系统所下的定义，应确立创造者、创造手段和方法、创造对象三位一体的创造观，即把创造的主体、中介、客体看成一个整体。因为每个真实存在的创造活动都是有主体、中介、客体的，而且主体、中介、客体是密切联系、相互作用、相辅相成的，千万不能脱离主体、中介或客体去孤立地、抽象地研究和认识创造。

创造系统观是创造观与系统观的有机结合和高度统一，既是系统科学思想、观点、理论、方法在创造领域中的成功运用和有效发挥，又是创造思想、理论、方法、实践对系统科学的丰富和发展。创造系统观既是新角度，又是新高度，使人们不再是局部狭隘地，而是整体开阔地去研究、认识和发展创造；既站在新的高度去鸟瞰创造的运行和功能，又深入新的层次去认识创造的结构和本质，从而使人类对创造的研究和认识跃上一个新台阶。创造的每一步都是付出，每一步都是追逐，每一步都是新高度，每一步都是新纪录。为创造无私付出，挫折或失败从不在乎；创造不畏难，创造不避险；越是困难越承担，越是艰险越向前。在艰险坎坷的科学探索中，在复杂多变的科学研究中，在跌宕起伏的创造生涯中，创造的收获不仅在于取得成果，而且在于成长的快乐和成功的喜悦，更在于不断地突破极限、战胜挑战和超越自我。不仅要把创造作为一门科学去学习和研究，而且要把创造作为一种艺术去探索和创新，更要把创造作为一项事业去为之努力奋斗和拼搏，还要把创造作为一种使命去勇于担当和主动作为。

第三节　创造学

一、创造学的含义

对于创造学的含义，可以多角度地进行解析、阐释和把握。

1. 从语义看

由于创造包括既相互联系和相互作用又相互区别的"创"和"造"两个方面，于是，"创什么？怎样创？"和"造什么？怎样造？"就成为创造学必须从理论上进行重点研究并在实践中着力解决的核心问题。顾名思义，所谓创造学，就是关于"创"和"造"的一门学问，是各种科学知识和方法在创造中的成功运用和有效发挥。

2. 从研究对象和研究内容看

从研究对象和研究内容看，创造学就是专门研究、反映、描述创造活动并揭示其机制、模式、本质和规律的一门科学。创造学是人类对创造研究和认识的系统化、理论化、科学化、深化和优化，实质上就是人类关于创造的认识论、方法论、实践论、成功论。

3. 从功能看

从功能看，创造学就是指导人们如何提高创造的质量、效率和效益的一门科学，也是指导人们如何精心培育、大力开发、着力提高、多方激活、高效发挥创造能力的一门科学。简言之，创造学是研究和指导人们如何促进创造成功、如何培养和造就创造型人才的一门科学。

4. 从来源看

从来源看，即从创造学与创造实践的关系看，创造学就是指人类创造的实践经验在理论上的抽象概括和科学总结。创造学是人类对创造实践活动的研究、反思和再认识，是对创造实践经验的科学总结、理性认识和理论建构，是对创造实践的理性升华和本质超越。创造学来源于人类的创造实践，接受人类创造实践的检验，反过来又指导人类的创造实践。

5. 从系统论看

从系统论看，创造学可以看作一个特殊的系统，即创造学系统。所谓创造学系统，就是由人类对创造的科学认识、创造知识、创造手段和方法、创造性思维、创造能力等既相互联系和相互作用又相互区别的要素共同组合而成的，具有特定结构和功能的有机整体。换言之，创造学系统是由创造认识系统、创造知识系统、创造方法系统、创造性思维系统、创造能力系统等子系统所组成的一个复杂系统。

综上所述，创造学是创造之理和创造之智的反映和表现，是对创造活动的系统性反思、整体性把握、创造性升华、理论性建构、理想性指导和原则性要求。创造学是人类关于创造的知识体系、思维方式和价值规范的统一，是从人类创造实践中抽象出来，又在人类创造实践中得到了证实的理性认识。创造学的目的和宗旨是要揭示创造的奥秘，使人们懂得创造的真意，领悟创造的妙谛，弘扬创造的精神，掌握创造的规律，了解创造的程序，熟练创造的技艺，巧用创造的工具，活用创造的方法，取得创造的业绩。

创造学不仅随着人类创造实践的产生而产生，而且随着人类创造实践的发展而发展。创造学是对创造实践本身进行再创造，可称为第二次创造；人们从思想上越来越明确地认识到并且从实践中越来越深刻地体会到：第二次创造与第一次创造同样重要、同样艰巨、同样具有意义、同样富有魅力。一言以蔽之，创造学是对创造的再思考、再研究、再认识、再探索、再创造、再发现，是创造功能的再开发、再利用、再发挥。这正是创造学的作用和功能所在，也正是创造学的价值和意义所在，还是创造学研究的必要性和重要性所在。

二、创造学的特征

创造学是一门独立的学科，有自己特定的研究对象和研究内容，有自己特定的性质和功能。创造学的显著特征如下。

1. 综合性

创造学是一门综合学科，是各门学科知识和方法在创造学中的具体运用和有效发挥。

2. 创新性

由于创造学的研究对象和研究方法都具有创新性，而创造学与其研究对象和研究方法都有着一脉相承的血缘关系，有来自研究对象和研究方法的创新基因和 DNA，使创造学从产生到发展都深深地打上了创新的烙印，使创新性成为创造学最显著的特征。创造学的生命在于创新，创造学的潜力、动力、活力、魅力都在于创新。

3. 开放性

创造学不是封闭系统，而是开发系统，因而具有开放性。

4. 动态性

创造学不是一成不变的，而是随着人类的进步、科学技术的发展和创造实践的发展而不断发展变化的；创造学不是静态的，而是动态的。

三、创造学的研究对象和研究内容

每一门独立的学科都有自己特定的研究对象，创造学也不例外。创造学的研究对象是创造学的基本标志，它是创造学区别于其他学科的主要依据和根本标志。创造学的研究对象不仅决定了创造学的研究内容、结构、性质、功能以及与其他学科的关系，而且还决定了创造学的定位、发展、功能、价值、意义等。可见，创造学的研究对象是涉及创造学全局的一个带有奠基性的基本理论问题。

创造活动是创造学的本体，创造学以创造活动为研究对象。创造学的研究内容应包括两个方面：一是对研究对象即创造活动的研究，二是对创造学自身的研究。

（1）对创造活动的研究。对创造活动的研究内容主要包括：创造的定义、特性、分类，创造的过程，创造主体研究（包括创造性思维、创造能力、心理素质），创造的手段、方法及其优化，创造的功能及其优化，创造的机制、模式、规律，创造与环境的关系及其优化，创造教育与评价、创造管理，创造演变、发展的历史及其规律，等等。

（2）对创造学自身的研究内容。对创造学自身的研究内容主要包括：创造学的定义、性质，创造学的研究对象、研究内容，创造学的研究方法及其优化，创造学的分类及体系结构，创造学的功能及其优化，创造学与环境的关系及其优化，创造学演变、发展的历史，创造学与相关学科的关系，创造学各分支学科研究，等等。

四、创造学的分类

众所周知，对事物进行科学分类是研究和认识事物的基础和前提。同理，对创造学进行科学分类也是研究和认识创造学的基础和前提。分类不是唯一的，为了不同目的、适应不同需要，可以从不同角度出发，按照不同的标准对创造学进行不同的分类。按研究对象和研究内容可以对创造学进行如下分类。

1. 创造人才学

创造人才学是专门研究创造人才的创造学分支学科，即专门研究创造主体的创造学分支学科，主要研究创造人才的定义、特点、分类、发现、培育、教育、管理、评价及其合理使用。

2. 创造心理学

创造心理学是专门研究创造者的心理活动并揭示其本质和规律的创造学分支学科，主要研究人的心理因素与创造的互动，重点研究创造者心理因素对创造的作用和影响，也研究创造对创造者心理因素的作用和影响。

3. 创造思维学

创造思维学是专门研究创造中的思维活动并揭示其本质和规律的创造学分支学科，主要研究创造中常用的思维方法，重点研究创造中的创造性思维和群体思维的规律。

4. 创造能力学

创造能力学是专门研究创造能力的创造学分支学科，重点研究创造能力的开发、培育、提高、激活和发挥。

5. 创造方法学

创造方法学是专门研究创造方法的创造学分支学科，主要研究创造方法论和常用的创造方法，重点研究科学发现和技术发明的常用方法。

6. 创造写作学

创造写作学是专门研究创造报告、论文、著作等的写作方法及规范的创造学分支学科，主要研究提高创造写作质量、效率和效果的途径、方法、措施。

7. 创造评价学

创造评价学是专门研究创造能力评价、创造成果评价和创造者评价的创造学分支学科，建立并不断充实完善创造评价指标体系、创造者评价体系。

8. 创造管理学

创造管理学是专门研究创造管理的创造学分支学科，创造性提出适用于创造的新管理观、管理理念、管理思想和管理原则，重点研究提高创造管理层次、质量、效率和效益的有效途径、方法、措施。

9. 创造教育学

创造教育学是专门研究创造教育的创造学分支学科，主要研究创造型人才的培养，重点研究如何精心培育、大力开发、着力提高、多方激活、高效发挥人的创造能力。

10. 创造环境学——创造生态学

创造环境学是专门研究创造环境及其优化的创造学分支学科，主要研究创造与环境的关系及其优化，重点研究创造生态的优化。

11. 创造社会学

创造社会学是从社会学角度，运用社会学方法对创造进行深入研究的创造学分支学科，重点研究创造与社会的关系及其优化。

12. 创造哲学

创造哲学是专门研究创造中哲学问题的创造学分支学科。从与创造观的关系看，创造哲学是关于创造观的学问，是理论化、系统化的创造观，也是人类关于创造的认识论和方法论，主要研究创造观、创造方法论、创造成败观，重点研究马克思主义哲学对创造者的指导作用。

13. 创造学发展史

创造学发展史是专门研究创造学产生、发展、演变历史的创造学分支学科，主要研究创造学发展的历程及规律。

14. 创造学与相关学科关系学

这是专门研究创造学与相关学科(如脑科学、思维科学、教育学、美学、自然科学、技术学等)关系的创造学分支学科，主要研究创造学与相关学科的区别与联系。

五、创造学的体系结构

从系统论的观点看，创造学是一个复杂系统。任何复杂系统都有一定的层次结构，它决定着系统的性质和功能。

任何一门学科的体系结构都包括两大部分：一是内容体系结构，二是学科体系结构。创造学也不例外，为了既简洁、清晰、直观又一目了然地理解创造学的体系结构，可用思维导图表示，图 6-1 为创造学的内容体系结构图，图 6-2 为创造学的学科体系结构图。

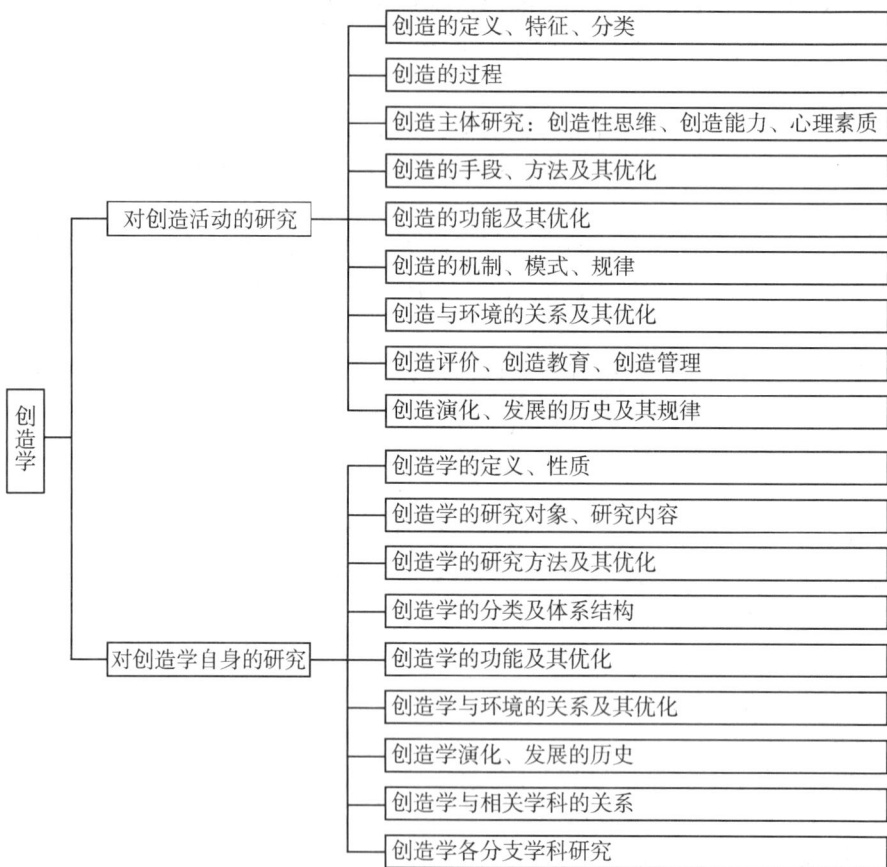

图 6-1　创造学的内容体系结构

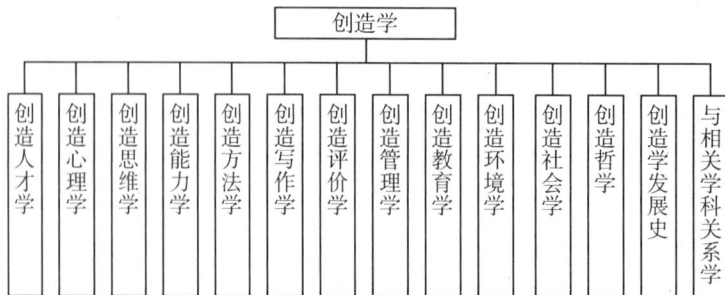

图 6-2　创造学的学科体系结构

由创造学的体系结构也可以看出,创造学是一个复杂系统。了解创造学的体系结构有利于我们加深对创造学的认识,这对于学习和研究创造活动、掌握创造学的基础理论知识具有重大的意义。

第四节　创造学的功能

学习研究创造学的根本目的就是要高效发挥创造学的功能。

创造学的功能是指创造学系统在与外部环境相互联系、相互作用过程中所呈现出的功效和能力,它是作为一个整体的创造学系统对外部环境反作用的表征。换言之,创造学的功能是指施加功能的主体(创造学)对接受功能的客体(作用对象)所产生的作用和影响的表征。

一、认知传播层面的功能

创造学的功能是创造学内部固有能力的外部表现,它归根结底是由创造学的内容结构决定的。从内容结构看,创造学的主要功能如下。

1. 认知功能

创造学是关于创造的知识体系,学习创造学可以增加人们对创造的认知,促进人们对创造由未知到已知、熟知、真知的转变。

2. 研究功能

创造学对研究对象和自身都具有探求、研究功能,创造学发展的过程就是对研究对象和自身进行探求、研究的过程,创造学的辉煌成就就是对研究对象和自身进行探求、研究所取得的丰硕成果。

3. 信息处理功能

从信息论的角度看,创造学的研究过程也是对研究对象信息和自身信息进行处理(如对信息进行收集、输入、加工、整理、存贮、输出等)的过程,因而,创造学具有信息处理功能。

4. 创新功能

创造学的生命在于创新。创新是创造学发展的活力所在,生命所系。

5. 反映功能

创造学既反映、描述研究对象并揭示其本质和规律,也反映自身的发展状况和水平,还反映创造学研究者的研究状况和成果,因而具有反映功能。

6. 传播、交流、普及功能

创造学能传播、交流创造信息和创造经验及成果,普及创造知识和常用方法,传承和弘扬创造精神,因而具有传播、交流、普及功能。

7. 解释和预见功能

任何科学理论都具有两个基本功能:一是解释说明功能,二是预见功能。作为创造学骨干内容的创造理论也不例外。由于创造理论是从创造实践中抽象概括出来、又在创造实践中得到了证实的理性认识,它揭示和反映了创造的本质和规律,因而对创造现象具有解释说明功能,对创造的未来发展具有预见功能。

二、创造实践层面的功能

1. 总结概括功能

从来源看，创造学是指人类创造的实践经验在理论上的抽象概括和科学总结，即创造学是从人类创造实践经验中总结概括出来的，因而创造学对于人类创造实践具有总结概括功能。

2. 指导功能

创造学不仅是对创造实践的概括和总结，而且是对创造实践的超越和引导。创造学来源于人类创造实践，接受人类创造实践的检验，反过来又指导人类创造实践。正因为创造学是对创造实践的理性认识、理性升华和理论建构，因而能引导人类可持续实现创造实践活动的自我超越和创造理论的自我超越，从而使人类的创造达到一种更加理想化的水平与境界。同时，创造学能为创造实践把关定向——引导创造实践沿着有益于人类可持续发展的方向发展，使创造为人类造福。

3. 提高功能

正确地、创造性地应用创造学，既能够提高创造实践的质量、效率和效益，也能提升创造者的素质、促进科技创造者的成长、成功和成才。可见，创造学对创造和创造者都具有提高功能。

三、创造教育层面的功能

1. 教育功能

从特定意义上可以说，创造学就是一部创造教育学，创造者就是言传身教的教育家，创造者的创造经历、著作、成果、名言就是生动的创造教育教材。学习和普及创造学，可以使人增加对创造的认知，受到创造思想、创造理论、创造精神、创造态度、创造方法、创造实践等多方面的教育，有助于树立正确的创造观，从而可以坚定创造理念，端正创造态度，增强创造意识和创造自信，提高创造的勇气，进而提高创造的自觉性、主动性、积极性和创造性。这对于有效促进和大力推动教育教学改革具有重要意义，特别是能引导和启发人们把培养创造型人才作为教育的根本目标，把精心培育、大力开发、着力提高、多方激活和高效发挥人的创造能力作为教育的重点和核心任务。

2. 认识功能

从特定意义上可以说，创造学就是人类关于创造的认识论，是人类对创造研究和认识的结晶，也是人类对创造认识继续深化的基础和前提。学习和普及创造学，可以深化人们对创造过程、本质、规律、功能、价值、意义的认识，提高人们对创造必要性、重要性和紧迫性的认识，促进人们对创造实现由"知、学、见"向"识"的转变。

3. 方法论功能

创造学不仅是人类关于创造的认识论，而且也是人类关于创造的方法论，是对人们进行创造认识论、方法论教育的百科全书式的活教材。学习和研究创造学，不仅可以使人们全面了解、深刻认识、熟练掌握和有效运用已有的常用创造方法，而且还可以为人们创造新的创造方法提供借鉴和启迪，非常有利于提高人们的创造性思维能力和科学研究的艺术。

4. 借鉴功能

创造学是对创造的反思和再认识，对现实中人们的创造活动具有启迪和借鉴功能。学习和研究创造学，能使人们深入了解人类创造的历史，从成功的创造中总结经验、深受启迪，从失误的创造中吸取教训、获得借鉴，有助于提高创造的能力和艺术。

5. 激励功能

从特定意义上可以说，创造学就是一门人才学，成功的创造者是出类拔萃的人才，其品质也是人才应具有的素质；创造学也是一门成功学，通过对创造学中大量成功创造的典型案例的学习，可以使人们受到极大的鼓舞、鞭策和激励。的确，榜样的力量是无穷的。杰出创造者能做到的，我们也应该而且能够做到。这样就可以使人们见贤思齐，增强创造的信心、勇气和决心，点燃创造激情，激发创造活力，释放创造潜能，促进创造成功。

一言以蔽之，创造学的宗旨和根本任务就是培育和造就优秀的创造者——杰出的创造型人才。因而，创造学具有显著的育人功能。

当然，由于创造学的研究主体、研究对象、研究内容、研究方法都是动态的、不断发展变化的，创造学所处的环境也是不断发展变化的，因而，创造学不是一成不变的，而是动态的、不断发展变化的，即创造学是一个动态系统。所以创造学的功能也不是一成不变的，而是动态的、不断发展变化的。人们对创造学及其功能的研究和认识也将是动态的、不断深化的、永无止境的，创造学的功能及其发挥必须与时俱进。

综上所述，创造学具有多方面的功能，不仅确立、巩固和提高了创造学的社会地位，而且为创造学赢得了社会声誉，充分说明了创立、研究和发展创造学的必要性、重要性、价值和意义。学习、研究和发展创造学的宗旨和根本目的就是要既充分又高效地发挥创造学的功能（尤其是育人功能），即要把创造学常态的和潜在的功能都充分调动起来和高效发挥出来，不仅要把创造学所具有的潜在功能尽量全地挖掘出来，而且要努力把创造学尽量多的潜在功能尽量快地转化为现实功能。

需要强调和特别注意的是：创造学既是高度的抽象，又是丰富的具体。创造学的产生是由实践上升为理论、由具体上升为抽象的过程；而创造学的应用则是由理论转化为实践、由抽象还原为具体的过程。这两个过程是两次飞跃，实践证明这两次飞跃同样重要、同样艰巨、同样具有意义、同样富有魅力，不能只重视一个而忽视另一个。只有实现第一次飞跃才能创立、丰富、发展创造学，只有实现第二次飞跃才能卓有成效地应用创造学指导创造实践。

创造学研究对象——创造活动的普遍性决定了创造学应用的广泛性和有效性。实践已经证明并将继续证明：创造是实践性和创新性都很强的一种艺术，创造学是理论性和应用性都很强的一门科学；创造既是大有作为的广阔天地，又是大显身手的重要领域；创造学是一门具有强大生命力、旺盛活力和远大发展前途的崭新学科，具有深厚的历史基础和迫切的现实需求，具有丰富的研究内容和广阔的应用前景。由于用途广泛，创造学的发展异常迅速，将会成为科学发展的新的发展极和增长点，将会成为最活跃的研究领域之一。作为新时代的大学生，我们既要深刻认识创建、研究、发展创造学的必要性、重要性、可行性和紧迫性，大力提高创造的自觉性、主动性、积极性和创新性，又要充分认识创建、研究、发展创造学的复杂性和艰巨性，努力对创造学进行开创性的理论研究和开拓性的实践探索，争取在创造学的创造性发展和创新性应用上再立新功，在创造质量、层次、效率和效益的提高上再创辉煌。

章节自测

一、名词解释

创造；创造系统；创造系统观

二、简答题

1. 联系你所在学校"三创教育"实践，简述创造的本质与内涵。

2. 结合创造与创造学的理论知识，谈谈"创造教育"提出的背景和意义。

三、案例分析

关于创造，华罗庚提出了自己的真知灼见："要想超过别人，非有独创精神不可。""研究科学最宝贵的精神之一，是创造的精神，是独立开辟荒原的精神，科学之所以有今日，多半是得益于这样的精神，在'山重水复疑无路'的时候，卓越的科学家往往独辟蹊径，创造出'柳暗花明又一村'的境界。所以，独立开创能力是每一个优秀科学家必须具备的优良品质之一。""我不轻视容易的问题，今天熟练了容易的，明天碰到较难的也就容易了。我也不害怕难的问题，我时刻准备着在必要时把一个问题算到底。我相信，只要辛勤劳动，没有克服不了的困难，没有攻不破的堡垒。"

要求：

结合案例及本章内容，谈一谈你对创造的理解。

第七章
创造性思维

第一节　创造性思维概述

一、创造性思维的含义

创造性思维一直是思维科学、创造学、教育学、人才学等许多学科研究的重点、难点和热点之一。任何创造都是创造性思维的集中体现、突出反映和丰硕成果，一切人类文明成果都是创造性思维的结晶，因而创造学研究必须抓住创造性思维这一重点和难点进行突破。从事创造的每个人都必须创造性地工作，都必须具有创造性思维能力，因而都应该深入了解、认真研究和科学认识创造性思维，高度重视和大力提高创造性思维能力。

理解创造性思维的含义应从多角度进行。

1. 从功能和结果上看

所谓创造性思维，从功能上看，是指具有创新功能的思维活动；从结果上看，是指产生创造性新成果的思维活动。

2. 从特性上看

所谓创造性思维，是指具有创造性、新颖性、非重复性、超越性和价值性的思维活动。

3. 从本质上看

人是创造性思维的主体，人脑是产生创造性思维的器官。从本质上看，创造性思维是指人脑的创造属性和功能。

4. 从信息论上看

思维是人脑接收信息、存储信息、加工信息、输出信息的全过程。简言之，思维就是人脑进行信息处理的过程。所谓创造性思维，就是指人脑创造性地处理信息的过程。

5. 从系统论上看

从系统论上看，可以把创造性思维看作一个特殊的系统，即创造性思维系统。所谓创造性思维系统，就是指由既相互联系和相互作用，又相互区别的创造性思维者、创造性思维方法、创造性思维对象这三要素共同组合而成的、具有特定结构和功能的有机整体。创造性思维系统的结构可以简洁地表示为：

创造性思维者——创造性思维方法——创造性思维对象
　（主体）　　　　　（中介）　　　　（客体）

二、创造性思维的特性

创造性思维的特性是指所有创造性思维都具有的、区别于其他思维的本质属性。

1. 创造性思维的五个显著特点

（1）创造性。创造是人类所特有的一种活动，而创造性思维是具有创造性的思维活动，它是人类创造能力和创造性的集中反映和突出体现。创造贯穿于创造性思维的始终，创造性思维的过程也是创造过程。创造性思维从思路、方法到结果都具有创造性。其创造性主要体现在思维的独特性和开拓性上。

（2）新颖性。创造性思维具有创新功能，能为人类文明宝库增添新的库藏。创造性思维的结果必须是前所未有的，因此，创造性思维具有新颖性。其新颖性主要体现在思维的空前性和先进性上。

（3）非重复性。创造性思维是相对于再现性思维（重复性思维）而言的，是对已有思维的扬弃。创造性思维所要解决的问题靠重复、模仿等方式是无法解决的。对创造性思维而言，只有可供借鉴的思维程序与方法，而没有能完全照搬套用的现成的思维程序与方法。创造性思维必须打破常规，突破思维定式，其结果必须与已有认知范围内的思维结果有所不同，即具有非重复性。其非重复性主要体现在思维的批判性、革命性和非常规性上。

（4）超越性。由于创造性思维具有创造性、新颖性、非重复性，所以它必然具有超越性。所谓超越性，就是指创造性思维的结果超出人类已有认知范围而达到新的认知水平。当然，超越的含义是十分广泛的，如超越已知、超越常规、超越逻辑、超越已有思维等。超越性主要体现在思维的超常性、超常规性、突破性和飞跃性上，从而充分展现出创造性思维所特有的魅力。

（5）价值性。人类所取得的一切科学技术和文化艺术成果归根结底都是创造性思维的结晶，创造性思维必须为人类文明宝库增添新的成分。这说明创造性思维的产物必须对人类有益、具有社会价值，即创造性思维必须对人类发展做出有价值的贡献，而绝不是无效思维。

2. 创造性思维特性之间的关系

由于这五个显著特点是所有创造性思维共同具有的，反映了创造性思维的共性，所以创造性思维的这五个特点并不是彼此孤立的，而是密切联系、相辅相成的。

首先，创造性与新颖性是密切联系的相近属性，都是创造性思维本身所固有的、内在的本质特征。二者都是从同一个角度——创造性思维自身来研究创造性思维的，只不过创造性强调从创造性思维的过程看创造性思维的特点，而新颖性则强调从创造性思维的结果看创造性思维的特点。创造性是产生新颖性的过程，新颖性是创造性的必然结果；创造性是新颖性的基础和前提，新颖性是创造性的表现和标志。

其次，非重复性和超越性也是密切联系的相近属性，二者都是从同一个角度——把创造性思维与已有思维（或已有认知成果）进行比较来研究创造性思维的。非重复性和超越性都是再现性思维所不具有的，而是创造性思维所特有的特征，二者的关系极为密切：非重复性是超越性的必要条件，超越性是非重复性的充分条件。换言之，有了非重复性不一定有超越性，但没有非重复性肯定没有超越性；没有超越性不一定没有非重复性，但有了超越性肯定有非重复性。

此外，价值性是其他四个特点的前提条件，如果没有价值性，则创造性、新颖性、非重复性和超越性均失去价值和存在的意义。

第二节　如何提高创造性思维能力

创造性思维能使观察变得犀利、分析变得深刻、联想变得丰富、想象变得奇特、思想变得深邃、实践变得智慧。创造性思维贯穿于创造的全过程，一切有价值的人类文明成果都是创造性思维的结晶，创造性思维是创造的关键环节。创造性思维能力是一个人最根本最核心的创造能力，也是最关键的可持续发展能力和核心竞争力，它不仅决定创造成果的多少，甚至决定创造的成败。因而，培育和提高创造性思维能力是培育和提高创造能力的当务之急和长远之计。创造性思维能力既不是空洞的，也不是虚幻的，更不是神秘的，而是可以通过创造教育、创造性思维训练和创造实践培养和发展的。

创造教育的宗旨和目标是培养创造型人才——优秀的创造者。创造教育的根本任务是精心培育、着力提高、大力开发、多方激活和高效发挥创造能力（特别是创造性思维能力）。因此，"如何提高创造性思维能力"便成为创造学研究者和创造教育者密切关注的重大课题，这既是创造学中必须重点研究的一个非常关键的理论问题，又是在创造实践中急需解决的一个非常重要的实践问题，因而成为创造学关注的焦点、研究的重点、争论的热点和力争突破的难点，应多角度多层次地进行开创性的理论研究和开拓性的实践探索。

一、培育优秀的思维品质

有些思维特征虽然不是创造性思维所共同具有的特点，却是提高创造性思维能力应培养的思维的优秀品质。就像要具备优秀道德品质就必须长期加强道德修养一样，要提高创造性思维能力也必须通过科学的教育和有效的思维训练，特别是要通过长期的思维实践去培养独立性等优秀的思维品质。

1. 独立性

独立思考能力是最关键、最核心的思维能力，独立思考的习惯越早养成越好。在科学研究、技术发明、文化艺术和自我管理创造中，既不能迷信盲从、随波逐流，缺乏自己的思路；也不能赶时髦、追新潮，毫无自己的特色。只有另辟蹊径，才能成为开拓者；只有独树一帜，才能成为创造者。

2. 开阔性

开阔性指思维具有广度，思维领域辽阔，不仅思维的时空跨度大，而且思维角度多样、内容丰富，真正做到站得高、看得远、思得深、想得全，即能多角度、多层次、全方位地进行思考。

3. 深刻性

深刻性指思维具有深度，即指思维深邃、透彻，能由表及里，由浅入深，由宏观深入微观。思维具有非凡的洞察力，目光犀利，分析深入，不仅思考层次深，而且能透过现象揭示本质，能透过偶然发现必然。

4. 敏捷性

敏捷性指观察敏锐，思考敏捷，反应迅速，不仅思维速度快、思维角度新，而且思维效率高。善于及时迅速地捕捉有用信息，并能高效地分析加工所获得的信息，敏锐迅速地找出解决问题的关键和突破口，准确快速地选择解决问题的最佳途径和有效方法，当机立断解决问题。

5. 灵活性

灵活性指思维者能审时度势，从不同角度，运用不同方法，做到随机应变，以便适应主客观条件各种可能的变化，果断、迅速地调整思路，甚至改变思维方法。及时放弃没有希望的思路和线索，抓住有希望的新思路和新线索，克服思维的惰性，增强思维的主动性、积极性和创造性，不断获得思维的动力和加速度，高效、巧妙地取得新的思维成果。

6. 批判性

批判性指思维的求异性，即对已有思维的扬弃，充分体现出思维的革命性和创新性。

7. 流畅性

流畅性指思维能无拘无束、畅通无阻地进行。不仅能摆脱传统观念和思维定式的束缚，而且能克服习惯性思考和受条件限制思考的局限，思维自由、奔放，思路豁达、畅通。

需要强调的是，创造性思维的特点与提高创造性思维能力应培养的优秀的思维品质是既有联系又有区别的，既不能把二者等同起来、混为一谈或相互代替，也不能把二者割裂开来、孤立起来或对立起来。

二、加强创造性思维训练

进行创造性思维训练是提高创造性思维能力的有效途径和得力举措。

所谓创造性思维训练，就是指采用一定的程序、步骤和可操作的方法，对创造性思维知识、方法、能力、品质等进行有计划的、科学的系统培训和历练，从而使人的创造性思维能力和水平得到提高的实践过程。训练内容、训练程序、训练方法是构成创造性思维训练的必不可少的三大要素。从不同角度出发，按照不同的标准，可以对创造性思维训练进行不同的分类。例如，按训练目的的不同，可以将创造性思维训练分为思维定式弱化训练、创新视角泛化训练和创新素质优化训练；按训练内容的不同，可以将创造性思维训练分为创造性思维知识训练、创造性思维方法训练、创造性思维能力训练、创造性思维品质训练和创造性思维态度训练。

创造性思维训练有两条基本途径：一是为了培育和提升思维的优秀品质而进行的创造性思维训练。例如，可分别进行培育和提升思维的独立性、开阔性、深刻性、便捷性、灵活性、批判性、流畅性的训练。二是为了提高常用创造性思维方式的能力而进行的创造性思维训练。例如，可分别进行提高发散思维能力、收敛思维能力、正向思维能力、逆向思维能力、纵向思维能力、横向思维能力、直觉思维能力、逻辑思维能力、辩证思维能力等方面的训练。

三、参加创造性实践活动

提高创造性思维能力，最根本的方法就是要自觉、主动、积极参加创造性实践活动，在创造性实践活动中学习创造，这是提高创造性思维能力的根本之策。

实践出真知，实践出妙法，实践出才能，实践出智慧，实践出奇迹。众所周知，知识可以讲出来，但能力不能讲出来，只能通过长期实践练出来。同样，创造性思维也只能从长期创造实践中历练出来。正如毛泽东同志所说："读书是学习，使用也是学习，而且是更重要的学习。"由于创造是最重要的使用，所以可以说："读书是学习，创造也是学习，而且是更高层次和更重要的学习。从创造中学习创造——这是我们的主要方法。"

由此可见，"从创造实践中学习创造"是一种值得提倡的好方法，创造工作也常常不是先学好了再干，而是干起来再学习，边学边干，边干边学，在学中干，在干中学，学干结合，学用相长。学习是创造的前提，创造是学习的继续；学习是一种创造，创造更是一种学习；在学习中创造，在创造中学习，使理论与实践有机结合，读书与使用互相促进，学习与创造并举，这是一种应当永远坚持的好方法。要高度重视和充分发挥创造的育人功能，让更多的人在创造中历练，在创造中成长，在创造中成熟，在创造中成功，在创造中成才！

冲出桎梏思路广，突破樊篱天地宽。新时代的大学生，要知别人所不知，想别人所不敢想，做别人所不能做；在别人未疑之处提出问题，在别人未想之处提出思想，在别人未知之处有所发现，在别人未做之处有所发明；把握新机遇，迎接新挑战，谋求新发展，力求新突破，实现新飞跃，开创新局面，开辟新天地。只有持续提高创造性思维能力，充分高效地发挥创造性思维的功能，才能取得更多具有自主知识产权的创造性思维成果。

章节自测

一、名词解释

创造性思维；创造性思维训练

二、简答题

1. 创造性思维有哪些显著特点？
2. 创造性思维训练的途径有哪些？

三、案例分析

据中央电视台报道，前些年有一个商人承包了千岛湖水域养鱼，但千岛湖里有一种鱼肉少刺多，不好卖，商人面临亏本。一个偶然的机会，他发现这种鱼跳得很高，渔民们拉网捕鱼的时候，网内一片白花花的鱼跳起来，很是壮观。他灵机一动，请来了剧团的舞蹈专家做指导，让渔民穿上统一的制服，一边唱歌、喊号子，一边用类似舞蹈的动作拉网捕鱼，吸引了很多人围观。后来他开发了一个用游船接载游客观看"拉网捕鱼"的观光项目，并获得了巨大的成功。

现代社会人们的生活节奏越来越快，人人都恨不得把一分钟变成两分钟用，于是邮政快递应运而生，并且越来越受欢迎。偏偏有人在这时开办了一种慢递服务，并以可爱的熊猫命名，还受到很多人追捧，这是为什么呢？其实这种业务名为"慢递"，但它的本意并不是"慢"，而是帮助人们在指定的时间投递愿望，通过时空的延伸寄托未来的希望。中国心理卫生协会会员孔令雪表示，"熊猫慢递邮局"很好地契合了都市人的心理需求。"人们寄信的动机可能不尽相同，有人为了祝福，有人为了宣泄。很多在生活中不便直接表达的情绪，通过拉长收信时间，可以有效缓解寄信人的尴尬和焦虑感，帮助减压。此外，如果将生命视为一趟旅程，那么每一天都值得享受。当你选择让亲友或自己等待一封未来将至的信，其实就是在有意识地放慢脚步，感受时间的传递与寄托。在 798 这样的时尚阵地，'熊猫慢递邮局'以一种浪漫的艺术化方式，更亲切地呼唤出每个人内心的'真我'成分。这个时候，建立信任是非常容易的，人与人之间的关系也因此变得单纯起来。"

要求：

结合本章内容，分析案例中的创业者取得成功的原因。

四、实训活动

活动内容：

三创学院将举办"智分享·创未来"主题交流会，邀请你围绕"创造性思维与实践能力提升"作 5 分钟的交流发言。

活动要求：

运用所学知识，结合实践经历，写一份不少于 1 500 字的发言稿。

第八章 创造能力及其开发

第一节　创造能力概述

创造能力是创造学中一个重要的基本概念，是创造学的核心、精髓和重点，是贯穿创造学的一条主线。创造学的宗旨和根本任务就是指导人们如何精心培育、大力开发、着力提高、多方激活和高效发挥人的创造能力。一般来说，创造能力是对创造主体，包括个人、团体、国家的创造能力的统称，其中最根本最核心的是个人的创造能力，本节重点探讨个人创造能力的含义和特性。

一、创造能力的含义

1. 从词源和语义看——创造本领论

创造能力由"创造"和"能力"两个词组成，"能力"是指做事的本领。从词源和语义看，创造能力，简称创造力，是指一个人进行并完成创造的本领，即一个人进行创造并取得创造成果的本领。

2. 从主体看——主观条件论

从主体看，创造能力是指一个人能胜任创造活动的主观条件，即一个人能顺利进行并完成创造活动所必须具备的主观条件。

3. 从内涵看——创造素质论

从内涵看，创造能力是指一个人在创造过程中所体现出来的素质、才能和力量。创造能力是人的智力的综合反映和集中体现，但要受非智力因素的影响和激发。

4. 从职能看——度量指标论

从职能看，创造能力是对一个人创造性思维、创造性认知、创造性实践水平的度量指标和评价依据。创造能力是指人所具有的创造性解决问题的能力，主要包括创造性思维能力、创造性认知能力和创造性实践能力。

5. 从功效看——创造功能论

从功效看，创造能力是指人所具有的创造功能，是人类所特有的认识世界和改造世界的能力，是人深层次的、根本的主观能动性，也是人深层次的、根本的生产力。

6. 从本质看——创造性思维能力论

从本质看，创造能力是指一个人的创造性思维能力。要提高创造能力，最根本的就是要提高人脑的创造性思维能力。

7. 从性质看——主观能动性论

从性质看，创造能力是指一个人进行并完成创造的主观能动性，即一个人所具有的创造能动性——自觉努力、主动积极进行并完成创造的能力。从特性看，创造能力是指一个人具有的独特性、潜在性、增值性、能动性、可开发性、可激励性、价值性的能力。

8. 从系统论看——创造系统功能论

从创造系统观可以看出，创造能力就是指创造系统的功能，它是创造系统在与外部环境相互联系、相互作用的过程中所呈现出来的功效和能力，它是作为一个整体的创造系统对外部环境(作用对象)反作用的表征。

二、创造能力的特性

1. 独特性

创造能力是人所特有的一种认识世界和改造世界的能力，是人具有主观能动性和创造性的根本原因。创造能力是人所独有的，拥有创造能力是人与动物的本质区别。

2. 潜在性

每个正常人都具有创造潜力，即每个正常人都具有潜在的创造能力。但在没有进行创造活动时，创造能力是无形的、潜伏着的和隐藏着的，即以潜在的形态存在。创造能力只有在创造实践中(即在与创造对象的相互联系和相互作用过程中)才能显现出来和发挥出来，才能被人们深刻认识、普遍承认和有效利用。可见，创造能力可以通过创造实践来显现和检验，创造能力的强弱也往往需要通过创造成果来衡量与评价。

3. 增值性

创造能力是一种与消耗型资源有着本质区别的增值型资源。创造能力不仅不会在使用中减少或消耗掉，而且能在使用中提高、增值和优化，即越用越多、越用越强、越用越好，是一种取之不尽、用之不竭、可持续使用的智力资源。增值性是创造能力的本质属性和最大优越性，也是创造能力的显著特点和突出优点。正因为创造能力具有这一性质，所以创造能力才成为医学、创造学、人才学、教育学、管理学、心理学等许多学科关注的焦点、研究的重点、争论的热点和有待解决的难点。

4. 能动性

创造能力是一个人主观能动性的集中反映和突出体现，是一个人自觉开拓进取和主动担当作为的能力，是一种非常积极、活跃的能力。

5. 可开发性

创造能力是深层次的、根本的生产力，是人具有深层次的、根本的主观能动性的表现。创造能力不是一成不变的，可以通过创造教育和创造实践来培育、开发和提升。创造能力是蕴藏在人体内的取之不尽的资源和用之不竭的能源，这种资源和能源是可以开发和有效利用的。创造就是对人创造潜力的挖掘和深层次的开发，是创造潜能的释放和创造功能的发挥。所谓创造能力开发就是指要把人的潜在创造能力(可能创造能力)都挖掘、发挥出来，即把尽量多的潜在创造能力(可能创造能力)尽快地转化为显在创造能力(现实创造能力)。

6. 可激励性

创造能力的主体——人是有意识、有情感的，人所具有的创造能力不是一个恒定不变的常数，而是随着主体的发展变化而发展变化的变数。通过适当的激励政策、措施、手段和方法可以调动人的主观能动性，从而激发人的创造能力，通过精心培育、多方激活，可以充分发挥人的创造能力。

7. 价值性

创造能力具有价值和使用价值，即能为科学技术和人类社会的发展做出有价值的贡献，因而具有价值性。

三、创造能力的分类

众所周知，对事物进行科学分类是研究和认识事物的基础和前提。同理，对创造能力进行科学分类也是研究和认识创造能力的基础和前提。分类标准不是唯一的，为了不同的目的，适应不同的需要，可以从不同角度出发，按照不同的标准对创造能力进行分类。

1. 按创造主体不同分类

(1)个人创造能力：个人独立进行创造并取得创造成果的能力。按个人创造能力发挥和表现的时间不同又可将个人创造能力分为早期创造能力——少年所具有的创造能力、中期创造能力——中青年时期所具有的创造能力和晚期创造能力——晚年所具有的创造能力。

(2)集体创造能力(或称团体创造能力)：多人组成的集体合作进行创造并取得创造成果的能力。

(3)国家创造能力：指国家整体的创造能力。

2. 按领域不同分类

按应用、发挥、表现的领域不同可将创造能力分为科学创造能力、技术创造能力、文学创造能力、艺术创造能力、教育创造能力、管理创造能力等。

3. 按创造能力发挥程度分类

从系统论的观点看，系统的功能可分为潜在功能(可能功能)和显在功能(现实功能)，所以创造能力也可以分为潜在创造能力(可能创造能力)和显在创造能力(现实创造能力)。创造系统的潜在功能(可能功能)就是潜在创造能力(可能创造能力)，创造系统的显在功能(现实功能)就是显在创造能力(现实创造能力)。

(1)潜在创造能力(可能创造能力)：可能具有但尚未发挥出来的创造能力，即可能具有但尚未实现的创造能力。简言之，潜在创造能力是存而未显、潜而未现、隐而未见、尚待开发的创造能力。

(2)显在创造能力(现实创造能力)：已经发挥出来的创造能力，即已经实现了的创造能力，是创造主体内部固有能力的外部表现。

一般来说，创造系统的要素及其结构决定着创造系统功能的产生和形成，即决定创造系统具有哪些潜在功能(可能功能)；而创造系统的环境及其变化则影响和制约着创造系统由潜在功能(可能功能)向显在功能(现实功能)的转化。创造系统具有哪些现实功能和这些现实功能的大小是由创造系统的要素及其结构和外部环境所共同决定的。同理，创造系统的要素及其结构决定着创造能力的产生和形成，即决定创造系统具有哪些潜在创造能力(可能创造能力)；而创造系统的环境及其变化则影响和制约着潜在创造能力(可能创造能力)向显在创造能力(现实创造能力)的转化。创造系统具有哪些现实创造能力和这些现实创造能力的大小是由创造系统的要素及其结构和外部环境所共同决定的。

把潜在创造能力(可能创造能力)转化为显在创造能力(现实创造能力)要受到多种因素的影响和制约。既不能否认这种转化的可能性，又不能把这种转化简单化；既要充分认识这种转化的必要性和重要性，又要充分认识这种转化的复杂性和艰巨性。

创造能力研究的宗旨和根本任务有两个：一是研究增加潜在创造能力(可能创造能力)的途径、方法、措施，如提高创造主体的素质；二是研究促进潜在创造能力(可能创造能力)转化为显在创造能力(现实创造能力)的途径、方法、措施，如优化创造主体与环境的关系和优化创造主体所处的环境，以便将尽量多的潜在创造能力(可能创造能力)尽快地转化为显在创造能力(现实创造能力)。

创造能力是超越"智力"并融于"智力"之中的核心能力，是"智力"的增效剂，是人最重要和最关键的内在因素和主观因素，是人具有根本的、深层的主观能动性的表现，是本源的、深层的生产力。创造能力是衡量和评价一个人素质和能力的核心指标，是人最根本和最核心的生存能力、可持续发展能力和竞争能力。

第二节　影响创造能力开发的因素

一个人创造能力的强弱，标志着其创造能力开发的程度多少。影响创造能力的因素有很多，主要包括：知识因素、能力因素、人格因素、环境因素和生理因素，这也是影响创造能力开发的主要因素。研究这些因素在创造能力开发中的积极或消极作用，可促使人们更有效地开发自己的创造能力。

一、创造能力开发的基础——知识因素

知识是指主体通过实践和认识活动处理外界信息并对信息进行编码，在脑内和脑外媒介体中储存和积累起来的全部信息的总和。

知识，是人的各种能力的基础。知识是创造能力的重要组成部分，但并不是构成创造能力的全部要素。知识因素包括吸收知识的能力、记忆知识的能力和理解知识的能力。日本物理学家汤川秀树讲得好："知道许多事情有一个好处，就是至少在理论上可以有一个发现新事物的基础。但是，这也伴随着一种逐步僵化的效应，即不管发生什么，他都不会惊讶，这也会使其失去显示创造能力的机会。"除了知识的多少以外，一个人已有知识的层次也与其创造能力密切相关。研究表明，由于人们对于不同知识的记忆程度和理解程度不一样，因而不同的知识在一个人的头脑中就会形成不同的层次。知识是人对自然和社会的认识结晶，是人脑对客观规律的反映结果。知识是创造的基础，没有知识，创造就成了无源之水、无本之木。创造是已有知识的创造性运用和创新性发展。人们进

行创造活动时，总是从已有知识出发的。牛顿也说："如果我看得更远一些，那是因为我站在巨人们的肩上。"一个没有知识或知识很少的人，是不可能有重大发明创造的。

创造与知识具有很强的相关性：创造立足于知识，知识有助于创造；创造依赖知识，知识促进创造。创造发明的过程实际上是人通过对知识的科学组合、有效综合和创造性运用，促使新的创造设想形成的过程，或者说新的设想是在问题意识的刺激下，对已有知识灵活运用产生的结果。从这个意义上讲，知识是创造的必要条件，也是创造的坚实基础。但这并不是说，知识越多的人，创造能力就一定越强。因为知识本身并不等于创造能力，只有把知识转化为能力并升华为智慧才能形成创造能力。

二、创造能力开发的关键——能力因素

从创造学角度考察，影响创造能力开发的能力因素主要包括以下几个方面。

1. 对新思想的接受、转化能力

创造者对于新思想要敏感，要有兴趣，要持积极的态度。新思想虽然闪烁着智慧的火花，然而并不是每一种新思想都能激发有价值的创造发明，因此在接受新思想的信息之后，还要善于将其改造和加工，使新思想变为自己的东西，为自己所用，以激发自己的创造能力。由于新思想的发生、发展要有一定的过程，有时难以很快取代旧的思想，加之环境条件的限制，常使新思想不得不仍以旧思想的面貌出现而造成某些假象，这就要求人们必须善于从旧思想中品味出新思想、新事物的成分，并加以加工和改造。

2. 观察能力

观察是有一定目的的、有组织的、主动的知觉。全面、正确、深入观察事物的能力，称为观察能力。创造始于观察，观察为揭露矛盾、解决矛盾创造条件，有些发明创造就是直接来源于深入细致的观察。为了保证观察正确，一是要注意消除错觉的影响，注意消除先入为主而产生的知觉定式；二是要注意坚持观察的客观性、细致性、全面性，还要注意观察对象的代表性；三是注意抓住偶然发生的意外现象，特别是一般人容易忽略的地方更要仔细观察，观察时始终带着"是什么"和"为什么"两个问题，以提高自己的观察能力、激发自己的创造能力。苏联生理学家巴甫洛夫说过："不学会观察，你就永远当不了科学家。"爱因斯坦也深有体会地说："观察和理解的乐趣，是大自然最美的礼物。"

3. 发现和提出问题的能力

一切创造都始于问题，没有问题就不需要创造，不能发现和提出问题就无法进行创造，因此发现和提出问题的能力在创造中的作用是显而易见的。只有能在一个普通的理论、普通的事物或普通的产品中发现大量有价值的问题(包括已知的问题和未知的问题、细小的问题和重大的问题、理论上的问题和现实中的问题以及现象的问题和本质的问题等)的人才能有所创造。创造活动的实践表明，越是在那些人们普遍认为已经解决了的问题，甚至认为根本就不存在问题的地方，越是隐藏着一些尚待深化的问题，只要人们认真地、创造性地进行挖掘，在这些地方所发现的问题很有可能是一些重大的、关键性问题。爱因斯坦正是在当时人们全都认为没有问题的"时间"上寻找到了深层次的突破性问题，最后创立了相对论。

4. 想象能力

想象在创造活动中的作用是极为明显的，从某种意义上讲，没有想象就不可能有创

造。正如爱因斯坦所指出的："想象力比知识更重要，因为知识是有限的，而想象力概括着世界上的一切，推动着进步，并且是知识进化的源泉。严格地说，想象力是科学研究中的实在因素。"心理学研究表明，想象力是人人都有的一种能力，而一个人在童年时代的想象力最丰富。从创造学的角度看，只要人们进行创造活动，就一定离不开想象，任何创造发明离开了想象都会寸步难行。英国物理学家约翰·丁达耳深有体会地说："有了精确的实验和观测作为研究的依据，想象力便成为自然科学理论的设计师。"英国物理学家法拉第坚信"一旦科学插上幻想的翅膀，它就能赢得胜利"。

三、创造能力开发的动力——人格因素

创造型人格是指主体在后天学习活动中逐步养成，在创造活动中表现和发展起来，对促进人的成才和促进创造成果的产生起导向和决定作用的优良的理想、信念、意志、情感、情绪、道德等非智力素质的总和。根据国内外的研究，创造型人格特征表现为以下几点：①具有强烈的好奇心和求知欲；②积极主动的独立思考精神；③坚韧不拔的意志；④对自己能够达到的目标有足够的自信，且兴趣广泛，想象力丰富；⑤能灵活应对各种情境，富有幽默感和洞察力。

创造能力的开发与个体的人格因素关系极为密切。对于创造主体而言，创造的结果往往是智力因素和非智力因素共同作用的结果。一个人创造能力的形成，一方面依赖于已经掌握的知识和技能，另一方面更取决于人们的情感、意志等人格因素。智商高的人创造能力不一定就强，智力与创造能力不成正比例关系，因此，影响创造能力的更为直接的因素应该是个性即非智力因素。许多关于创造性人物特征的研究表明，高创造能力者常常表现出一些与一般人不同的个性特征，可见，创造能力与某些个性心理特征高度相关。

个性与创造能力开发的关系具体表现为：首先，个性对人的创造活动起激发和调控作用，它可以启动、维持、推动创造活动。人们对创造的兴趣、爱好、积极态度，这些因素发展到一定程度就变成热情奔放的积极性，成为创造活动的动力。人的创造能力与他对事物的兴趣密切相关。所谓兴趣是人对于事物的特殊的认识倾向。这种认识倾向的特殊性在于认识的主体总是带有满意的情绪色彩和向往的心情，主动而积极地去认识事物。如果一个人对某事怀有极大的兴趣，那么这种兴趣就能高度凝聚人的注意力，激发人强烈的创造热情，激发人进行创造活动的内部动机，充分发挥智力作用，使其感知敏锐、创造性思维活跃、想象力丰富，从而提高创造的效率。有研究表明，富有创造能力的人并不一定是高智商或学业成绩出众的人，但这类人往往具有独立的态度和自己的兴趣。可见，兴趣、爱好直接成为推动主体创造的驱动力，是人取得创造性成果的基本条件之一。

其次，个性在创造过程中起到协调、支持作用。创造本身是一项复杂、艰难的工作，经常会遇到各种困难，阻碍活动的继续，如实验或论证出现错误、创造者本身对工作失去信心、大量的反对意见、消极的情绪影响等。而个性中的意志力在这时对创造者的创造活动起到维系作用，使创造者坚定信心、克服困难、鼓起勇气坚持下去。所谓意志力是人自觉地确定目的，并根据目的调节支配自身的行动，克服困难，实现预定目的的心

理过程。意志为创造活动的顺利进行提供了心理保障，是影响创造能力发展和创造水平发挥的重要个性因素。只有具备充沛的精力和顽强的毅力，才能不畏艰难，敢于攀登，结出创造之果。这表明意志力和创造能力的发挥有着密切的关系。意志力在创造中的作用表现在两个方面：一方面有利于促使自己坚定地执行决定，努力克服妨碍执行决定的不利因素，如懒惰等；另一方面有利于在执行决定过程中克制自己，抑制冲动行为。意志力使个体面对成功或挫折时始终保持稳定的情绪，有利于创造能力的充分发挥。正如发明大王爱迪生所说："伟大人物的最明显的标志，就是他具有坚强的意志，不管环境变化到何种地步，他的初衷与希望仍不会有丝毫的改变，因而最终能克服障碍，达到期望的目的。"

四、创造能力开发的外因——环境因素

创造者总是在一定的环境中生存、创造，不同的环境条件对创造者会产生这样或那样、或深或浅的影响。创造环境是指影响人的创造活动的各种外部因素和条件的总和。相对于人的主观世界而言，它是人们进行创造性活动所面对的外部客观存在。马克思曾说过："人创造环境，同样环境也创造人。"从哲学角度看，创造者自身的知识、能力和人格因素等构成创造的内因，而环境因素则属于创造的外因。一个人创造能力的强弱主要与其内因有关。但是，创造能力的发挥以及人们能否取得创造性的成果，显然还要受制于创造的环境。一颗种子的生长除了受自身条件的影响外，还需要一定的外部环境，包括土壤、气候、灌溉、施肥等。当内外部条件都具备时，它才能生根、发芽、开花、结果。如果一颗种子在其发育阶段没有得到适当的照料，没有得到施肥灌溉，那么就会影响这颗种子的发育。如果等到这颗发育不良的种子生长到一定阶段，甚至已基本定型，再将其移植到良好的环境，那么它就很难长成参天大树。同理，人的批判性思维、独立思考能力、发现和解决问题的能力等素质的培养、形成、完善和提高，也需要良好的外部环境条件。假定一个人的创造潜力恒定，如果环境条件好，能激发他的创造欲望，能为他的创造活动提供良好的机制和氛围，那么，他的创造成果相对就会多些；相反，创造环境不利，就会浇灭他的创造热情，阻碍他的创造活动，他的创造成果就相对缺乏，甚至没有。因此，正确处理创造与环境的相互关系，对于创造能力的开发极为重要。

五、创造能力开发的内因——生理因素

虽然脑科学现有的研究水平还不足以对创造能力的产生进行确切的解释，但关于大脑结构和功能的一些神经生理学研究成果表明，大脑所固有的结构和功能是创造能力产生的物质基础，具体来说可以分为以下几个方面。

(1)神经元精密的结构以及由大量神经细胞所形成的复杂的神经网络为创造能力的产生提供了可能性。

(2)大脑左右两半球不仅结构上不对称，而且功能上也各异，在创造性思维的不同阶段起着不同的作用。大脑两半球既有分工，又有合作，在功能上各有各自的优势：左脑主管语言和逻辑思维，右脑主管形象思维。换言之，左脑更擅长语言和逻辑思维，右脑更擅长形象思维。

（3）创造能力不仅与大脑皮质的基本激活水平有关，而且与激活水平的可变性有关。

（4）注意力是否集中的个体差异也是导致创造性高低差异的原因。所谓大脑的开发，就是在有限的时间里将大脑的作用发挥到最大，即把大脑的功能既充分又高效地发挥出来。由于左右脑之间通过大约2亿条神经纤维组成的胼胝体进行频繁的信息交换，所以左右脑并不是彼此无关的，我们不应该厚此薄彼，应全面开发、协调开发、可持续开发左右脑，才能真正有效地发挥大脑的作用。

从影响创造能力的因素看，创造能力开发的宗旨、根本任务和有效途径就是优化这些影响因素，更确切地说，创造能力开发要以优化素质为先，以优化知识为基，以优化能力为重，以优化环境为要，以优化人脑为本。

第三节　创造能力的开发

一、创造能力开发的含义

所谓创造能力开发，是指想方设法挖掘人创造的潜力，千方百计释放人创造的潜能，精心培育、多方激活和高效发挥人的创造能力。创造能力开发的宗旨和根本任务是把人的潜在创造能力（可能创造能力）尽快地转化为显在创造能力（现实创造能力），从而把创造主体常态的和潜在的创造能力都充分调动起来并高效发挥出来。

二、创造能力开发的分类

从不同角度出发，按照不同的标准可以对创造能力开发进行不同的分类。

1. 按照开发主体划分

（1）创造能力的自我开发：是指个体对自身所进行的创造能力开发，其开发主体和开发对象都是自己。

（2）创造能力的家庭开发：是指以家庭为主体对个人所进行的创造能力开发，创造能力开发的主体是家庭，开发对象是个人。

（3）创造能力的学校开发：是指以学校为主体对个人所进行的创造能力开发，创造能力开发的主体是学校，开发对象是个人。

（4）创造能力的企业开发：是指以企业为主体对个人所进行的创造能力开发，创造能力开发的主体是企业，开发对象是个人。

（5）创造能力的社会开发：是指以社会为主体，在全社会范围内对人的创造能力所进行的开发。

2. 按照开发内容划分

创造能力开发的重点是对创造主体——人进行开发。

（1）对人脑的开发，重点是对人脑创造功能的开发。

（2）对创造性思维能力的开发，例如可持续进行创造性思维训练。

（3）对素质的开发，包括对智力因素和非智力因素的开发。

（4）对情感的开发，例如激发创造热情，点燃创造激情等。

三、创造能力自我开发的基本原则

创造能力的自我开发不是随意进行的，必须遵循以下基本原则。

1. 主动自觉开发原则

对创造能力有强烈的开发欲，不断增强创造能力开发意识和自信，不断提高创造能力开发的自觉性、主动性、积极性和创造性，努力使创造能力开发由自发上升为自觉，由被动变为主动，由不可持续变为可持续。

2. 动力原则

创造能力自我开发必须有强大而持久的内生动力，只有充分开发和正确运用动力，才能使创造能力开发持续而有效地进行。

3. 实事求是原则

创造能力自我开发一定要从自己的实际出发，实事求是，立足本职，立足日常生活，立足已有条件，因人制宜，因地制宜，因条件制宜，因人施策，具体情况具体分析。

4. 全面开发原则

从素质角度看，创造能力是人的一种综合素质，要从科学素质和人文素质、智力因素和非智力因素等各个方面对创造能力进行全面开发；从创造角度看，要从创造观、创造精神、创造意识、创造魄力、创造自信、创造思维、创造能力、创造方法、创造实践、创造毅力等诸方面进行全面培育。

5. 持续原则（也称为持之以恒原则）

创造能力自我开发不是断断续续的短期行为，而是持续的终身行为。换言之，创造能力自我开发必须持之以恒，做到在时间上的可持续，即要终身进行。

6. 动态原则（也称为与时俱进原则）

创造能力自我开发是一个动态过程，必须高度重视创造能力的动态特性，与时俱进地做好创造能力自我开发，以便更好地适应主客观条件及其变化。

7. 效益原则

创造能力自我开发一定要讲求实效，不断提高创造能力自我开发的质量、效率和效益，千万不能走过场或搞形式主义，绝对不能让创造能力自我开发成为无效劳动。

上述原则都是搞好创造能力自我开发所必须遵循且不能违背的，需要强调和特别注意的是：这些原则并不是彼此孤立的，而是密切联系、相互渗透、相互作用、相互影响、相互制约、相辅相成的。贯彻落实好任何一项原则都会对其他原则的贯彻落实起促进和推动作用，反之，任何一项原则贯彻落实不到位都会对其他原则的贯彻落实起牵制和阻碍作用。要提高创造能力自我开发的质量、效率和效益，必须把这些原则有机结合起来，正确运用，综合运用，协调运用，灵活运用，创造性运用。

四、创造能力开发的基本途径和有效措施

创造能力开发的途径多种多样，需要具体情况具体分析，本节主要介绍以下六点。

1. 高度重视和大力开展创造教育

所谓创造教育，从语义上看，是指有利于提升创造素质的教育；从目标和任务上看，

是指以培育和造就创造人才为目标，以培育创造精神、优化创造素质和增强创造能力为根本任务的教育；从功能上看，是指能够提高创造质量、效率和效益的教育，即是指培养优秀创造者的教育。各级各类学校、企业或事业单位和全社会都应该高度重视和大力开展创造教育，通过卓有成效的创造教育，使受教育者立下创造志向、确立正确的创造观、传承和弘扬创造精神、提高对创造的兴趣、增加对创造理论和创造实践的认知、增强创造意识和创造自信、培育和优化创造素质，特别是要精心培育、大力开发、着力提升、多方激活和高效发挥创造能力，提高进行创造的自觉性、主动性、积极性和创造性，使全社会更好理解、积极支持并主动投身创造。

2. 认真学习，深入研究人类创造史

一部人类创造史就是一部活生生的创造教育学，优秀的创造者就是言传身教的教育家，创造者的经历、成果、著作、名言就是生动的教材。认真学习、深入研究人类创造史，可以使人们从成功的创造案例中总结经验、深受启迪，从创造失误的案例中吸取教训、获得借鉴，特别是要学习借鉴、熟练掌握和创造性运用各种有效的创造方法，从而提高自己的创造能力和创造艺术，提高创造的质量、效率和效益。

3. 既持之以恒又与时俱进地进行创造性思维训练

创造性思维能力是最根本、最重要的核心创造能力，在创造活动中起着关键作用。而进行创造性思维训练则是提高创造性思维能力的一条行之有效的途径、一个具有可操作性的有效方法和一项简便易行的得力措施。

4. 自觉、主动、积极、可持续参加创造性实践活动

要培育和提高创造能力，就必须自觉、主动、积极、持续参加创造性实践活动，在创造性实践活动中学习创造。要紧密结合我国创造人才和创造的实际，积极参加各种不同层次、形式多样、内容丰富多彩的创造竞赛活动、创造成果展览和创造经验交流。

5. 积极组织并大力加强创造文化建设

高度重视和大力加强对创造功能、价值、意义的宣传教育，增加全民对创造价值的认知，提高对创造必要性、重要性和紧迫性的认识，精心培育和大力发展尊重创造者、崇尚创造、追求卓越的创造文化。特别是要大力弘扬"追求真理、开拓进取、勇于创造、团结协作、无私奉献、追求真善美统一"的科学精神，认真贯彻落实"百花齐放，百家争鸣"的方针，鼓励学术争鸣，激发批判思维，提倡富有生气、生动活泼、敢于发明和勇于创造的学术自由理念；积极倡导"勇探未知路、敢为天下先、勇于冒尖、宽容失败"的创造文化，形成鼓励原始性创新的浓厚氛围；树立崇尚创造、鼓励创造的价值导向，大力培育科学家精神和创客文化，使谋划创造、参与创造、推动创造、落实创造、献身创造成为自觉行动；不断提高创造的文化包容度，尊重不同见解，承认差异，促进不同知识、文化背景人才的融合；积极倡导创造者团结合作、联合攻关、协同创新，为不同知识层次、不同文化背景的创造者提供平等竞争的机会，并为创造者搭建合作创造的平台，实现创造合力和创造价值的最大化。

6. 营造良好的科技创新环境——优化科技创造生态

激励是一种特殊的创造能力开发方式，也是一种特别有效的创造能力开发方式。近几年来，我国各级政府紧密结合我国实际，科学制定各项激励政策，弘扬创新精神，激发创造热情，激励创造实践。不断加强创造宣传力度，大量报道创造者的先进事迹，表彰创造典型人物，努力形成吸引更多人才从事创造活动的社会导向，营造鼓励创造、宽容失败和尊重创造人才、尊重创造的社会氛围，以进一步形成尊重劳动、尊重知识、尊重人才、尊重创造的良好风尚，加强创造诚信、创造道德、创造伦理建设和社会监督，营造良好的创造社会环境，可持续优化创造的社会生态。

综上所述，应通过创造能力的开发，努力形成"人人都是创造之才，处处都是创造之地，天天都是创造之时，事事都是创造之举；人人崇尚创造、人人渴望创造、人人愿意创造、人人喜欢创造；人人敢于创造、人人勤于创造、人人善于创造、人人乐于创造；人人参与创造、人人支持创造、人人推进创造、人人奉献创造；人人痴迷创造、人人笃志创造、人人追求创造、人人执着创造"的可喜局面，真正做到把创造作为一种意识去确立和增强，作为一种精神去培育和弘扬，作为一种理念去树立和坚持，作为一种作风去鼓励和提倡，作为一种素质去历练和培养，作为一种方法去运用和推广，作为一种美德去修养和崇尚，作为一种境界去追求和向往。

创造是永恒的主题，创造能力开发具有永久的魅力。开拓者无畏，创造者无敌。新时代的大学生，要发扬"勇探未知路"的开拓精神和"敢为天下先"的创造精神，把使命担在肩上，把责任装在心上，把创造落在行动上。永葆锐意创新的勇气、敢为人先的锐气和蓬勃向上的朝气，努力做到有热情支持创造，有勇气进行创造，有智慧谋划创造，有能力推进创造，有毅力坚持创造，有决心取得原始性创造成果。用创造去打开希望之门，用创造去开辟成功之路。让一切创造的活力竞相迸发，让一切创造的源泉充分涌流，让一切有利于创造的要素不断汇聚。助力中国创造生态日益优化，创造能力与日俱增，创造人才辈出，创造硕果累累。着力打造创造的中国质量、中国速度、中国品牌，努力创造世界发展的中国奇迹和中国发展的世界魅力。

章节自测

一、名词解释

个人创造能力；集体创造能力；创造力开发

二、论述题

1. 当前，创客教育盛行，其目的在于培养和提升青少年的创造能力。创造能力是先天的特质，还是后天培养的？请结合本章所学知识，谈谈你对创造能力及创造能力培养的一些看法。

2. 有学者提出，"热爱是获得创造能力的唯一途径"。请结合创造能力的本质及开发途径，谈谈你对这一观点的看法。

三、案例分析

为了探索智力因素和非智力因素在成才中的作用，美国著名心理学家特尔曼(特尔曼逝世后由西尔斯继续)从1921年开始对1 528名智力超常儿童进行了长达50多年的追踪研究，结果表明：(1)智力因素与成就有一定关系，这些智力超常儿童到中年大多数是有成就的。例如，800名参与测试的成年男子所取得的成就几乎是任意选择的800名同龄人的10~20倍。但是智力因素与成就的关系不是完全相关的，研究发现有20％的超常儿童成年后没有超出一般人的成就。(2)非智力因素与成就关系密切，特尔曼在800名男性被测试者中，对成就最大的20％与成就最小的20％进行了比较研究，发现这两组人的最明显差别在于他们的非智力因素不同。

要求：

结合案例分析创造能力培养的重点。

第九章
常用的创造方法

第一节　创造方法概述

在现实中，人们往往关注、欣赏、赞扬的是创造者最终创造出来的成果。那么，创造成果是怎样产生的呢？从某种意义上说，创造成果可以视为是创造者的创造欲望加上创造思维再加上创造方法共同作用的结果，即创造成果＝创造欲望＋创造思维＋创造方法。

创造欲望可以激发人的创造能力和上进心；创造思维是人们进行创造活动的基础，它使人思路活跃、想法众多；而创造方法则是人们达到创造目的的途径、手段和措施。

一、什么是创造方法

创造方法学是创造学最富有应用性的一个分支。创造方法是创造者为了达到预期的创造目的所采取的手段，即使创造者能够行使创造职能、实现创造目标、保证创造有效进行的创造方式、途径、手段、措施等，它是进行创造的锐利武器和有效工具，也是人类认识世界和改造世界的科学手段和有效途径，它贯穿于创造的全过程。纵观创造史可以发现，古今中外的一切创造成果都是运用一定的创造方法取得的，创造方法是创造的法宝。

二、创造方法的作用

创造方法在指导创造者从事发明创造活动方面具有十分重要的作用，其应用的领域也是十分广阔的，能提高人们的创造能力和创造成果的实现率。

创造方法的作用主要有以下三点：一是提高创造者的创造能力；二是直接指导创造者的发明创造活动；三是进一步完善创造学。从方法上总结创造活动中所具有的一些技巧、方法，并不是从创造学诞生之后才开始的，相反，正是前人总结出许多有关创造发明的技巧和方法，才促使创造学这门学科产生。同时，随着创造方法不断产生和发展，创造学才得以不断发展并日臻完善。

当然，创造方法不是孤立地在起作用，而是作为要素之一在起作用。正如爱因斯坦所指出的："一切方法的背后如果没有一种生机勃勃的精神，它们到头来都不过是笨拙的工具。但是如果渴望达到这个目标的念头强烈地活跃在我们的心里，那么我们就不会缺少干劲去寻找达到这个目标并且把它化为行动的方法。"可见，创造方法在起作用时往往要受到创造者的世界观、人生观、价值观、创造精神、创造意识、创造思想、创造能力、创造态度等许多条件和因素的影响与制约。为了充分高效地发挥创造方法的作用和功能，必须确立正确的创造观和创造态度，增强创造意识和自信，提高创造性思维能力和创造能力。

第二节　头脑风暴法

一、基本原理

头脑风暴法的英文名称是"Brain Storming"，简称 BS 法，又称脑力激荡法、智力激励法。此法是由现代创造学的奠基人、美国创造学家亚历克斯·奥斯本所创立的。奥斯本也因此被誉为"创造学和创造工程之父"。1939 年，他首次提出了一种激发创造性思维的方法——头脑风暴法。1941 年，奥斯本在其出版的《思考的方法》一书中对头脑风暴法进行了系统的介绍。1958 年，奥斯本出版《创造性想象》一书，提出了奥斯本检核表法。

1. 定义

所谓头脑风暴，是将少数人召集在一起，以会议的形式，对某一问题进行思考和联想，参会者提出各自的设想和提案。这是一种开发团队智慧的方法，是一种所有团队成员的初始想法都能被重视的方法。

头脑风暴法实质上是一种智力激励法，是以小组讨论的形式来激发人的智力和创造能力，从而产生新设想或导致发明创造的一种有益于集思广益的创造方法。头脑风暴法是用来产生各种各样的主意和设想的，产生的主意和设想可以是问题（目标）、方法、解答与标准等，并不只限于寻求解答。头脑风暴法最主要的作用是引发许多与某一特殊需求或问题有关的设想。因此，头脑风暴法的问题必须是开放性的。

奥斯本借用"头脑风暴"这个词来说明会议的特点是让与会者敞开思想，使各种设想在相互碰撞中激起脑海的创新性"风暴"。这一方法最初用于广告创意与设计领域，由于效果显著，后来很快被广泛应用于社会、经济、教育、新闻、科技、军事、生活等领域，极大地促进了人们创造能力的开发。

2. 头脑风暴法的激发机理

头脑风暴法的激发机理是以群体思维来激活个体思维，以思维互动来激活智力和创造能力，主要有以下几点：第一，联想反响。在集体讨论的过程中，每提出一个新的观念，都能引发他人的联想。第二，热情感染。在不受任何限制的情况下，集体讨论问题能激发人的热情。第三，竞争意识。在有竞争意识的氛围中，人人竞相发言，不断开动思维机器，力求有独到见解，新奇观念。第四，个人欲望自由。在集体讨论问题的过程中，个人的欲望自由不受任何干扰和控制，鼓励畅所欲言，这一点非常重要。

3. 头脑风暴法的四个原则

（1）自由思考原则：群体成员地位平等，不受任何条条框框的限制，真正做到解放思想、无拘无束、自由思考、畅所欲言。

(2)延迟评判原则：又称严禁批判原则。在讨论会上不得阻拦他人发言，对别人提出的任何想法都不做任何肯定或否定的评判，更不允许批驳、讥笑或扼杀。至于对设想的评判，留在会后进行。与此同时，也不允许自谦。

(3)以量求质原则：讨论会以谋求设想数量为主要目标，即所提设想的数量越多越好。越是增加设想的数量，就越有可能获得有价值的好设想。这实质上是以增加设想的数量去提高设想质量的方法。

(4)综合改善原则：要求与会者善于利用别人的想法开拓自己的思路，提倡借题发挥，鼓励把别人的设想加以综合和改善，发展完善成新设想。所有参与者的思想相互碰撞、相互诱导、相互启发、相互激励、相互补充，从而不仅使新设想数量增多，而且使新设想的质量得到改善和提高。

二、头脑风暴法的分类

1. 根据组织形式分类

(1)非结构化头脑风暴法。非结构化的或自由滚动式的头脑风暴为团队成员提供了自由地提出见解和意见的机会。其优点是：容易得到未受影响的见解；鼓励创造性；发言自由，留有思考时间；气氛活跃；快节奏。其缺点是：难以主持，容易混乱；外向、强势的成员易占主导地位；易不经思考而迷失方向。

(2)结构化头脑风暴法。对于团队负责人提出的问题，团队成员一个接一个地提出自己的见解，每人每次只能提一个。当某个成员再没有新的主意时，可以跳过。所有的主意都应记录在白纸板上。其优点是：由主持人把握方向；保证每个人都能参与；发言有序，不会混乱；能确保获得一定量的创意、想法。其缺点是：节奏缓慢，固定的规则限制思维，参与成员思考时间不足。

2. 根据讨论形式分类

(1)默写式头脑风暴法，又称"635"法。它是由德国学者鲁尔巴赫根据德意志民族善于沉思的性格，针对多人争着发言易使点子遗漏的问题，对奥斯本的头脑风暴法进行改造，而创立的用书面语言畅所欲言的方法。

具体操作方法：召开由 6 人参加的会议，主持人先阐明议题，发给与会者每人 3 张卡片。在第一个 5 分钟内，每人针对议题在 3 张卡片上各写上一个点子，然后传给右边的人；第二个 5 分钟内，每人从传来的卡片上得到启发，再在 3 张卡片上各写出一个点子，之后再传给右边的人。这样继续下去，经过半小时，卡片可传递 6 次，共得 $6 \times 3 \times 6 = 108$ 个点子。由于这种方法是 6 人参加，每人 3 张卡片，每次 5 分钟，因此得名"635"法。

(2)卡片式头脑风暴法，又称 CBS 法。它是由日本创造开发研究所所长高桥诚创立的，其特点是对每个人提出的设想可以进行质询和评价。

具体操作方法：召开由 3～8 人参加的会议，会前宣布课题，会议时间为一小时。会上发给每人 50 张卡片，桌上放 200 张卡片备用。在前 10 分钟内，与会者独自在卡片上填写设想，每张卡片填写一个设想。接着用 30 分钟，按座次每位与会者轮流宣读自己的设想，一次只能介绍一张卡片(宣读时将卡片放在桌子中央，让大家能看清楚)。其他与会者可质询，也可将受启发所得的新设想填入备用卡片。最后 20 分钟，大家可以相互评价和探讨各自的设想，以便从中诱发出新设想。

3. 根据思考方向分类

根据思考方向，可分为直接头脑风暴法和质疑头脑风暴法。在决策过程中，对直接头脑风暴法提出的系统化的方案和设想，经常采用质疑头脑风暴法进行质疑和完善。这是头脑风暴法中对设想或方案的现实可行性进行估价的一个专门程序。

三、头脑风暴会议流程

1. 准备阶段

(1)合理分组：选定参与者，小组人数一般为 10～15 人，最好由不同专业或不同岗位者组成，防止同质化，其中包含记录员 1 名；

(2)设定时间：一般为 20～60 分钟，选择参与者能放松的时间段，防止心不在焉；

(3)明确主题：选定讨论的主题，并提前通报给参与者，让参与者有一定准备，防止跟不上；

(4)选好主持人：主持人要熟悉并掌握该技法的要点和操作要素，摸清主题现状和发展趋势，同时应掌握头脑风暴法的一切细节问题；

(5)训练参与者：学习思维开发的基本方法，特别是要懂得头脑风暴法提倡的原则和方法。

2. 头脑风暴阶段

主持人应清楚阐述问题的紧迫性，激起参与者的思维"灵感"。可以采取引导询问的办法，引导组员提出各种设想，激励参与者踊跃发言。然后，主持人只需主持会议，对设想不作评论。

记录员在看板记录所有设想，认真将参与者的每一个设想不论好坏都完整地、没有偏见地记录下来。

参与者严格按照自由畅想、延迟评判、以量求质、结合改善四大原则开展头脑风暴。鼓励组员自由提出设想，直到各位组员都无法再提出设想时，立即结束会议。

3. 评价选择阶段

(1)会后以鉴别的眼光讨论所有列出的构思，将大家的想法整理分类，形成若干方案。

(2)将会议记录整理分类后展示给参与者，向参与者了解大家会后的新想法和新思路，以此补充会议记录。

(3)从效果和可行性两个方面评价各构思，也可以让另一组人来评价。

(4)根据既定的标准，诸如可识别性、创新性、可实施性等进行筛选。经过多次反复比较和优中择优，最后确定 1～3 个最佳方案。最佳方案往往是多种创意的优势组合，是大家的集体智慧综合作用的结果。

图 9-1 为头脑风暴会议流程图，图 9-2 为头脑风暴实施阶段图。

图 9-1 头脑风暴会议流程图

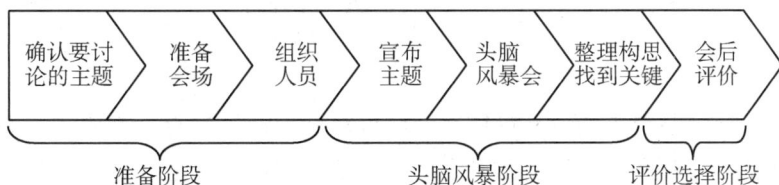

图 9-2 头脑风暴实施阶段图

四、头脑风暴会议注意事项

1. 关于会议主题

会议前，必须清楚地确定头脑风暴会议的目标，首先应有主题，不能同时有两个以上的主题混在一起，主题应单一；问题太大时，要细分成几个小问题；创造能力强，分析能力亦要强；在产生设想时不要评价、批评或质问成员提出的设想；求数量但不求质量；将参与者提出的所有设想确切地写下来，不要重新组词；当完成提出设想阶段的工作后，给予充分的时间进行说明；坚持头脑风暴的基本规则；在头脑风暴后，对所有设想进行评价(会后评价)，评价时，要注意做分类处理。

2. 关于头脑风暴中的专家小组

专家的人选应严格限制，便于参与者把注意力集中于所涉及的问题。头脑风暴专家小组应由以下人员组成：方法论学者——专家会议的主持者；设想产生者——专业领域的专家；分析者——专业领域的高级专家；演绎者——具有较高逻辑思维能力的专家。

3. 关于会议主持人

(1)主持人应懂得各种创造性思维和技法，会前要向参与者重申会议应严守的原则和纪律，善于激发成员思考，使场面轻松活跃而又不失头脑风暴的规则。

(2)告知参与者可轮流发言，每轮每人。简明扼要地说清楚一个创意设想，避免导致辩论和发言不均。

(3)要以赏识激励的词句、语气和微笑、点头等行为语言，鼓励参与者多提出设想，如"对，就是这样!""太棒了!""好主意! 这一点对开阔思路很有好处!"……

(4)禁止使用下面的话语："这点别人已说过了!""实际情况会怎样呢?""请解释一下你的意思。""就这一点有用。""我不赞赏那种观点。"

（5）经常强调设想的数量，比如平均 3 分钟内要发表 10 个设想。

（6）遇到人人皆才穷计短、会议出现暂时停滞时，可采取一些措施，如休息几分钟，自选休息方法，散步、唱歌、喝水等，再进行几轮头脑风暴；或发给每人一张与问题无关的图画，要求讲出从图画中所获得的灵感。

（7）根据主题和实际情况需要，引导大家掀起一次又一次头脑风暴的"激波"。

（8）要掌握好时间，使会议持续 45～60 分钟，形成尽可能多的设想。

4. 记录员须知

记录员应依照发言顺序标号记录设想，在发言内容含糊不清时，应向发言者确认，发言内容过长时，仅记录要点即可。字迹要清晰，确保每位参与者都能看清，版面应简洁整齐。

注意记录的分类整理工作，会议结束后应该对所做记录进行分类整理，并加以补充，然后交与具有丰富经验和专业知识的专家组进行筛选。筛选应主要从可行性、应用效果、经济回报率、紧急性等多个角度进行，以选择最恰当的设想。

此外，由于用头脑风暴法产生出来的构想大部分都只是一种提示，很少是可以用来直接解决问题的。因此整理和完善构想这一步就显得相当重要。在整理补充设想时，为了使构想更具体化，也可继续使用头脑风暴法。

五、头脑风暴法的评价

首先，相对于传统讨论会议中存在的多数人意见或一致意见的压力、老板或领导权威的影响、随意的评判、部分与会者沉默或不够积极等缺点，运用头脑风暴法组织会议能够针对某一主题，营造自由愉快、畅所欲言的气氛，让所有参与者自由提出设想，并相互启发、相互激励，以引起联想、产生共振和连锁反应，从而诱发更多的创意及灵感。经常使用本方法，可以提高员工的创造能力，营造自由开放、轻松有趣、相互激励的氛围，进而提高工作效率。

其次，头脑风暴法是一种群体讨论决策方法，是快速大量地寻求解决问题构想的集体思考方法。与个人决策相比，群体讨论决策具有明显的优点：①能提供更丰富和全面的信息；②能相互感染，激发积极性和竞争意识；③能产生更多的决策方案；④能增加决策过程的民主性；⑤能增加决策的可接受性。

在群体讨论决策中，由于群体成员的相互影响，不可避免地存在四大问题：①从众心理：部分人因多数人意见的压力而选择从众；②舆论霸权：少数人控制舆论，承担评判角色；③权威心理：老板或领导的权威影响民主性；④沉默是金：部分参与者沉默或者不够积极。

第三节　列举法

1954 年，美国内布拉斯加大学教授罗伯特·克劳福德提出了"属性列举法"，并首次在大学开设创造性思维课程。所谓属性，就是指事物所具有的固有的特性，例如，人类有性别、年龄、体重等属性。

列举法是在罗伯特·克劳福德创造的属性列举法基础上形成的，是运用发散思维来克服思维定式的一种创造方法。该方法人为地按某种规律列举出创造对象的要素并分别加以分析研究，以探求创造的落脚点和方案。

一、列举法概述

列举法运用了分解和分析的方法，借助于某一具体事物的特定对象（如特点、优缺点等），从逻辑上对其进行分析并将其本质内容——罗列出来，经过批评、比较、选优等手段，形成有独创性的设想，挖掘创造主题和有创意的创造方法。

1. 列举法的特点

（1）列举法采用了系统分析的方法，重视需求的分析，使创造过程系统化、程序化。

（2）列举法运用了分解和分析的方法，在详尽分析的基础上进行列举。

（3）列举法简单实用，是一种较为直接的创造方法，特别适用于新产品开发和旧产品改造。

（4）列举法不仅是创造性发问的主要方法，而且为创造性解决问题提供了方向和思路。

2. 列举法实施的流程

图 9-3 为列举法实施的流程图。

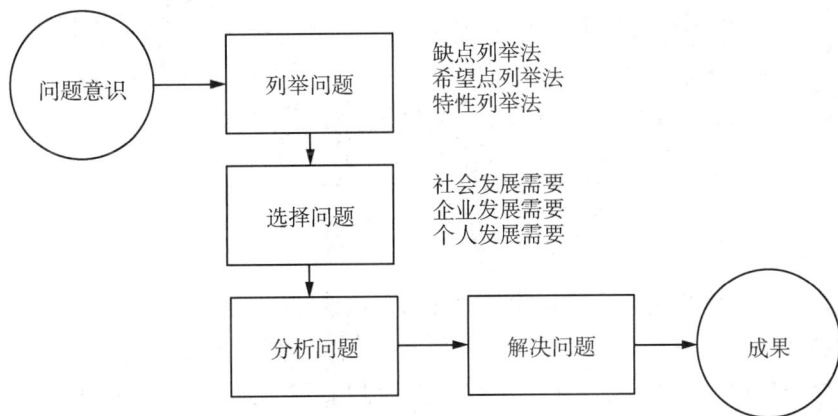

图 9-3 列举法实施的流程图

3. 列举法的分类

按照所列举对象的不同，列举法可以分为属性列举法、缺点列举法、希望点列举法、成对列举法和综合列举法。

二、属性列举法

所谓属性列举法，是指通过列举、分析研究对象的属性而达到发明创造目的的一种发明创造方法。属性列举法是列举法的典型，其要点是首先针对某一研究对象列举出其重要部分或零件及属性等，然后就所列各项逐一思索是否有改进的必要性或可能性，促使创新产生。

克劳福德的具体做法是：先把研究对象分解成细小的组成部分，各部分具有的功能、特征、属性、与整体的关系等尽量全部列举出来，并做详细记录。

日本学者上野阳一为找到研究对象的特性，提出了区分研究对象特性的3种方式：一是根据名词特性——全体、部分、材料、制法等来区分；二是根据形容词特性——性质等来区分；三是根据动词特性——功能等来区分。他采用的主要手段是：观察和分析事物或问题的属性(或特征)，并一一列出，然后探讨能否改革以及怎样实现改革。

1. 属性分类

一般来说，我们可以把事物的属性分为以下几种类型。

(1)名词属性：采用名词来表达的特征。如事物的整体、结构、材料、制造方法等。

(2)形容词属性：采用形容词来表达的特征。主要指事物的性质，如颜色、形状、大小、厚薄、轻重等。

(3)动词属性：采用动词来表达的特征。主要指事物功能方面的属性，包括事物的主要功能、辅助功能、附属功能等。

(4)量词属性：采用数量词来表达的特征。主要指事物的数量特性，如耗电量、使用寿命、保质期等项目。

2. 实施步骤

图9-4为属性列举法实施流程图。

确定对象 → 列举属性（名词、形容词、动词、量词）→ 提出设想（逐一考虑每个属性的替代、修改和补充）→ 选择可行的方案进行设计

图9-4 属性列举法实施流程图

(1)确定对象。即确定一个目标比较明确的创造课题，课题宜小不宜大。

(2)列举属性。即按照名词属性、形容词属性、动词属性和量词属性的顺序，详细列举创造对象的属性。了解事物现状，熟悉其基本结构、工作原理及使用场合，应用分析、分解及分类的方法对研究对象进行一些必要的结构分解。

(3)提出设想。从需要出发，对列出的属性进行分析，并与其他物品对比，通过提问的方式来诱发创意，采用替代的方法对原属性进行改造。

(4)选择方案。应用综合的方法将原属性与新属性进行综合，寻求功能与属性的替代与更新完善，提出新设计。

3. 案例：应用属性列举法革新水壶

改进烧水壶，已经成为国内介绍列举分析法时的一个经典案例，虽然水壶似乎已经不易想到可以改进之处，但运用属性列举法分析它，仍然可以打开思路，找到创新思路。

(1)确定对象：水壶革新。

(2)列举属性：包括名词属性、形容词属性和动词属性。

①名词属性：

全体：水壶；

部分：壶柄、壶盖、壶身、壶底、壶口、蒸汽孔；

材料：铝质、铜质、不锈钢、铅质、搪瓷、陶瓷；

制造方法：焊接、冲压、模具。

②形容词属性：

颜色：白色、银灰色、金黄色、古铜色；

形状：圆形、方形、椭圆形；

性质：轻、重、大、小等。

③动词属性：

功能：装水、烧水、倒水、保温等。

(3)根据所列属性，通过提问依次提出创造性设想。

①根据名词属性可提出：

壶口的长度要不要改变？

壶柄能否改用其他材料，以免烫手？

壶盖与壶身的连接能否改变，使得倒水时壶盖不会掉出而烫手？

壶盖上的蒸汽孔能否改变位置？

壶盖上能否加一个加水孔使加水时不用打开壶盖？

②根据形容词属性可提出：

壶柄的形状能否改变，使倒水时不累人？

壶底的材料和形状能否改变，以增加与火焰的接触面积，提高加热效率？

壶身的颜色能否改变？

水壶的大小能否改变？

能否减轻重量？

③根据动词属性可提出：

壶柄能否增加自动保温功能？

怎样烧水节约能源？

能否自动出水？

(4)选择可行的方案进行设计。

4. 注意事项

应用属性列举法对创意对象的特性分析越详细越好，这能够启发广泛联想。尽可能从多角度提出问题和解决问题。属性列举法简单实用，不仅适用于个人也适用于群体。需要解决的问题越小、越简单直观，运用属性列举法就越容易获得成功。这一方法既适用于老产品的升级换代，也适用于行政措施、机构体制和工作方法的改进。

三、缺点列举法

1. 定义

缺点列举法就是有意识地列举现有事物的缺点，针对这些缺点，经过分析对比寻找出有效改进新方案的创造方法。埃尔·迪克森指出，创造源于世界上的一切都不是完美的，但我们可以通过创造使它更加完美。

2. 缺陷来源

任何事物都不可能十全十美，一般来说，缺陷源有两个：产品设计的局限性和时间性。

(1)产品设计的局限性。设计产品时，设计人员往往只考虑产品的主要功能，而忽视其他方面的问题。以铁锅举例，煮汤或炖羹时，铁锅的开口过大，不便熬煮又难以往小碗倾倒，于是有人改造出茶壶锅，把上口宽的锅与倒水方便的茶壶巧妙地结合在一起。

(2)产品设计的时间性。产品刚发明时，尚能符合设计时的要求，但随着时间的推移，不可避免地变得过时或落后，甚至令人生厌。

3. 缺点列举法的特点

直接从社会需要的功能、审美、经济等角度出发，研究对象事物的缺陷，提出改进方案，简便易行。此法主要是围绕着原事物的缺陷加以改进，一般不改变原事物的本质与总体。它不仅可用于老产品的改造，也可用于对不成熟的新设想、新产品做完善工作等。

4. 缺点列举法的流程

(1)发现已有事物的缺点，列举出来。列举缺点的方法如下。

①用户调查法。对于已投放市场的产品，采用适当的形式，让用户充分提出意见，这些意见对于改进企业产品最有参考价值。

②开会列举法。召开缺点列举会，是充分揭露事物缺点的有效方法。其最大特点就是可以互相启发，产生连锁反应。

③对比分析法。将所研讨的对象与目前市场上最先进的同类产品就各种技术参数、性能、功能、质量、价格、外观、包装等方面进行分析比较，从而找出自身的缺点，取各家之优点，设计出比同类产品更具有竞争力的新型产品。

(2)分析缺点，选择缺点，确定创新。对于列举出的大量缺点，必须进行分析和鉴别，从中找出有价值的主要缺点作为创新的目标，这是缺点列举法的关键所在。

凡属缺点均可一一列出，越全面越好。如原理不合理、材料不得当、无实用性、欠安全、欠坚固、易损坏、不方便、不美观、难操作、占地方、过重、太贵等。列举缺点时，可以从现行的生产方法、工艺过程中发现缺点，可以从成本、造价、销售、利润等方面找出缺点，也可以从管理方法上找缺点。缺点列举法实施时并无一定程序，一般通过各种途径全面搜索缺点，尽可能没有遗漏地将所有缺点都列举出来，然后选定改进目标即可。

(3)制定革新方案。解决缺点的思路可从缺点列举法的类型入手进行思考。

图9-5为缺点列举法实施流程图。

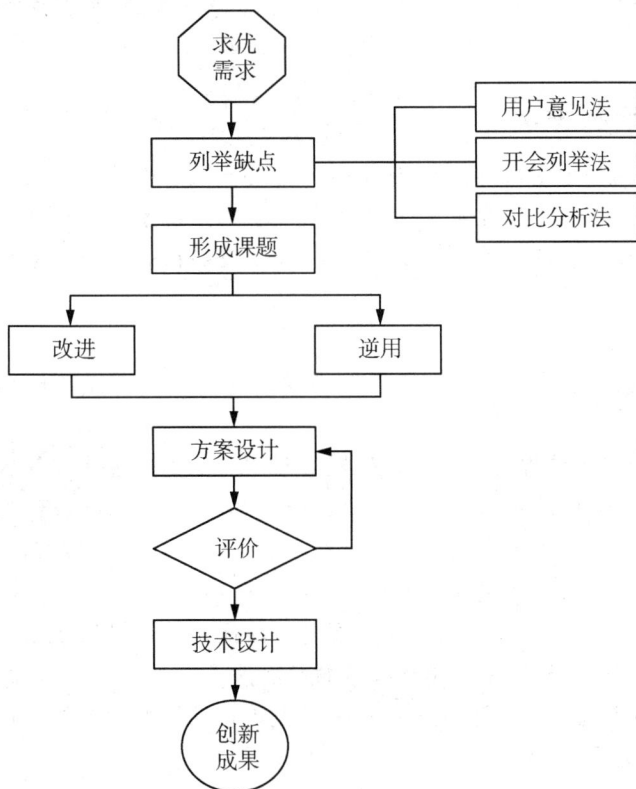

图 9-5 缺点列举法实施流程图

5．缺点列举法的类型

（1）改良型缺点列举法。改良型缺点列举法是针对已有一定完善程度的事物的某些特征缺陷或不足之处进行列举，在保持其原有基本状态的前提下，着手进行改进和完善，使其达到满意的创作目标和思维方法。

（2）再创型缺点列举法。再创型缺点列举法是指从工作和生活需要角度出发，发现现有事物具有较大的缺陷，使用极不方便或不安全，从而彻底改变事物原有的结构，创造一种与原有事物有本质不同的事物的思维方法。

（3）缺点逆用发明法（也属于逆向类技法）。世界上的事物总是一分为二的，是对立的统一物。逆用法实际上是一种反向思维方法。面对缺点，反过来想一想，就有可能"利用缺点"为人类服务。缺点逆用发明法是将缺点变为可利用的东西，化被动为主动、化不利为有利的创新思维方法。这种方法并不以克服事物的缺点为目的，相反，它是将缺点化弊为利，寻找解决或利用缺点的途径。

6．运用缺点列举法的要求

（1）具备良好的心态。第一，要克服习惯惰性，认真寻找缺点；第二，要克服护短情结，勇于接受缺点。

（2）要把现有事物的缺点列足、摆够。对经常接触的事物用"吹毛求疵"的方法找出其所有缺点，并想出改正这些缺点的方法。"吹毛求疵"是发现缺点的基本心态。

(3)认真分析和鉴别缺点。缺点列举法的关键是从大量缺点中找出有价值的实施目标。

四、希望点列举法

希望，就是人们心理期待达到的某种目的或出现的某种情况，是人类需求心理的反映和对美好愿望的追求，希望是创造发明的强大动力。希望点列举法是指通过主动发现并列举某事物被希望具有的所有特性或功能，以寻找到新的发明目标与途径的一种创造方法。

1. 希望点列举法的特性

(1)科学性。提出的希望点要符合自然规律。超越自然规律的任何设想，都是要落空的。

(2)扩展性。新设想的提出不受任何框框的限制。例如，音乐能给人们的生活增添乐趣，与音乐结合的产品层出不穷。如音乐伞、音乐黑板、音乐床、音乐枕头、音乐尿布、音乐牙刷、音乐邮票、音乐图书等，还有诸如听诊器、晴雨计、按摩椅、茶杯、钥匙链、蜡烛、壁纸、圆珠笔、防窃钱包等均可与音乐组合在一起。

(3)灵活性。当一种技术获得成功后，可以向其他的领域进行辐射，将这种技术或功能与其他产品结合起来，体现出运用新技术的灵活性。

(4)新颖性。任意思考所产生的设想有些属于具有其特性的设想，这些具有其特性的设想尽管目前还无法马上实现，但是其中的创新意义往往会给人们带来很大的启迪和帮助。

2. 希望点列举法的基本类型

希望点的背后，往往是新问题和新矛盾的解决和突破。因此，列举新的希望点，就是发现和揭示有待创造的方向或目标。

(1)按照是否有明确的、固定的创造对象划分：

①目标固定型。即目标集中在已确定的创造对象上，通过列举希望点，形成对该对象的改进和创新方案，也称为"找希望"。

②目标离散型。即开始时没有固定的创造目标和对象，通过对全社会、全方位、各层次的人在各种不同的时间、地点、条件下的希望点的列举，寻找创新的落点以形成有价值的创造课题，也称为"找需求"。它侧重于自由联想，特别适用于群众性的创造发明活动。

(2)按照希望的来源划分：

①功能型希望点列举。功能型希望点列举是在不改变原事物基本作用原理的前提下，针对事物不具备而又有所希望的方面，将希望点一一罗列，进行变换和创新的一种思维模式。

②原理型希望点列举。原理型希望点列举是针对现有事物的某些不足列举出希望点，并根据希望或理想，打破原事物概念的束缚，从全新的角度进行再创造的一种思维模式。

3. 希望点列举法的实施步骤

(1)激发和收集人们的希望。我们要向社会了解、向大众了解他们的希望是什么。激发和收集人们的希望可采用观察联想法、会议列举法、征求意见法和抽样调查法。

(2)仔细研究人们的希望，以形成"希望点"。对收集到的发明创造进行分类整理后，要根据可行性原则，确定某些希望为发明创造的目标，这一点十分重要。希望都是美好的，但很多美好的希望在现实生活中不可能实现，同时还要注意它的先进性和实用性。

(3)以"希望点"为依据，创造新产品以满足人们的希望。

图 9-6 为希望点列举法实施流程图。

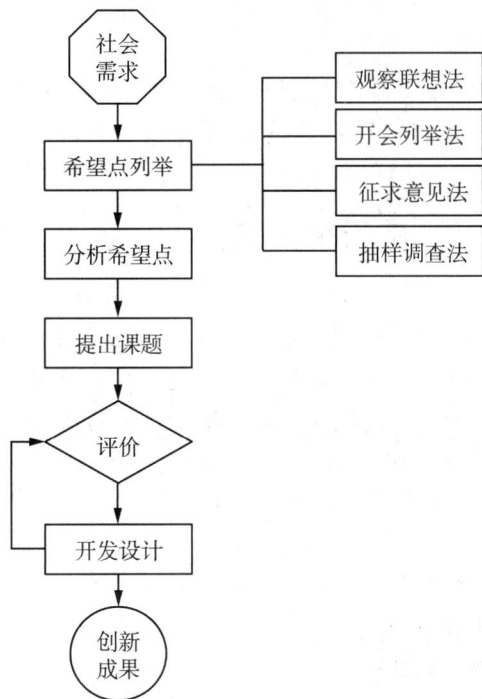

图 9-6 希望点列举法实施流程图

4. 运用要点

(1)重视人类需求的分析。希望实际上是人类需求的反映，因而利用希望点列举法进行创造发明就必须重视对人类需求的分析。

(2)注意特殊群体的需求和希望。人们大多习惯于寻找正常人在正常条件下的需求，而忽略了某些特殊群体或正常人在特殊条件下的需求。

(3)善于发现潜在的需求。根据国外有关资料介绍，在社会对产品的需求中，潜在需求约占 $60\%\sim70\%$。

分析希望点的时候，要做到"瞻前""顾后"。"瞻前"，是指思考所想到的希望点是否已有前例；"顾后"，是指思考所选题目是否与当时的技术水平相适应、是否符合人们的需要、能否适应市场。

5. 希望点列举法和缺点列举法的区别

希望点列举法与缺点列举法相比，最重要的差异在于正面与负面。有时候，这两种技法并不矛盾，事物的某一种缺点也可以变成被利用的对象，实现新的希望。

(1)类型不同。缺点列举法主要围绕事物的缺点进行分析与探讨，一般不改变原有事物的本质与总体，只是对事物的某些方面进行完善，所以它是一种被动型的发明创造法。而人的希望是指向未来的，并不局限于原事物的总体上，很多时候能出现质的飞跃，所以希望点列举法是一种极主动的创造方法。

(2)作用不同。任何事物的缺点都是有限的，对缺点的列举也是有限的，最终产生的发明成果基本上都是对事物的完善和改进，不可能产生重大的突破。而人对事物的希望可以在日常生活中，每个人都有这样或那样美好的愿望，种种希望点往往能转化为发明的课题。

希望点列举法是一种启发大家产生新设想的有效工具，有意识地使用希望点列举法，可以摆脱人们的思维惰性，突破事物的陈规，提出改进管理、产品、流程、营销的新点子，通常情况下还会使人产生新奇的设想。

五、成对列举法(也属于组合法)

成对列举法是通过列举两种不同事物的属性，并在这些属性间进行组合，通过相互启发而发现发明目标的方法。研究目标的确定是创造活动的起点，当人们想要创造发明却又找不到目标时，可以利用成对列举法得到启发，从而找到好目标。

成对列举法是同时列出两个事物的属性，并在列举的基础上进行事物属性间的各种组合，从而获得发明设想的方法。成对列举法是将列出的两个事物互为焦点与参考物，列出一个事物的特征，向另一个事物上聚焦，并由此引发发散联想。

1. 操作步骤

成对列举法的操作步骤如下。

(1)确定两个事物为研究对象；

(2)分别列出两个事物的属性；

(3)将两个事物的属性一一进行强制组合，如图 9-7 所示；

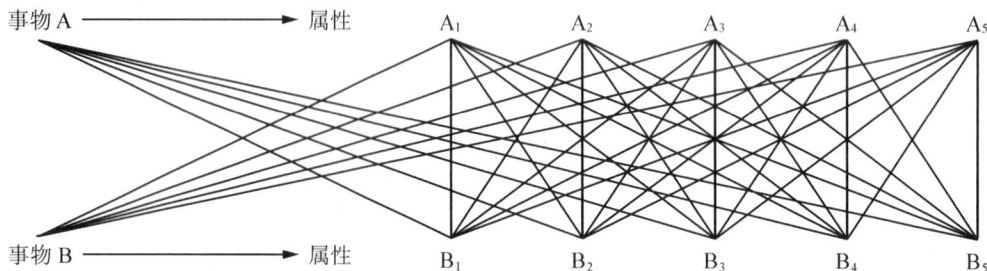

图 9-7　事物属性组合图

(4)分析、筛选可行的组合，形成新的设想。

以电话为例，电话就是焦点，再任意找一个参考物——假设为苹果，苹果的特征有形状、颜色、气味、味道、果皮、核，电话也有许多特征，为了表达简单，选几种特征列出。

焦点：电话(特征)　A_1 座机　　A_2 话筒　　A_3 连线

参照物：苹果(特征)   B₁ 球形   B₂ 果皮   B₃ 香味

①A₁B₁   球形的电话座机

②A₂B₁   球形的话筒

③A₃B₁   球形的连线

④A₁B₂   有外包装(彩色外套)的电话座机

⑤A₂B₂   有外包装的话筒

⑥A₃B₂   有外包装的连线

⑦A₁B₃   有香味(可吃)的电话座机

⑧A₂B₃   有香味的话筒

⑨A₃B₃   有香味的连线

通过评估选优，我们可以找到一些创新型方案。

成对列举法又称强制联想法，当你想进行发明创造，却又没有明确的目标时，可用这种方法试一试。

2. 案例：应用成对列举法设计一种新型的灯

(1)确定灯为 A 事物，为了设计新颖，选择与其差别较大的猫为 B 事物。

(2)分别列出灯和猫的属性。

灯：灯泡、灯罩、灯座、开关

猫：猫头、尾巴、耳朵、爪子

(3)将灯和猫的属性强制组合，如表 9-1 所示。

表 9-1   灯和猫的属性强制组合表

猫头形状的灯泡	猫头图案的灯罩	猫头形状的灯座	猫头形状的开关
可以随意变换角度的细灯管	长筒形灯罩	可以随意弯曲、调节长短的灯座	尾巴形状的开关
双灯泡	灯罩上面有两个耳形透光孔	耳朵形状的灯座	声控开关
多个小灯管	可以收缩调整的灯罩	爪子形状的灯座	触摸式开关

(4)提出新型灯的设想。

将表 9-1 的各种设想进行分析、综合，提出新型灯的方案如下。

①灯泡。多个小灯管，上下串行排列。

②灯罩。长筒形猫头图案灯罩、可以收缩调整筒的直径，上面有两个耳形透光孔。

③灯座。爪子形状的灯座，可以随意弯曲，调节长短。

④开关。触摸式开关。

六、综合列举法

属性列举法、缺点列举法和希望点列举法都只偏重于某一方面来开展创造性思维，因而在一定程度上也给创造带来一定的束缚。从根本上讲，创造应该是没有任何限制的，因此，我们在开展发散性创造思维活动的时候，可以综合运用上述方法，这就是综合列举法。

1. 技法原理

综合列举法是针对所确定的研究对象，从属性、缺点、希望点或其他任意创造思路出发列举出尽可能多的思路方向，对每一思路方向开展充分的发散思维，最后进行分析筛选，寻找最佳的创新思路的创造技法。

2. 综合列举法的操作步骤

(1)确定研究对象；

(2)应用属性列举法对研究对象进行分析和分解，列举各项属性；

(3)运用缺点列举法和希望点列举法对逐项属性进行分析；

(4)综合缺点与希望点对事物原特征进行替换，综合事物的新旧特征，提出创造性设想。

表 9-2 为以相机为研究对象的相机新产品列举创造法。

表 9-2　相机新产品的列举创造法

相机	名词特性	形容词属性	动词属性
属性列举法	镜头、快门、机身、卷片器	圆的、重的、黑色的、金属的、耐压的	望远拍摄、放底片、留下记录、拍摄风景
缺点列举法	镜头太小、快门太吵、机身太单薄	体重太重、颜色单一、装底片失败	远拍模糊、调焦缓慢
希望点列举法	镜头加大、电子感应、随眼睛变化、快门声音安静	像鸡蛋造型、用轻金属求其轻量化	一次装两卷底片、瞬间完成望远设定

第四节　设问法

美籍华裔物理学家李政道指出："要创新，需学问，只学答，非学问，问愈透，创更新。"

爱因斯坦曾说："提出一个问题往往比解决一个问题更重要，因为解决一个问题也许仅是一个数学上的或实验上的技能而已。而提出新的问题，新的可能性，从新的角度去看旧的问题，却需要有创造性的想象力，而且标志着科学的真正进步。"实践证明，能发现问题与提出问题就等于取得了成功的一半，可见巧妙的设问对于创造是十分必要的。

一、设问法概述

1. 设问法定义

所谓设问法，是指以提问的方式引导和催生创造性思路和设想的一种发明创造方法。设问法是根据需要解决的目标，从多角度提出问题，然后从问题中寻找思路，进而做出选择并深入开发创造性设想的一类方法。设问法实际上就是提供了一张提问的单子，针对所需解决的问题，逐项对照检查，以期从各个角度较为系统周密地进行思考，探求较好的创新方案。主要的设问法有：奥斯本检核表法、和田十二法、5W2H 分析法、系统提问法、行停法。

2. 设问法的实施步骤

步骤一：提出问题

设问法的问题涉及的范围相当全面，提问中常常使用"能否……""假如……""如果……""是否……""还有……"这样的一些句式，能够启发思维、引发想象，通过各种假设性的变换，探索寻找解决问题的途径。

步骤二：列出方法

①联系实际，一条一条进行方法列举，不要遗漏。

②尽可能发挥自己的想象力和联想能力，产生更多设想。

③列方法时，可以单人进行，也可以集体讨论，头脑风暴，相互激励。

步骤三：逐条核对

①应一条一条进行核对，不要遗漏。

②多核对、多讨论几遍，效果会更好，或许能更准确地选择出所需创新的对象。

③讨论时，当所核对的方法不满意时，鼓励回到第二步，继续列出方法。

④正确认识到核对也是一个创新性工作，不能简单作出评判。

3. 设问法的优点

由于设问法是先提出问题，再对问题逐个进行分析、检验的方法，所以它不仅有利于照顾到思考问题的全面性，而且有利于新思想的产生。因此，设问法是一种能够大量形成创造性设想的创造方法。

二、奥斯本检核表法

奥斯本检核表法是由美国创造学家奥斯本发明的，是在创造学界最有名、最受欢迎的创造方法。

1. 奥斯本检核表法的含义

奥斯本检核表法是根据需要解决的问题或者创造发明的对象，围绕一个主题，从多个角度、多个方面用一览表列出一系列需要思考的有关问题，再运用联想、类比、想象等思维方法得出各种类型的答案，最后进行综合分析判断，从中找出解决问题的最佳方案或设想的方法。

2. 奥斯本检核表法的九个问题

奥斯本检核表法解决问题的一般过程可概括为：第一，改变产品的感觉特征；第二，应用置换的方法；第三，寻找新途径；第四，逆向思考与重组。

具体操作程序是先针对待研究的对象，从多个方面进行假设思考，然后在假设的基础上形成若干个新的解决方案，最后对所有假设方案加以分析，选择出最终解决这一问题的综合方案。通常从以下九个角度提出问题。

（1）能否他用？现有的事物有无他用——有无其他更多的用途；保持不变能否扩大用途；稍加改变有无其他用途；能否引入其他创新性设想。如果稍加变革可以扩大其用途，如果现有的发明可以引入其他的创造性设想，那么，就可以发明出新的东西或者新的方法。核验现有产品有无其他用途（包括稍加变革可以扩大的用途），也就是扩展产品的应用范围。

（2）能否借用？过去有无类似的东西？现有事物能否引入其他设想系列的成果；现有的事物能否借用别的经验；能否模仿别的东西；现有成果能否引入其他创新设想。

（3）能否改变？核验能否对现有产品进行简单的改变，如改变形状、制造方法、颜色、声音、味道、品种等，改变后效果如何。

（4）能否扩大？现有事物可否扩大应用范围；能否增加使用功能、增强产品特性；能否添加部件；能否增加高度、提升强度、提高价值、延长寿命。

（5）能否缩小？现有事物能否减少、缩小或省略某些部分；能否浓缩化；能否微型化；能否短点、轻点、压缩、分割、精简。

（6）能否代替？现有事物能否用其他材料、元件、原理、方法、工艺、结构、动力、设备来代替？是否可以找到能够部分或全部代替现有产品及其组成部分功能的产品或零部件？

（7）能否调整、变换？能否更改变化现有事物的程序；能否调整已知布局、既定程序、日程计划、规格型号、因果关系、速度频率等。

（8）能否颠倒？现有发明可否颠倒作用、可否颠倒位置、可否上下颠倒、可否颠倒正负、可否颠倒正反、可否头尾颠倒、可否颠倒工艺。

（9）能否组合？能否组合原理、组合方案、组合功能；能否组合形状、组合材料、组合部件；能否组合物体、目的、特性或观念等。

表 9-3 为以奥斯本检核表法进行的保温瓶创新设计实例。

表 9-3　以奥斯本检核表法进行的保温瓶创新设计实例

检核项目	新设想名称	新设想说明
能否他用	理疗保温瓶	利用保温瓶的热量对人体进行理疗，如预防感冒、止痛、消除眼睛疲劳等
能否借用	自加热保温瓶	借用化学反应原理制成自加热保温瓶
能否改变	球形保温瓶	按照个性化要求设计球形保温瓶，满足求异心理的需要
能否扩大	保温桶	扩大传统保温瓶的容积，发展为保温桶
能否缩小	保温杯	缩小体积，开发多种保温杯，如旅游保温杯、中药保温杯等
能否代替	不锈钢胆保温瓶	用薄不锈钢材料代替传统玻璃保温瓶瓶胆，还可使瓶胆一体化
能否调整、变换	冰盒	调整保温瓶的瓶口、提手及比例尺寸，使之成为冰盒
能否颠倒	倒置式保温瓶	变传统直立式为倒置式，即用旋转式支架使保温瓶瓶口朝下倒水
能否组合	智能化净水保温瓶	将保温瓶、水处理系统及电脑控制组合，使保温瓶具有自动净水功能

3. 奥斯本检核表法的特点

奥斯本检核表法从九个不同的角度，启发我们提出与思考问题，使思路向正向、侧向、逆向、合向发散开来。主要具有以下优点。

(1)奥斯本检核表有助于人们打破各种思维定式，以问题的形式激发人们的想象力。

(2)奥斯本检核表提醒人们从各个角度、观点去看问题，避免了单一化的思维方式。

(3)奥斯本检核表内容丰富，可应用于各个方面，如开发新产品，进行设计、销售、广告等，它为解决创造发明问题提供了很好的思路。

(4)经常使用奥斯本检核表能提高人们的思维素质，有利于突破不愿提问的心理障碍，会使人们善于提问、思考、想象，善于变换思考角度。

(5)奥斯本检核表法的适应性强，不论对象如何和专业性如何，都可以相应地列出很多检核问题。

但是奥斯本检核表法存在如下缺点：奥斯本检核表问题过细、过多，实施起来比较复杂，有学者认为该方法一般很难取得较大的突破性成果。

奥斯本检核表法几乎适用于一切领域的创造活动，因此被称为"创造方法之母"。这是因为它强制人去思考，有利于突破一些人不愿提问题或不善于提问题的心理障碍。

4. 注意事项

奥斯本检核表法是一种非常实用的方法，但使用时需要注意：

(1)不应过分拘泥于这一种方法。

(2)检核的内容可作适当改变。

(3)奥斯本检核表法主要提供的是一种思路。

三、和田十二法

和田十二法是我国学者许立言、张福奎在奥斯本检核表法的基础上，结合我国小发明创造的特点提炼出来的创新方法，原名"十二个聪明的办法"，是一种有效的发明用检核表法，也称为动词提示检核表法、思路提示法。它根据 12 个动词提供的方向去设问，诱发创造性的设想。这 12 个动词是加、减、扩、缩、变、改、联、学、代、搬、反、定，可以简记为"加减扩缩变改联学代搬反定"，即：加一加，减一减，扩一扩，缩一缩，变一变，改一改，联一联，学一学，代一代，搬一搬，反一反，定一定。和田十二法源于奥斯本检核表法，同样也给发明创造提供了若干种考虑的方向。

(1)加一加：还可以添加什么？比如加长、加高、加厚、加宽一点行不行？这是创造发明中较为有效的方法之一。

(2)减一减：现有事物能减去(简化)些什么？如把原物减少、减短、减窄、减轻、减薄或者减慢、减时、减次、减序……能否使其形态、价值、功能、成本等明显优化？

(3)扩一扩：现有物品在功能、结构等方面还可以扩展吗？放大一点，扩大一点，会使物品发生哪些变化？这件物品除了大家熟知的用途外，还可以扩展出哪些用途？

(4)缩一缩：将原有物品的体积缩小一点，长度缩短一点会怎样？可否据此开发出新的物品？

(5)变一变：指改变原有物品的形状、颜色、成分、味道、顺序等，从而形成新的物品，或从使用对象、场合、时间、方式、用途、方便性和广泛性等方面变化。这一点一般带有主动性。

(6)改一改：何处可以改进呢？与变一变的侧重点不同，改一改侧重于改进物品原有的形状、结构、功能中的不足或不便之处，使得产品更加简便高效。

（7）联一联：现有的事物跟其他事物有什么联系吗？是否可以把形似的、相连的、相对的、相关的或某一点上有相通之处的事物，选取其沟通点加以联结呢？

（8）学一学：有没有别人的做法可供学习呢？能不能模仿现有事物的形状、结构、原理等？能用新技术、新方法吗？

（9）代一代：某一事物可以被另外一些事物（零件、方法、材料、工具等）所代替吗？

（10）搬一搬：是否可以把某一事物或事物中某一部件的制作工艺、原理、方法应用到其他场合，开发一种新的事物或新的用途呢？

（11）反一反：尝试把某事物的结构、性质、功能、形态反过来，或者把上与下、里与外、前与后、横与竖、方与圆、左与右、导电与绝缘、热与冷等矛盾的两个方面倒一倒，产生新的产品、新的功能、新的用途。

（12）定一定：还要规定些什么呢？在解决某一问题、改进某一物品时，能否先有一个约定的标准或大家都能接受的规定，使工作效率更高、使用更方便？

四、5W2H 分析法

5W2H 分析法，又称七何检讨法，是指通过连续提出七个问题，构成设想方案的制约条件，然后设法满足这些条件，以获得创造方案。它充分利用英文词汇的特点，把奥斯本检核表法浓缩为从七个角度提出问题，即 who（何人）、when（何时）、where（何地）、what（何事）、why（何故）、how（如何）、how much（何价）。

使用 5W2H 分析法进行创新，能够帮助我们梳理清楚所要解决的关键性问题，从而能够对症下药，提出新的方案或者开发出新的产品！

五、系统提问法

系统提问法是由中国矿业大学学者庄寿强创建的，系统提问法是设问型创造方法中的一种。以系统发问为先导，从事物的表象出发，找出它具备的所有特性或属性，将它们归纳后上升为几大类一般的抽象属性，然后再抛开事物已有的特征，进行发散式的想象，得到多种备选属性，最后通过发问的形式找出其中最为合理的属性。

在系统提问法操作过程中，始终遵循"由已知到未知，由特殊到一般再到特殊"的认识世界的规律。该方法适合于对已知事物进行改进、改造的创造发明活动。实施程序如下。

（1）列出观察对象的主要特征；

（2）将这些属性上升到一般的属性；

（3）再对一般属性进行发散思考，列出无针对性的一系列具体属性；

（4）对观察到的属性和联想到的属性进行"为什么"的提问；

（5）尽可能地寻找理由来回答提问，由此判断哪些属性可以被否定或肯定，将每一个特征对应的最佳属性做出记号；

（6）将所有最佳属性进行组合，得出多种方案。

围绕老产品提出各种问题，通过提问发现老产品存在的问题或者不能满足消费者要求的地方，从而找到需要革新的方面，开发出新的产品来。

表 9-4 为以系统提问法实施的皮鞋创新设计实例。

表 9-4 以系统提问法实施的皮鞋创新设计实例

已知具体属性	上升的抽象属性	抽象属性概念的外延列举（未知）	发问	组合
白色	颜色	灰、黑、棕	1. 对第一列已知的具体属性问为什么，如为什么是白色 2. 对第三列未知的具体属性问为什么不，如为什么不是黑色	1. 灰色宽圆头麻质，鞋跟为扇形 2. 灰色宽圆头缎面，鞋跟为扇形
尖头	形状	圆头、宽圆头、方头		
羊皮	材料	牛皮、猪皮、麻布、纸、人造革、缎面		
坡跟	形状	尖跟、平跟、无跟、圆跟、扇形跟		
……	……	……		

六、行停法

这是美国著名的创造学家奥斯本研究总结出来的一套设问方法。他通过"行"（go）——发散思维（提出创造性设想）与"停"（stop）——收束思维（对创造性设想进行冷静的分析）的反复交叉进行，逐步接近所需解决的问题。行停法的操作步骤是：

"行"想出与所需要解决的问题相关联的设问。

"停"对此进行详细的分析和比较。

"行"对解决问题有哪些可能用得上的资料。

"停"如何方便地得到这些资料。

"行"提出解决问题的所有关键处。

"停"决定最好的解决方法。

"行"尽量找出试验的方法。

"停"选择最佳试验方法。

"行"与"停"如此交替进行，直至发明成功。

第五节 类比法

一、类比法概述

类比法是英文 Synectics 的译称，最早出自希腊语，意思是将不同的、看上去无关的因素联系起来，是美国麻省理工学院的创造学家威廉·戈登教授于 1959 年提出的创新方法。戈登发现，当人们看到一件外部事物时，往往会得到启发思考的暗示，即类比思考。而这种思考的方法和意识没有多大联系，反而与日常生活中的各种事物有紧密关系。

类比法的思维过程是应用类比联想思维进行创造。利用未知事物的各种因素与已知事物的各种因素，通过同质异化和异质同化这两个基本创造过程，越过它们表面上的无关，把它们联系和组合起来，求得富有新意的创造性构思。

人们通过对各种不同事物进行类比，将会不断产生出新颖的创造性设想，获取更多的创造成果。类比法从类似中寻找灵感，模仿但不抄袭。类比是由已知通向未知的桥梁，在创造发明活动中具有特别重要的意义。

1. 类比法创造原理

经典类比的思维过程分为以下两个阶段：第一阶段，把两个事物进行比较。第二阶段，在比较的基础上推理，即把其中与某个对象有关的知识或结论推移到另一个对象中去。

类比推理的基本模式为：如果 A 对象中有 a、b、c、d，B 对象中有 a′、b′、c′，那么 B 对象中可能有 d′。

其中，A 和 B 是进行类比的两个（或两类）不同对象；a、b、c、d 指对象 A 的属性（如对象的成分、结构、功能、性质等）；a′、b′、c′、d′ 与 a、b、c、d 有某种类似关系。在类比推理过程中，如果发现所揭示的属性 d 鲜为人知，或由此悟出新的设想，便意味着这种类比推理产生了创造功能。

图 9-8 为类比法实施流程图。

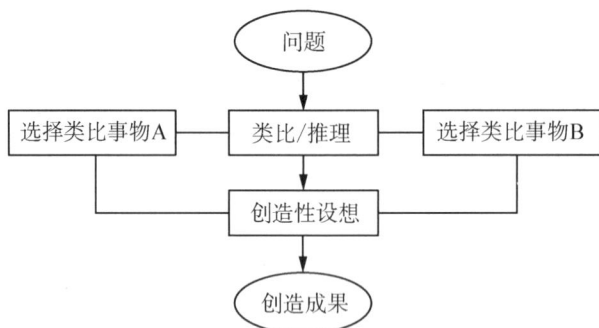

图 9-8　类比法实施流程图

类比法依据的两条思维基础：

（1）异质同化——是把陌生的事物看成熟悉的事物，用熟悉的观点和角度认识陌生事物，认为陌生的事物具有与熟悉事物同样的性质、功能、构造、用途等，从而达到把陌生事物熟悉化，把陌生问题转为熟悉问题，得到关于新事物的创造构思。变陌生为熟悉就是要了解问题，查明问题的主要方面以及各个细节。

（2）同质异化——把某一对象中的某一知识或结论运用到另一对象中去。对已知的熟悉的某一事物，运用全新的方式，从新的角度进行观察和研究，以摆脱陈旧固定的看法的桎梏，产生出新的创造构想，找出已知事物的新性质、新用途、新功能、新结构等。

2. 类比法的基本方式

（1）直接类比。从自然界或者人为成果中直接寻找出与创意对象相类似的东西或事物，进行类比创造。简单、快速，本质特性越接近，成功率越高。

（2）拟人类比。就是使创意对象"拟人化"，也称亲身类比、自身类比或人格类比。这种类比就是创造者使自己与创造对象的某种要素认同、一致，自我进入"角色"，体会问题，产生共鸣，以获得创意。

（3）象征类比。这是一种借助事物形象或象征符号表达某种抽象概念或情感的类比，有时也称符号类比。这种类比可使抽象问题形象化、立体化，为问题的解决开辟途径。

（4）幻想类比。在创意思维中用超现实的理想、梦幻或完美的事物类比创意对象的创意思维法。戈登指出：当问题在头脑中出现时，有效的做法是，想象最好的可能事物，即一个有帮助的世界，让最令人满意的可能见解来引发最漂亮的可能解法。

（5）因果类比。两个事物的各个要素之间可能存在着同一种因果关系。因此，可根据一个事物的因果关系，推测出另一事物的因果关系。

（6）仿生类比。人在创意、创造活动中，常将生物的某些特性运用到创意、创造上。从自然界获得灵感，再将其应用于人造产品中的方法，具有启发、诱导、拓宽创造思路之效，涉猎内容相当广泛。仿生法不是自然现象的简单再现，而是将模仿与现代科技手段相结合。

（7）对称类比。自然界和人造物中有许多事物都有对称的特点，对称类比就是根据其特点进行类比。通过对称类比的关系进行创意，获得人工造物。

（8）综合类比。根据一个对象要素间的多种关系与另一对象综合相似而进行的类比推理，事物属性之间的关系虽然很复杂，但可以综合它们相似的特征进行类比。

二、原型启发法

原型启发法是一种最为笼统的类比方法，也称垫脚石法，是指通过观察找到原型，在原型的引发下，产生创新设想的方法。

1. 原型启发法的原理

原型启发法是根据人的创造思维和运行方式，将偶然遇到的某些事物经过观察和分析，突然间启发出灵感的方法。它是以创新欲望为前提，以类比为基础而进行的一种创造方法。

2. 原型启发法的特点

（1）在原型启发之前，有时创造者的目标并没有确定，有时虽然确定了目标，但不是在有意识的寻找下才发现原型。

（2）原型启发法强调的是启发，原型只是一个垫脚石，并不要求启发物与发明物之间有明显的、严格的相似关系。

3. 原型启发法总结

原型启发法是一种笼统的类比法，没有完善的理论体系，只是根据人创造思维的偶然性活动，从事物的特征、形状、颜色、结构和功能等获得启发，从而进行创造活动。运用这一方法创造发明的成功率较低，且必须以原型为基础。但该方法理论要求不高，易于被接受，所以仍然是一种比较常用的创造技法。

三、综摄法

综摄法是在设计方法学中与类比法近似的方法，它是以已知的事物为媒介，将表面看起来毫无关联、互不相同的知识要素综合起来，创造出新设想的方法，也就是提取各种科学知识，并将它们综合在一起创造出新的产品或方法。综摄法是一种高效率利用知识的设计创新方法。因为人类的知识已庞大到惊人的地步，这就驱使人们去开发各种高效率的利用知识的方法，综摄法就是一种旨在开发人的潜在创造能力的思考方法。

1. 综摄法的基本思路

综摄法是指从已知的事物出发，将毫无联系的、不同的知识要素结合起来，从不同的角度分析未知的事物，从而使理想中的未知事物成为现实的过程。

综摄法的基本思路是：在构思设想方案时，对将要研究的问题适当抽象，以开阔思路，扩展想象力。将问题适当抽象，要根据激发创意的多少，逐步从低级抽象向高级抽象演变，直到获得满意的改进方案为止。

2. 综摄法的实施步骤

综摄法能普遍采用，原因之一是其操作性强。实施步骤如下。

(1)确定综摄法小组的成员。综摄法在集体创造活动中，需要一个专业小组来实施，对专业小组的成员素质要求较高。小组成员一般由 5～7 人组成。其中一名担任主持人，一名是与讨论问题有关的专家，其余为各种学科领域的专业人员。

(2)提出问题。一般由主持人将所要解决的问题向小组的成员宣读。这一问题往往是预先拟定的，而且小组成员并不知晓。

(3)分析问题。专家对该问题进行解释和陈述，目的是让小组成员了解有关问题的背景信息，对该问题有一个大致的了解。

(4)净化问题。小组成员围绕这一问题进行类比设想，尽可能多地提出解决问题的方法，专家从较专业的领域说出该想法的不足之处，选择两三个比较有利于解决问题的设想，达到筛选问题的目的。

(5)理解问题。确定解决问题的目标，从所选择的设想中的某一部分开始分析，让小组成员从新的问题出发，展开类比联想，陈述观点。这样做可以使小组成员理解解决问题的关键环节，并提出解决问题的目标。

(6)灵活运用类比。确定了解决问题的关键环节，主持人要有意识地抛开原来的问题，让小组成员发挥类比设想作用，把问题从我们熟悉的领域转到远离问题的领域。从各位成员的类比中，选出可以用于实现解决问题的类比，对选出的类比进行分析研究，从类比的例子中找出更详细的启示。

(7)适应目标。远离问题不是根本目的，而是为了到陌生的领域中去寻找有利于问题解决的启示。把从类比中得到的启示，与在现实中能使用的设想结合起来，从而形成一种新颖独特的解决方法。

(8)方案的确定与改进。专家对于方案要进行反复的论证，并对其中的缺陷进行改进，直到取得满意的结果。

图 9-9 为综摄法实施流程图。

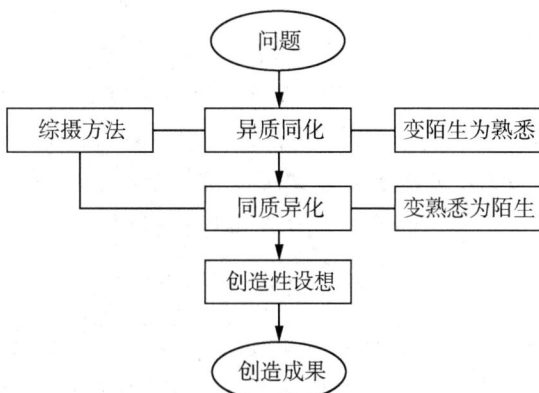

图 9-9 综摄法实施流程图

3. 综摄法模拟技巧

为了加强发挥创造能力的潜能，使人们有意识地活用异质同化、同质异化两大原则，弋登提出了以下四种极具实践性、具体性的模拟技巧。

(1)人格性的模拟。这是一种感情移入式的思考方法。先假设自己变成该事物以后，再考虑自己会有什么感觉，又会如何去行动，然后再寻找解决问题的方案。

(2)直接性的模拟。它是指以作为模拟的事物为范本，直接把研究对象与范本联系起来进行思考，提出处理问题的方案。

(3)想象性的模拟。它是指充分利用人类的想象能力，利用童话、小说、幻想、谚语等来寻找灵感，以获取解决问题的方案。

(4)象征性的模拟。它是指把问题想象成物质性的，即非人格化的，然后借此激励脑力，开发创造潜力，以获取解决问题的方法。

4. 综摄法实施要点

(1)讨论开始时最好先不公布议题，到有人涉及时再提出来，这有利于参与者灵感的相互激发。

(2)这种方法不追求设想的数量，而追求设想的质量和可行性。

(3)人格性的模拟一般不易做到，因此必须集中精力。

(4)想象性和象征性的模拟方式，这两种模拟的思考方针要从"问题在童话、科幻小说中，会变成什么样呢?"的疑问开始寻求答案，这样才能符合两大原则。

适用范围：综摄法的宗旨是以已有的事物为媒介，将它们分成若干元素，并将某些元素构成一个新的设想，来解决问题。因此它的最大用处在于利用其他产品取长补短，设计新产品，以及制定营销策略等。

5. 特别提醒

(1)模拟时要集中注意力。

(2)综摄法的精髓是通过识别事物之间的异同，从而捕捉富有启发性的新思路，产生有用可行的创造性设想，并得出解决问题的方案。

(3)要确定贯彻综摄法的两大原则。

四、移植法

移植法也称渗透法，是将某个领域的原理、技术、方法，引用或渗透到其他领域，用以改造或创造新的事物的方法。从思维角度看，移植法可以说是一种侧向思维方法。它通过相似联想、相似类比，力求发现表面上看仿佛毫不相关的两个事物或现象之间的联系。从技术的角度来看，常见的移植法主要有原理移植、方法移植、结构移植、回采移植等。

1. 移植法的基本方式

(1)原理移植。原理移植是指将科学技术原理或方法向新的研究领域类推和外延。

(2)方法移植。方法是具体的操作手段或艺术，是解决问题的途径。方法移植是技术创造中应用广泛的方式之一。

(3)结构移植。结构是事物存在和实现功能目的的重要基础。将某种事物的结构形式或结构特征向另一种事物移植，是结构变革的基本途径之一。

(4)回采移植。回采移植是将被弃置不用的"陈旧"事物，用现代技术重新回收加工，从而变成新的可以继续使用的物品。它主要是对材料、制造过程以及信息控制加以改造，形成创新。

2. 移植程序

图 9-10 为移植法实施流程图。

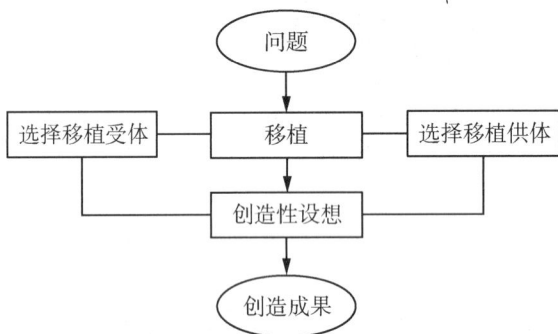

图 9-10　移植法实施流程图

实施移植创造，可按以下两种思路进行操作。

(1)成果推广型移植。这是指主动将已有的科技成果作为"移植供体"向其他领域拓展延伸的移植。采用这种思路移植时，首先要搞清"移植供体"的基本原理及适用范围，然后思考"移植受体"是谁，即已有的科技成果还可以应用到哪些领域以及能否产生新的成果。

(2)解决问题型移植。这是指从待研究的问题出发，为了解决其中有关基本原理、功能方法或结构设计方面的矛盾而考虑移植法的应用。采用这种思路移植时，首先要分析"移植受体"存在的问题，然后借助联想、类比手段，找到恰当的"移植供体"，确定移植的具体形式和内容，并通过实验研究和设计活动实现创造。

3. 移植法的应用

移植，让普通成为创新。在某个领域或行业，人们不以为意或认为微不足道的事物，有时移植到另一个领域或行业却成了崭新的事物。在产品设计中，如何使用移植法来进行创新性设计呢？

所谓产品设计的移植法，是指将已有的设计成果创造性地移植到新产品的设计中，是一种巧妙的移花接木之术。我们可以从产品的形态、结构和功能上，分别进行移植创新。在实际的移植设计过程中这几方面又相互影响、互为因果，因此，我们不能过分独立地去看待移植设计过程。

(1)产品形态的移植创新。产品形态的移植创新是最为直接的移植设计方式，我们可以很直观地在新产品中看到移植的痕迹。形态移植，满足了外观的改造，同时满足了功能需求。

(2)产品结构的移植创新。结构是产品的一个重要组成因素，结构通常决定一个产品的造型，同时结构是实现产品功能的载体。在产品设计中对结构进行移植设计，通常是为了使新产品获得更好的功能。

(3)产品功能的移植创新。功能是产品最为核心的一个要素，好的功能能为产品带来良好的使用体验，这也使得越来越多不同领域的产品在功能上进行相互借鉴。

需要注意的是，移植是手段，创新才是目的。

第六节　组合法

英国学者布莱基说过："组织得好的石头能成为建筑，组织得好的社会规则能成为宪法，组织得好的词汇能成为文章，组织得好的想象和激情能成为优美的诗篇。"其实，人类的许多创新成果都来源于组合。

一、方法原理

在创造活动中，将若干已有的事物进行组合，并使组合体在功能或性能等方面发生变化的创造，就是组合创造，相应的方法即为组合创造法，又称组合法。

组合法是指利用创新思维将已知的若干事物合并成一个新的事物，使其在性能和服务功能等方面发生变化，以产生出新的价值的方法。

组合是客观世界中十分普遍的现象。小到微观世界的原子、分子，大到宇宙中的天体、星系，到处都存在组合的现象。组合的结果是复杂的，组合的可能性是无穷的。

二、组合法的类型

1. 同类组合法

同类组合法是指若干相同或相近事物的组合，又称为同物组合法。其目的是在保持事物原有功能或原有意义的前提下，通过数量的增加来弥补功能的不足或产生新的功能。

同类组合法的三大途径：

(1)通过数量增加来弥补个体的不足，产生新的作用(集体的力量)。如折不断的 10 根筷子。

(2)有组织的组合更有力量。如一盘散沙→沙尘暴、几根木头→一条船、几块布→衣服等。

(3)有变化的组合更有特色。如情侣手表、鸳鸯宝剑、果木嫁接、变色灯泡等。

2. 异类组合法

异类组合法是指将两种或两种以上的不同种类的事物组合，产生新事物。人们在从事某些活动时经常同时有多种需要，因此可以将能够满足这些需求的功能组合在一起，形成一种新产品。如多头螺丝刀、多功能机床、沙发床、带有折叠凳子的拐杖等。

异类组合法又可分为以下几种。

(1)元件组合：元件是具有某项功能的器件或物品，元件组合不是简单的零部件装配，而是把具有相互独立功能的两种或两种以上的元件以适当的方式合为一体，从而使组合后的事物具有多种功能。

(2)功能组合：将使用范围相同，但功能各异的两种或多种现有产品作为组合项，根据各组合项在其结构上的可共用性，将不同的功能赋予新的结构，从而创造多功能新技术、产品的方法。

(3)材料组合：利用化学或物理原理，将不同的材料组合起来，获得新材料的方法。组合成的新材料，较原材料表现出更好的强度、轻度、成本等优异特性。

(4)方法组合：若已知某种功能可以由多种方法实现，可以考虑将不同方法、技术组合起来，获得的协同方法往往能更好地实现功能，解决问题。

(5)技术原理与技术手段的组合：把已有的技术原理和技术手段结合起来，创造出新产品。

(6)现象组合：把某些自然现象或物理、化学现象进行组合，从而创造出新产品、新方法以及发现新的原理。

3. 重组组合法

重组组合法又称分解组合，是指在事物的不同层次上分解原来的组合，然后再根据新的目的进行重新组合。有目的地改变事物内部结构要素的次序，并按照新的方式进行重新组合，以促使事物的性能发生变化。日常生活中，随处可见这样的例子。例如，"田忌赛马"的典故，流行的儿童玩具"变形金刚"，分体组合家具等。

重组组合法的实施步骤：①分解研究对象的结构；②分析各部分的特点；③列举现有结构的缺点；④重组组合，确定重组方式，包括变位重组、变形重组、模块重组等。

重组组合有三个特点：①重组组合是在一件事物上实施的；②在重组组合过程中，一般不增加新的东西；③重组组合主要是改变事物各组成部分之间的相互关系。

4. 主体附加法

主体附加法是指以某事物为主体，再添加另一附属事物，以实现组合创新的技法。

主体附加法主要有以下四个特点。

(1)主体是已有事物。

（2）附加方法可分为移植附加和创新附加：①附加的事物如果是已有的事物或者在别的事物上附加过，就叫作移植附加；②附加的事物若是前所未有的事物或者是为了附加而经过实质性改进的事物，就叫作创新附加。

"拿来主义"是移植附加法的最高境界！"拿来主义"的主要形式有：洋为中用、古为今用、他为我用。

（3）一个主体可以附加多个发明创造，通过各种附加弥补主体事物的不足。

（4）一种事物可以附加在多种主体上。

如何实施主体附加法呢？主体附加法的着眼点，就是不断发现事物的缺点，提出新的需要。简单说，就是缺啥补啥。因此，把各种事物同主体联系起来，是主体附加法的思维路线。

三、组合法的典型方法——形态分析法

组合法中的经典方法是形态分析法，形态分析法（morphological analysis）是美籍瑞士科学家茨维基于 1942 年提出的一种创新技法，又称形态矩阵法或形态综合法。它以系统分析和综合为基础，用集合理论对研究对象相关形态要素的分解排列和重新组合，得出所有可能的总体方案，最后通过评价进行选择。形态分析法是一种系统搜索方法，用来探求一切可能存在的组合方案，属于"穷尽法"。形态分析法的核心是将机械系统分解成若干组成部分，然后用网络图解或形态学矩阵的方式进行排列组合，以产生解决问题的系统方案或创新设想。

第二次世界大战期间，美国情报部门探听到德国正在研制一种新型巡航导弹，但费尽心机也难以获得有关技术情报。然而，火箭专家茨维基博士却在自己的研究室里，轻而易举地搜索出德国正在研制并严加保密的乃是带脉冲发动机的巡航导弹。

茨维基运用了他称之为"形态分析"的思考方法。在研制过程中，茨维基在当时可能的技术水平上，分析了火箭的各主要组成要素及其可能具有的各种形态。

茨维基利用排列组合的原理，在 1 周之内就提交了 $4 \times 4 \times 3 \times 3 \times 2 \times 2 = 576$ 种火箭设计方案，其中就包括德国保密的 F-1 型巡航导弹和 F-2 型火箭。表 9-5 为火箭组成要素的形态分析。经过先发散后收敛的创造过程，美国很快获得了同样的先进方案，在军备竞赛中赶上了德国。

表 9-5　火箭组成要素的形态分析

序号	组成要素	状态 1	状态 2	状态 3	状态 4	状态个数
1	使发动机工作的媒介物	真空	大气	水	粒子流	4
2	推进燃料的工作方式	静止	移动	推动	旋转	4
3	推进燃料的物理状态	气体	液体	固体		3
4	推进的动力装置的类型	没有	内藏	外装		3
5	点火的类型	自己点火	外部点火			2
6	做功的连续性	持续的	断续的			2
可能方案数　$4 \times 4 \times 3 \times 3 \times 2 \times 2 = 576$						

1. 形态分析法的实施步骤

每一个事物(技术装置)都可以分解成若干个子系统，直至分解成不能再分解的要素。这些要素重新排列组合，就会产生很多新的功能、方法或装置。

形态分析法的实施一般可以分为以下五步。

(1)选择和确定创造对象。

(2)要素分析。这一步需要确定创造对象的主要组成部分，即组成要素，也就是独立变量。它的变化会直接影响对象的变化。

①组成要素要尽可能全面，关键因素不应被遗漏。

②它们在功能上或逻辑上应相互独立，即仅仅改变其中某一要素时，仍会产生一个具有可行性的独立方案。

③数量不宜太多，也不宜太少，一般以 3～7 个为宜。

(3)确定形态。这一步要列出每一要素所包括的所有可能的形态(方法、技术手段或工具)。

(4)形态组合。这一步是指按照创造对象的总体功能要求，对各要素的各种组成形态进行排列组合，获得所有可能的方案。

(5)评价筛选、组合方案。这一步是指对照产生的方案，制定评价标准，通过分析比较，选出少数较好的设想，然后通过把方案进一步具体化，最终选出最优方案。

2. 使用形态分析法的注意事项

形态分析法在具体使用中需要注意以下几点。

(1)上述的步骤不是必须遵循的，确定要素的数量后可直接列出形态表，并进行组合选择。

(2)在选取要素时要准确，无关紧要的要素可以不予考虑。为了提高工作效率，分析时最好有一个主要思想。

(3)对于复杂的技术课题可以运用系统方法划分为几个层次，逐项展开，不断深入，最后再进行整体组合。

(4)当要素和形态数目过多时，运用形态分析法往往会形成大量的方案，使人在选择时无从下手，影响应用效果。

3. 形态分析法的变形方法——格子分析法

格子分析法又称棋盘格法，这也是茨维基创立的方法。格子分析法首先在横坐标轴和纵坐标轴上列出问题的主要变量，然后对所有可能的组合进行头脑风暴，并对所提出的各种提案逐一评价，最终从中选出解决方案。

4. 形态分析法的特点

(1)具有全解析性质。

(2)具有形式化性质。它主要需要的不是发明者的直觉和想象，而是依靠发明者认真、细致、严谨的工作及精通与发明课题有关的专门知识。

(3)具有较高的实用价值。它不仅适用于发明创造，而且也适用于管理决策、科学研究等方面，从而引起了人们的普遍重视。

章节自测

一、名词解释

同质异化；回采移植

二、简答题

1. 如何开展头脑风暴法？

2. 希望点列举法的实施步骤是什么？

三、案例分析

2022 年是饮料行业国产品牌的"新机遇"之年，无论是市场品类的无限细分、主力消费人群的演变、消费需求的多元进阶，还是跨界合作、国潮风尚、渠道扩展等营销模式的创新，抑或资本加持、消费升级对国产品牌的支持等，都使得国产品牌不断创新突围。太钢汽水，作为太原本土饮品，如何在国产饮料中脱颖而出，赢得更加有利的市场地位？

要求：运用本章所学创造思维及技法，提出你的观点和建议。

四、论述题

结合大学生创新创业训练项目实践活动，谈一谈你对"创造成果＝创造欲望＋创造思维＋创造技法"的认识和理解。

第十章
发明与专利

第一节 发明创造

一、发明创造的发展历史

发明是技术生产和历史变革的起点，经济的发展和人们生活水平的提高都离不开发明创造。可以说，人类文明史首先是一部发明创造史。

1. 世界发明创造简史

在有历史记载之前，发明人的姓名大都无法考证；在有历史记载以后，发明物的年份与发明人的姓名也不一定准确。一种情况是发明人在做出真正的发明之前，或将其公布于世之前，该发明可能早已产生了。还有一种情况是，同一发明项目是两个或两个以上的科学家在世界不同的地域各自研究后几乎在同一时期发明成功的。例如，美国的莫尔斯和英国的惠斯顿及库克几乎同时在 1837 年发明电报，但按照国际专利惯例这个发明还是归功于美国的莫尔斯，尽管他早于惠斯顿及库克发明电报的时间并不长。下面列举历史上最伟大的科技发明，从而可以显示出人类的智慧、知识和技艺的演进过程。

(1)互联网。互联网始于 1969 年美国的阿帕网，是网络与网络之间所串联成的庞大网络，这些网络以一组通用的协议相连，形成逻辑上的单一巨大国际网络。互联网在现实生活中应用很广泛。在互联网上可以聊天、玩游戏、查阅资料。更为重要的是在互联网上可以进行广告宣传和购物。互联网给现实生活带来了巨大的便利，人们通过互联网可以在数字知识库里寻找学业、事业和生活上所需的信息，从而有效帮助人们完成学业、巩固事业、享受生活。

(2)计算机。计算机的发明者是约翰·冯·诺依曼。计算机是 20 世纪最先进的科学技术发明之一，对人类的生产活动和社会活动产生了极其重要的影响，并以强大的生命力飞速发展。它的应用领域从最初的军事科研扩展到社会的各个领域，已经形成了规模巨大的计算机产业，带动了全球范围的技术进步，由此引发了深刻的社会变革。计算机已遍及一般学校、企事业单位，进入寻常百姓家，成为信息社会中必不可少的工具。

(3)电力。电力是以电能作为动力的能源。发明于 19 世纪 70 年代，电力的发明和应用掀起了第二次工业化高潮，成为 18 世纪以来，世界发生的三次科技革命之一，从此科技改变了人们的生活。20 世纪出现的大规模电力系统是人类工程科学史上最重要的成就之一，它是由发电、输电、变电、配电和用电等环节组成的电力生产与消费系统。它将自然界的一次能源通过机械能装置转化成电力，再经输电、变电和配电将电力供应到各用户。

（4）轮子。轮子是用不同材料制成的圆形滚动物体。简单来说，它包括轮子的外圈、与外圈相连接的辐条和中心轴。通过滚动，轮子可以大大减少与接触面的摩擦。如果配上轴，即成为车的最主要构成部分。车轮的前身是制陶用的轮子，古人用它可以成批制作陶器，这是人类最早的工艺品和容器。轮子在交通运输中非常有用，是人类的重要发明之一。

（5）钉子。钉子指的是尖头状的硬金属，作为固定木头等物之用。使用锤子将钉子钉入物品中。钉子之所以能够稳固物品，是凭借自身的变形和摩擦力将其勾挂。在没有钉子的年代，建造一栋房子，需要很长时间，而铁钉的发明，使得物体的几何连接变得简单而方便，建造一间木屋也就轻而易举。

（6）蒸汽机。蒸汽机是将蒸汽的能量转换为机械功的往复式动力机械。蒸汽机的出现曾引起了 18 世纪的工业革命。蒸汽机需要一个使水沸腾产生高压蒸汽的锅炉，这个锅炉可以使用木头、煤、石油或天然气甚至可燃垃圾作为热源。蒸汽膨胀推动活塞做功。直到 20 世纪初，它仍然是世界上最重要的原动机，后来才逐渐让位于内燃机和汽轮机等。

（7）白炽灯。人类使用白炽灯已有 130 多年的历史。早在爱迪生之前，英国电机工程师斯旺从 19 世纪 40 年代末即开始进行电灯的研究。经过近 30 年的努力，斯旺最终找到了适于做灯丝的碳丝。白炽灯的发明，美国通常归功于爱迪生，英国则归功于斯旺。两位发明家的竞争十分激烈，专利纠纷几乎不可避免。后来，两人达成协议，合资组建了爱迪生—斯旺电灯公司，在英国生产白炽灯。白炽灯的出现大大推动了人类文明的进步。

（8）电话。电话是一种可以传送与接收声音的远程通信设备。穆齐于 1860 年首次向公众展示了他的发明，并在纽约的意大利语报纸上发表了关于这项发明的介绍。最初的电话机是由微型发电机和电池构成的磁石式电话机，打电话时，使用者用手摇微型发电机发出电信号呼叫对方，对方启机后构成通话回路。电话实现了异地间的实时语音通信，一下子把人们之间的距离缩短了。今天，电话已经成为人们日常生活中不可或缺的通信工具。

（9）青霉素。青霉素是抗生素的一种，是指分子中含有青霉烷、能破坏细菌的细胞壁并在细菌细胞的繁殖期起杀菌作用的一类抗生素，是从真菌中提炼出的抗生素。20 世纪 40 年代以前，人类一直未能掌握一种能高效治疗细菌性感染且副作用小的药物。当时若某人患了肺结核，那么就意味着此人不久就会离开人世。青霉素在第二次世界大战末期横空出世，迅速扭转了盟国的战局。战后，青霉素得到了更广泛的应用，拯救了千万人的生命。

（10）电视。电视是多位有着共同爱好及目标的人的共同结晶。其中，来自英国的约翰·洛吉·贝尔德是电视发展史中的一位重要奠基人。他于 1928 年发明第一台彩色电视机，1930 年开始有声电视节目试播。约翰·洛吉·贝尔德的发明为近一个世纪的电视技术的发展铺平了道路，电视技术仍然是历史上最具影响力的发明之一，它使全世界的人都能通过移动的图像进行交流。

2. 中国发明创造简史

中华文明是世界最古老的文明之一，并且是唯一延续至今的古老文明。我国人民自古以来就有发达的创造性思维，具有发明的光荣传统。

古代中国有过辉煌的发明创造，为人类进步做出了重要贡献。在封建社会，中国的发明创造的旺季分为三个时期。第一个时期是春秋战国时期，据史料记载，这个时期，墨子的发明项目达765项，孙子的发明创造多达360多项，这一时期中国的发明创造占整个人类发明创造总数的71％之多。第二个时期是三国时期，有记载的发明主要是诸葛亮的木牛流马和孔明灯，这个时期中国的发明创造总数占全世界发明创造总数的23％。第三个时期是北宋时期，仅沈括记录在《梦溪笔谈》中的项目就多达609项，还有一些零散的发明创造项目没有记载，这个时期中国发明创造的总数占整个世界发明创造总数的57％之多。

中华人民共和国成立后，中国就进入了快速发展时期，虽然发明创造非常少，但已经进入了大规模的技术革新时期，劳动生产率得到了迅速提高。改革开放后，特别是最近几年来，中国每年提交的专利数量已经远远超过了美国、日本以及欧盟，位居世界第一，中国发明创造的第四个高峰期已经来临了。

二、发明创造的概念及内容

1. 概念

(1)发明。所谓发明，是指运用有关科学理论知识或借鉴有关科学技术原理，创造新事物和新方法来有效地解决某一实际需要。

发明有狭义和广义两种含义。狭义的发明是指国家专利法所承认的发明，即对产品、方法的创造或者改进所提出的新的技术方案。这一类发明具有较高的实用价值，可以带来较明显的经济效益，并可以获得专利权。广义的发明是指所有新颖的、独特的，具有一定社会意义和价值的技术成果，包括未获专利的技术创造或革新成果。人们通常所说的技术"小发明"或技术改革，乃至青少年在科学活动中和日常生活学习中的"小发明"，都属于广义的发明。这类发明成果往往尚不够成熟或不够完备，它们有一些社会效益而很难获得较好的经济效益。但这类发明发展下去也有可能成为获得专利的发明，因为它具备发明的新颖性、创造性和实用性。小发明孕育着大发明，小发明是大发明的摇篮，这两者在本质上是相通的。

(2)创造。所谓创造，是指提供新颖的、独特的、具有社会意义的产物的活动。"创"即花样翻新，"造"即从无到有。创造出来的东西必须从未见过，同时具有一定的社会意义和价值。

科学上的发现、技术上的发明、文学艺术上的创作，都是创造性的活动。而顽童在纸上乱画，精神病患者的胡言乱语，尽管内容可能是新颖的、独特的，但毫无社会意义和价值，因而不能算作创造。是否存在这样一种科技活动，它具有积极的社会意义和教育意义，也具备独特性，却不具备新颖性呢？答案是肯定的！这就是科技制作活动。科技制作活动的特点主要是模仿与重复，如航模制作、电子制作、标本制作等，这类科技活动不具备创造性，所以既不是发现，也不是发明。

2. 内容

(1)我国十大发明。

①汉字。汉字是迄今为止持续使用时间最长的文字，也是上古时期各大文字体系中唯一传承至今者，中国历代皆以汉字为主要官方文字。在古代，汉字不单在中国使用，在很长时期内还充当东亚地区唯一的国际交流文字，20世纪前还是日本、朝鲜半岛、越南、琉球等地的官方书面文字，东亚诸国现行文字在一定程度上是在汉字基础上创制的。

②火药。火药是中国四大发明之一。火药是在适当的外界能量作用下，自身能进行迅速而有规律的燃烧，同时生成大量高温燃气的物质。在军事上主要用作枪弹、炮弹的发射药和火箭、导弹的推进剂及其他驱动装置的能源，是弹药的重要组成部分。火药是人类文明史上一项杰出的成就，以其杀伤力和震慑力闻名，能起到消停战事、安全防卫的作用。

③造纸术。东汉时期，蔡伦在总结前人制造丝织品经验的基础上，发明了用树皮、破渔网、破布、麻头等作为原料制成的适合书写的植物纤维纸，才使纸成为普遍使用的书写材料。这种纸很便宜，质量高，原料又很容易找到，所以逐渐被普遍使用。至东晋末期，纸的使用已经完全普及，并逐渐传至周边各国，在世界范围内为文化的发展做出了贡献。

④活字印刷术。活字印刷术作为中国古代四大发明之一，曾对世界文明进程和人类文化发展产生过重大影响。活字印刷的发明是印刷史上一次伟大的技术革命，是通过使用可以移动的金属或胶泥字块，来取代传统的抄写或是无法重复使用的印刷版的一种印刷方法。活字印刷的方法是先制成单字的阳文反文字模，然后按照稿件把单字挑选出来，排列在字盘内，涂墨印刷，印完后再将字模拆出，留待下次排印时再次使用。北宋庆历间中国的毕昇发明的泥活字标志着活字印刷的诞生。

⑤指南针。指南针，古代叫司南，主要组成部分是一根装在轴上的磁针，磁针在天然地磁场的作用下可以自由转动并保持在磁子午线的切线方向上，磁针的北极指向北磁极，利用这一性能可以辨别方向。指南针是中国古代劳动人民在长期的实践中对磁石磁性认识的结果。作为中国古代四大发明之一，它的发明对人类的科学技术和文明的发展，起到了无可估量的作用。

⑥乒乓球。起源于英国，19世纪末整个欧洲盛行网球，但有时会因为场地与天气因素而受到限制。1890年，几位英国军官偶然发觉在室内一张不大的台子上玩网球颇为刺激，后来他们改用实心橡胶代替弹性不大的实心球，随后改为空心的塑料球，并用木板代替了网拍，在桌子上进行这种新颖的玩法，才出现不久便成了风靡一时的热门运动。

⑦人痘接种法。我国在16世纪时就已经发明了预防天花的人痘接种法。天花是一种烈性传染病，得病者死亡率非常高。天花大约在汉代由战争的俘虏传入我国。古医书中的"豆疮""疱疮"等都是天花的别名。长期以来，人类对于天花病一直没有有效的防治方法。我国古代人民在同这种猖獗的传染病不断作斗争的过程中，发明了预防天花的方法——人痘接种法。人痘接种使千千万万的人免除了天花的威胁和侵害。它的发明，同活字印刷、造纸术、火药、指南针一样，是中国人民对人类的伟大贡献。

⑧算筹。根据史书的记载和考古材料的发现，古代的算筹实际上是一根根同样长短

和粗细的小棍子，多用竹子制成。在算筹计数法中，以纵横两种排列方式来表示单位数目，其中，1～5分别以纵横方式排列相应数目的算筹来表示，6～9则以上面的算筹再加下面相应的算筹来表示。表示多位数时，个位用纵式，十位用横式，百位用纵式，千位用横式，以此类推，遇零则置空。据史料推测，算筹最晚出现在春秋晚期至战国初年。

⑨珠算。珠算是以算盘为工具进行数字计算的一种方法，被誉为中国的第五大发明。算盘是中国古代劳动人民发明创造的一种简便的计算工具。"珠算"一词，最早见于汉代徐岳撰写的《数术记遗》，其中有云"珠算，控带四时，经纬三才"。珠算是中国古代的重大发明，跟随中国人经历了1800多年的漫长岁月。它以简便的计算工具和独特的数理内涵，被誉为"世界上最古老的计算机"。

⑩丝绸。丝绸是一种纺织品，用蚕丝或合成纤维、人造纤维、短丝等织成；也是用蚕丝或人造丝纯织或交织而成的织品的总称。丝绸是中国的特产，中国古代劳动人民发明并大规模生产丝绸制品，更开启了世界历史上第一次东西方大规模的商贸交流，史称"丝绸之路"。从西汉起，中国的丝绸不断大批地运往国外，成为世界闻名的产品。那时从中国到西方去的陆上通道，被欧洲人称为"丝绸之路"，中国也被称为"丝绸王国"。

(2)20世纪改变世界的十大发明。

①原子弹。1945年7月，美国在新墨西哥州首次进行原子弹试验并成功爆炸。1945年8月，美国向日本广岛和长崎投射原子弹，让国际世界看到了原子弹这种致命的杀伤性武器的威力，更加速了日本法西斯的败亡。随后，1949年苏联、1952年英国、1960年法国和1964年中国分别研制的原子弹爆炸成功。

②航天飞机。1959年，苏联无人飞船首次成功登陆月球，并拍摄了大量照片。20世纪60年代末美国阿波罗登月，是人类踏上地球以外星球的第一步。航天飞机出现后，人类去外层空间的成功率大大提高了。

③电视。1923年，电视机的灵魂——显像管诞生，电视技术在20世纪40年代被广泛使用。1954年，彩色电视时代开始了，20世纪60年代以后，几乎大多数国家都建立了电视台，为人类创造了无数的幸福时光。

④人造地球卫星。第一颗人造卫星于1957年10月4日由苏联成功测试。1958年1月31日美国"探险者一号"人造卫星测试试验成功。此后，这些随着地球自转而运行的人造卫星越来越多地漂浮在大气层之外。卫星最初用于军事科技，现已演变成通信、测绘、探测、气象等不同用途的卫星家族。

⑤阿司匹林。早在15世纪，希腊的医生就使用柳树皮的粉末作为草药医治病人，这可谓阿司匹林的祖先。到20世纪末，这种缓解身体疼痛的药方受到了前所未有的重视，德国拜耳制药厂创立的商标"阿司匹林"已成为该药方的专属代名词。在21世纪日益繁忙的现代社会，阿司匹林这种白色的圆形药片发挥了不可或缺的作用。

⑥民航客机。飞机是现代生活中必要的交通工具，最初的民航客机大多是由军用运输机改装而成的商用客机。1949年，第一架载有36名乘客的商用客机飞越欧洲，开启了民航客机的新篇章。如今，随着运输市场对航空旅行的需求日益增加，民航客机已经成为人们便捷的交通工具之一。

⑦计算机。计算机引发的第三次革命彻底改变了人们的工作方式和思维方式。20世

纪 70 年代末，计算机制造商开始开发小型个人计算机，20 世纪 80 年代初，市场上出现了受欢迎的计算机消费产品。个人计算机加快了社会数字化的步伐，影响着社会生活的方方面面。

⑧手机。从"大哥大"到如今的智能手机，手机现在已经成为人们最重要的移动通信设备。随着全球经济的发展，移动通信已成为近年来产业最热门的业务之一，手机随时随地联系的便利也改变了人们传统的交流方式。

⑨克隆。克隆绵羊无疑是生物技术史无前例的一步，但它涉及人类道德的层面，这是科学无法梳理的难题。

⑩互联网。最原始的计算机网络最初只是连接到学院实验室的不同计算机主机上，当这项技术能通过调制解调器和电话线的简单连接被人们使用时，网络在 20 世纪末立即成为最有影响力的发明。网络创造的信息传播新模式迅速影响越来越多的层面，电子邮件、网上购物、网上交友等方式重新定义了网络的模式。

三、发明创造的类型

对发明创造进行分类，首先要明确分类的标准。分类标准不同，分类的结果也就不同。发明创造按创新水平分类，可分为原创发明和改进发明；按创新性质分类，可分为思想类、组合类、设想（创意）类、移植类、改进技术类、主干技术类、辅助技术类和基础理论类发明等；根据《中华人民共和国专利法》（以下简称《专利法》）规定分类，则分为发明专利、实用新型专利和外观设计专利。

1. 按创新水平分类

（1）原创发明。原创发明是指产品的设计、研发、改装，到最后的定型都由一个人或一个团队执行，在整个过程中没有借助任何其他外部因素。

（2）改进发明。改进发明是指对原有的产品发明或方法发明，在保持其原有性质的基础上，通过改进使其获得新的性质而做出的发明。人类的进步总是离不开前人成功的经验，科学的发展也使发明涉猎的知识越来越广，所以大多数发明都属于改进发明。

2. 按创新性质分类

（1）思想类发明。思想是思维活动的结果，也称作观念。对同一事物，不同的观念会引起不同的判断结果，导致不同的行为方式。因此，观念实际上是人的意识在思想上、心理上的定位，是客观事物在人脑中形成的思维定式。更新观念就是去掉头脑中过时的、僵化的、形成已久的、看似难以改变的看法、做法及信念，注入或提出新观点或新看法的过程，它有时伴随着发明创造的发生。

（2）组合类发明。将两种或两种以上物体进行组合，通过组合而产生的新的产品，或选择其优势部分生成的发明，称之为组合类发明。组合类发明是最常见的一种发明类型，既可以是有形物的组合、结构的组合，也可以是形态的组合、概念的组合。

（3）设想（创意）类发明。人人都有设想，将这些设想通过技术方案来实现，就成为设想类发明。

（4）移植类发明。这类发明是指将某一领域中的原理、方法、结构、材料、用途等移植到另一个领域中去，从而产生新的发明。

移植类发明的主要方法有方法移植、原理移植、材料移植和结构移植等。

①方法移植。例如，听诊器是医生的常用器械，它是法国医生莱纳克发明的，莱纳克很早就想发明一种能及早发现人体心脏运动是否正常的工具，但苦于没有好的方法。一天，他偶然发现两个孩子在跷跷板上玩，一个孩子把耳朵贴在跷跷板上，另一个孩子用钢针在板上划动，莱纳克好奇地也俯着耳朵一听，果然听到了另一端划木头的声音。于是他就借鉴这种方法发明了世界上第一台听诊器。

②原理移植。例如，蛋壳的外形呈拱形，能够承受较大的压力，建筑队工程师们利用此原理成功设计了球形体育馆、各种拱桥等。再比如，科学家把蝙蝠探路的原理移植到发明超声波仪器中，这种仪器目前已被广泛用于军事、医疗、环保、远航等方面。

③材料移植。材料移植是指将某种产品使用的材料移植到别的产品的制作上，以起到更新产品、改善性能、节约材料、降低成本的目的。

④结构移植。结构移植是指把某一领域的独特结构移植到另一领域而形成具有新结构的事物的方法。在利用结构移植法时，一是要从需要解决的问题出发，寻求应用他物的合理结构；二是要广泛研究事物本身的结构，寻求开发它的应用领域，从而进行创造发明。

(5)改进技术类发明。这类发明多指与技术进步有关的发明，一般是某一产品或某一行业因其技术的发展、进步而产生的新的发明。

(6)主干技术类发明。这类发明多指一个企业或一个行业的核心技术的发明，如信息产业中计算机的发明、制药公司的配方研发、汽车行业中发动机的发明等。

(7)辅助技术类发明。这类发明与主干技术类发明是相对的，一般指服务于主干技术类发明的发明，是主干技术类发明的配套和延伸。

(8)基础理论类发明。这类发明是指建立在一定的理论基础之上的发明。一个建立在基础理论之上的发明，常常会引起社会某些方面的变化，其产品有时可以带动一个产业的发展与进步。

3. 根据《专利法》规定分类

(1)发明专利。

①定义。发明专利是指对产品、方法或者其改进所提出的新的技术方案，主要体现新颖性、创造性和实用性。

②类型。发明专利的涵盖范围广，取得专利的发明又分为产品发明(如机器、仪器设备、用具)和方法发明(制造方法)两大类。

产品发明是指创造出包含新技术方案的物品。例如，对机器、设备、工具、用品等物品进行改进而做出的发明创造。

方法发明是指利用规律使用、制造或测试产品的新的步骤和手段。例如，针对某种物品所进行的加工方法、测试方法、制造工艺以及产品新的用途等。

发明可以是产生新的产品或方法，也可以是对现有产品或方法进行改进。当前我国的发明以对现有技术的改进占大多数，如为现有产品增添新的技术特征，或对某些技术特征进行新的组合等。只要这种添加和组合能够产生新的技术效果，解决技术问题，那就属于发明，能够申请专利并获得专利权的保护。

(2)实用新型专利。

①定义。实用新型专利是指对产品的形状、构造或者其结合所提出的实用的新的技术方案。授予实用新型专利不需经过实质审查，手续比较简便，费用较低。因此，关于日用品、机械、电器等方面的有形产品的小发明，比较适用于申请实用新型专利。

②特点：

a. 客体范围较小。由于实用新型只限于具有一定形状的产品，因此方法发明不能申请实用新型专利，形状不固定的物品也不能申请实用新型专利。

b. 获得的保护时间较短。实用新型专利的保护期限只有 10 年，而发明专利的保护期限达到了 20 年，且发明专利还存在期限补偿制度。

c. 授权标准较低。实用新型专利的创造性只需要达到具有实质性特点和进步即可。相对而言，发明专利在创造性判断上，需要达到具有突出的实质性特点和显著的进步。

d. 程序耗时较短。实用新型只需进行初步审查，初步审查没有发现驳回理由的即获得授权。而发明专利的申请经初步审查后，还要进行公布和实质审查等程序，没有驳回理由的才能获得授权。

e. 权利不稳定。由于实用新型专利的申请不进行实质审查，因此在授权后也容易被他人申请宣告无效。当然，获得授权后需要维权时，可请求国家知识产权局出具专利权评价报告。

(3)外观设计专利。

①定义。外观设计专利是指对产品的形状、图案或者二者的结合以及色彩与形状、图案的结合所做出的富有美感并适于工业应用的新设计。外观设计专利的保护对象，是产品的装饰性或艺术性外表设计，这种设计可以是平面图案，也可以是立体造型，更常见的是这二者的结合。授予外观设计专利的主要条件是新颖性。

②特点。外观设计因为其申请程序不进行实质审查，因此具有与实用新型专利相同的授权标准较低、程序耗时较短、权利不稳定等特点。除此之外，外观设计专利还具有以下特点：

a. 非功能性。外观设计的特征应当是富有美感的，而不是为实现某种功能所必需的特征。功能性的外观特征应当属于发明、实用新型专利所保护的技术特征，而纯粹起到装饰作用的、具有美感的特征，才属于外观设计专利的保护范畴；

b. 保护范围。发明专利和实用新型专利的保护范围以其权利要求的内容为准，说明书及附图可以用于解释权利要求的内容。外观设计专利权的保护范围以表示在图片或者照片中的该产品的外观设计为准，简要说明可以用于解释图片或者照片所表示的该产品的外观设计；

c. 判断视角。判断技术特征是否相同，应当以本领域技术人员的眼光为标准，而判断外观设计专利产品与其他产品是否构成相同或者相近似，应当以普通消费者的眼光和审美观察能力为标准；

d. 与著作权相重叠。工业产品的外观设计具有图形、色彩等要素，在一定程度上也具备艺术性，因此有可能被视为实用艺术品，从而同时受到著作权的保护。当前我国司法实践并未认为这种双重保护有何不妥。

四、发明创造的标志性人物

1. 世界十大发明家

（1）蔡伦，字敬仲，中国东汉桂阳郡人，中国古代四大发明之一——造纸术的发明者。蔡伦的造纸术对人类文化的传播和世界文明的进步做出了杰出的贡献，千百年来备受人们的尊崇。他被纸工奉为造纸鼻祖、"纸神"。

（2）达·芬奇，全名为列奥纳多·迪·皮耶罗·达·芬奇，意大利艺术家、科学家、发明家，与拉斐尔、米开朗琪罗并称"意大利文艺复兴后三杰"，也是整个欧洲文艺复兴时期的代表人物之一。水下呼吸装置、拉动装置、发条传动装置、滚珠装置、反向螺旋、差动螺旋、风速计和陀螺仪……达·芬奇将他的无数奇思妙想呈现在世人面前。达·芬奇曾有过无数的发明设计，而这些发明设计如果在当时发表，也许可以让世界科学文明进程提前 100 年。

（3）詹姆斯·瓦特，英国发明家，第一次工业革命的重要人物。1776 年制造出第一台有实用价值的蒸汽机，之后又经过一系列重大改进，使之成为"万能的原动机"，在工业上得到广泛应用。他开辟了人类利用能源的新时代，使人类进入"蒸汽时代"。后人为了纪念这位伟大的发明家，把功率的单位定为"瓦特"。

（4）爱迪生，全名为托马斯·阿尔瓦·爱迪生，美国发明家、企业家。爱迪生是人类历史上第一个利用大量生产原则和电气工程研究的实验室来从事发明，对世界产生深远影响的人。他发明的留声机、电影摄影机、电灯等对世界有极大影响。他一生的发明共有 2 000 多项，拥有专利 1 000 多项。

（5）毕昇，中国湖北蕲州蕲水县直河乡人，北宋布衣，中国古代四大发明之一——活字印刷术的发明者。其发明活字印刷，比德国人古登堡发明金属活字印刷早四百多年。毕昇活字印刷术的发明，是印刷史上的一次伟大革命，它为中国文化经济的发展开辟了广阔的道路，为推动世界文明的发展做出了重大贡献。从 13 世纪到 19 世纪，毕昇发明的活字印刷术传遍全世界。全世界人民称毕昇是印刷史上的伟大革命家。

（6）莱特兄弟，美国发明家。哥哥是威尔伯·莱特，弟弟是奥维尔·莱特。1903 年 12 月 17 日，莱特兄弟成功试飞了完全受控、依靠自身动力、机身比空气重、持续滞空不落地的飞机，也就是世界上第一架飞机"飞行者 1 号"。飞机是历史上最伟大的发明之一，有人将它与电视和电脑并列为 20 世纪对人类影响最大的三大发明。莱特兄弟的伟大发明改变了人类的交通、经济、生产和日常生活，同时也改变了军事史。

（7）本杰明·富兰克林，美国历史上第一位享有国际声誉的科学家和发明家。作为起草并签署《独立宣言》的美国开国元勋之一，富兰克林除了在政治和外交方面有着杰出的表现外，还在科学研究方面有着杰出的贡献。为了对电进行探索，他做过著名的"风筝实验"，在电学上成就显著。他还发明了避雷针，并提出了电荷守恒定律。

（8）安东尼奥·梅乌奇，意大利人，电话的发明者，被称为"电话之父"。电话通信是通过声能与电能相互转换、并利用"电"这个媒介来传输语言的一种通信技术。两个用户要进行通信，最简单的形式就是将两部电话机用一条线路连接起来。由于穷困潦倒，梅乌奇作为电话的发明者，甚至无法支付 250 美元为他的"可谈话的电报机"申请最终专利权。2002年6月15日，美国议会议定议案，认定安东尼奥·梅乌奇为电话的发明者。

（9）伽利略，全名为伽利略·伽利雷，意大利数学家、物理学家、天文学家，科学革命的先驱。1593年伽利略发明了第一支温度计，是一根一端敞口的玻璃管，另一端带有核桃大的玻璃泡。使用时先给玻璃泡加热，然后把玻璃管插入水中。随着温度的变化，玻璃管中的水面就会上下移动，根据移动的多少就可以判定温度的变化和温度的高低。伽利略发明的摆针和温度计，在科学上为人类做出过巨大贡献，是近代实验科学的奠基人之一。

（10）尼古拉·特斯拉，塞尔维亚裔美籍发明家、机械工程师、电气工程师。他被认为是电力商业化的重要推动者之一，并因主持设计了现代交流电系统而最为人知。在迈克尔·法拉第发现的电磁场理论的基础上，特斯拉在电磁场领域有着多项革命性的发明。他的多项相关专利以及电磁学的理论研究工作是现代的无线通信和无线电的基石。

2. 中国古代十大发明家

（1）鲁班，春秋时期鲁国人，姬姓，公输氏，名班，惯称"鲁班"。鲁班从小就跟随家里人参加过许多土木建筑工程劳动，逐渐掌握了生产劳动的技能，积累了丰富的实践经验。大约在公元前450年以后，他从鲁国来到楚国，帮助楚国制造兵器。他曾创制云梯，助楚王攻打宋国。墨子不远千里，从宋国行十日十夜至楚国都城郢，与鲁班和楚王辩难，说服楚王停止攻宋。木工师傅们用的手工工具，如钻、刨子、铲子、曲尺，画线用的墨斗，据说都是鲁班发明的。而每一件工具的发明，都是鲁班在生产实践中得到启发，经过反复研究、试验发明创造出来的。

（2）蔡伦，字敬仲，东汉桂阳郡人。蔡伦总结以往人们的造纸经验，革新造纸工艺，制成了"蔡侯纸"。造纸术因蔡伦改进而得以推广并惠及百姓，被列为中国古代四大发明之一。蔡伦对人类文化的传播和世界文明的进步做出了杰出贡献。

（3）诸葛亮，字孔明，号卧龙，琅琊阳都人，三国时期蜀汉丞相，中国古代杰出的政治家、军事家、文学家、发明家。诸葛亮作为军事家在历代兵家中也得到了较高的认可。司马懿在诸葛亮死后，看到诸葛亮的营垒，称赞其为"天下奇才"。诸葛亮在技术发明上亦有灵巧的表现，曾发明木牛流马、孔明灯等，并改造连弩，叫作诸葛连弩，可一弩十矢俱发。诸葛亮亦推演了兵法，作八阵图，直至唐代将领李靖仍然十分推崇。诸葛亮一生"鞠躬尽瘁、死而后已"，是中国传统文化中忠臣与智者的代表人物。

（4）马钧，字德衡，三国时期魏国扶风人，是中国古代科技史上最负盛名的机械发明家之一。马钧年幼时家境贫寒，又有口吃的毛病，所以不擅言谈却精于巧思，后来在魏国担任给事中的官职。马钧最突出的表现有：还原指南车；改进当时操作笨重的织绫机；发明一种由低处向高处引水的龙骨水车；制作出一种轮转式发石机，能连续发射石块，远至数百步；把木制原动轮装于木偶下面，叫作"水转百戏图"。此后，马钧还改制了诸葛连弩，对科学发展和技术进步做出了贡献。

（5）僧一行，本名张遂，中国唐代著名的天文学家和佛学家，最主要的成就是主持编制了《大衍历》。他在制造天文仪器、观测天象和主持天文大地测量方面有重大贡献。僧一行主张在实测的基础上编订历法。为此，首先需要有测量天体位置的仪器。他于开元九年率府兵曹参军梁令瓒设计黄道游仪，并制成木模，并决定用铜铁铸造，于开元十一年完成。后来，僧一行和梁令瓒等又设计制造了水运浑象。这个以水力推动而运转的浑象，附有报时装置，可以自动报时，称为"水运浑天"或"开元水运浑天俯视图"。

（6）毕昇，中国古代四大发明之一——活字印刷术的发明者。毕昇初为印刷铺工人，专事手工印刷。他在印刷实践中，深知雕版印刷的艰难，所以认真总结前人的经验，最终发明了活字印刷术。活字印刷方法，在沈括《梦溪笔谈》中有具体记载。

（7）张衡，字平子，汉族，南阳西鄂人，"南阳五圣"之一，与司马相如、扬雄、班固并称"汉赋四大家"，是中国东汉时期伟大的天文学家、数学家、发明家、地理学家、文学家，历任郎中、太史令、侍中、河间相等职。张衡为中国天文学、机械技术、地震学的发展做出了杰出的贡献，发明了浑天仪、地动仪，是东汉中期浑天说的代表人物之一，被后人誉为"木圣"。由于他的贡献突出，联合国天文组织将月球背面的一个环形山命名为"张衡环形山"，将太阳系中的1802号小行星命名为"张衡星"。

（8）苏颂，字子容，汉族，原籍福建泉州府同安县，后徙居润州丹阳。北宋中期宰相，杰出的天文学家、天文机械制造家、药物学家，苏绅之子。苏颂好学，于经史九流、百家之说，至于算法、地志、山经、本草、训诂、律吕等学无所不通。作为历史上的杰出人物，其主要贡献是在科学技术方面，特别是医药学和天文学方面。他领导制造了世界上最古老的天文钟"水运仪象台"，开启了近代钟表擒纵器的先河。李约瑟称其为"中国古代和中世纪最伟大的博物学家和科学家之一"。

（9）杜诗，字君公，河南汲县人，东汉官员，水利学家、发明家。光武帝时，为侍御史。建武七年，任南阳太守时，创造水排，以水力传动机械，使皮制的鼓风囊连续开合，将空气送入冶铁炉，铸造农具，用力少而见效多。他还主持修治陂池，广开田池，使郡内富庶起来，有"杜母"之称。南阳人称赞说："前有召父，后有杜母。"

（10）黄道婆，又名黄婆、黄母，原松江府乌泥泾镇人，宋末元初著名的棉纺织家、技术改革家。由于推广纺织技术以及纺织工具，而受到百姓的敬仰。清代时被尊为布业的始祖。黄道婆是我国棉纺业的先驱，13世纪杰出的纺织技术革新家。她有着不畏艰辛、勇为天下先的革新精神。她把在海南学得的棉纺织技术带回家乡，在上海松江一带推广传播。经过改革，创造出一套先进的棉纺工具和纺织技术，不仅泽被故里，造福一方，而且极大地推动了我国棉纺业的发展。

3. 中国现代十大发明家

（1）侯德榜，名启荣，字致本，生于福建闽侯，著名科学家，杰出化学家，侯氏制碱法的创始人，中国重化学工业的开拓者，近代化学工业的奠基人之一，也是世界制碱业的权威。侯德榜是我国化学工业的奠基人，纯碱工业的创始人。他发明的"侯氏制碱法"使合成氨和制碱两大生产体系有机地结合起来，在人类化学工业史上写下了光辉的一页，在学术界也获得了相当高的评价。

（2）袁隆平，江西省九江市德安县人，中国杂交水稻育种专家，中国研究与发展杂交水稻的开创者，被誉为"杂交水稻之父"。籼型杂交水稻是一种优良的水稻品种，现代培育的新型籼稻杂交水稻被外国人誉为"东方魔稻"。1964年，袁隆平在中国首先开始了水稻杂交优势利用的研究，率先育成中国第一个水稻雄性不育系和第一个强优组合，并通过大协作在生产上大面积推广应用。

（3）王大珩，江苏苏州人，生于日本东京。1936年，毕业于清华大学物理系。1938年，赴英国留学，先后就读于伦敦帝国理工学院、谢菲尔德大学。王大珩开拓和推动了中国光学研究及光学仪器制造，特别是国防光学工程事业，在他的领导下我国研制出第一台红宝石激光器和首台航天相机，他还主持研制出我国第一台大型光测设备。在激光技术、遥感技术、计量科学、色度标准等方面也都做出了重要贡献。

（4）华罗庚，出生于江苏常州金坛区，祖籍江苏丹阳。数学家，中国科学院院士，美国国家科学院外籍院士，第三世界科学院院士，联邦德国巴伐利亚科学院院士。他是中国解析数论、矩阵几何学、典型群、自守函数论与多元复变函数论等多方面研究的创始人和开拓者，并被列为芝加哥科学技术博物馆中当今世界88位数学伟人之一。国际上以华罗庚姓氏命名的数学科研成果有"华氏定理""华氏不等式""华—王方法"等。

（5）刘大力，北京多思科技工业园股份有限公司董事长，MISC技术发明人，19项CPU专利发明人，从事软件设计12年，CPU设计16年，完成8块芯片设计，主持6项国家工程开发。刘大力当初注册企业的目的不是赚钱，而是搞高科技研发，因为这位老红军的儿子始终考虑的是"要时刻准备着，握紧手中的枪"。从这个意义上来讲，多思至少目前不能算是企业，而是一个围绕CPU研发的超级民间工作室；刘大力不是企业家，是一个执着于CPU研究的狂热的"艺术家"。

（6）王永民，1943年12月出生，河南南召人，教授级高级工程师，北京王码创新网络技术有限公司董事长。他创立汉字键盘设计三原理及数学模型，1983年发明"王码五笔字型"汉字输入法，首创"汉字字根周期表"，有效解决了进入信息时代的汉字输入难题。1998年，王永民发明"98规范王码"，是符合国家语言文字规范并较早通过鉴定的汉字输入法，推动了计算机在我国的普及。

（7）王选，江苏无锡人，出生于上海，计算机文字信息处理专家，计算机汉字激光照排技术创始人，当代中国印刷业革命的先行者，被称为"汉字激光照排系统之父"，被誉为"有市场眼光的科学家"。激光照排技术，就是将文字通过计算机分解为点阵，然后控制激光在感光底片上扫描，用曝光点的点阵组成文字和图像。我国绝大多数的报纸、杂志和书籍排版都在使用这套系统，它比古老的铅字排版效率至少提高了5倍。

（8）席跃久，吉林省农安县一个土生土长的农民，他养过鱼、开过店，还迷上了赛车。正是这些经历，为他的发明奠定了坚实的基础。席跃久发明的警用抓捕器系列产品，相继荣获多项国家专利，最新款的警用防暴抓捕器具有更多功能：自动触发、自动锁紧、自动反锁；自动识别抓捕、自动防解锁、自动防刀砍以及水下抓捕等。其发明不但可以用于公共安防，也可以用于消防救援以及动物抓捕等。

（9）吴文俊，祖籍浙江嘉兴，数学家，中国科学院院士，中国科学院数学与系统科学研究院研究员，系统科学研究所名誉所长。吴文俊的研究工作涉及数学的诸多领域，其主要成就表现在拓扑学和数学机械化两个领域。他为拓扑学做了奠基性的工作；他的示性类和示嵌类研究被国际数学界称为"吴公式""吴示性类""吴示嵌类"，至今仍被国际同行广泛引用。

（10）季汉生，1953年8月出生，江苏通州人。"中华龙壶""和平宴"酒壶、"九二共识壶""宫壶"创始人，中国壶艺设计大师，电子稳压节能灯发明者，中国著名发明家，现为促进中国和平统一大业发展"和文化艺术"大使。季汉生对创新世界茶文化、酒文化、促进祖国和平统一，推动世界和平发展做出了巨大贡献，被众多有识之士誉为打造"和平信物"的艺术巨匠，其多项科技发明所创造的社会价值难以用金钱来计量。

第二节 专利申请

一、专利申请的步骤

专利申请是对申请人所创造出的成果的保护，申请人要想获得专利就必须先通过专利申请。申请专利时，不仅要先向国家有关部门提出申请，还要提供一些相应的资料，如请求书、说明书、摘要和权利要求书等。专利申请的详细步骤如下。

1. 准备申请文件

包括请求书、说明书、权利要求书、说明书附图。外观设计类的专利要有请求书、图片或照片、简要说明。

2. 提交材料

可以选择两种方式提交材料，一是直接去专利局大厅或地方的专利代办窗口提交。二是通过邮寄的方式提交，但是只能使用 EMS。

3. 受理通知书

接受国家知识产权局下发的受理通知书，通知书发放意味着专利的申请正式进入审批流程。

4. 缴纳费用

缴纳申请费，除直接去专利局收费处、专利局代办处缴费外，还可通过银行或者邮局汇款缴纳申请费，在缴纳费用时，应注意填写申请号，并要求银行或邮局的工作人员录入专利申请号、名称、地址、邮编等。但是不应直接邮寄现金给专利局。注意要在接到受理通知书之日起两个月内完成缴费。

5. 国家知识产权局对申请进行审查

首先初步审查，对于除了发明之外的专利申请，只要初审合格，则可授权专利，不合格的经修改后重新提交。对于发明专利，则需要先初步审查，合格之后，还要进行实质审查，只有在实质审查之后，才能获取专利。对于实质审查，有的可立即进行，有的则需 18 天之后才能进行。

6. 领取专利证书

我国采取的是先申请原则，即谁先申请，专利权就归属于谁，与是谁发明的无关。专利是一个人在特殊领域所创造出来的成果的证明，不同领域的专利申请程序也是不同的。相对而言，发明专利的申请难度最大。

二、专利申请的资料

1. 发明专利和实用新型专利的申请

申请发明专利和实用新型专利，应当提交请求书、说明书及其摘要和权利要求书等文件。请求书应写明发明的名称，发明人的姓名，申请人姓名或者申请单位名称、地址，以及其他事项。说明书应当对发明作出清楚、完整的说明，以所属技术领域的技术人员能够实现为准，必要的时候，应当有附图。摘要应当简要说明发明的技术要点。权利要求书应当以说明书为依据，清楚、简要地限定要求专利保护的范围、公式。

2. 外观设计专利的申请

申请外观设计专利，应当提交请求书、该外观设计的图片或者照片以及对该外观设计的简要说明等文件，申请人提交的有关图片或者照片应当清楚地显示要求专利保护的产品的外观设计。一件外观设计专利申请应当限于一项外观设计。同一产品两项以上的相似外观设计，或者用于同一类别并且成套出售或者使用的产品的两项以上外观设计，可以作为一件专利申请提出。申请人也可以对外观设计专利申请文件进行修改，但是，对外观设计专利申请文件的修改不得超出原图片或者照片表示的范围。

三、专利授予的条件

1. 发明专利和实用新型专利的授予条件

授予专利权的发明专利和实用新型专利，应当具备新颖性、创造性和实用性。

新颖性，是指该发明不属于现有技术，也没有任何单位或者个人就同样的发明或者实用新型在申请日以前向国家知识产权局提出过申请，并记载在申请日以后公布的专利申请文件或者公告的专利文件中。现有技术是指申请日以前在国内外为公众所知的技术。现有技术为公众所知的形式主要有：①在申请日以前已在国内外出版物上公开发表；②在申请日以前已经在国内外公开使用；③其他为公众所知的方式。

创造性，是指与现有技术相比，该发明具有突出的实质性特点和显著的进步。发明具有突出的实质性特点是指对于本领域技术人员来说，发明与现有技术相比是非常显而易见的。发明具有显著的进步是指发明与现有技术相比能够产生有益的技术效果。通常认为具有显著进步的情形有：①取得质量改善、产量提高、节约能源等更好的技术效果；②代表了某种新技术的发展趋势；③虽然技术效果只是达到或基本达到现有技术的水平，但是提供了一种技术构思不同的方案；④其他辅助因素，包括克服技术偏见、商业上取得成功等。

实用性，是指该发明能够制造或者使用，并且能够产生积极效果。其包含了三个方面：①必须能够在产业上制造或使用；②必须能够应用于解决技术问题；③必须具有积极的效果。不具有实用性的情形主要有：①不可再现，即该技术方案只是偶然实现了，不能重复地实现；②无法实施，即只公开了一种构思或愿望，本领域技术人员不能准确实施该公开的技术方案；③违背自然规律，比如永动机、长生不老等，包含了不可能达到的目的；④疾病的诊断、治疗和外科手术方法，这些方法均不属于在产业上可以使用的方法，从而不具有实用性。

2. 外观设计专利的授予条件

授予专利权的外观设计，应当具备新颖性、区别性且不与他人在先取得的合法权利相冲突。

新颖性，是指外观设计应当不属于现有设计，也没有任何单位或者个人就同样的外观设计在申请日以前向国家知识产权局提出过申请，并记载在申请日以后公告的专利文件中。现有设计，是指申请日以前在国内外为公众所知的设计。

区别性，是指授予专利权的外观设计与现有设计或者现有设计特征的组合相比，应当具有明显区别。区别性是一种学理上的概括，根据《专利审查指南》的规定，是否具有区别性的判断主体为一般消费者。

不与他人在先取得的合法权利相冲突是指授予专利权的外观设计不得与他人在申请日以前已经取得的合法权利相冲突。对于在申请日后取得，即便现在依然有效的权利，或者是申请日前取得，但在专利申请日已经失效的权利，均不属于这里的在先合法权利。

四、专利的审查

1. 发明专利的审查

国家知识产权局收到发明专利申请后，经初步审查认为符合要求的，自申请日起满18个月即行公布，也可以根据申请人的请求早日公布。自申请日起3年内，国家知识产权局可以根据申请人随时提出的请求，对其申请进行实质审查，申请人无正当理由逾期不请求实质审查的，该申请即被视为撤回。国家知识产权局认为必要的时候，也可以自行进行实质审查。发明专利申请经实质审查没有发现驳回理由的，由国家知识产权局做出授予发明专利权的决定，发给发明专利证书，同时予以登记和公告。发明专利权自公告之日起生效。

2. 实用新型专利的审查

国家知识产权局收到实用新型专利申请后，只对其进行初步审查而不进行实质审查。经初步审查没有发现驳回理由的，由国家知识产权局做出授予实用新型专利权的决定，发给相应的专利证书，同时予以登记和公告。实用新型专利权自公告之日起生效。能够授予专利权的实用新型专利申请包括不需要补正就符合初步审查要求的专利申请，以及经过补正符合初步审查要求的专利申请。

初步审查主要审查申请文件是否齐备、是否符合格式要求、是否明显具有《专利法》所规定的不授予专利权的法定情形、相关手续是否存在异常等形式问题。同时审查是否遵循保密原则、书面审查原则、程序节约原则等。如果专利行政机关在初步审查中认为其存在形式问题，会要求申请人陈述意见或补正形式，专利申请人修改时往往也应针对该形式的缺陷进行修改，通常不主动对实质内容进行修改。

3. 外观设计专利

国家知识产权局收到外观设计专利申请后，同样只对其进行初步审查而不进行实质审查。经初步审查没有发现驳回理由的，由国家知识产权局做出授予外观设计专利权的决定，发给相应的专利证书，同时予以登记和公告。外观设计专利权自公告之日起生效。能够授予专利权的外观设计专利申请包括不需要补正就符合初步审查要求的专利申请，以及经过补正后符合初步审查要求的专利申请。

外观设计专利与实用新型专利在申请程序中只进行初步审查的制度使得这两种类型的专利通常只有在发生纠纷后由他人提出审查，相关主体才会对其进行实质审查，以确定其是否符合授予专利权的实质性条件。这一制度一方面节约了司法行政资源；另一方面也使得申请人能够在更短的时间内，以更简单的程序获得专利授权，使专利及时得到保护。但是这一制度也可能产生专利权的稳定性、可靠性上的负面影响。

五、专利的保护期

专利维持是指在专利法定保护期内，专利权人依法向专利行政部门缴纳规定数量维持费使得专利继续有效的过程。专利维持时间是指专利从申请日或者授权之日至无效、终止、撤销或届满之日的实际时间。

专利权终止，是指专利权法律效力的消失。专利权终止后，该发明创造即成为社会公共财富，任何单位和个人都可以无偿使用。专利权终止表现为专利权保护期限已满或由于某种原因专利权失效。

1. 发明专利的保护期

发明专利权的保护期限为 20 年，自申请日起计算。在 2021 年我国最新修订的《专利法》中，针对发明专利还增加了期限补偿制度。

自发明专利申请日起满 4 年，且自实质审查请求之日起满 3 年后授予发明专利权的，国务院专利行政部门应专利权人的请求，就发明专利在授权过程中的不合理延迟给予专利权期限补偿，但由申请人引起的不合理延迟除外。

为补偿新药上市审评审批占用的时间，对在中国获得上市许可的新药的相关发明专利，国务院专利行政部门应专利权人的请求给予专利权期限补偿。补偿期限不超过五年，新药批准上市后总有效专利权期限不超过 14 年。

2. 实用新型专利的保护期

实用新型专利的保护期限为 10 年，自申请日起计算。相对而言，实用新型专利的保护期限是三种专利类型中最短的。

3. 外观设计专利

根据我国最新修订的《专利法》，外观设计专利的保护期限从原先的 10 年延长到 15 年，自申请日起计算。

第三节　专利对象

一、专利保护的对象

专利权的保护对象，也称为专利权的客体，是指依法被授予专利权的发明创造。具体来说，包括发明专利、实用新型专利和外观设计专利。

二、专利权人与发明人

1. 专利权人

(1)定义。专利权人是指享有专利权的主体。专利权人包括专利权所有人和持有人，前者可以是公民、集体所有制单位、外贸企业、中外合资企业；后者是全民所有制单位。专利权人又包括取得专利权的原始主体和取得专利权的继受主体。专利权人既享有法律所赋予的权利，也要承担法律所规定的义务。

(2)类型。

①发明人、设计人所在单位。企事业单位、社会团体、国家机关的工作人员执行本单位的任务或者主要是利用本单位物质条件所完成的职务发明创造，申请专利的权利属于该单位。

②发明人、设计人。发明人或者设计人所完成的非职务性发明创造，申请专利的权利属于发明人或者设计人。《专利法》所称发明人或者设计人，是指对发明创造的实质性特点做出突出贡献的人。在完成发明创造过程中只负责组织工作的人、为物质条件的利用提供方便的人或者其他从事辅助工作的人，不应当被认为是发明人或者设计人。

③共同发明人、共同设计人。由两个以上的单位或个人协作完成的发明创造，称为共同发明创造，完成此项发明创造的人称为共同发明人或共同设计人。除另有协议外，共同发明创造的专利申请权属于共同发明人，申请被批准后，专利权归共同发明人共有。一个单位接受其他单位委托的研究、设计任务所完成的发明创造，除另有协议外，申请专利的权利属于完成的单位，申请被批准后专利权归申请的单位所有或者持有。

(3)享有权利。

①独占权。独占权指只有专利权人才能实施其发明创造的制造、使用、销售，对该专利享有独占的权利，任何自然人、法人以及其他组织均不得不经许可，不支付报酬使用、制造、销售专利产品。

②许可权。许可权是指专利权人有条件地允许他人使用其专利技术。具体地讲，专利权人(称"许可方")通过签订合同的方式，允许他人(称"被许可方")在一定条件下使用其取得专利权的发明创造的全部或者部分技术的权利。

(4)专利侵权。专利权人认为自己的专利受到侵害后，首先，应将对方技术与自己的专利技术进行认真的对比分析，看对方的技术特征是否确实在自己专利的保护范围内，以确定专利侵权是否成立。专利权人往往会过高估计自己的专利权。因此，最好委托专业律师对是否构成专利侵权进行分析，提供法律意见。中国的专利律师熟悉中国的法律，且站在客观的立场上进行分析，其法律意见比较客观公正，可以作为决策时的参考。

其次，专利权人还应对自己的专利权的专利性进行分析，以确定其有效性。因为，根据《专利法》规定，中国专利局只对发明专利进行实审，而对实用新型专利和外观设计专利不进行实审，只进行形式审查。因此，一般情况下，如果是发明专利，对其专利三性即新颖性、创造性和实用性可以不进行分析，只要检查一下年费是否缴纳，专利是否有效即可。而对实用新型专利和外观设计专利，必须认真进行专利三性分析。只有在该实用新型专利或外观设计专利具有专利性，确实是有效权利的前提下，才宜对专利侵权者采取行动。否则，一旦对方向中国专利局提出对该实用新型专利或外观设计专利宣告专利权无效请求，该实用新型专利或外观设计专利就会因缺乏专利性而被宣告无效。有关实用新型专利和外观设计专利的专利性分析最好委托中国专利律师进行，其理由与上述委托中国专利律师分析专利侵权的解释相同。

专利权人在确认自己的专利权有效、专利侵权成立之后，方可着手进行下一步工作。

所谓下一步工作，是搜集证据。

2. 发明人

(1)定义。专利发明人是指对发明创造的实质性特点做出创造性贡献的人。在完成发明创造过程中，只负责组织工作的人、为物质技术条件的利用提供方便的人或者从事其他辅助工作的人，不是发明人。

(2)类型及享有权利。发明人只能是个人，不能是单位。专利发明人只拥有名誉权，而非财产权；只能变更，不能转让。

三、专利奖

1. 中国专利奖

中国专利奖，是由中国国家知识产权局和世界知识产权组织共同主办的，是中国唯一的专门对授予专利权的发明创造给予奖励的政府部门奖，得到联合国世界知识产权组织(WIPO)的认可。中国专利奖重在强化知识产权创造、保护、运用，从而推动经济高质量发展，主要鼓励和表彰为技术(设计)创新及经济社会发展做出突出贡献的专利权人和发明人(设计人)。

(1)奖项设置。中国专利奖设中国专利金奖、中国专利银奖、中国专利优秀奖，中国外观设计金奖、中国外观设计银奖、中国外观设计优秀奖。

中国专利金奖、中国专利银奖、中国专利优秀奖从发明专利和实用新型专利中评选产生。其中，中国专利金奖项目不超过30项，中国专利银奖项目不超过60项。中国外观设计金奖、中国外观设计银奖、中国外观设计优秀奖从外观设计专利中评选产生。其中，中国外观设计金奖项目不超过10项，中国外观设计银奖项目不超过15项。

(2)评奖周期。国家知识产权局与世界知识产权组织共同开展中国专利奖评选工作，每年举办一届。

(3)评奖标准。

①发明专利、实用新型专利评奖标准：

a. 专利权稳定，专利授权文本质量优秀；

b. 技术方案新颖，创新性强，技术水平高；

c. 发明专利技术方案对解决本领域关键性、重要性技术问题的贡献程度较大，对本领域技术进步和产业结构优化升级起到重要促进作用；实用新型专利技术方案对本领域技术革新、产品升级换代的贡献程度较大，对行业技术发展起到积极促进作用；

d. 对提高产品市场竞争力发挥了重要作用，取得了突出的经济效益或社会效益，具有良好的发展前景；

e. 专利权人、实施单位对于该项专利权的运用和保护措施积极主动，取得了显著成效。

②外观设计专利评奖标准：

a. 专利权稳定，创新程度高，专利授权文本质量优秀；

b. 形状、图案、色彩方面设计独特，在产品所属领域有突出的设计特色；

c. 表达良好的设计理念，具备产品质量安全可靠、人机性好、实用性强、绿色环保、引领未来健康生活方式、有文化内涵等特征；

d. 对提升相关产品的市场竞争力发挥了重要作用，取得了突出的经济效益或社会效益；

e. 专利权人、实施单位对于该项专利权的运用和保护措施积极主动，取得了显著成效。

2. 山西省专利奖

山西省专利奖是对在技术创新与专利实施中为山西省经济社会发展做出突出贡献的专利项目给予奖励。山西省人民政府设立山西省专利奖奖励委员会，负责省专利奖奖励工作的宏观管理和指导，做出授奖决定。

(1)奖项设置。山西省专利奖每年评选一次，设一、二、三等奖，其中：

一等奖不超过 5 项，每项奖励人民币 10 万元，其中发明专利不少于 80%；

二等奖不超过 15 项，每项奖励人民币 5 万元，其中发明专利不少于 70%；

三等奖不超过 25 项，每项奖励人民币 3 万元，其中发明专利不少于 60%。

山西省专利奖经费由山西省人民政府财政列支，每年 200 万元，用于奖金及管理费用支出。管理费用包括专利项目的受理、审查、专家评审、文印等费用。

(2)申请条件。

①申报人应当是在本省注册或者在本省工作的专利权人，或者对本省经济社会发展有突出贡献的其他专利权人；

②申报专利已获国家知识产权局授权，专利权有效，法律状态稳定；

③申报专利已在本省行政区域内合法实施两年以上并取得显著经济效益或者社会效益；

④全体专利权人均同意申报。

第四节　科技成果转化

一、科技成果转化的定义

科技成果转化，是指为提高生产力水平而对科学研究与技术开发所产生的具有实用价值的科技成果所进行的后续试验、开发、应用、推广直至形成新产品、新工艺、新材料，发展新产业等活动。科技成果转化分为广义和狭义两种。

广义的科技成果转化包括各类成果的应用、劳动者素质的提高、技能的加强、效率的增加等。因为科技是第一生产力，而生产力包括人、生产工具和劳动对象。因此科学技术这种潜在的生产力要转化为直接的生产力，最终是通过提高人的素质、改善生产工具和劳动对象来实现的。

狭义的科技成果转化仅指技术成果的转化，即将具有创新性的技术成果从科研单位转移到生产部门，使新产品增加，工艺改进，效益提高，从而推动经济发展。我们通常所说的科技成果转化大多是指这种类型的转化，所讲的科技成果转化率是指技术成果的应用数与技术成果总数的比。

二、科技成果转化方式

常见的科技成果转化方式如下。

1. 自行投资实施转化

指科技成果的所有者(或持有者)自行开展科技成果转化。研发实力雄厚的企业常通过该方式实施科技成果转化,由研发部门研发相关成果后,进行生产销售,获得市场回报。

2. 向他人转让

指科技成果所有人(或持有者)将科技成果转让给科技成果受让人,由受让人对科技成果实施转化。双方一般通过签署知识产权转让协议来实施,交易标的是科技成果中的知识产权,既可以包括专利权、专利申请权、软件著作权等,也可以是技术秘密等形式。

科技成果转让后,转让方获得转让费,不再是科技成果的所有人;受让方向转让方支付转让费,并成为科技成果的新的所有人。

转让协议一般要将拟转让成果的内容、范围界定清楚,对双方的权利和义务进行事先约定。转让价格往往是双方谈判的焦点,而价格的确定及其支付方式,与拟转让科技成果的技术先进性、成熟度、市场预测、经济效益前景、收益周期长短、投资风险大小等密切相关,交易双方一般要对拟交易的成果进行分析评估,并达成共识。

3. 许可他人使用

指通过订立许可合同,科技成果所有人(或持有者)向被许可人授予科技成果的使用权,被许可人从而获得实施科技成果的权利(如擅自实施,则非法侵犯了科技成果所有人的知识产权)。与转让科技成果相比较,许可他人使用该科技成果,该科技成果的所有人并没有发生变化。

具体而言,许可又有普通许可、独占许可、排他许可、从属许可等多种方式。根据实际情况,科技成果许可费有多种支付方式。其中,"入门费+提成费"是常见的支付方式,而提成又可以分为产值提成、利润提成等。

4. 以科技成果作为合作条件,与他人共同实施转化

即科技成果所有人(或持有者)与相关单位订立合作协议,发挥各自的优势,共同转化科技成果,并明确双方合作的责权利机制。常见的做法是:由高校院所提供具有较高技术先进性但成熟度不足的早期科技成果,并充分发挥科研、人才优势,负责持续研发,由企业发挥资金、市场优势,负责提供中试熟化、生产线、实验场地等条件,围绕目标客户需求,开展后续试验、产品试制与定型、工艺开发,负责市场推广。

5. 以科技成果作价投资,折算股份或者出资比例

指科技成果所有人(或持有者)将科技成果作为资本投入到企业,由入股的企业实施转化,科技成果的所有人成为企业股东,承担相关风险,获得转化收益。科技成果作价投资完成实缴后,入股的企业变更为科技成果的新的所有人。科技成果作价投资,既可以是与相关合作方新组建企业(合作方等投入现金),也可以是投资到原本存在的企业。

与上述第4种转化方式相比较而言,科技成果转化所有人直接成为企业股东,获得企业股东的各项权益,并以股东身份分享企业转化科技成果所取得的后续收益。对于高校院所取得的重大技术突破、具有广泛应用前景的重点科技成果，通过作价投资方式与合作单位、社会资本等结合实施转化，能够为科技成果所有人（或持有者）持续获得长远的市场收益提供保障。

6. 其他协商确定的方式

本质上而言，科技成果转化并没有固定的方式和途径，既可以是上述方式的组合，也可以是其他符合实际需要的任何方式。

此外，上述所列的各种方式只是实施科技成果转化的途径，即使履行上述方式（例如签订了转让合同、许可合同、实施了作价入股等），也不意味着科技成果就实现了转化。科技成果最终是否成功实现了转化，应以该项成果是否最终"形成了新技术、新工艺、新材料、新产品，发展了新产业"为根本依据。

三、科技成果转化的途径

科技成果转化的途径包括直接转化和间接转化。

1. 直接转化

(1)科技人员自己创办企业。

(2)高校、科研机构与企业开展合作或合同研究。

(3)高校、研究机构与企业开展人才交流。

(4)高校、科研院所与企业建立沟通交流的网络平台。

2. 间接转化

科技成果的间接转化主要是通过各类中介机构来开展的。机构类型和活动方式多种多样。在体制上，有官办的、民办的，也有官民合办的；在功能上，有大型多功能的机构（如既充当科技中介机构，又从事具体项目的开发等活动的机构），也有小型单一功能的组织。间接转化主要表现为以下几种。

(1)通过专门机构实施科技成果转化；

(2)通过高校设立的科技成果转化机构实施转化；

(3)通过科技咨询公司开展科技成果转化。

章节自测

论述题

1. 人类的文明史就是一部发明创造史，令你印象深刻的是哪一项发明创造？它给你带来了哪些影响和启发？

2. 近几年，山西应用科技学院三创学院通过各项赛事取得了一系列标志性的专利和成果，如何将这些成果有效转化，进一步发挥创新创业项目的优势性？请结合实际，运用所学知识提出你的意见和建议。

第十一章
科技论文写作

第一节　科技论文概述

科技论文是论述科技领域中具有创新意义的理论性、实验性、观测性的新成果、新见解和新知识；或者是总结某种已知原理应用于实践所取得的新方法、新技术和新产品的科技文献。它是反映科研成果、开展学术交流的重要手段，对推动人类社会发展和科学技术的进步起着极为重要的作用。

一、科技论文的概念

简单地说，科技论文是对创造性的科研成果进行理论分析和总结的科技写作文体，是通过运用概念、判断、推理、证明或反驳等逻辑思维手段，来分析、表达自然科学理论和技术开发研究成果的。

从论文内容的角度来说，这个定义反映了科技论文区别于其他文体的特点：科技论文是创新性科学技术研究工作成果的科学论述，是某些理论性、实验性或观测性新知识的科学记录，是某些已知原理应用于实际中取得新进展、新成果的科学总结。

从学术角度来说，"学术"指专深而系统的学问，"论文"指研究、讨论问题的文章。简言之，学术论文是描述科学研究成果的文字。在医学信息学领域，无论是应用研究、发展研究还是基础研究，只要对所研究或探讨的问题提出了新的见解或新的观点，或采用了新材料，或运用了新的方法，或得出了新的结论，或站在新的高度对原有理论作出新的解释和论证，将获得的科学研究新成果写成的文章就是学术论文。它展示的是一个新的论点或理论体系的形成，是一个创造性的认识活动过程。因此，学术论文不仅包括论述创新性研究成果的理论性文章或学术专著，也包括某些实验性或观测性的新知识、新方法的科学记录和某些科学原理应用于实验取得新进展的科学总结。

二、科技论文的特点

论文属于应用文体，有非常鲜明的特点和严格的规范。无论哪类学科、哪个专业、哪种类型的论文都具备以下六个共同特点。

1. 科学性

科学性的内涵通常可分为真实性、准确性、可重复性、可比性和逻辑性，是保证学术论文质量的最基本要求。

(1)论点和结论必须真实、科学。作者必须具有严谨的治学作风和实事求是的科学态度，做到科研设计缜密，尽量避免技术性失误，并且客观地记述科研数据，尊重事实，不凭主观臆断和个人好恶随意取舍客观数据或歪曲结论。结论必须正确反映客观事物的本质和规律，能够经得起实践的检验。论点绝对不能主观臆造，不能带有主观随意性和偏见。

(2)论证和论据必须科学。学术论文通过使用科学的研究方法，如观察、调查、实验等，并运用概念、判断、推理等对立论进行严密而富有逻辑性的科学论证。所引用的论据无论是实地调查来的还是实验得来的，或是文献中摘引来的，都要求真实、典型，真正成为论点的支柱。

(3)论述表达必须准确、科学。论文的数据、引用的资料必须准确无误，要求作者仔细观察事物的发展、发生过程，认真总结工作实践经验，全面分析存在的问题，并对相关数据资料进行精确记录；写作时要选择最恰当的词语，反复推敲相近词在表述上的细微差别，力争把写入的内容准确地表述出来，达到脉络清晰、措辞严谨、概念准确、条理清楚、结构完整，令人信服地表达科学、新颖的学术见解。

(4)技术和方法的可重复性要高。采用论文介绍的技术和方法，在相同的条件下，应获得与论文相同的结果和结论。只有在研究中真正揭示了研究对象的内部联系，并掌握了该对象的变化规律，才能保证论文结果和结论的可重复性。这就要求作者必须合理设计科研内容，写作时要详细介绍必要的、关键的内容，尤其是自己创新或改进的技术和方法，以便读者可重复得出同样的结果。有了可重复性的成果，该设计和方法才有推广和应用价值，也才有确定的经济价值和社会价值。

(5)结果的可比性和逻辑性要强。论文结果可与其他相同或相近的已报道的课题结果进行比较，以确定其是否具有先进性。这就需要设立对比观察，并用统计学的方法处理观察结果，同时要求作者在选题、提出假设、收集素材、推断结论以及论文写作的全过程中，都必须严格遵守逻辑学的基本规律，不能出现违背逻辑学原理和规律的错误。

2. 学术性

论文是否有学术价值，是评价论文质量的公认标准。学术性，即论文具有从实践中概括出来的对某一事物的理性认识的特性，可以概括为"新、深、实"三个字。

所谓"新"，就是在论点或方法上具有创新性，或赋予某一论题以新意；"深"，指研究内容有一定的深度，能抓住问题的本质，对推动学科建设和发展有积极意义；"实"，指所用的材料具有权威性和时间上的贴近性，证据是经过组织和加工的，不是对事实的简单罗列。

3. 独创性

创造是科学的本质，独创性是论文的生命，是否有创见是衡量学术论文价值高低的标准。论文绝不能人云亦云，必须创造性地解决某一专业领域的理论问题或实践问题。不同的研究者的创造能力可以有强弱，创造水平可以有高低，但无论对于哪个层次的研究者而言，独创性这一点都必须是研究者从发现问题开始，到研究问题、解决问题，最后到撰写论文的整个过程中自始至终、坚持不懈的追求。

具体来说，独创性可以体现为研究和探索前人未曾涉及的领域；可以纠正或补充前人的观点；可以综合前人的研究，揭示今后研究的方向；可以为前人的立论提供新的事实材料或采用新的研究方法等，不一而足。

4. 理论性

学术论文不能停留于对事实、现象的罗列，必须探究事物的本质及规律。写论文必须运用理论思维，通过对事实进行抽象、概括、说理、辨析和严密的逻辑论证，将一般现象上升到一定的理论高度。没有理论支持的论文只能囿于事实材料的堆积，不能从一般的现象中看到问题的本质，由表及里、由此及彼，从而达到对研究对象的客观规律性的认识。论文的理论性是作者的学识水平、理论素养和实践经验的综合反映。

5. 实践性

论文要充分考虑到文章的实践性和现实意义。不同学科的论文在理论、方法或技术上的应用性、实践性的表现形式也不同。衡量论文的应用性和实践性，可从三个方面入手：一是看论文是否从学科研究和工作实践中产生，是否反映了科学研究的新成果、新问题；二是看论据是从科研或实际调查中取得的第一手资料，还是东拼西凑、道听途说的"无本之木"；三是看是否解决或回答了学科或专业发展中提出的迫切需要解决的问题，其答案对教学或科研是否有直接或间接的指导意义。

6. 规范性

规范性是指对论文的语言文字和表述形式等方面的质量要求。对于科技报告、学位论文等的编写格式，国家制定了统一的标准。为了便于交流和应用，论文必须运用规范的语言文字系统和符号系统进行表述。因此，作者在撰写论文时必须做到语言文字规范、名词术语规范、计量单位规范和论文格式规范。

三、科技论文的分类

科技论文有很多种不同的分类：按学科的性质和功能的不同，可分为基础学科论文、技术学科论文和应用学科论文三大类；按论文内容所属学科、专业的不同，可分为医学论文、数学论文、物理论文、机械工程技术论文等；按研究和写作方法的不同，可分为理论推导型学术论文、实（试）验研究型学术论文、观测型学术论文、设计计算型学术论文、发现发明型学术论文、争鸣型学术论文、综述型学术论文等；按写作目的和作用的不同，则可分为学术性论文、技术性论文、学位论文等。

1. 按研究目的分类

（1）理论探讨性、论证性论文。运用有关原理或以大量的观察实验结果为依据，或以丰富的文献资料、现实材料作为基础，通过分析、综合，剖析现象与本质，推理论证，从而提出新理论、新看法或论述自己的研究成果，证明自己的研究论点。

（2）综合论述性论文。针对现实中或学术界提出的问题，围绕某一主题进行研究的课题，从纵向（历史发展）或横向（目前现状）两方面加以系统和综合概括，说明来龙去脉及前人的研究情况，分析症结所在，指明进一步探索的方向。此类论文同样具有重要的学术价值。

（3）预测性论文。研究者通过调查研究，根据科学和事实对某一教育现象进行分析，指出发展的趋势以及预测今后发展的可能。

2. 按作用分类

(1)学术性论文。它是指研究人员提供给学术性期刊发表的或向学术会议提交的论文，以报道学术研究成果为主要内容，反映该学科领域最新的、最前沿的科学水平和发展动向，对科学技术事业的发展起着重要的推动作用。这类论文应具有新的观点、新的分析方法和新的数据或结论，并具有科学性。

(2)技术性论文。它是指工程技术人员为报道工程技术研究成果而提交的论文，这种研究成果主要是应用已有的理论来解决设计、技术、工艺、设备、材料等具体技术问题而取得的。这类论文应具有技术的先进性、实用性和科学性。

(3)学位论文。它是指学位申请者提交的论文。这类论文依学位的高低又分为以下三种。

学士学位论文，是指大学本科毕业生申请学士学位要提交的论文。论文或设计应反映出作者具有专门的知识和技能，具有从事科学技术研究或担负专门技术工作的初步能力。这种论文一般只涉及不太复杂的课题，论述的范围较窄，深度也较浅。因此，严格地说，学士学位论文一般还不能作为科技论文发表。

硕士学位论文，是指硕士研究生申请硕士学位要提交的论文。它是在导师指导下完成的论文，但必须具有一定程度的创新性，强调作者的独立思考作用。通过答辩的硕士学位论文应该说基本上达到了发表水平。

博士学位论文，是指博士研究生申请博士学位要提交的论文。它可以是一篇论文，也可以是相互关联的若干篇论文的总和。博士学位论文应反映出作者坚实、广博的基础理论知识和系统、深入的专门知识，及其独立从事科学技术研究工作的能力，应反映出该学科领域最前沿的独创性成果。因此，博士学位论文被视为重要的科技文献。

3. 按研究方式和论述分类

(1)实(试)验研究报告。这类论文不同于一般的实(试)验报告，其写作重点应放在"研究"上。它追求的是可靠的理论依据，先进的实(试)验设计方案，先进、适用的测试手段，合理、准确的数据处理及科学、严密的分析与论证。

(2)理论推导。这类论文主要是对提出的新假说进行数学推导和逻辑推理，从而得到新的理论，包括定理、定律和法则。其写作要求是数学推导要科学、准确，逻辑推理要严密，并准确地使用定义和概念，力求得到无懈可击的结论。

(3)理论分析。这类论文主要是对新的设想、原理、模型、结构、材料、工艺、样品等进行理论分析，对过去的理论分析加以完善、补充或修正。其论证分析要严谨，数学运算要正确，资料数据要可靠，结论除了要准确，一般还须经实(试)验验证。

(4)设计计算。它一般是指为解决某些工程问题、技术问题和管理问题而进行的计算机程序设计。对这类论文总的要求是"新"，数学模型的建立和参数的选择要合理，编制的程序要能正常运行，计算结果要合理、准确，设计的产品或调、配制的物质要经试验证实或经生产、使用考核。

(5)专题论述。这类论文是指对某些事业(产业)、某一领域、某一学科、某项工作发表议论(包括立论和驳论)，通过分析论证，对它们的发展战略决策、发展方向和道路，以及方针政策等提出新的独到的见解。

(6)综合论述。这类论文应是作者在博览群书的基础上,综合介绍、分析、评述该学科(专业)领域里国内外的研究新成果、发展新趋势,并表明自己的观点,做出科学预测,提出比较中肯的建设性意见和建议的论文。对这类论文的基本要求是:资料新而全,作者立足点高、眼光远,问题综合恰当、分析在理,意见和建议比较中肯。

四、科技论文的功能

一般而言,论文的基本功能是在相应的共同体(科研或学术共同体)中传输、交流思维状态(观点、想法或相应成果),与此同时,便于积累和固定思维成果。另外,论文还有一些外围(或扩展)的折射功能,即通过论文对作者的工作能力或成果得出一些评价或说明。相应的,作为科技研究成果的科技论文,也具有认知功能、社会功能。

从认知角度来看,科技论文是传播、记载科学技术知识的重要途径,主要功能在于记录、总结科研成果,可以不受时间、地点的限制,是科技信息传递、存储的良好载体,是科技交流的基础。当人们从科技论文中得到启发,解决了自己在科研或生产中存在的问题时,科技论文就显示了它对科学技术和生产发展的巨大威力。

从社会角度来看,一方面,科技论文是科学研究的重要手段,是科研成果转化为社会生产力的重要手段,科技论文写作水平的高低,往往直接影响科技工作的进展;另一方面,科技论文是衡量科技工作者水平的重要尺度,科技工作者发表科技论文的质量和数量,是衡量其创造性劳动的效率和成果的重要指标。同时,已发表的科技论文也是确认科技工作者对某项发现或发明有优先权的基本依据。

第二节 科技论文的写作

一、科技论文的规范表达

科技论文作为科技新发展的重要信息源,其表达规范化是实现信息处理与传播的前提。科技论文只有实现编写格式的标准化和各个细节表达的规范化,才能真正体现科学的内涵,准确表达科学的内容,从而有利于传播、储存、检索和利用。

科技论文的规范表达不仅能够提高论文本身的水平,而且可反映出作者的治学态度和优良的写作修养,也为论文被编辑部门选中、发表提供了极为有利的条件。诚然,一篇论文能否被采用,主要取决于论文的研究成果是否有发表价值,但是,表达规范与否也是其中不能忽视的重要因素。尤其是对于稿源丰富的期刊,当在两篇都有发表价值的论文中只能选用一篇时,被选中的肯定是表达比较规范的那一篇,因为它的编辑加工量小,或者不必经过作者再修改,从而可以保证出版质量,缩短发表周期。因此,为了使确有发表价值的论文能及时发表,避免因表达不规范而被退稿或推迟发表,作者应努力提高论文的写作质量,使之达到规范表达的要求。

二、科技论文的写作方法

论文作者越来越被要求以规范化、标准化的固定结构模式(即通用型格式)来表达其研究过程和成果。这种通用型结构形式是人们经过长期实践，总结出来的论文写作的表达形式和规律，是最明确、最易被理解的表达科研成果的好形式。一般来说，科技论文的组成部分和排列次序为：题名、作者署名、摘要、关键词、引言、正文、结论（和建议）、致谢、参考文献和附录。

1. 题名

（1）题名的概念。题名，又叫文题、题目、标题（或称总标题，以区别于层次标题），是论文的总纲，能反映论文最重要的特定内容和最恰当、最简明词语的逻辑组合，具有启迪读者兴趣的功能。

一般情况下，题名中应包括文章的主要关键词，忌用冗长的主谓宾结构的完整语句逐点描述论文的内容。中文题名一般不超过 20 个汉字，必要时可加副题名；外文题名应与中文题名含义一致，不超过 10 个实词为宜。题名应尽量避免使用化学结构式、数字公式，不太为同行所熟悉的符号、简称、缩写以及商品名称等。

（2）确定标题的基本原则。论文题目对论文起着画龙点睛的作用。题目的字数不多，结构也不复杂，但如何写好、如何确定，必须遵循一定的原则和技巧。

①恰如其分，准确命题。标题必须准确反映论文内容的深度和广度。所谓准确，就是指描述恰如其分，不夸大，也不贬低，更不能名不副实。

②简明醒目，引人入胜。所谓简明，就是文字简练、易懂。中文标题以不超过 20 个汉字为宜，一般不设副标题，但在不可能简短的情况下，为了补充主标题的内容或强调某一重点可加副标题。所谓醒目，是指引人注目，能吸引读者产生非读不可的兴趣。

③正确用词，避免空泛。论文题目由精心选择的词汇组成，一般仅为一个短语、词组或一个完整的句子。确定题目时应注意用词恰当，使用正确的专业术语，并尽可能流畅易懂，避免使用空泛和华丽的辞藻，避免错别字、俚语和已被淘汰的术语等。

（3）标题的写作要求。

①主标题的写作要求。论文标题的写作要求是确切、醒目和简洁。作者必须确切地概括论文的论点或中心内容，准确反映研究的范围和达到的深度等，使读者可从中获取有效信息。所谓文题相符，就是要求标题含义明确、言简意赅，能够起到画龙点睛的效果，让人一望即知，而且能够立刻引起人们阅读或摘录、参考的兴趣。此外，题目大小要合乎分寸，切忌华而不实，不要使用过于笼统、夸张或是太大的题目，使人看了不知所措。

②层次标题的写作要求。层次标题是指除题名之外的各个级别的标题。通常将其分为章、节、条、款几个层次（亦称段落标题）。层次标题在结构形式上可使整篇论文的内容层次分明，内容上是对每章、每节的中心内容的概括。层次标题的写作要求与总题名相同，即用简单得体的词语表述本章、节中的特定内容。此外，拟定后的层次标题应满足下列要求：同一级标题应反映同一层次的内容，同一层次各段内容是否列标题应格式一致。

③层次标题的格式。层次标题一律用阿拉伯数字连续编码，不同层次的两个数字之间用下圆点分隔，末位数字后面不加点号，如"1""1.2""3.5.1"等。各层次的标题序号均左顶格排写，最后一个序号之后空一个字距接排标题。

（4）确定标题的方法与技巧。

①根据论文的宗旨确定标题。如何反映论文的宗旨，即如何使论文切题，不妨选择

下列办法。一是文先于题，在已有科技成果的基础上，先写成论文，然后再根据论文的主笔来拟定标题；二是先定标题，再写论文，并可设想几个不同的标题，再根据论文的内容相互比较，择贴切、醒目者用之。

②从科研设计的三大要素中确定标题。科技学术论文是科研性强、学术价值高的论述性文章，应从科研设计的研究对象、处理因素、观察指标三要素中确定标题，才会对全文起到点石成金的作用。读者初看标题就决定是否阅读全文的一个重要原因就是，看标题是否反映这三要素以及三要素有什么独特、可取之处。

③借鉴参考文献确定标题。写论文前，作者要阅读大量参考文献，每篇文献都有不同的题目，作者可选择与自己的研究内容相近的论文，借鉴其题目特点，确定不与之雷同的新题目。

④意唯其多，字唯其少。论文的标题既要简短、明确地反映论文的主题，还要与其他同类论文相区别，避免雷同；既要惜墨如金，还要掷地有声，达到多一字显得累赘、少一字而又残缺不全的效果。

⑤语句通顺，表达恰当。科技论文的标题除了最基本的必须语句通顺外，还要特别注重准确用词，恰当使用语法、语言习惯和合适词序等。

⑥利用关键词，科学组合。关键词最能直接反映文章的内容，如能恰当组合，关键词往往就是文章的题目；或者在标题确定后，用主题词进行检查对照，检验是否符合要求。如果标题未把索引时可能用到的字（词）包含进去，甚至一个都没有，那么这个命题是失败的；相反，命题则是成功的。

⑦反复推敲，不断完善。作者在写完文章初稿后，还要对题目进行反复推敲，检验是否符合确定题目的原则，是否准确反映文章的内容，是否达到简练醒目、引人入胜的效果。或者请同事阅读，征求其意见和建议，必要时还可与编辑商榷，力争做到一篇好文章有一个好题目。

（5）论文命题中常见的问题。

①命题过大或过小。有的题目不能准确无误地表达论文的中心内容，不能恰如其分地反映研究范围和深度，使读者难以理解文章的主题思想、主要观点和结论；还有的题目过于抽象、笼统及一般化，夸大其词、以偏概全的现象较为普遍。

②名词术语不规范。采用故弄玄虚的手法，使用非公知公用的和同行不熟悉的外来语、缩写词、符号、代号或商品名称，达到夸张、炫耀之目的。

③用字和用词不准确。题名不能准确反映和表达文章特定的内容，用词、用意不准确、不贴切，含糊其词。另外，错别字也是造成难以正确表达文章内容的重要因素。

④含混空泛、题旨偏颇。含混空泛，是指标题语句所表达的意思不清楚、不确切，模棱两可、空泛无物。或者文题虽然清楚明白，但缺乏确切内容，使人读后不知所云，无法传递有效信息，就谈不上准确反映文章内容。所谓题旨偏颇，即标题所言与文章内容互不相干，这是标题不正确的典型形式之一。

2. 作者署名

（1）署名的作用。署名是作者拥有著作权的声明。《中华人民共和国著作权法》（以下简称《著作权法》）规定："著作权属于作者"；著作权包括"署名权，即表明作者身份，在作品上署名的权利"。可见，在发表论文中署名是国家赋予作者的一种权利，当然受到国家法律的保护。其实，署名也是作者通过辛勤劳动所应得的一种荣誉，表明他们的劳动成果和作者自己得到了社会的承认和尊重。署名本身即向社会声明，作者对该作品拥有了著作权，任何个人和单位不能侵犯。

署名表示文责自负的承诺。所谓文责自负，就是论文一经发表，署名者即应对论文负法律责任，负政治上、科学上的责任。如果论文中存在剽窃、抄袭的内容，或者存在政治上、科学上、技术上的错误，那么署名者就应完全负责。署名即表示作者愿意承担这些责任。

署名既表示作者有同读者联系的意向，也为读者同作者联系提供了可能。读者阅读文章后，若需要同作者商榷，或者要询问、质疑或请教作者，以及寻求作者的帮助，可以直接与作者联系。

（2）署名的要求。署名者只限于那些参与选定研究课题和制定研究方案、直接参加全部或部分研究工作并做出主要贡献，以及参加论文撰写并能对内容负责，同时对论文具有答辩能力的人员。

（3）署名的规范。作者简介包括作者姓名、出生年月、性别、民族、籍贯、现工作单位、职务或者职称以及简单履历和工作业绩等。字数一般要求在50～100字。

3. 摘要

（1）摘要的概念。摘要又称概要、内容提要等，是以提供文献内容概况为目的，不加评论和补充解释，简明、确切地记述文献重要内容的短文。摘要应具有独立性和自明性，并拥有与文献等量的主要信息，即读者不阅读全文就能获得必要的信息。

摘要写作的基本要素包括研究目的、方法、结果和结论，具体地讲就是研究工作的主要对象和范围、采用的手段与方法、得出的结果和重要结论等信息。

（2）摘要的分类。摘要按不同功能来划分，大致有三种类型。

①报道性摘要。它包括一次文献的主题范围及内容概况，一般用来反映作者的研究目的、方法及主要结果、结论，在有限的字数内（300字以内为宜）尽可能多地向读者提供定性或定量信息，充分反映该研究的创新之处。

②指示性摘要。它包括一次文献的论题及取得成果的性质、水平简介，其目的是使读者对该研究的主要内容（即作者做了什么工作）有一个大致了解。

③报道－指示性摘要。它以报道性摘要的形式表述论文中价值最高的那部分内容，其余部分则以指示性摘要形式表达。

以上三种摘要形式可供作者选用。一般来说，向科技学术期刊投稿应选用报道性摘要。

（3）摘要的写作原则。

①结构要素完整。摘要应包括目的、方法、结果和结论四要素。目的，简明指出从事该项研究（或研制、调查）的目的、理由与背景，或所涉及的研究范围；方法，简要说明研究课题的基本做法，包括所用原理、理论、条件、对象、材料、工艺、结构、手段、装备、程序等；结果，简要列出主要结果（需注明单位）、数据、统计学意义（P值）等，并说明其价值和局限性；结论，简要说明该项研究结果取得的正确观点、理论意义或实用

价值、推广前景，或对结果的分析、研究、比较、评价、应用、提出的问题，对今后的课题的假设、启发、建议、预测等。

②结构严谨，表达简明，语意确切。要按摘要的逻辑顺序进行撰写。句子之间要上下连贯，互相呼应；句型力求简单，慎用长句；每句话要表意明白，无空泛、笼统、含混之词。

③用第三人称。建议采用"对……进行了研究""报告了……现状""进行了……调查"等记述方法标明一次文献的性质和文献主题，不使用"本文""作者"等作为主语。

④名词术语规范。要使用规范化的名词术语，不用非公知公用的符号和术语。对于新术语或尚无合适汉文的术语，可用原文或译出后加括号注明原文。对于缩略语、略称、代号，除相邻专业读者也能清楚理解的，首次出现时必须加以说明。科技论文写作时应注意的其他事项，如采用法定计量单位、正确使用语言文字和标点符号等，也同样适用于摘要的编写。文摘中不能出现引用文献、公式、化学结构式和反应式。

⑤摘要内容。摘要中应排除本学科领域已成为常识的内容；切忌把应在引言中出现的内容写入摘要，也不要对论文内容作诠释和评论(尤其是自我评价)；不得简单重复题名中已有的信息。

(4)摘要写作常见问题与分析。摘要写作中常见的主要问题有：结构残缺、人称错误、内容不得要领、形式不当、独立性差等。

①结构残缺。文摘要完整、集中地反映文章中的四要素。许多作者来稿的摘要结构残缺，严重影响了摘要的作用的发挥。

②人称错误。按国标规定，摘要应用第三人称的写法，应采用"对……进行了研究""报告了……现状"等记述方法标明一次文献的性质和文章主题，不应使用"本文""作者"等作为主语。因摘要进入二次文献，已脱离了原文独立存在，再使用"本文"已不恰当。有的摘要运用"本文研制了……""本文对……进行了调查"等说法，这些从语法上看，以"本文"做主语是讲不通的。

③内容不得要领。有些摘要偏重于对研究背景及研究过程的介绍，而对主要结果和结论却避而不谈，抓不住要害，显得喧宾夺主。

④形式不当。有的文章本应写成报道式摘要却写成指示式的，不能反映文章实质内容；有的文章摘要本应写成指示式的却写成了报道式的，结果写了好几百字，还是没有讲清楚文章的重要内容。

⑤独立性差。摘要是可以单独发表的，因而其基础须是独立的，无须依赖其他任何补充而自明其义，即摘要中不应出现要依赖正文或参考文献才能理解的代码和符号。只有在以往的有关文献成为本研究工作的重要组成部分时，才有必要提及，并在圆括号内给出必要诠释。同时，不应旁征博引，不应包括参考文献、插图或公式。

4. 关键词

关键词也称主题词，是从论文的题名、层次标题、摘要和正文中选出来的，能反映论文主题概念的，并按照一定顺序逐次排列出来的词和词组；是便于文献索引和检索而选取的能反映论文主题内容的词或词组。关键词是为了文献标引而从报告、论文中选取出来用以表示全文主要内容信息款目的单词或术语。因此，作为学术论文的关键词必须是单词或术语。单词是指能包含一个词素(语言中最小的有意义的单位)的词或语言里最小的可以自由运用的单位;术语则是指某个学科中的专业用语。关键词的标引质量直接影响二次文献的收录与利用,便于对全文的检索。一般要求一篇论文要有3~5个全文使用频率比较高的关键词。

5. 引言

引言又称前言、导言、序言、绪言、绪论,是一篇科技论文的开场白,由它引出文章,通常写在正文之前。

引言作为论文的开端,主要交代研究成果的来龙去脉,即回答为什么要研究相关的课题,目的是引出作者研究成果的创新论点,使读者对论文要表达的问题有一个总体的了解,引起读者阅读论文的兴趣。

引言一般稍多于摘要的字数,言简意赅,但不得烦琐,文字不可冗长,应能对读者产生吸引力。学术论文的引言根据论文篇幅的大小和内容的多少而定,一般为200~600字,短则不足100字,长则可达1 000字。

6. 正文

正文是引言之后、结论之前的部分,也是论文的核心部分。作者论点的提出、论据的陈述、论证的过程、结果和讨论都要在此得以展现。要求观点要正确、论点要明确、论据要充分、选材要新颖;论述要有条理,有较好的逻辑性、可读性和规范性;表达要以读者在最短的时间里得到最多的信息量为原则;量、单位、名词术语的使用要统一、规范。正文是否有创新性,是决定一篇论文被采用与否的首要标准,也是刊物决定录用与否的主要依据。

虽然许多论文不属于"首次提出""首次发现",但作为一篇论文总应该对某一个问题的研究有创新,或对某种算法有改进,或对某一技术指标有提高。要求论点突出、尊重事实、表达准确,要求结构能紧紧围绕主题、层层展开、环环相扣,使整篇论文系统严密、浑然一体。常见的论文的结构形式有并列式、递进式、总分式和分总式等。

论文一般分成若干个自然段,或是用若干个小标题来论述。每层的小标题均用阿拉伯数字连续编码。一个编码的两个数字之间用圆点(.)分开,末位数字后面不加圆点。如:1(一级标题),1.2(二级标题),1.2.3(三级标题)。每一层次一般不超过4级,最后一级如果还要分层次,可用"1),2)"或"①,②"的形式表示,正文的结构层次不论是采用自然段还是小标题的形式,都要注意各层次之间要紧密衔接、环环相扣、富有逻辑,达到无懈可击;层次与层次之间还应协调一致,各部分的先后次序、篇幅的长短都应根据逻辑顺序和表现主题的需要,当详则详,当略则略。

7. 结论

结论是一篇论文的结束部分,是以研究成果为前提,经过严密的逻辑推理和论证所得出的最后结论。

在结论中应明确指出论文研究的成果或观点,对其应用前景和社会、经济价值等加以预测和评价,并提出今后在本研究方向进一步进行研究工作的展望与设想。

结论应写得简明扼要,精练完整,逻辑严谨,措施得当,表达准确,有条理性。一般来说,读者选读某篇论文时,先看标题、摘要、前言,再看结论,才能决定阅读与否。

因此，结论写作也是很重要的。撰写结论时，不仅对研究的全过程、实验的结果、数据等进一步认真地加以综合分析，准确反映客观事物的本质及其规律，而且，对论证的材料，选用的实例，语言表达的概括性、科学性和逻辑性等方方面面也要——进行总判断、总推理、总评价。

同时，结论不是对前面论述结果的简单复述，而要与引言相呼应，与正文其他部分相联系。

结论中，凡归结为一个认识、肯定一种观点、否定一种意见，都要有事实、有根据，不能想当然，不能含糊其词，不能用"大概""可能""或许"等词语。如果论文得不出结论，也不要硬写。

凡不写结论的论文，可对实验结果进行一番深入讨论。论文结论的字数要求在 600～800 字。

8. 致谢

科学研究通常不是只靠一两个人的力量就能完成的，需要多方面力量支持、协助或指导。特别是大型课题，更需联合作战，参与的人数很多。

在论文结论之后或结束处，论文作者应对在整个研究过程中，曾给予自己帮助和支持的单位和个人表示谢意。尤其是参加部分研究工作、未有署名的人，要肯定他的贡献，予以致谢。如果提供帮助的人过多，就不必——提名，除直接参与工作、帮助很大的人员列名致谢外，对于一般人均笼统表示谢意。如果有的单位或个人确实给予了帮助和指导，甚至研究方法都是从人家那里学到的，而作者只字未提，那么未免有剽窃之嫌。

在论文末尾向曾经给予该论文各种帮助的人给予真诚的致谢，是对别人研究成果和劳动的一种尊重。

9. 参考文献

文后参考文献，主要是对撰写论文时引用的有关文献资料进行罗列、标注，这项工作也叫参考文献著录。参考文献的著录有着明确的标准和要求，《信息与文献 参考文献著录规则》(GB/T 7714—2015)中规定参考文献可按"顺序编码制"或"著者－出版年制"组织。其中，顺序编码制在我国科学技术期刊中采用较普遍。关于参考文献的引用原则、标注格式与详细要求，可参阅本章第四节相关内容。

10. 附录

附录是论文主体的补充部分，并非每一篇科技论文都有附录。一般而言，为了体现论文的完整性，对于那些写入正文有损于行文条理性、逻辑性、精练性的材料，可以写入附录中。包括但不限于以下几类材料：

(1)比正文更为详尽的理论根据、研究方法和技术要点，建议可以阅读的参考文献题录，对了解正文内容有用的补充信息等；

(2)由于篇幅过长或取材于复制品而不宜写入正文的资料；

(3)不便于写入正文的罕见珍贵资料；

(4)一般读者并不必要，对专业同行很有参考价值的资料；

(5)重要的原始数据、数学推导、源程序、框图、结构图、统计表、计算机打印输出件等。

附录段一般置于参考文献表之后，可以以附录 A、附录 B 等做标题前导词。附录中的插图、表格、公式、参考文献等另行编号，如图 A1、图 B2、表 B1、表 C3、式（A1）、式（C2）、文献［A1］、文献［B2］等。

第三节　插图和表格的规范使用

插图和表格是科技论文撰稿中常用的重要辅助手段。图表使用得当、设计合理，不仅可以使论文论述清楚、明白，还可以起到活跃、美化、节省版面，提高读者阅读兴趣的效果。针对当前广大读者撰稿中出现的问题，本节从一篇科技论文的图表设计着手，简述图表设计的格式、要求和注意事项等，以引导广大读者在撰稿中正确设计图表，提高论文写作水平。

一、插图和表格的分类及作用

科技论文中的插图主要包括曲线图、示意图、结构图、图解、框图、流程图和照片等。

曲线图主要是指用曲线表现数字资料的统计图，如将"时间数列"绘成的动态曲线图，可以反映现象在时间上的变动情况；示意图主要是呈现某一事物的总体状态和变化分布形态，并不能详细地呈现事物细节和数量上的细小变化；结构图与示意图恰好相反，多用于呈现某一物体或者机械部件的全部或部分详细构成；图解是附于文字或其他题材的一类图片，用来解释或者形象地反映所要表达的主题；框图是表示一个事项各部分和各环节之间关系的图示，它的作用在于能够清晰地表达比较复杂的事项的各部分之间的关系；流程图是由一些图框和流程线组成，其中图框表示各种事项的类型，图框中的文字和符号表示事项的内容，流程线表示事项的先后次序；照片主要用于反映事物的外貌形态和特征，以便于读者更直观、形象、清晰地观察。

表格按照编排方式和内容分为数据表和系统表。数据表主要是以三线表形式列出有关数据、符号、公式、表达式或文字等需要说明的事项，而系统表一般用于表示多个事项之间的隶属关系和层次。

科技论文中的插图不仅可以形象、清楚、直观地表达文字难以描述的科学思想和研究成果，而且可以省略大量文字、减少篇幅、节约版面。跟插图表达效果稍有不同的是，表格还能够准确地提供关键数据、定量化研究论据和实验结果。总之，插图和表格能够将表达内容准确、清晰地呈现给读者，便于读者比对内容的数值大小、分布规律和相互关系等，增加论文的欣赏度，避免读者感受到阅读长篇描述性文字带来的枯燥性，从而提高阅读兴趣和理解效率。

二、插图的设计与使用

科技论文里的插图应该具有写实性、自明性、规范性和示意性的特点，即读者只看图、图题和图例，不阅读正文，就可以理解图意。插图由图号、图题和图面三部分构成。图题应遵循简短、确切的原则，连同图号置于图面下方。论文中的所有插图都应按照出现的先后顺序给定图号，正文中的插图统一用阿拉伯数字表示，如图1、图2……以此类推。当文章只有一个插图时，其图号为图1。如果同一个插图中有两个以上分图，则分图的图号不能省略，可以使用a、b、c等字母码。分图题可直接排在各分图之下，也可集中将所有分图题依次排在总图题之后。必要时，应将图上的符号、标记、代码以及实验条件等作为插图的说明，用最简练的文字横排于图题下方。

函数图是科技论文中使用最广泛的插图，可直观、形象地用函数曲线来表达变量之间的关系。函数图除了同样具备图号、图题、图面，还应该有坐标轴、标目、标值和曲线等要素。当给出标值时，标值大小已经明确表述了增量的方向，因此不应再重复给出箭头标志。当坐标轴没有给出具体标值，而是描述定性变量时，坐标轴的末端应按增量的方向给出箭头，并标注变量 X、Y 及原点 O 等。当标目是物理量时，物理量符号与单位应采用比值的形式，分别居中排列于横、纵坐标轴的外侧。坐标轴上的标值应该规整化，不能把不规整的实测数值直接作标值。

为加强对比效果和节省版面，可以把同一参变量和多个物理量的多条函数曲线放置在同一插图上，并在图题标明各曲线代表的量名称、量符号和单位。当各物理量的量级差别较小或较大时，曲线挤在一起或分离过大难以分辨，可使各物理量函数曲线拥有自己的坐标轴，新赋予坐标轴的标目和标值都应分别给予标注。

三、表格的设计与使用

科技论文里的表格应具有科学、明确、简洁、自明和规范的特点，便于读者比较和逻辑比对。表格一般由表号、表题和表身三部分组成，每一个表格都应有简明、确切的表题，连同表号一起置于表身的上方。表号按表格在正文中出现的先后顺序用阿拉伯数字表示，如表1、表2……以此类推。当文章中只有一个表格时，其表号为表1。必要时，应将表格中的符号、标记、代码，以及需要说明的事项，以最简练的文字横排于表题下，或作为表注附注于表格下方。表内附注的序号一般采用小号阿拉伯数字并加圆括号置于被注对象的右上角，如 ×××(1)，一般不采用"＊"，以免与数学上共轭和物质转移的符号相混淆。

目前，在科技论文写作中一般采用三线表，三线表既保留了传统卡线表的大部分功能，又增强了表格的简洁性。对于某些比较复杂的数据或文本内容，单靠三条线并不能完整、有效地表达作者的观点，一般可采用在项目栏或表身适当添加横向辅助线的办法来实现栏目多层次的效果。表身的辅助线可以提高表格自身的清晰度，特别是当信息量很大时，辅助线还可以方便读者查找、定位相关的数据或文本等表格内容。表格的编排一般按照内容和测试项目由左至右横排，数据依序竖排。表内同一栏的数字必须上下对齐，同一指标数值的小数点有效位数要一致，小数点要上下对齐。表中所有单位相同，应将单位标注在表的右上角，不写"单位"二字。如果表格数据拥有多个物理量，则各个物理量的单位应在项目栏中单独列出，项目栏中物理量名称与单位符号之间用"/"隔开，如速度/m·s^{-1}、时间/h。表中内容不能以"同上""同左""下同"等来代替，一律应填入具体的数字、公式、符号或文本，表内的"空白"代表未测或无此项。如表格中的数据已经被绘制成图片，则不再将数据列入表中，以避免重复。

四、插图和表格的放置

大多数科技期刊版式为两栏，除较大的插图可以采用两栏宽度，一般插图应尽可能采用一栏宽度，尽量避免出现跨页图。插图和表格的画面、数值和文字等内容应简洁明了，经过适度放大或缩小后所描述内容仍清晰可辨。科技论文中的插图和表格是辅助文本直观、形象、简洁地表达作者研究观点的重要手段，所以，所有的插图和表格在正文中必须有文本描述，图、表的序号也必须在正文中至少出现一次。插图和表格在论文中的放置应遵循"图表随文"的原则，即先见文本描述，后见插图和表格的展示。插图和表格应尽量靠近对它的文本描述段落，这样既符合阅读习惯，又便于文本与插图、表格的对照。

插图和表格是科技论文的重要组成部分，尽管在不同的专业领域或研究方向，论文采用的插图和表格类型不尽相同，但作者都应遵循写实性、自明性、规范性和示意性的原则，精心设计、制作和选用插图和表格，以便有效地表达论文内容，增加论文的可欣赏性和可读性，提高论文质量。

第四节 参考文献的引用和标注

对于一篇完整的论文，参考文献著录是不可缺少的。作者在论文之中，凡是引用他人的报告、论文等文献中的观点、数据、材料、成果等，都应按在本论文中引用的先后顺序排列，并在文中标明参考文献的顺序号或引文作者姓名和出版年份。每篇参考文献按篇名、作者、文献出处排列。列上参考文献的目的，不只是便于读者查阅原始资料，也便于自己进一步研究时参考。应该注意的是，凡列入的参考文献，作者都应详细阅读，不能列入未曾阅读的文献。

一、参考文献的引用原则

1. 只著录必要的、最新的文献

著录文献时不仅要精选仅限于著录作者在论文中直接引用的必要的文献，而且所引用的文献必须是近年来最新的。

2. 只著录公开发表的文献

公开发表是指在国内外公开发行的报刊或正式出版的图书上发表。在供内部交流的刊物上发表的文章和内部使用的资料，尤其是不宜公开的资料，均不能作为参考文献著录。国内外学术会议上交流的论文一般也不宜作为参考文献著录。

3. 采用规范的著录格式

论文作者应熟练掌握并严格执行《信息与文献 参考文献著录规则》(GB/T 7714—2015)进行著录。

二、参考文献的标准格式

《信息与文献 参考文献著录规则》(GB/T 7714—2015)，将文献分为 16 个类型，常用的参考文献类型及其标识代码如下。

1. 传统文献类型

传统文献类型有：专著[M]、会议录[C]、汇编[G]、报纸文章[N]、期刊文章[J]、学位论文[D]、报告[R]、标准[S]、专利[P]等。

2. 电子文献类型

电子文献类型有：数据库[DB]、计算机程序[CP]、电子公告[EB]等。

3. 电子文献的载体类型

电子文献的载体类型有：互联网[OL]、光盘[CD]、磁带[MT]、磁盘[DK]等。

示例：

(1)专著、论文集、学位论文、报告。

[序号]主要责任者. 文献题名[文献类型标识]. 出版地：出版者，出版年. 起止页码(可选).

例：[1]刘国钧，陈绍业. 图书馆目录[M]. 北京：高等教育出版社，1957. 15-18.

(2)期刊文章。

[序号]主要责任者. 文献题名[J]. 刊名，年，卷(期)：起止页码.

例：[1]何龄修. 读顾城《南明史》[J]. 中国史研究，1998，(3)：167-173.

[2]OU J P，SOONG T T，et al. Recent advance in research on applications of passive energy dissipation systems[J]. Earthquack Eng，1997，38(3)：358-361.

(3)论文集中的析出文献。

[序号]析出文献主要责任者. 析出文献题名[A]. 原文献主要责任者(可选). 原文献题名[C]. 出版地：出版者，出版年：起止页码.

例：[7]钟文发. 非线性规划在可燃毒物配置中的应用[A]. 赵炜. 运筹学的理论与应用——中国运筹学会论文集[C]. 西安：西安电子科技大学出版社，1996：8-10.

(4)报纸文章。

[序号]主要责任者. 文献题名[N]. 报纸名，出版日期(版次).

例：[8]谢希德. 创造学习的新思路[N]. 人民日报，1998-12-25(10).

(5)电子文献。

[文献类型/载体类型标识] [J/OL]网上期刊；[EB/OL]网上电子公告；[M/CD]光盘图书；[DB/OL]网上数据库；[DB/MT]磁带数据库。

[序号]主要责任者. 电子文献题名 [电子文献及载体类型标识]. 电子文献的出版或获得地址，发表更新日期[引用日期].

例：[12]王明亮. 关于中国学术期刊标准化数据库系统工程的进展[EB/OL].

三、参考文献在文中的引用标注

1. 引用标注规则

《信息与文献 参考文献著录规则》(GB/T 7714—2015)规定："引用文献的标准方法可以采用顺序编码制，也可采用著者－出版年制"。

顺序编码制是按文章正文部分(包括图、表及其说明)引用文献的先后顺序连续编码。

在文中参考文献的序号均置于方括号内,并视具体情况把序号作为上角标,或者作为语句的组成部分。应注意:凡不是句子组成部分的文献序号及其方括号,须作为右上角标处理。引用多篇文献时,只需将各篇文献的序号在方括号内全部列出,各序号间用","隔开,如遇连续序号,可在起止序号中间加"~"。在文后参考文献中,各条文献按序号排列,序号编码不再加方括号。

2. 著录标注需要注意的问题

(1)姓名的著录。著录个人作者(包括译者、编者)时,一律姓在前、名在后。由于各国(或民族)的姓名写法不同,著录标注时应特别注意,名可缩写为首字母(大写),但不加编写点(·)。

(2)多位作者著录。作者(主要责任)为3人或不多于3人时应全部写出,之间用","号隔开;3人以上只列出前3人,后加"等"。

(3)刊名的著录。文后参考文献著录时刊名不用书名号(《》)。

(4)著录的数量。只有广泛地参阅本学科的相关文献,才能更加全面、更加深入地了解与该课题有关的信息。所以,引文应有一定的数量,不宜过少。较重要的研究性论文,引文不少于10条;对于内容较简单的论文,以不少于5条为宜。

章节自测

一、名词解释

科技论文;摘要

二、简答题

1. 科技论文根据不同的作用可分为几类?

2. 引用参考文献时要遵循哪些原则?

三、论述题

新学期,学校开设了一门《大学生科技论文写作指导》公共选修课,你认为这门课程应重点讲授哪些内容,要想学好这门课程需要注意些什么?结合所学,谈谈你的看法,并对这门课程提几点建议。

四、案例分析

李明是我校一名即将毕业的学前教育专业的学生,按照毕业论文的写作要求,结合专业相关知识,初步列出了以下几个论文选题。

(1)民办幼儿园的发展与管理研究——以山西省为例;

(2)幼儿合作能力培养研究——以太原××幼儿园为例;

(3)幼小衔接现状、问题及策略研究——以太原市小店区为例;

(4)幼儿园家庭教育指导策略研究。

要求:

如果你是他的指导教师,你建议他确定哪一个选题?说说你的依据和思路。

第十二章
创造成果保护

第一节　知识产权概述

知识产权的客体是知识产品，知识产品是知识性与产品性的统一，其本质是信息。知识是人脑的产物，产生于大脑的知识并非一定为他人感知，但具有其形式，它不以是否能为他人感知为前提。知识产权制度不是用来保护知识的，也不是用来限制知识传播的，而是通过保护创造性智力劳动成果——知识产品，来保护创造知识的劳动的。知识产权属于私权，但对公权有强烈的依存性，是人们基于创造知识的劳动对所产生的知识产品依法享有的专有权。

一、知识产权的概念

知识产权是人们对无形的智力成果所享有的专有权利，包括专利权、著作权、商标权、商业秘密权等。它作为一种财产权在法律中出现，是人类文明和社会生产力发展到一定阶段的结果。知识产权是人们对其智力活动创造的成果和经营管理活动中的标记、商誉依法享有的权利。知识产权制度对于促进科技创新、维护商业竞争秩序和促进经济发展的积极作用得到世界上多数国家和众多国际组织的承认。在我国，法学界曾长期采用"智力成果权"的说法，1986 年《中华人民共和国民法通则》颁布后，开始使用"知识产权"的称谓；我国台湾地区则把知识产权称为"智慧财产权"。

二、知识产权的范围

从客体范围看，知识产权有广义和狭义之分。

1. 狭义的知识产权（即传统的知识产权）

（1）狭义的知识产权可分为两个类别：文学产权和工业产权。

①文学产权。文学产权是关于文学、艺术、科学作品的创作者和传播者所享有的权利，包括著作权及与著作权有关的邻接权。

注意：文学产权不仅针对文学、艺术作品，也可以针对科学作品。可以享受权利的人，不仅有创作者，还有传播者。例如，邻接权就属于传播者享有的权利。

文学产权保护范围是具有原创性的作品及其传播方式。

②工业产权。工业产权是指工业、商业、农业、林业和其他产业中具有实用经济意

义的一种无形财产权。

因为不仅包括工业，还包括商业、农业、林业和其他，故工业产权也被称为产业产权。

工业产权包括专利权和商标权。专利和商标的目的都是要在实际生产或经济活动中发挥作用，即具备实用经济意义。

工业产权，实质上是一种无形财产权。

文学产权不可笼统地说是一种财产权。例如，文学产权中的著作权分为著作人身权和著作财产权。而著作人身权（主要有：发表权、署名权、修改权、保护作品完整权）就是一种非财产权利。文学产权与工业产权的区分是传统的知识产权基本分类。

（2）狭义的知识产权主要有三个组成部分：著作权（含邻接权）、专利权、商标权。

2. 广义的知识产权

广义的知识产权包括专利权、著作权、邻接权、商标权、商号权、商业秘密权、地理标志权、集成电路布图设计权等。

三、知识产权的客体

通常所说的知识产权分为三大类，即专利权、著作权和商标权。知识产权的客体是人们在科学、技术、文化等知识形态领域中所创造的精神产品，即知识产品。知识产品是与物质产品（即民法意义上的物）相并存的一种民事权利客体。

1. 专利权的客体有三种：发明、实用新型和外观设计

发明是指对产品、方法或其改进所提出的新的技术方案；实用新型是指对产品的形状、构造及其结合所提出的适于实用的新的技术方案；外观设计是指对产品的形状、图案、色彩或者其结合所作出的富有美感并适于工业应用的新设计。

《专利法》第二十五条规定：对下列各项，不授予专利权：科学发现；智力活动的规则和方法；疾病的诊断和治疗方法；动物和植物品种；用原子核变换方法获得的物质。

2. 商标权的客体为商标

商标是商品或服务来源的标志，向社会公众直接传递商品或服务来源方面的信息。这些信息包括何人为该商品或服务的生产者或提供者及其商业信誉如何，商品或服务的质量及声誉如何等。

商标包括：商品商标、服务商标、集体商标和证明商标。

3. 著作权的客体为作品

作品必须能传播文艺或科学思想，是一种信息的载体，而不是一种实用工具和手段。

《著作权法》第三条规定：本法中所称的作品，包括以下列形式创作的文学、艺术和自然科学、社会科学、工程技术等作品：文字作品；口述作品；音乐、戏剧、曲艺、舞蹈、杂技艺术作品；美术、建筑作品；摄影作品；电影作品和以类似摄制电影的方法创作的作品；工程设计图、产品设计图、地图、示意图等图形作品和模型作品；计算机软件；法律、行政法规规定的其他作品。

综上所述，《知识产权法》专门用来保护拥有产品的人，保护的客体就是所设计的产品，在产品被设计成功之后就要按流程来申请保护，这样才不会让自己的产品受到他人的侵犯。

四、知识产权的类型化

知识产权类型主要有六种，分别是专利权、著作权、商标权、植物新品种、技术秘密、地理标志。

1. 专利权

专利权包括发明、外观设计、实用新型 3 种类型，主要是发明人或设计人对其发明创造在特定的期限内依法享有的独占实施权。

2. 商标权

商标权主要是指商标注册人对其所注册的商标依法享有使用权，是受国家法律保护的专有权。

3. 著作权

著作权是指作者对其创作的文学、艺术和科学技术作品所享有的专有权利，也是公民、法人依法享有的一种民事权利。

4. 植物新品种

植物新品种是指完成的新品种有新颖性、特异性、一致性、稳定性，对其完成的单位和个人授权新品种，享有排他的独占权，即拥有植物新品种权。

5. 技术秘密

技术秘密是商业秘密的一种，是指不为公众所知悉、能为权利人带来经济利益、具有实用性并经权利人采取保密措施的技术信息和经营信息。

6. 地理标志

地理标志是指为国内法或国际条约所确认的或规定的由地理标志保护的相关权利。

第二节　知识产权法

知识产权法的综合性和技术性特征十分明显。在知识产权法中，既有私法规范，也有公法规范；既有实体法规范，也有程序法规范。但从法律部门的归属上讲，知识产权法仍属于民法的范畴，是民法的特别法。民法的基本原则、制度和法律规范大多适用于知识产权，并且知识产权法中的公法规范和程序法规范都是为确认和保护知识产权这一私权服务的，不占主导地位。

现代社会中，知识产权作为一种私权在各国普遍获得确认和保护，知识产权制度作为划分知识产品公共属性与私人属性界限并调整知识创造、利用和传播中所形成的社会关系的工具在各国普遍确立，并随着科学技术和商品经济的发展而不断地拓展、丰富和完善。特别是在经济全球化背景下，知识产权制度发展迅速，不断变革和创新。当前世界经济已经处于知识经济时代，技术创新已是社会进步与经济发展的最主要动力，与之相对应的，知识产权越来越成为提升市场核心竞争力和进行市场垄断的手段，知识产权制度因此成为基础性制度和社会政策的重要组成部分。从 20 世纪末开始，许多国家已经从国家战略的高度来考虑、制定和实施知识产权战略，并将知识产权战略与经贸政策相结合，知识产权战略构成了国家发展总体战略的组成部分，对实现国家总体目标具有重大意义。

一、知识产权法概述

在我国，知识产权立法起步较晚，但发展迅速，现已建立起符合国际先进标准的法律体系。知识产权法的渊源是指知识产权法律规范的表现形式，可分为国内立法渊源和国际公约两部分。

1. 国内立法渊源

在我国，知识产权法律体系主要由国家最高立法机关制定的法律和各行政主管部门制定的法规、条例等组成。

(1)知识产权法律，如《著作权法》《专利法》《商标法》。

(2)知识产权行政法规。主要有《著作权法实施条例》《计算机软件保护条例》《专利法实施细则》《商标法实施条例》《知识产权海关保护条例》《植物新品种保护条例》《集成电路布图设计保护条例》等。

(3)知识产权地方性法规、自治条例和单行条例，如《深圳经济特区企业技术秘密保护条例》。

(4)知识产权行政规章，如国家市场监督管理总局《关于禁止侵犯商业秘密行为的若干规定》。

(5)知识产权司法解释，如《最高人民法院关于审理专利纠纷案件适用法律问题的若干规定》《最高人民法院关于诉前停止侵犯注册商标专用权行为和保全证据适用法律问题的解释》。

2. 国际条约

我国在制定国内知识产权法律法规的同时，也加强了与世界各国在知识产权领域的交往与合作，加入了十多项知识产权保护的国际公约，主要有：《与贸易有关的知识产权协定》《保护工业产权巴黎公约》《保护文学和艺术作品伯尔尼公约》《世界版权公约》《商标国际注册马德里协定》《专利合作条约》等。

其中，世界贸易组织《与贸易有关的知识产权协定》(简称 TRIPS 协定)被认为是当前世界范围内知识产权保护领域中涉及面广、保护水平高、保护力度大、制约力强的国际公约，对中国有关知识产权法律的修改起到重要作用。

二、知识产权法律体系

知识产权法一般包括著作权法、专利法、商标法、产地标记权法、商业秘密权法以及反不正当竞争法等法律制度。

从权利的内容上看，知识产权包括人身权和财产权。知识产权中的人身权是与智力活动成果创造人的人身不可分离的专属权，比如署名权、发表权、修改权等；知识产权中的财产权则是指享有知识产权的人基于这种智力活动成果而享有的获得报酬或其他物质利益的权利。

按照智力活动成果的不同，知识产权可以分为著作权、商标权、专利权、发明权、发现权等。对于知识产权的定义和客体，《中华人民共和国民法典》第123条作出了明确规定。

三、数字时代的知识产权法

当前，随着信息网络和数字技术的迅猛发展，人类进入数字时代和数字社会，数字经济的引领作用日益凸显。数字时代的出现，使得知识产权的创造、运用、保护的形式都出现了巨大变化，对现行知识产权制度带来了巨大挑战。数字时代典型的知识产权问题，主要体现在数据知识产权保护、人工智能生成物的知识产权保护、数字藏品交易的知识产权保护、元宇宙技术知识产权保护等方面。

1. 数据知识产权法

数字时代，也是大数据时代，数据成了一种并列于土地、劳动等传统生产要素的基础资产和获取市场竞争优势的战略性资源。明确承认数据的财产属性、赋予数据财产化权益保护，是近年来随着数字经济迅猛发展而提出的新课题。对于数据的财产化保护，《中华人民共和国民法典》第 127 条明确规定："法律对数据、网络虚拟财产的保护有规定的，依照其规定。"该规定是在"民事权利"一章中体现的，反映出数据和网络虚拟财产可以受到民事权利保护。

确立数据产权、保障数据财产化利益，是建立数据法律制度的基础，也是数据法律制度的重要内容。为了规范数据处理活动，保障数据安全，促进数据开发利用，保护个人、组织的合法权益，维护国家主权、安全和发展利益，2021 年 6 月 10 日，第十三届全国人民代表大会常务委员会第二十九次会议审议通过《中华人民共和国数据安全法》，同年 9 月 1 日开始施行。该法共七章五十五条，分别是总则、数据安全与发展、数据安全制度、数据安全保护义务、政务数据安全与开放、法律责任和附则。2022 年 12 月 2 日发布的《中共中央 国务院关于构建数据基础制度更好发挥数据要素作用的意见》（以下简称"数据二十条"）提出，要"探索有利于数据安全保护、有效利用、合规流通的产权制度和市场体系，完善数据要素市场体制机制""在国家数据分类分级保护制度下，推进数据分类分级确权授权使用和市场化流通交易，健全数据要素权益保护制度，逐步形成具有中国特色的数据产权制度体系"。

2. 数字时代知识产权制度的完善

知识产权制度是技术变革和商品经济发展的产物，数字技术发展对现行知识产权制度带来了巨大挑战。在数字时代，数字化与数字产业化浪潮对于知识产权制度构建及其实施的影响日益增强。应对数字技术发展，我国知识产权制度应当与时俱进，及时适应数字技术发展需要，在适应这一发展中实现制度的现代化变革，从而使其能够及时对数字技术发展进行完善。

2021 年 1 月，中共中央发布的《法治中国建设规划（2020—2025 年）》高度重视包括知识产权法律制度在内的信息技术领域立法。其中明确提出："加强信息技术领域立法，及时跟进研究数字经济、互联网金融、人工智能、大数据、云计算等相关法律制度，抓紧补齐短板。"可见，应对数字技术发展，我国知识产权立法需要完善的内容涉及诸多方面。一是就数据特别是商业数据而言，相关知识产权主体制度的构建和完善，需要立足于数据特定的保护规律，建立和完善数据产权制度，包括数据知识产权制度。二是就人工智能生成物权利主体制度而言，目前在法理上很难突破规定人工智能享有作者或者发明创造者的地位，对此需要进一步建立完善有关人工智能生成作品和发明创造的权利归属制度。三是就知识产权客体而言，我国现行知识产权法律显然需要针对随着数字技术发展出现的新型知识产权客体予以接纳和调整，对于符合知识产权客体要件的数据，尤其是商业数据，需要在知识产权单行法律中予以明确，以应对数字技术及其产业发展的挑战。此外，反不正当竞争法作为对知识产权保护的兜底性和补充性法律，对于具有竞争性利益或者财产性利益的商业数据的保护，还需要及时作出专门的规定。

根据我国《"十四五"数字经济发展规划》的要求："数字经济是继农业经济、工业经济之后的主要经济形态，是以数据资源为关键要素，以现代信息网络为主要载体，以信息通信技术融合应用、全要素数字化转型为重要推动力，促进公平与效率更加统一的新经济形态。"到2025年，数据要素市场体系初步建立、产业数字化转型迈上新台阶、数字产业化水平显著提升、数字化公共服务更加普惠均等、数字经济治理体系更加完善。

第三节　专利法

专利法律制度从产生到现在已经历了数百年，它的产生、发展离不开商品经济的发展，也离不开社会承认技术成果是财富、是商品这一历史条件。专利法律制度的首要目的是确认发明创造人对其发明创造成果或技术方案的专有权利。

一、专利法概述

1. 专利法

专利法是调整因发明而产生的一定社会关系，促进技术进步和经济发展的法律规范的总和。就其性质而言，专利法既是国内法，又是涉外法；既是确立专利权人的各项权利和义务的实体法，又是规定专利申请、审查、批准一系列程序制度的程序法；既是调整在专利申请、审查、批准和专利实施管理中纵向关系的法律，又是调整专利所有、专利转让和使用许可的横向关系的法律；既是调整专利人身关系的法律，又是调整专利财产关系的法律。

2. 专利权

专利权是指公民、法人或者其他组织依法对其获得专利的发明创造在一定期限内进行控制、利用并支配的专有权利。

专利权包括积极效力和消极效力两个方面：积极效力指权利人以营利为目的的独占实施专利技术的权利。权利人对于这一权利可以自己行使，也可以转让或许可他人行使；消极效力是指权利人阻止第三人擅自实施专利的权利。如果发生侵犯专利权的行为，权利人可以追究侵权方的法律责任。

3. 我国《专利法》的修订历史

(1)第一次修改。《专利法》的第一次修改工作开始于1988年，在1992年9月4日第七届全国人民代表大会常务委员会第二十七次会议上通过了《关于修改中华人民共和国专利法的决定》。第一次修改后的《专利法》于1993年1月1日起实施。

(2)第二次修改。2000年8月25日，第九届全国人大常委会第十七次会议通过了对

《专利法》的第二次修改，该修正案于 2001 年 7 月 1 日起施行。

（3）第三次修改。2008 年 12 月 27 日第十一届全国人民代表大会常务委员会第六次会议通过关于修改《专利法》的决定，本决定自 2009 年 10 月 1 日起施行。

（4）第四次修改。2020 年 10 月 17 日，第十三届全国人民代表大会常务委员会第二十二次会议通过修改《专利法》的决定，自 2021 年 6 月 1 日起施行。

4. 专利制度的特征

（1）从制度本身的层面上看，专利制度最为重要并能反映其本质特征的属性可以概括为两点：①以法律的手段实现对技术实施的垄断；②以书面的方式实现对技术信息的公开。

（2）从专利法所赋予的垄断性权利内容看，专利法所规定的垄断绝非对技术的全面垄断，而仅仅限定在对技术的营利性实施方面：①专利法绝不限制技术信息的传播，相反还鼓励或有助于技术信息的广泛传播；②专利制度绝不禁止新技术的研究开发，专利权人的权利仅限于禁止他人为营利目的而实施专利技术。

专利权的垄断也不同于其他知识产权的垄断。

二、专利权的归属

1. 专利的权利归属

根据我国《专利法》及《专利法实施细则》的规定，专利权归下列人所有：

（1）职务发明创造的专利申请权和专利权人为单位。

（2）非职务发明创造的专利申请权和专利权人为个人。

（3）利用本单位的物质技术条件所完成的发明创造，其专利申请权和专利权人依其合同约定决定。

（4）两个以上单位或者个人合作完成的发明创造，除各方在协议中约定的以外，其专利申请权和专利权人属于完成或者共同完成的单位或者个人。

（5）一个单位或者个人接受其他单位或者个人的委托完成的发明创造，除委托书中有约定的外，其专利申请权和专利权人属于完成或者共同完成的单位或者个人。

（6）两个以上的申请人分别就同样的发明创造申请专利的，专利权授予最先申请的人。两个以上的申请人在同一日分别就同样的发明创造申请专利的，应在收到国务院专利行政部门的通知后自行协商确定申请人。

2. 发明创造申请专利的权利归属

（1）两个以上单位或者个人合作完成的发明创造，可以是单位与单位之间的合作（如科研机构、大专院校和企业之间的合作），也可以是单位与个人之间的合作，还可以是个人与个人的合作。合作的方式可以是合作各方按照分工分别承担一项发明创造的不同部分或者不同阶段，也可以是一方或几方负责提供资金、设备、场地等物质条件，另一方或几方负责进行技术开发活动。对于合作完成的发明创造，合作各方可通过协议约定申请专利的权利及申请被批准后专利权的归属，以及合作各方的其他权利、义务。如果合作各方没有就合作完成的发明创造申请专利的权利及专利权的归属达成协议，按照本条的规定，申请专利的权利及取得的专利权应当归属于完成或者共同完成发明创造的一方或几方。如发明创造的合作各方共同参与完成发明创造，申请专利的权利和取得的专利权应属于合作各方共有。

对此，《中华人民共和国合同法》（以下简称《合同法》）第三百四十条规定："合作开发完成的发明创造，除当事人另有约定的以外，申请专利的权利属于合作开发的当事人共有。当事人一方转让其共有的专利申请权的，其他各方享有以同等条件优先受让的权利。……合作开发的当事人一方声明放弃其共有的专利申请权的，可以由另一方单独申请或者由其他各方共同申请。申请人取得专利权的，放弃专利申请权的一方可以免费实施该专利。"对于合作中各方共同完成的发明创造，应当由各完成方共同作为申请人提出专利申请（当然，实际操作中可选定一方为其他各方的代表，办理有关专利事务），其中一方或几方没有征得其他共同完成方的同意的，不得自行提出专利申请。对此，《合同法》上述条文中规定："合作开发的当事人一方不同意申请专利的，另一方或者其他各方不得申请专利。"

（2）关于一个单位或者个人接受其他单位或者个人的委托所完成的发明创造，其申请专利的权利和申请被批准后专利权的归属问题，按照民法的一般原则，在委托合同关系中，受托方根据委托方的委托办理委托事务，其办理委托事务的风险应当由委托人承担；同时，其办理委托事务取得的成果也应当归于委托人，委托人则应按合同的约定向受托人支付费用和报酬。因此，不少国家的法律规定，接受委托所完成的发明创造，其申请专利的权利及取得的专利权属于委托方。而我国《专利法》为侧重保护实际完成发明创造一方的利益，规定接受委托完成的发明创造，除当事人另有协议外，申请专利的权利和取得的专利权属于完成发明创造的一方，即归属于受托方。当然，委托方和受托方以协议规定申请专利的权利和专利权归属于委托方或者由双方共有的，应按照协议的约定。对此，我国《合同法》第三百三十九条也有规定："委托开发完成的发明创造，除当事人另有约定的以外，申请专利的权利属于研究开发人。研究开发人取得专利权的，委托人可以免费实施该专利。……研究开发人转让专利申请权的，委托人享有以同等条件优先受让的权利。"

三、专利权人的权利与义务

1. 专利权人的权利

（1）自己实施其专利的权利，即自己享有制造、使用、销售、许诺销售和进口其专利产品或者使用其专利方法的权利。

（2）许可他人实施其专利的权利，即被许可方取得相应的专利实施权并向专利权人支付专利使用费。

（3）禁止他人实施其专利的权利，未经专利权人许可，任何单位或者个人都不得实施其专利，即不得为生产经营目的制造、使用或者销售其专利产品，或者使用其专利方法。

（4）请求保护的权利。

（5）转让专利权的权利。

（6）在产品上标明专利权的权利，专利权人有权在其专利产品或该产品的包装上标明专利标记和专利号。

2. 专利权人的义务

（1）充分公开发明内容的义务，《专利法》规定，发明或者实用新型专利权的保护范围以其权利要求的内容为准，说明书及附图可以用于解释权利要求。

（2）缴纳年费的义务，专利权人应当自被授予专利权的当年开始缴纳年费。

依据《专利法》的规定，执行本单位的任务或者主要是利用本单位的物质技术条件所完成的发明创造为职务发明创造。职务发明创造申请专利的权利属于该单位，申请被批准后，该单位为专利权人。

第四节　商标法

一、商标法概述

1. 商标法及其立法宗旨

商标法有广义、狭义之分。广义的商标法是指调整商标在注册、使用、管理、保护商标专用权的活动中，在国家机关、企业事业单位、个体工商业者以及公民之间所发生的各种社会关系的全部法律规范的总称，包括《中华人民共和国商标法》《中华人民共和国商标法实施条例》、国家市场监督管理总局《关于执行〈商标法〉的若干意见》、最高人民法院《关于审理商标民事纠纷案件适用法律若干问题的解释》等所有涉及商标和商标权的规范性文件。狭义的商标法仅指 1982 年 8 月 23 日第五届全国人民代表大会常务委员会第 24 次会议通过的、2001 年 10 月 27 日第九届全国人民代表大会常务委员会第 24 次会议第二次修正的、自 2001 年 12 月 1 日起施行的《中华人民共和国商标法》（以下简称《商标法》）。

本书所称的商标法一般指狭义的商标法。

商标法的立法宗旨是：加强商标管理，保护商标专用权，促使生产、经营者保证商品和服务项目质量，维护商标信誉，以保障消费者和生产、经营者的利益，促进社会主义市场经济的发展。可见，商标法的立法宗旨首先强调加强商标管理，而对商标进行管理的主要内容则是确立、保护商标专用权，使消费者通过识别商标来区别不同的生产、经营者或服务提供者，从而选择自己信任的商品或服务。而生产、经营者或服务提供者为了让消费者选购自己的商品或接受自己的服务，必须努力提高商品或服务的质量，降低商品或服务的成本，搞好服务，以建立和维护自己的商标信誉。这样做，既符合消费者的利益，在客观上也发展了社会生产力，促进了经济发展。

2. 商标法的特点

商标法是市场经济条件下的一项重要法律，它不仅是商品生产者、经营者和服务提供者使用商标应当遵守的准则，而且也是保护消费者利益、维护正常市场竞争的法律手段。商标法具有以下一些基本特点。

（1）商标法具有无形财产法的特征。商标权作为无形财产，虽不能完全适用物权法的规定，但主体对其所享有的排他性支配权，与对有形财产的排他性支配权是一样的。所以，商标法以确认和保护商标权人的权利为其基本目的，以制止商标领域的不正当竞争行为作为保护商标权的措施和手段。

（2）商标法的调整对象广泛。商标法调整的法律关系包括商标权人与国家商标管理机构、其他民事主体在商标注册、使用、管理以及商标权保护中的各种社会关系。这种法律关系既包括平等主体之间在有关商标权的转让、继承、使用许可等方面的民事法律关系，也包括在商标注册、管理等方面商标权人和使用人与国家商标管理机关之间的行政法律关系，在有关制裁商标侵权及假冒商标行为方面还包括一些刑事法律关系。当然，商标法主要以调整平等民事主体之间的关系为本旨，本书也正是基于这样的定位编著的。

(3)商标法兼具实体法和程序法的特点。商标法作为一项无形财产法，绝大部分内容属于实体法的规范，例如，商标权的归属、行使、保护以及商标权人的权利、义务等。但有关商标的注册、异议、撤销等方面，又属于程序法的规范。

3. 商标法的基本原则

商标法的基本原则是指在商标权的成立和保护过程中应遵循的基本准则。我国商标法主要遵循以下基本原则。

(1)注册原则。注册是商标权成立的一个过程。世界各国的商标法确认商标专用权所采用的基本原则有两种，一是注册原则，二是使用原则。所谓注册原则，是指商标专用权通过注册取得，不管该商标是否使用，只要符合商标法的规定，经商标主管机关核准注册之后，申请人即取得该商标权，受到法律的保护。使用原则是指商标通过使用即可产生权利，根据这一原则，最先使用者可以获得商标权。《商标法》第三条规定，经商标局核准注册的商标为注册商标，包括商品商标、服务商标和集体商标、证明商标；商标注册人享有商标专用权，受法律保护。由此可见，我国商标法采用的是注册原则。

(2)申请在先兼顾使用在先原则。申请在先兼顾使用在先原则是由注册原则派生出来的重要程序性原则之一。所谓申请在先，是指在申请商标注册过程中优先考虑先申请一方，不管该方是否使用该商标，只要先提出申请，其申请权就受到法律的保护。申请在先兼顾使用在先是指当两个以上的商标申请人在同一天申请注册时，可以以使用在先原则作为申请在先原则的一种补充。《商标法》第二十九条规定，两个或者两个以上的商标注册申请人，在同一种商品或者类似商品上，以相同或者近似的商标申请注册的，初步审定并公告申请在先的商标；同一天申请的，初步审定并公告使用在先的商标，驳回其他人的申请，不予公告。这就是申请在先兼顾使用在先原则。可以证明商标使用的证明材料有：商业上的商标广告；相关商品或服务的宣传材料；交易文书(例如发票、合同、报关单等)；商品包装或服务场所的照片等。但要求所提供的证明材料上一定要显示出所要证明的商标。

(3)集中注册、分级管理原则。集中注册、分级管理是我国商标法的突出特点之一。《商标法》第二条规定，国务院工商行政管理部门商标局主管全国商标注册和管理的工作。这明确了商标集中注册的原则，即全国的商标注册工作统一由商标局负责办理，其他任何机构都无权办理商标注册，这有利于注册商标的统一性和权威性。分级管理是指各级工商行政管理机关依据法律规定，在本地区开展商标管理工作，这有利于把商标管理工作与当地的实际情况紧密地结合起来，使商标行政管理工作经常化、制度化。

(4)行政保护与司法保护并行原则。这是我国商标法律制度的又一个突出特点。根据商标法的规定，对商标侵权行为，被侵权人可以选择由工商行政管理机关处理，也可以向人民法院起诉。这既为当事人解决商标权纠纷提供了便利，也有利于商标权人获得最大的保护，还可以强化对商标侵权人的制裁。

此外，我国商标法还遵循保护商标权原则、保护合法竞争原则、保护广大消费者利益和生产者、经营者、服务者利益原则以及诚实信用原则，等等。

二、商标权的取得与维持

1. 商标权的取得

商标权是指商标所有人对其商标所享有的独占的、排他的权利。在我国，由于商标权的取得实行注册原则，因此，商标权实际上是由商标所有人申请、经国家商标局确认的专有权利，即因商标注册而产生的专有权。商标是用以区别商品和服务的不同来源的商业性标志，由文字、图形、字母、数字、三维标志、颜色组合、声音或者上述要素的组合构成。

(1)商标权的取得，是指根据什么原则和采取什么方法来获得商标权。

(2)商标权的取得必须遵循以下原则。

①使用原则。使用原则，即使用取得商标权原则，是指商标权因商标的使用而自然产生，根据商标使用的事实而得以成立。

②注册原则。注册原则，即注册取得商标权原则，是指商标权因注册事实而成立，只有注册商标才能取得商标权。

③混合原则。混合原则，即折中原则，是指在确定商标权的成立时，兼顾使用与注册两种事实，商标权既可因注册而产生，也可因使用而成立。

(3)商标权取得的方式分为以下两种。

①原始取得。商标权的原始取得，也称为商标权的直接取得，是指商标权由创设而来，其产生并非基于他人既存之商标权，也不以人的意志为根据。

②继受取得。商标权的继受取得，也称为商标权的传来取得，是指以他人既存的商标权及他人意志为基础而取得的商标权。

2. 商标的归属权

商标的归属权就是指商标的权利人，商标权利人是指享有商标的使用权、独占权、许可使用权、设立抵押权、转让权、继承权、投资权、禁止权的个人或单位。商标权利人一般就是商标申请人或者商标被授权使用人，所以商标的归属是享有商标权利的个人或者单位。

商标权利人享有专用权，是指商标注册人对其注册商标享有独占使用权。赋予注册商标所有人独占使用权的基本目的是通过注册建立特定商标与特定商品的固定联系，从而保证消费者能够避免混淆并能接受到准确无误的商品来源信息。换句话说，在商业中未经许可的所有使用都将构成对商标专用权的侵害。这种专用权表现为三个方面：

(1)商标注册人有权依据《商标法》的相关规定，将其注册商标使用在其核准使用的商品、商品包装上或者服务、服务设施上，他人不得干涉；

(2)商标注册人有权禁止他人未经许可擅自在同一种或类似商品上使用与其注册商标相同或者近似的商标；

(3)商标注册人有权许可他人使用自己的注册商标，也可以将自己的注册商标转让给他人，这种许可或转让要符合法律规定并履行一定的法律手续。

3. 商标的保护

商标权的获得必须履行商标注册程序，而且实行申请在先原则。商标是商标权产业活动中的一种识别标志，所以商标权的作用主要在于维护产业活动中的秩序，与专利权的作用主要在于促进产业的发展不同。

根据《商标法》规定，商标权的有效期为 10 年，自核准注册之日起计算，期满前 12 个月内申请续展，在此期间内未能申请的，可再给予 6 个月的宽展期。续展可无限重复进行，每次续展注册的有效期为 10 年，自该商标上一届有效期满之日起计算；期满未办理续展手续的，注销其注册商标。

商标权是一种无形资产，具有经济价值，可以用于抵债，即依法转让。根据《商标法》的规定，商标可以转让，转让注册商标时，转让人和受让人应当签订转让协议，并共同向商标局提出申请。

在转让商标权时，应当按照《企业商标管理若干规定》的要求，委托商标评估机构进行商标评估，依照该评估价值处理债务抵偿事宜，而且，要及时向商标局申请办理商标转让手续。商标专用权被侵权的自然人或者法人在民事上有权要求侵权人停止侵害、消除影响、赔偿损失。

第五节　著作权法

一、著作权概述

1. 著作权相关概念

著作权也称版权，是指作者及其他权利人对文学、艺术和科学作品享有的人身权和财产权的总称，分为著作人格权与著作财产权，其中著作人格权的内涵包括了公开发表权，姓名表示权及禁止他人以扭曲、变更的方式利用著作损害著作人名誉的权利。著作权是无形的财产权，是基于人类智识所产生之权利，故属知识产权之一，包括复制权、公开口述权、公开播送权、公开上映权、公开演出权、公开传输权、公开展示权、改作权、散布权、出租权等。著作权要保障的是思想的表达形式，而不是保护思想本身，在保障私人之财产权利益的同时，须兼顾文明之累积与知识之传播，算法、数学方法、技术或机器的设计均不属著作权所要保障的对象。

2. 权利内容

著作权的内容是指著作权人依照法律享有的专有权利的总和，根据我国《著作权法》，著作权内容包括著作人身权和著作财产权。

(1)著作人身权。

①发表权，即决定作品是否公之于众的权利。发表权只能行使一次，除特殊情况，仅能由作者行使。

②署名权，即表明作者身份、在作品上署名的权利。它包括作者决定是否署名，署真名、假名、笔名，禁止或允许他人署名等权利。

③修改权，即修改或者授权他人修改作品的权利。

④保护作品完整权，即保护作品不受歪曲、篡改的权利。

（2）著作财产权。

①复制权，即以印刷、复印、拓印、录音、录像、翻录、翻拍、数字化等方式将作品制作一份或者多份的权利；

②发行权，即以出售或者赠与的方式向公众提供作品的原件或者复制件的权利；

③出租权，即有偿许可他人临时使用视听作品、计算机软件的原件或者复制件的权利，计算机软件不是出租的主要标的的除外；

④展览权，即公开陈列美术作品、摄影作品的原件或者复制件的权利；

⑤表演权，即公开表演作品，以及用各种手段公开播送作品的表演的权利；

⑥放映权，即通过放映机、幻灯机等技术设备公开再现美术、摄影、视听作品等的权利；

⑦广播权，即以有线或者无线的方式公开传播或者转播作品，以及通过扩音器或者其他传送符号、声音、图像的类似工具向公众传播广播的作品的权利，但不包括本款第十二项规定的权利；

⑧信息网络传播权，即以有线或者无线的方式向公众提供，使公众可以在其选定的时间和地点获得作品的权利；

⑨摄制权，即以摄制视听作品的方法将作品固定在载体上的权利；

⑩改编权，即改变作品，创作出具有独创性的新作品的权利；

⑪翻译权，即将作品从一种语言文字转换成另一种语言文字的权利；

⑫汇编权，即将作品或者作品的片段通过选择或者编排，汇集成新作品的权利；

⑬应当由著作权人享有的其他权利。

（3）著作权保护期。根据不同的权利内容，法律给予其不同的保护期限。

①著作人身权的保护期。《著作权法》规定，作者的署名权、修改权、保护作品完整权的保护期不受时间限制。发表权的保护期为作者终身及其死亡后50年，截止于作者死亡后第50年的12月31日；如果是合作作品，截止于最后死亡的作者死亡后第50年的12月31日。

法人或者非法人组织的作品、著作权（署名权除外）由法人或者非法人组织享有的职务作品，其发表权的保护期为50年，截止于作品创作完成后第50年的12月31日。

视听作品的发表权的保护期为50年，截止于作品创作完成后第50年的12月31日。

②著作财产权的保护期。《著作权法》规定，自然人著作财产权的保护期为作者终身及其死亡后50年，截止于作者死亡后第50年的12月31日；如果是合作作品，截止于最后死亡的作者死亡后第50年的12月31日。

法人或者非法人组织的作品、著作权（署名权除外）由法人或者非法人组织享有的职务作品的著作财产权的保护期为50年，截止于作品首次发表后第50年的12月31日，但作品自创作完成后50年内未发表的，不再保护。

视听作品的著作财产权的保护期为50年，截止于作品首次发表后第50年的12月31日，但作品自创作完成后50年内未发表的，不再保护。

3. 权利主体

（1）著作权主体的概念。著作权的主体（著作权人）是指依照《著作权法》，对文学、艺术和科学作品享有著作权的自然人、法人或者其他组织。作者在通常语境下指创作作品的自然人，侧重于身份，但作者并非在任何时候都可以成为著作权的主体，法律意义上的作者是依照著作权法规定可以享有著作权的主体。

（2）著作权主体的种类。以主体的形态为标准，著作权的主体分为自然人、法人和其他组织。创作是一种事实行为，不论创作者的年龄、智力水平如何，他都可以成为著作权的主体。一般而言，自然人是作品的作者，即一般情况下自然人才能成为著作权的主体，但为平衡、保护不同利益方的利益，以及考虑到法人或其他组织在创作作品时付出的组织、物质等支持，法律也允许法人或其他组织成为著作权的原始主体。

以著作权的取得方式为标准划分，著作权的主体可以分为原始主体（原始著作权人）和继受主体（继受著作权人）。著作权原始主体即作品创作完成时，直接依照《著作权法》和合同约定即刻对创作的作品享有著作权的主体。继受著作权人即通过继承、受让、受赠等方式获得著作权的主体。原始著作权人与继受著作权人在权利范围、权利保护方式上有所不同。

4. 权利客体

（1）作品的概念。著作权的客体是作品，作品是指文学、艺术和科学领域内具有独创性并能以一定形式表现的智力成果。法律意义上的作品应具有以下条件：

①独创性。首先，独创性中的"独"并非指独一无二，而是指作品系作者独立完成，而非抄袭。假设两件作品由不同的作者先后独立完成，即使它们恰好相同或者实质性相似，均可各自享有著作权。典型的例子如摄影作品，两名摄影师可能先后对同一景点进行拍摄，角度、取景等内容基本一致，但在后拍摄者并未看到过在先拍摄者的作品，作品系自己独立拍摄，后者同样可以对其摄影作品享有著作权。

其次，独创性须满足一定的创造性，体现一定的智力水平和作者的个性化表达。创造性不同于艺术水准，无论是画家还是普通孩童，只要其绘画能够独立按照自己的安排、设计，独特地表现出自己真实情感、思想、观点，就能够成为作品。

②以有形形式表达。《著作权法》保护的是思想的表达，而非思想本身。作品应当是智力成果的表达，可供人感知并可以一定形式表现出来。思想是抽象的、无形的，不受法律保护，仅当思想以一定形式得以表现之后，方能够被他人感知，才能成为受法律保护的作品。

（2）作品的种类。我国《著作权法》和《著作权法实施条例》将作品种类分为以下几类：

①文字作品。文字作品是指小说、诗词、散文、论文等以文字形式表现的作品。

②口述作品。口述作品是指即兴的演说、授课、法庭辩论等以口头语言形式表现的作品。

③音乐、戏剧、曲艺、舞蹈、杂技艺术作品。音乐作品，是指歌曲、交响乐等能够演唱或者演奏的带词或者不带词的作品；戏剧作品，是指话剧、歌剧、地方戏等供舞台演出的作品；曲艺作品，是指相声、快书、大鼓、评书等以说唱为主要形式表演的作品；舞蹈作品，是指通过连续的动作、姿势、表情等表现思想情感的作品；杂技艺术作品，是指杂技、魔术、马戏等通过形体动作和技巧表现的作品。

④美术、建筑作品。美术作品是指绘画、书法、雕塑等以线条、色彩或者其他方式构成的有审美意义的平面或者立体的造型艺术作品；建筑作品，是指以建筑物或者构筑物形式表现的有审美意义的作品。

⑤摄影作品。摄影作品，是指借助器械在感光材料或者其他介质上记录客观物体形象的艺术作品。

⑥视听作品。2020 年《著作权法》修正前，该类别为"电影作品和以类似摄制电影的方法创作的作品"，是指摄制在一定介质上，由一系列有伴音或者无伴音的画面组成，并且借助适当装置放映或者以其他方式传播的作品。此次修正使得该类型作品的形态不再受制于创作手法的限制，而是关注创作结果的形态。

⑦工程设计图、产品设计图、地图、示意图等图形作品和模型作品。图形作品，是指为施工、生产绘制的工程设计图、产品设计图，以及反映地理现象、说明事物原理或者结构的地图、示意图等作品；模型作品，是指为展示、试验或者观测等用途，根据物体的形状和结构，按照一定比例制成的立体作品。

⑧计算机软件。由于计算机软件的特殊性，计算机软件作品按照《计算机软件保护条例》的有关规定进行保护。计算机软件，是指计算机程序及其有关文档。

⑨符合作品特征的其他智力成果。此为兜底条款，用以涵盖立法者未能预见到的新形式的作品，使无法归入前述分类的作品能够得到相应的保护。2020 年修正的《著作权法》更改了原来"法律、行政法规规定的其他作品"的表述，更有利于发挥兜底条款的作用。

(3)不予保护的对象。我国《著作权法》明确规定了不予保护的对象。本法不适用于：

①法律、法规，国家机关的决议、决定、命令和其他具有立法、行政、司法性质的文件，及其官方正式译文；

②单纯事实消息；

③历法、通用数表、通用表格和公式。

此外，创意、题材、操作方法、技术方案、实用功能等属于思想层面，不构成作品，不受著作权法的保护。

二、著作权的取得

科技发展与科学文化的繁荣离不开优秀的科学作品。如今，科学研究不断深入，科学信息传播的模式多样，出现了诸多具有科学作品特点的著作权问题，亟须在法律、政策以及技术等方面进行改进，加强完善科学作品的著作权保护与利用。

我国采取自动取得原则，当作品创作完成后，只要符合法律上作品的条件，著作权即产生。著作权人可以申请我国著作权管理部门对作品著作权进行登记，但登记不是著作权产生的法定条件。作品登记过程仅对作品的权属信息做形式审查，一般对著作权的归属只能起到初步证明的作用。

可申请登记的作品范围包括：文字作品；口述作品；音乐、戏剧、曲艺、舞蹈、杂技艺术作品；美术、建筑作品；摄影作品；视听作品；工程设计图、产品设计图、地图、示意图等图形作品和模型作品；计算机软件；法律、行政法规规定的其他作品。

三、软件著作权

1. 软件著作权的取得

（1）计算机软件著作权的取得。我国对著作权的取得采取自动取得原则，计算机软件著作权也一样，自软件开发完成之日起产生。软件著作权人可以向国务院著作权行政管理部门认定的软件登记机构——中国版权保护中心办理登记，软件登记机构发放的登记证明文件是登记事项的初步证明。申请软件著作权登记的，应当提交以下主要证明文件：

①自然人、法人或者其他组织的身份证明；

②有著作权归属书面合同或者项目任务书的，应当提交合同或者项目任务书；

③经原软件著作权人许可，在原有软件上开发的软件，应当提交原著作权人的许可证明；

④权利继承人、受让人或者承受人，提交权利继承、受让或者承受的证明。

未按要求提供材料的以及软件著作权属有争议的，不能进行登记。

（2）计算机软件著作权的保护期。自然人的软件著作权，保护期为自然人终身及其死亡后50年，截止于自然人死亡后第50年的12月31日；软件是合作开发的，截止于最后死亡的自然人死亡后第50年的12月31日。

法人或者其他组织的软件著作权，其保护期为50年，截止于软件首次发表后第50年的12月31日，但软件自开发完成之日起50年内未发表的，不再给予保护。

2. 软件著作权的归属

（1）一般归属原则。一般情况下，软件著作权属于软件开发者。

（2）委托开发的软件。接受他人委托开发的软件，其著作权的归属由委托人与受托人签订书面合同约定；无书面合同或者合同未作明确约定的，其著作权由受托人享有。

（3）国家下达任务开发的软件。由国家机关下达任务开发的软件，其著作权的归属与行使由项目任务书或者合同规定；项目任务书或者合同中未作明确规定的，软件著作权由接受任务的法人或者其他组织享有。

（4）因职务开发的软件。自然人在法人或者其他组织中任职期间所开发的软件有下列情形之一的，该软件著作权由该法人或者其他组织享有，该法人或者其他组织可以对开发软件的自然人进行奖励：①针对本职工作中明确指定的开发目标所开发的软件；②开发的软件是从事本职工作活动所预见的结果或者自然的结果；③主要使用法人或者其他组织的资金、专用设备、未公开的专门信息等物质技术条件所开发，并由法人或者其他组织承担责任的软件。

（5）合作开发的软件。由两个以上的自然人、法人或者其他组织合作开发的软件，其著作权的归属由合作开发者签订书面合同约定。无书面合同或者合同未作明确约定，合作开发的软件可以分割使用的，开发者对各自开发的部分可以单独享有著作权，但是，行使著作权时，不得扩展到合作开发的软件整体的著作权；合作开发的软件不能分割使用的，其著作权由各合作开发者共同享有，通过协商一致行使；不能协商一致，又无正当理由的，任何一方不得阻止他方行使除转让、许可他人专有使用、出质以外的其他权利，但是所得收益应当合理分配给所有合作开发者。

3. 软件著作权的利用

（1）计算机软件著作权的许可使用。计算机许可使用可分为独占许可使用、排他许可使用和普通许可使用。许可使用均应签订合同，其中独占许可使用和排他许可使用还应以书面的形式签订合同，并且可以向著作权行政管理部门进行登记。

①独占许可使用。独占许可使用是指软件著作权人授权他人在一定时间、一定范围内按照约定的方式，仅许可一个被许可人使用其计算机软件，除被许可人外，包括软件著作权人本人在内的其他人均不能在前述约定的时间、范围内行使使用权。

②排他许可使用。排他许可使用又叫独家许可使用，是指软件著作权人授权他人在一定时间、一定范围内按照约定的方式使用其计算机软件，软件著作权人仍然可以同样的条件继续使用该计算机软件，但不得再许可第三人进行同样的使用。

③普通许可使用。普通许可使用是指软件著作权人授权他人在一定时间、一定范围内按照约定的方式使用其计算机软件，软件著作权人可以自行以同样的方式使用，也可以许可他人进行同样的使用。普通许可使用也应当签订合同，可以是书面形式，也可以是其他形式。在发生侵权行为时，被许可人原则上不能提起诉讼。但经著作权人明确授权的，可以提起诉讼。

（2）计算机软件著作权的转让。软件著作权的转让是指软件著作权人可以将其享有的软件著作财产权的一项、几项或全部转让给他人的行为。受让人可以取得该软件著作财产权中的一项、几项或全部。软件著作权的转让应当订立书面合同，并且可以向著作权行政管理部门进行登记。权利转让合同包括下列主要内容：①作品的名称；②转让的权利种类、地域范围；③转让价金；④交付转让价金的日期和方式；⑤违约责任；⑥双方认为需要约定的其他内容。

此外，中国公民、法人或者其他组织向外国人许可或者转让软件著作权的，应当遵守《中华人民共和国技术进出口管理条例》的有关规定。

（3）计算机软件著作权的质押。为担保债务的履行，债务人或者第三人将其有权处分的财产出质给债权人占有的，债务人不履行到期债务或者发生当事人约定的实现质权的情形，债权人有权就该财产优先受偿。计算机软件著作权是一种具有财产属性的权利，可以作为质押的对象。

以计算机软件著作权进行出质的，可以由出质人和质权人向国家版权局进行质权登记。申请著作权质权登记的，应提交下列文件：

①著作权质权登记申请表；

②出质人和质权人的身份证明；

③主合同和著作权质权合同；

④委托代理人办理的，提交委托书和受托人的身份证明；

⑤以共有的著作权出质的，提交共有人同意出质的书面文件；

⑥出质前授权他人使用的，提交授权合同；

⑦出质的著作权经过价值评估的、质权人要求价值评估的或相关法律法规要求价值评估的，提交有效的价值评估报告；

⑧其他需要提供的材料。

提交的文件是外文的，需同时附送中文译本。

4. 软件著作权的侵权行为

(1)应当承担民事责任的行为。除法律另有规定，有下列侵权行为的，应当根据情况，承担停止侵害、消除影响、赔礼道歉、赔偿损失等民事责任：①未经软件著作权人许可，发表或者登记其软件的；②将他人软件作为自己的软件发表或者登记的；③未经合作者许可，将与他人合作开发的软件作为自己单独完成的软件发表或者登记的；④在他人软件上署名或者更改他人软件上的署名的；⑤未经软件著作权人许可，修改、翻译其软件的；⑥其他侵犯软件著作权的行为。

(2)除承担民事责任外，在行为严重的情况下，还可能承担行政责任，甚至刑事责任的行为。除法律另有规定，未经软件著作权人许可，有下列侵权行为的，应当根据情况，承担停止侵害、消除影响、赔礼道歉、赔偿损失等民事责任；同时，损害社会公共利益的，由著作权行政管理部门责令停止侵权行为，没收违法所得，没收、销毁侵权复制品，可以并处罚款；情节严重的，著作权行政管理部门并可以没收主要用于制作侵权复制品的材料、工具、设备等；触犯刑律的，依照刑法关于侵犯著作权罪、销售侵权复制品罪的规定，依法追究刑事责任：

①复制或者部分复制著作权人的软件的；

②向公众发行、出租、通过信息网络传播著作权人的软件的；

③故意避开或者破坏著作权人为保护其软件著作权而采取的技术措施的；

④故意删除或者改变软件权利管理电子信息的；

⑤转让或者许可他人行使著作权人的软件著作权的。

(3)行政罚款及民事赔偿金的计算。

①罚款：对于复制或者部分复制著作权人的软件的，或者向公众发行、出租、通过信息网络传播著作权人的软件的，可以并处每件100元或者货值金额1倍以上5倍以下的罚款。对于故意避开或者破坏著作权人为保护其软件著作权而采取的技术措施的，故意删除或者改变软件权利管理电子信息的，或转让或者许可他人行使著作权人的软件著作权的，可以并处20万元以下的罚款。

②民事赔偿金的计算。侵犯计算机著作权的，侵权人应当按照权利人因此受到的实际损失或者侵权人的违法所得给予赔偿；权利人的实际损失或者侵权人的违法所得难以计算的，可以参照该权利使用费给予赔偿。对故意侵犯著作权或者与著作权有关的权利，情节严重的，可以在按照上述方法确定数额的1倍以上5倍以下给予赔偿。

权利人的实际损失、侵权人的违法所得、权利使用费难以计算的，由人民法院根据侵权行为的情节，判决给予500元以上500万元以下的赔偿。赔偿数额还应当包括权利人为制止侵权行为所支付的合理开支。

5. 侵权诉讼

(1)诉前行为保全。为制止侵权行为、防止损失的扩大，软件著作权人可以依照《著作权法》的有关规定，向人民法院提出采取保全证据、责令停止有关行为和财产保全的措施。

(2)举证责任倒置。除特殊侵权情形外，按照民事诉讼的一般举证规则，当事人对自已提出的主张应当及时提供证据,即"谁主张,谁举证"。《计算机软件保护条例》规定了几种特殊的侵权行为,将该行为的举证责任转移至被告:软件复制品的出版者、制作者不能证明其出版、制作有合法授权的,或者软件复制品的发行者、出租者不能证明其发行、出租的复制品有合法来源的,应当承担法律责任。

(3)不侵权以及不承担赔偿责任的情形。根据《计算机软件保护条例》的规定,软件开发者开发的软件,由于可供选用的表达方式有限而与已经存在的软件相似的,不构成对已经存在的软件的著作权的侵犯。

此外,软件的复制品持有人不知道也没有合理理由应当知道该软件是侵权复制品的,不承担赔偿责任。但是该软件的复制品持有人应当停止使用、销毁该侵权复制品。

章节自测

一、名词解释

知识产权;专利权

二、简答题

1. 简述专利权人的权利与义务。

2. 申请登记软件著作权需要提前准备哪些材料?

三、案例分析

2021年12月15日晚,郑渊洁发了一条微博:"1985年创刊的《童话大王》杂志于2022年1月停刊。"同时,附上了《郑渊洁写给三个商标的一封信》,信中解释,停刊的原因主要是要"拿出全部精力对侵权商标进行维权"。这些年,郑渊洁一直奔走在维权的路上,他坦言:"近年来,我感受到我国在知识产权保护方面有了长足进步,但在商标的知识产权保护方面还有较大改进空间,比如对一个侵犯知识产权的商标维权,动辄需要数年时间。"

要求:

根据上述材料,结合所学知识,谈一谈保护知识产权对于建设文化强国的重要性,并尝试为郑渊洁维权提几点建议。

四、实训活动

保护知识产权就是保护创新。结合所学内容,收集相关资料,简述我国知识产权的发展历程及未来展望。

第三篇　创业教育

第十三章 认知创业

第一节　初识创业

创业是一种创新性活动，它的本质是独立地开创并经营一种事业，使该事业得以稳健发展、快速成长的思维和行为。走上创业之路，是人生的一个大转折，它是成就自己的事业的过程，是自我价值和能力的体现。

一、创业的含义

长期以来，创业被描述为新颖的、创新的、灵活的、有活力的、有创造性的以及能承担风险的活动。许多学者认为，发现并把握机遇是创业的一个重要部分。一些学者认为，创业包括创造价值、创建并经营一家新的营利型企业的过程，通过个人或一个群体投资组建公司，来提供新产品或服务，以及有意识地创造价值的过程。还有的学者将创业定义为："创业是创造不同价值的一种过程，这种价值的创造需要投入必要的时间和付出一定的努力，承担相应的金融、心理和社会风险，并能在金钱和个人成就感方面得到回报。"

根据上述理解，创业可以定义为一个发现和捕获机会并由此创造出新颖产品或服务和实现其潜在价值的过程。创业必须要贡献时间，付出努力，承担相应的物质的、精神的和社会的风险，才能获得财富的回报，实现个人价值的满足和独立自主。

因此，可以从以下四个方面来理解创业的含义。

（1）创业是一个创造出某种有价值的新事物的过程。这种新事物必须是有价值的，不仅对创业者本身有价值，而且对其开发的某些目标对象也是有价值的。这里的目标对象可因创业者所处行业的不同或其创造事物的不同而有所不同。

例如，当创业者创造的是商务方面的产品与服务的时候，其目标对象就是市场上的购买者，即客户；当创业者创造的是一个新的网站及相应的功能的时候，其目标对象就是大量的网民；当创业者创造的是一门新的课程甚至是一个新的学院的时候，其目标对象就是学生；当创业者创造的是某种新的公益性服务的时候，其目标对象就是全体公民。

（2）创业需要贡献必要的时间，付出极大的努力。创业者要完成整个创业过程，创造新的有价值的事物，需要大量的时间；而要获得成功，没有极大的努力是不可能实现的。

（3）创业者需要承担必然存在的风险。创业过程中可能面临各种各样的风险，依据创业领域的不同而有差异。通常的风险不外乎财务风险，但同时还会带来烦恼和困难，比如不分昼夜地长时间工作、失去稳定的工资收入、为给员工发工资和偿还债务而担忧、不得不做自己不喜欢做的事、无暇与家人和朋友团聚等。所以要理性看待创业面临的巨大挑战。

（4）成功的创业可以为创业者带来丰厚的回报和成就感。作为一个创业者，企业获得成功，便能获得相应的经济回报和实现个人价值的满足感。体现在能够更好地掌握自己的命运，不必听命于他人，按自己的节奏工作和生活，因出色工作而赢得威望和利润，享受为社会和他人做出贡献的成就感等。

二、创业的要素

创业是一个创建企业的过程，那么企业所需具备的要素也就成为创业的要素。管理学认为，企业可以看作是一个由人的体系、物的体系、社会体系和组织体系组成的协作体系，因此人的要素、物的要素、社会要素和组织要素就构成创业的要素。

1. 人的要素

人是创业活动的主体，创业离不开人，而人的要素又包括以下内容。

（1）创业者。创业者可以是一个人，也可以是一个团队。创业对于创业者来说，就是一种行为。我们知道，人的行为背后存在动机，而动机又是由需要引起的。有的研究人员将创业产生的动因归纳为争取生存的需要、谋求发展的需要、获得独立的需要、赢得尊重的需要、实现自我价值的需要。这种归纳方法同样适用于对创业动机的解释。当然，这种对创业产生的动因的归纳方法是否受了需求层次理论的影响，我们不得而知；但是创业者的动机的确直接影响创业过程，而且创业者的价值观和信念会左右创业内容，影响企业的生存和发展。

（2）团队内部的人际关系。人在社会中不是孤立的个体，而是生活在与他人的关系中，需要与他人互相支撑、互相协作。创业过程中，人的因素除了创业者，还包括团队内部的人际关系。创业者只有处理好这种关系，才能真正发挥团队的作用，形成一个合力，使有限的人力资源发挥更大的作用。

（3）团队外部的人际关系。无论是创业团队还是初创企业，都不是一个封闭的体系，而是一个开放的系统，它与外部的供应商、客户、当地政府和社区相互产生联系。所以，创业过程中，人的因素还包括团队外部的人际关系。

2. 物的要素

物的要素也是创业过程中不可缺少的条件。例如，一个生产性的企业需要原料、设备、工具、厂房以及运输工具等，然后才能生产出产品。创业过程中，物的要素主要包括以下几项。

（1）资金。世界各国为了鼓励创业活动的开展，纷纷降低了对新创企业注册资金方面的要求和限制，中国也在 1999 年将个人独资企业的注册资金降低到 1 元，这可以说只是一个象征性的标准。创业所需的资金远不止这些，技术（或专利）、生产设备、原材料的购买以及人员的雇佣等都需要大量的资金。

（2）技术。新创企业中技术含量的提高已经成为一种趋势。无论在硅谷还是中关村，新创企业推出的产品中高技术产品所占的比例越来越高。2003 年，为了防治非典型性肺炎，市场上急需能够快速测试体温的仪器。中关村的一家初创企业及时捕捉到这一信息，并依靠先进的技术占领了这个市场，使企业规模迅速发展壮大。

（3）原材料和产品。对于生产型企业而言，创业过程需要原材料和产品，这是一件不言自明的事情。对于从事其他事业的企业来说，同样存在一个由投入到产出的过程。

（4）生产手段。对于企业而言，介于投入和产出之间的是一个"处理器"，即生产手段，包括设备、工艺以及相关的人员。

3. 社会要素

社会要素也是创业协作体系的一个重要组成部分。创业中的社会要素包括以下两个方面。

（1）社会对创业活动的认可。创业活动必须得到社会的认可。改革开放以来，创业活动得到蓬勃发展，一个重要的原因就在于社会对创业活动的认可。创业是一个高风险的活动，如果得不到社会的认可，创业活动不可能顺利进行。

（2）所创造的事业符合社会发展的要求。企业的存在价值在于能够为社会提供某种产品或服务，创造事业是企业成立和生存的根本。松下幸之助曾说，企业需要通过事业来完成社会使命，如果事业得不到社会的认可，那么就说明它没有存在的价值。这样的企业还不如让它破产的好，即使是他自己创建的松下电器公司也不例外。

4. 组织要素

组织要素是创业协作体系的核心，只有通过组织的作用才能创造新的价值。人是所有管理因素中唯一具有能动性的资源，但是这种能动性必须通过组织来实现。具体到创业活动中，组织要素具有以下功能。

（1）决策功能。决策是创业活动中的一项重要职能，既包括对创业目的的规定，也包括对实现手段的规定。从创造价值的角度讲，对创业目的的规定显得尤为重要，因为它决定着创业活动的方向，甚至影响企业的发展。

（2）创建组织。创业通常由一个团队来进行，因此需要对团队进行组织和管理，通过分工与协作，有条理地完成创业的相关活动。创建组织既包括对组织结构的构建，又包括沟通体系的形成。

（3）激励员工。创业需要最大限度地发挥现有人力资源的作用，那么对参与创业的人员的激励就成为创业活动的一项重要内容。"人心齐，泰山移"，充分调动人的积极性能够产生一种合力，同时会增加创业团队的凝聚力。

（4）领导职能。创业者在创建企业的过程中，需要扮演多个不同的角色，承担不同的职能，其中，领导的职能无疑是最重要的。现代管理理论之父巴纳德认为，领导的作用在于他能够创造新的价值。只有这样才能维持协作体系的内部均衡和外部均衡。对于创业活动而言，没有任何因素能够取代领导的作用。

当然，也可以从不同的角度对创业所需要的条件和要素进行归纳。比如，蒂蒙斯提出了一个创业管理模式，认为成功的创业活动必须在机会、资源与团队三者之间寻求最适当的搭配，并且要随着企业发展而保持动态的平衡。创业流程由机会启动，在取得必要的资源和组成创业团队之后，创业计划方能得以顺利推进。

三、创业的类型

1. 创业者的类型

(1)生存型创业者。这一类型的创业者大多为下岗工人、失去土地或因为种种原因不愿困守乡村的农民,以及刚刚毕业找不到工作的大学生。在我国,这是数量最大的一类创业人群。他们中的许多人是为了谋生而选择创业,其创业范围一般局限于商业贸易,少数人会从事实业,多见于小型加工业。当然,也有因为机遇而成长为大中型企业的,但数量极少。

(2)变现型创业者。这是指在多年的职业生涯中积累了大量人脉和行业资源的人,在机会适当的时候选择辞职后创业,实际是将过去的资源变现。

(3)主动型创业者。主动型创业者可以分为两种:一种是盲动型创业者,一种是冷静型创业者。前一种创业者大多极为自信,做事冲动。这样的创业者很容易失败,但一旦成功也能成就一番事业。冷静型创业者是创业者中的精英,其特点是谋定而后动,不打无准备之仗,或是掌握资源,或是拥有技术,成功创业的概率更高。

(4)赚钱型创业者。这类创业者的目标就是赚钱,没有特别明确的职业理想或追求。

2. 创业的不同形式

依照对市场和个人的影响程度,创业可以分为四种不同形式。

(1)复制型创业。这是指复制原有公司的经营模式,其创新成分很低。例如,美团的商业模式复制自美国的 Groupon;滴滴出行复制 Uber 的商业模式,成为中国出行市场的领导者;京东是中国最大的电商平台之一,它的商业模式是复制自美国的 Amazon;中国最大的手机美图软件之一——美图秀秀,复制美国 Instagram 的商业模式,成为中国手机美图市场的领导者;中国最大的社交媒体平台之一——微信,复制自美国的 WhatsApp。

(2)模仿型创业。模仿型创业是指创业者看到他人创业成功后,进行学习和模仿的创业活动。这种形式的创业,虽然无法带来新价值的创造,创新的成分也很低,但它与复制型创业的不同之处在于,其创业过程对于创业者而言具有很大的风险。例如,肯德基进入中国市场后不久,就掀起了国内餐饮行业的改革浪潮。很多人看到了快餐行业的商机。华莱士的创始人华怀庆就是其中之一。2001 年,他和哥哥华怀玉凑了 8 万元,在福州开了第一家华莱士店。为了实现把华莱士开到中国的每一个城市的目标,华怀庆开始专注于如何把华莱士做得更好更大。每当肯德基生产新产品的时候,它都会效仿,推出同样的产品。华莱士的模仿引起了争议。很多人觉得是"假"肯德基,对它的态度也不是很好。后来随着定价策略的调整和知名度的提升,华莱士的发展逐渐步入正轨。短短几年,华莱士的门店遍布多个城市,成为国内知名的快餐连锁品牌。华怀庆和华莱士的经历告诉我们,模仿并不可耻。企业要想获得更好的发展空间,必须在模仿和创新之间来回停留。

(3)安定型创业。安定型创业对创业者而言不确定性小,是为市场创造价值,强调创新而非创造新企业的稳健的创业类型。这种形式的创业虽然为市场创造了新的价值,但创业者本身并没有太大的改变,从事的也都是比较熟悉的工作。这种创业类型强调的是创业精神的实现，而不是新组织的创造。企业内部创业即属于这种类型。例如，研发单位的某小组在开发完一个产品之后，继续在公司中开发另一个新产品。

（4）冒险型创业。冒险型创业属于机会型创业的一种。在这种创业活动中，创业者在实现商业机会的同时，追求高利润回报，承担较多的风险。这一类型的创业者，本身的转变大，其新事业的产品创新面临着很高的市场不确定性风险。冒险型创业是一种难度较高的创业类型，有很高的失败率，但成功所得的报酬也很惊人。这种类型的创业如果想要获得成功，必须在创业者能力、创业时机、创业精神发挥程度、经营策略、创业过程管理等方面都有很好的匹配。

四、创新、创造、创业的关系

1. 创新与创造

哲学的观点告诉我们：世界是运动的，变化（发展）是在运动中进行的，发展是运动的基本形式（包括连续性的量变和飞跃式的质变两种）。按照哲学的观点，创造是创新的起点和基础，是跨越，是质变；而创新是在创造基础上的发展，是量变。当创新不断发展，上升到一定程度时，就会引发质变，从而产生新的创造。换句话说，创造在先，创新在后。创造是创新的起点，创新是在创造基础上的发展。创造与创新一脉相承、薪火相传，这就是创造与创新在哲学意义上的区别和关系。

从人文和社会意义的角度探讨创造与创新，创造与创新都是人类的本质属性，二者的主体完全相同。创造是"想前人所未想，做前人所未做"，是一种"从无到有"的过程；创新是在创造基础上的进一步发展，是对原有事物"从有到好"的改进和"从有到用"的延伸。创新和创业是相辅相成的、无法割裂的关系。创新是创业的手段和基础，而创业是创新的载体。创业者只有通过创新，才能使所开拓的事业生存、发展并保持持久的生命力。

创造与创新都是时间的函数。今天你没创造，可能明天就会创造；今天你没创新，可能明天就会创新。因此，就其发展的深度和时间维度来讲，创造相对短暂浅薄一些，而创新则相对长远深厚一些。

2. 创新与创业

有了创新不一定能走向创业。创新指新的发现、改进，而有了这些，还要面临个人的选择，即这个人是否想要创业。在这之后，创业需要的各种条件，如筹款、目标市场选择、人员招纳、厂址选择等一系列问题都需要解决。即使被一个问题难住，创业之路也难以前进。比如高校，高校虽然掌握着大量的创新发现和技术，但不是每一个创新技术都能变成一个企业或者产业。

创业也不是一定需要创新的。比如开一家普通的早餐店也是创业，但这个创业活动里面就没有创新。创新和创业之间也有相当密切的关系。有了创新的创业才能长久、持续地扩大下去，而走向创业的创新才能实现企业化产业化，以先进技术造福人类。尤其是当前国家提倡创新、创业，创新型创业一定是大势所趋。

第二节　创业者

一、创业者的定义

"创业者"一词由法国经济学家坎蒂隆于 1755 年首次引入经济学。1800 年，法国经济学家萨伊首次给出了创业者的定义，他将创业者描述为将经济资源从生产率较低的区域转移到生产率较高的区域的人，认为创业者是经济活动过程中的代理人。著名经济学家熊彼特(1934)则认为创业者应为创新者，即具有发现和引入新的更好的能赚钱的产品、服务和过程的能力。

创业者是指发现某种信息、资源、机会或掌握某种技术，利用相应的平台或载体，将发现的信息、资源、机会或掌握的技术以一定的方式转化、创造成更多的财富、价值，并实现某种追求或目标的人。

创业者是主导企业的领导人，是需要具有使命、荣誉、责任能力的人，是组织、运用服务、技术、器物作业的人，是具有思考、推理、判断能力的人，是能使人追随并在追随的过程中获得利益的人，是具有完全权利能力和行为能力的人。这是香港创业学院院长张世平对创业者的定义。香港创业学院是世界一流的非营利性的大学后创业教育机构，是创业领袖的摇篮，是创业技术的平台，是创业商品的舞台，是创业者的使命、荣誉、责任及其商品、企业、现金流的样板。

在欧美学术界和企业界，创业者被定义为组织、管理一个生意或企业并承担其风险的人。它有两层含义：一是现有企业中负责经营和决策的领导人，即企业家；二是即将创办新企业或者刚刚创办新企业的领导人，即创始人。

二、创业者的特征

一般来讲，创业者具有以下基本特征。

1. 强烈的成就感

成就感是人们对自己事业成功的认可程度。低成就感的人对现实状况容易满足，而高成就感的人往往乐于与某种较高的标准进行攀比，并希望不断地超越别人，甚至自己。

2. 较强的独立性

独立性主要体现在自主抉择、自主行为、独立思考、大胆创新等方面。

3. 很强的自信心

自信心是创业者走向成功的重要保障。自信心不强的人容易产生怀疑和恐惧，面对创业的不确定性，常会犹豫不决，往往因害怕变化而墨守成规，平淡度过一生。创业者一般很自信，善于思考，勇于实践，乐于接受新生事物。

4. 承担风险的意愿

在市场经济中，机会与风险共存。只要创业，就必然会有风险，且事业的范围和规模越大，伴随的风险也就越大。愿意承担风险是创业者对事业追求的一种积极的心理状态。

5. 创业的激情

创业是一个长期努力奋斗的过程，立竿见影的情况是极少的。在方向、目标确定后，创业者就要朝着既定的目标一步步迈进，纵有千难万险，也不能轻易改变、半途而废。保持创业的激情是创业成功的关键因素。

6. 良好的人际关系

良好的人际关系可以帮助创业者排除交流障碍，化解各种矛盾，提高办事效率，增加成功概率，且在遇到困难时能及时得到朋友的帮助。

7. 创新意识

能在瞬息万变的市场环境中不断推陈出新是创业生存的一个重要环节，只有不断推出新产品、新服务、新方法，才能获得生存与发展的空间，才能创业成功。

8. 冷静面对挫折的心理素质

创业是摸着石头过河，没有什么严格统一的操作规范，因此，失误与挫折就难以避免。能够冷静面对挫折是创业者走向成功的重要条件。

三、创业者应具备的基本能力

1. 情绪管理能力

成功的企业家不仅懂得管理自己的情绪，而且比一般人具备更强的同理心，能够换位思考，准确把握他人的需求和想法。因此在创业过程中，他们不仅能使自己的产品和服务更符合用户的需要，也能在和投资人、用户的沟通中赢得更多好感和认可。

2. 认知能力

元认知是对认知的认知，具体说，是个人关于自己认知过程的知识和调节这些过程的能力。元认知能力强的人，其学习能力很强，他们对自己的学习和认知过程很了解，因此能够在快速自我思考和自省后产生最优化的学习策略，能够正确认识自己的能力及限度，也很清楚如何克服自己的不足。

3. 领导力

领导力是一系列行为的总和，这些行为能够激励人们跟随领导者的步伐。创业公司的领导者更需要有超凡的个人魅力，吸引人们朝向他所描绘的愿景进发，引导团队成员去实现目标。当然，这并不是说创业者必须完全具备这些素质才能去创业，但创业者本人要有不断提高自身素质的自觉性和实际行动。提高素质的途径有两种：一靠学习，二靠改造。要想成为一个成功的创业者，就要做一个终身学习者和改造自我者。

4. 抗逆力

在面对困境、挫折时，一个人体现出来的适应复杂甚至在逆境中变得更好的能力就是抗逆力。这项能力对于创业者来说尤为重要。任何一家创业公司在成功之前都可能经历无数次的困境、危机，每一次困境都可能成为压倒骆驼的最后一根稻草，也可能成为在沙漠中重生的营养补给。

5. 组织指挥能力

组织指挥能力指的是建立有效快速的指挥机制，使各要素与环节准确无误的高效运转。

6. 谋略决策能力

谋略决策能力指的是通过各种渠道认真听取与分析各方面意见，并不失时机地做出科学合理的决策。

7. 创新创造能力

创业者要有强烈的时代感和责任感，敢于开拓进取，不断创新，并保持思维活跃。不断吸取新的知识和信息，开发新产品，创造新方法，使自己的事业不断充满活力和魅力。

8. 选人用人能力

创业者要能够知人善任，善于发现、使用、培养人才，充分调动他们的主观能动性。

9. 沟通协调能力

创业者要善于妥善安置、处理与协调各种人际关系，建立起和谐的内外部环境。

10. 社交活动能力

社交活动能力指的是创业者在从事经营活动的过程中，通过各种社会交往活动，扩大企业影响，提高企业经济效益的能力。

11. 语言文字能力

语言能力主要是指口头表达能力，表现在演讲、对话、讨论、答辩、谈判、介绍等方面。文字能力主要是指书面文字的表达能力，对创业者来讲，主要是指对企业发展的规划。哈佛大学的拉克教授讲过这样一段话："创业对大多数人而言是一件极具诱惑的事情，同时也是一件极具挑战的事。不是人人都能成功，也并非想象中那么困难。但对于任何一个梦想成功的人来说，倘若他知道创业需要策划、技术及创意的观念，那么成功已离他不远了。"

四、创业者的自我认识

1. 以创业为目标导向的自我认知

自我定位，规划创业人生，就是明确"要创业我能干什么""社会可以提供给我什么样的创业机会""要创业我选择干什么""在创业中我怎么干"等问题，使理想可操作化，为开始创业提供明确方向。

2. 明确自身优势

良好的开端是成功的一半！做自己擅长并喜欢的事情自然事半功倍。只有从自身实际出发，顺应社会潮流，有的放矢，才能马到成功。个体是不同的、有差异的，创业者就是要找出自己与众不同的地方并发扬光大。完成自己的创业定位，就是给自己亮出一个独特的招牌，让自己的创业才华更好地被展示出来。

3. 思考针对创业学到了什么

创业者在学习过程中要思考从专业学习中获取了哪些创新性的收益，参加过什么社会创业实践活动，提高和升华了哪方面的创业知识。专业也许在未来工作中并不起多大作用，但在一定程度上决定着创业的方向。拥有扎实的专业课程知识是进行创业生涯规划的前提条件之一。

4. 总结已有的创业经历和体验

已有的创业经历和体验包括在校期间从事的校园创业尝试，曾经到企业做过相关调查等社会实践活动，所取得的成就及经验积累等。实践经历是个人最宝贵的财富，往往可以从侧面反映出一个人的创业素质、潜力状况，因而对创业具有重要影响。创业实践的经历往往对创业生涯的发展较为重要，因为许多事情只有经历过，创业者才可能有深刻体会。

拓展阅读

万达集团董事长王健林的故事

15 岁那年，王健林从四川绵阳来到东北，成了一名战士。他每天背着 10 多千克的装备，在齐膝深的积雪中徒步 40 千米，有时候拉练的总路程甚至长达上千千米。1986 年，已经成为团职干部的他，却遇上了"百万裁军"，他结束军旅生活转业回乡，几年后开始创业。

创业初期由于没资历，没实力，说好的贷款被银行放了鸽子。为了公司项目，他借过高利贷，甚至 9 天 9 夜没睡觉。人人都不想碰的旧城改造项目他敢接，刚做商业地产的时候，因为经验不足，3 年内打了 222 场官司。就是这样一个"一根筋"的人，如今早已成为无人不知的企业家。

新东方教育集团董事长俞敏洪的故事

俞敏洪本是北京大学的外语教师，迫于生活的压力在校外为学生补习英语。被学校发现后，学校以扰乱学校正常教学秩序为由将其解聘。被北大解聘后，俞敏洪完全没有了生活来源，为了养活老婆孩子，他下海办起了培训班。开班初期生源少，为了招生俞敏洪常常一个人骑着车，拎着糨糊桶，满大街贴招生广告。

冬天里，俞敏洪手中的糨糊经常冻成一块，不贴广告的时候，他就和妻子待在"教室"里虔诚守候，盼着前来报名的学生。为了学校，俞敏洪曾经一口气喝下两斤白酒，被送到医院抢救了 6 小时才抢救过来。正是有了俞敏洪的坚持和不懈努力，才有了新东方教育集团的快速发展。

第三节　创业行为

一、创业行为的常见模式

1. 网络创业

网络创业是指有效利用现成的网络资源进行创业。网络创业主要有两种形式：一是网上开店，在网上注册成立网络商店；二是网上加盟，以某个电子商务网站专营店的形式经营，利用母体网站的货源和销售渠道。

2. 加盟创业

加盟创业是指分享品牌金矿，分享经营诀窍，分享资源支持，采取直营、委托加盟、特许加盟等形式连锁加盟，投资金额根据商品种类、店铺要求、加盟方式、技术设备的不同而不同。

3. 兼职创业

兼职创业是指边工作边创业。如教师、培训师可选择做兼职培训顾问；业务员可兼职代理其他产品；设计师可自己开设工作室；编辑、撰稿人可向新媒体、创作方面发展；翻译可兼职做口译、笔译工作；律师可兼职做法律顾问；策划师可兼职做广告、品牌、营销、公关等策划或咨询工作；此外，大学生创业者还可以选择特许经营加盟、顾客奖励计划等方式。

4. 团队创业

团队创业是指具有互补性或者有共同兴趣的成员组成团队进行创业。如今，创业已非纯粹追求个人英雄主义的行为，团队创业成功的概率要远高于个人独自创业。一个由研发、技术、市场融资等各方面组成的优势互补的创业团队，是创业成功的法宝，对高科技领域创业企业来说更是如此。

5. 大赛创业

大赛创业是指利用各种商业创业大赛，获得资金提供平台，如雅虎（Yahoo）、网景（Netscape）等企业都是从商业竞赛中脱颖而出的，因此大赛创业也被形象地称为创业孵化器。比如，大学生靠大赛创业起家的有清华大学的王科、邱虹云等组建的视美乐公司，上海交大的罗水权、王虎等创建的上海捷鹏等。

6. 概念创业

概念创业是指凭借创意、点子、想法创业。当然，这些创业概念必须标新立异，至少在打算进入的行业或领域内是个创举，只有这样才能抢占市场先机，吸引风险投资商的眼球。同时，这些超常规的想法还必须具有可操作性，而非天方夜谭。

7. 内部创业

内部创业指的是在企业公司的支持下，有创业想法的员工承担公司内部的部分项目或业务，并且和企业共同分享劳动成果的过程。这种创业模式的优势就是创业者无须投资就可获得很广的资源，这种"树大好乘凉"的优势成为很多创业者青睐的方式。

二、创业的注意事项

1. 团队合作，制度先行

俗话说：一个篱笆三个桩，一个好汉三个帮。创业者个人的力量终究是有限的，创业的成功离不开高效率的创业团队。因此，在创业过程中，依法制定相关政策、约定各方的权利和义务是长久合作的现实要求。对创业者个人而言，应遵循大事清醒、小事糊涂的原则，不要在小事上斤斤计较。

2. 取长补短，优势互补

人无完人，每个人都有缺陷和弱点，一旦被抓住，不堪一击。所以组建创业团队时，团队核心成员必须各有所长，这样才能形成优势互补。

3. 不要擅改企业名称，要遵纪守法

有一些经营者擅自改变名称，或者核准登记名称和经营场所标出的名称不一致，这是不被允许的。如果经营者能出示特许加盟的证明则另当别论。一般情况下，企业使用名称与核准登记名称不一致的最高罚款 1 万元，个体工商户最高罚款 2 000 元。

4. 人外有人，天外有天

创业是一场艰苦的持久战，必将经历重重磨炼。创业者要始终保持积极向上、勇敢自信、努力学习的心态，即使取得阶段性成功，也不可以自以为是，而要把心态放平和。要知道，人外有人，天外有天，市场瞬息万变，只有居安思危，才能做到有备无患。

5. 害人之心不可有，防人之心不可无

在创业的过程中，创业者必须加强防范意识，不要把别人都想象得那么坏，但也不能过于轻信他人。

6. 具有商业敏感和商业嗅觉

有些人的商业感觉是天生的，更多人的商业感觉则依靠后天培养。相对女性而言，男性对外界变化的敏感度稍低一些，男性创业者更应该加强对自身商业嗅觉的训练。良好的商业嗅觉是创业者取得成功的要素之一。

三、创业的思维误区

1. 有客流就有客户

在创业之前，大多数创业者都会精打细算，对消费群体和潜在客户进行市场来源评估。这种精神和态度诚然可贵，但其问题在于创业者很容易把客流等同于客户，把潜在客户当成固定客户。他们会有这样的想法："这里有这么多人，只要有 1% 的人购买我的商品，我就不会亏本。"事实是，真正的客户可能连 0.1% 都没有。比如火车站和学校的客流量大，可大多数都是行色匆匆的过路人，很难发展成为客户，甚至连潜在客户都算不上。

2. 酒香不怕巷子深

很多创业者会觉得"我的产品质量好，服务也好，价格又实惠，如果做好推销，即使位置偏僻点也没关系"。这类创业者可能没意识到，实体店都是"落地生根"的土著，所处的位置完全决定了商店的辐射范围，位置偏僻会导致曝光率大幅度降低，即便产品质量很好客人也不愿意前往此处消费。

3. 产品价格成本定

产品定价对创业者而言是一件刺激又惊险的事情，一方面意味着东西可以卖钱了，另一方面又预示着产品开始经受市场考验了，成败在此一举。对于定价，大多数创业者会根据成本逆推，原则上不能亏本。但从本质上来讲这种想法是错误的，真正决定产品价格的绝对不是创业者心中的成本和利润，而是消费者。如果消费者不能接受那个价位，不管价格高低，他们都是不接受的。

4. 生意不好怪营销

生意不好的原因是多方面的，创业者最容易犯的错误就是一旦生意不好，第一时间想到的就是推销、发传单、打广告、呼朋唤友来照顾生意。可他们并不知道，这很可能会更快导致创业失败。因为如果是产品质量本身或者服务问题以及管理缺陷等，生意火爆就意味着将产品或管理的问题大白于天下。而且突然的火爆会加大管理压力，虽然营造出一片欣欣向荣的假象，却导致经营者盲目加大库存、增加人手，结果在一波高潮以

后迅速跌落深谷，再也爬不起来。

章节自测

一、名词解释

创业；创业者

二、简答题

1. 创业的类型有哪些？
2. 创业的要素包括哪几个部分？
3. 创业者应具备哪些素质和能力？
4. 创业者在创业前应该做好哪些准备？
5. 你大学毕业后，是否有志于开展创业活动？谈谈你的想法。

三、案例分析

刘远进曾是重庆高校名噪一时的创业明星，当他的同学还在为找工作四处奔波时，他却以薄薄的 3 页网站创业计划书，获得云南一海归老板的 100 万元风险投资。可因经营不善，网站被迫关闭，刘远进也从网站 CEO 跌落到起点。

刘远进从大一开始，卖过小灵通，也为广告公司拉过订单，积累了一些生意经。2004 年暑假前，刘远进对电子商务的几种模式进行研究，选定 B2C 模式，准备建一个面向大学生的团购网站。刘远进便带着创业计划书去融资，有海归背景的云南老板决定为刘远进投资 100 万元。面对从天上掉下来的馅饼，刘远进认为是"运气好"。投资人也只有 20 多岁，这是他们能沟通的重要因素，刘远进持之以恒的态度打动了投资者。

2005 年 8 月，随着铺天盖地的广告和新闻报道，刘远进的"e 路校园"网站在重庆的大学校园迅速传播。随后的两个月，网站每天的点击率达 4 万～8 万次，会员迅速发展到 8 000 多人，与国内同类网站相比，其发展速度已居中上水平。

"突如其来的幸福"使刘远进和他的团队有点被胜利冲昏了头脑。他一直未考虑到学生放假对生意产生的影响。当年 12 月，随着期末考试临近，网站人气骤然下降，点击率最低滑落至日均 2 000 多人次，新增用户也由每天 300 多个降至 50 个，尽管如此，房租、水电、人工等日常开销还得继续。

尽管公司问题重重，但刘远进仍在尽最大努力维持网站运作，只不过网站宣传势头已大不如前，人气持续走低。经过近半年的折腾，刘远进开始冷静思考预期的三大盈利点——网上团购、网络广告、SP 分成，第一个仍未启动，后两个收益也不理想。

刘远进不忍心看到老板的后续投资打水漂，到云南与投资人反复沟通后，忍痛将运作半年多的"e 路校园"关闭了。对于创业失败的原因，一开始刘远进认为是资金、人才、环境三大要素都不具备。但这些都是表面现象，知识和经验的欠缺才是创业失败的最根本原因。

要求：

结合案例分析刘远进创业失败的原因。

第十四章
创业要素与训练

第一节　把握创业机会

一、了解创业机会

1. 创业机会的概念

机会是指通过创造性地组织资源、传递更高价值，以满足市场需要的可能性。创业机会是指那些具有较强吸引力的、较为持久的、有利于创业的商业机会，创业者可以据此为客户提供有价值的产品或服务，同时使自身获益。

从本质上来说，创业过程是由创业机会激活并受其驱动的，创业机会是创业过程的核心。可以说，虽然不是每一项创业机会最后都能发展成为一个新企业，但每一个创业活动都始于创业者对于机会的捕捉和及时把握。好的创业机会是创业成功的一半。

> 🏠 **拓展阅读**
>
> **防沉迷手机壳**
>
> 日本 Momo 公司发明了一款手机壳，名为 Otomos。它被固定在手机上，只有通过一个特制的螺丝才能卸掉，可以帮助家长阻止孩子过分沉迷于手机。该公司 CEO 指出，他们做了大量的定量和定性调研，并对比了市面上已有的手机防沉迷工具，最终将防沉迷的方式从手机软件转移到手机壳硬件。不得不说，解决方案的改变，有可能从根本上遏制手机瘾。
>
> 这款手机壳是以解决孩子沉迷手机的问题切入智能硬件行业的，手机壳中集成了传感器，通过 App 可以拓展防孩子走失、监控孩子的位置等服务功能，这也是目前智能硬件主流的运营模式，就看哪家公司能让用户心甘情愿地先使用上智能硬件。防沉迷手机壳是一个很好的切入点。

2. 创业机会的特征

(1)普遍性。凡是有市场、有经营的地方，客观上就存在着创业机会。创业机会普遍存在于各种经营活动过程之中。

(2)偶然性。对于一家企业来说，创业机会的发现和捕捉带有很大的不确定性，任何创业机会的产生都有"意外"因素。

（3）时效性。创业机会存在于一定的时空范围内，随着产生创业机会的客观条件的变化，创业机会会相应地消失。当市场需求处于一种不平衡的状态时，创业者需要及时收集信息并捕捉机会，迅速采取行动，这样才可能取得创业的成功并获取收益。

二、创业机会的类型

1. 根据市场特征划分

（1）现有市场机会和潜在市场机会。在创业机会中，有些是明显没有被满足的市场需求，这种未被满足的需求被称为现有市场机会；而另外一种隐藏在现有某种需求后面的未被满足的市场需求，被称为潜在市场机会。

对于现有市场机会，企业容易寻找和识别，发现它的难度系数较低，这是其最大的优点。这一最大优点也恰恰是它的最大缺点。由于市场机会明显，它容易被寻找和识别。因此，能抓住这一市场机会的经营者很多，一旦市场达到饱和，这个市场机会也就不能为创业者带来效益了。

潜在市场机会对企业来说不容易被发现，寻找和识别的难度系数大，这是它的最大缺点。但正是由于难度大、不易识别，企业如果能找到并抓住这种市场机会，机会效益也比较高。

（2）行业市场机会与边缘市场机会。出现在某个行业内的市场机会被称为行业市场机会；对于在不同行业之间的交叉与结合所产生的市场机会称为边缘市场机会。

由于创业者拥有的技术和资源不同，很多创业者能利用自身拥有的技术和资源发现市场机会，寻找和识别行业市场机会的难度系数较低，很多创业者都把行业市场机会作为重点寻找目标。

相对于行业市场机会，边缘市场机会需要多个行业背景，对创业者的要求比较高，选择该类型创业机会的创业难度较大。但交叉多个行业的边缘市场存在消费者需求，一般容易被创业者忽视，具有巨大的市场发展空间。

（3）目前市场机会与未来市场机会。目前市场发展中出现的市场机会被称为目前市场机会；从环境变化的角度来看，市场上未来的某一时期出现的大量需求和消费倾向，会成为未来的市场机会，这类机会就称为未来市场机会。

目前市场机会和未来市场机会的区别在于时间的先后顺序和是否具备可能转变的客观条件。随着时间的推移，未来市场机会是否能转变成为目前市场机会主要取决于环境的发展变化。创业者应该重点抓住目前市场机会，关注市场环境的变化趋势，把握未来市场机会。

（4）全面市场机会与局部市场机会。从范围来看，市场有全面的、大范围的市场和局部的、小范围的市场之分，因而，市场上出现的机会也就有全面市场机会和局部市场机会之分。全面市场机会是在大范围市场出现的机会，如国际市场、全国市场；局部市场机会则是在一个局部的市场出现的机会，如某个特定市场。

全面市场机会对所有创业者来说具有普遍意义，因为它意味着环境变化的一种普遍趋势。局部市场机会则对在该地区从事创业活动的创业者来说有特殊意义，它意味着该地区市场环境变化有别于其他市场的特殊发展趋势。

2. 根据来源划分

(1)问题型机会。问题型机会指的是由现实中存在的、未被解决的问题产生的一类机会。对于消费者"苦恼的事"和"困扰的事"，创业者如果能提供解决的办法，实际上就是找到了创业机会。例如，双职工家庭没有时间照顾孩子，于是有了家庭托儿所；没有时间买菜，就产生了送菜公司。这些都是从"问题"中寻找机会的，属于问题型机会。

(2)趋势型机会。趋势型机会就是创业者在变化中看到未来的发展方向，预测到将来的潜力和机会。创业的机会大都产生于不断变化的市场环境，环境变化了，市场需求、市场结构必然发生变化。著名管理大师彼得·德鲁克将创业者定义为"那些能寻找变化并积极反应，把它当作机会充分利用起来的人"。这种变化主要来自国家政策的变化、产业结构的变动、消费结构升级、城市化加速、人们思想观念的变化、人口结构的变化、居民收入水平提高、全球化趋势等诸方面。例如，居民收入水平提高，私人轿车的拥有量将不断增加，这就会派生出汽车销售、修理、配件、清洁、装潢、二手车交易和陪驾等诸多创业机会。

(3)组合型机会。组合型机会就是将现有的两项以上的技术、产品、服务等因素组合起来，以实现新的用途和价值而获得的创业机会。

组合型创业机会是根据市场价值(即机会的潜在市场价值，代表着创业机会的潜在价值是否已经较为明确)和创业者的价值创造能力(即代表着创业者是否能够有效开发并利用这一创业机会，包括通常的人力资本、财务能力及各种必要的有形资产等)，将创业机会分为"梦想"型创业机会、尚待解决问题型创业机会、技术转移型创业机会和市场形成型创业机会(见图 14-1)。

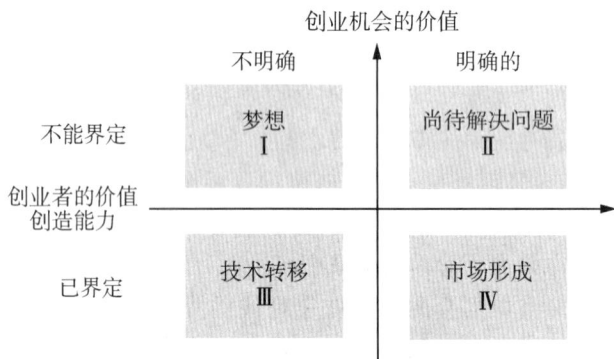

图 14-1 创业机会的综合分类

(4)"梦想"型创业机会。它是指那些创业机会的价值并不确定、创业者是否拥有实现这一价值的能力也不确定的创业机会。这一类型的创业机会的创业风险较高，创业者应该谨慎选择。

(5)尚待解决问题型创业机会。这一创业机会的价值已经较为明确，但实现这种价值所需的能力尚未确定，有些创业机会已经出现或者消费者已经存在一定的需求，但是解决该问题的方法和途径并不明确。对于这一类型的创业机会，创业者可充分利用各类资源，积极寻找并确定创造价值的途径和方法。

（6）技术转移型创业机会。这一创业机会的价值尚未明确，而创造价值所需的能力已经较为确定，创业者或者技术开发者的主要工作是为手头的技术寻找一个合适的应用点，也就是如何将现有技术转化为经济效益和社会效益。

（7）市场形成型创业机会。这一创业机会的价值和创造价值的能力都已确定。这一类型的创业机会属于成熟型创业机会，创业者可充分利用该创业机会实施创业，其风险较小，成功的可能性较大。由于创业机会的价值和创业者创造价值的能力都已经明确，因此，在利用该创业机会进行创业的过程中会出现大量的同类竞争者，创业竞争较激烈。

三、创业机会的识别

创业机会识别是创业者在创业活动中需要关注的一个重要问题。由于创业过程就是围绕着机会进行识别、开发、利用的过程，因此，创业者应当具备识别合适创业机会的重要技能。

1. 创业的愿望

创业的愿望是创业机会识别的前提。创业者拥有创业愿望，并将其作为创业的原动力，从而督促创业者去发现和识别市场机会。创业者如果没有创业意愿，遇见再好的创业机会也会视而不见、失之交臂，因此，拥有创业的愿望是创业机会识别的前提。

2. 创业能力

创业者的创业能力是创业机会识别的基础。创业者在识别创业机会的过程中需要用到创业者的个人能力。与创业机会识别相关的能力主要有远见与洞察能力、信息获取能力、技术发展趋势预测能力、模仿与创新能力、建立各种关系的能力等。

3. 创业环境

创业环境的支持是创业者进行创业机会识别的关键。创业环境包括政府政策、社会经济条件、创业和管理技能、创业资金和非资金支持等方面，是创业过程中多种因素的组合。一般来说，如果社会对创业失败比较宽容，有浓厚的创业氛围；国家对个人财富创造比较推崇，有各种渠道的金融支持和完善的创业服务体系；产业有公平、公正的竞争环境，就会有更多的人创业。

第二节　开拓创业资源

一、创业资源概述

创业者在进行创业项目之前，要筹集并获得必要的资源。资源是企业在向社会提供产品的过程中，拥有的或能支配的用以达到创业目标的各种要素及要素组合。创业过程实际上就是创业者筹集、整合和拓展资源的过程，是创业者对创业资源重新整合，以获得竞争优势的过程。

1. 核心资源与非核心资源

根据资源基础论，我们可将创业项目资源分为核心资源与非核心资源。

(1)核心资源。核心资源是创业资源中最重要、有别于其他创业项目的具有优势的资源，是创业机会识别、机会筛选和机会运用几大阶段的主线。核心资源主要包括技术资源、管理资源和人力资源。

①技术资源。技术资源是一种积极的机会资源，在创业初期起着最关键的作用。第一，创业技术是决定创业产品市场竞争力和获利能力的重要因素；第二，创业技术的核心程度影响着所需创业资本的大小；第三，是否具有独特的核心技术影响着新创企业能否在市场中取得成功。

对于创业团队来说，主动寻找并引进具有商业价值的科技成果是创业团队的核心竞争力所在。创业企业的首要任务就是寻找一个成功的创业技术。

②管理资源。管理资源即创业者资源，代表着创业团队的领导人对机遇的识别、把握能力和对其他资源的整合能力，这些能力都直接影响着创业的成败。管理资源对创业企业的成长有着十分重要的作用。

③人力资源。人力资源是一个企业创新的源泉，是企业的财富。它不仅指创业团队的特点、知识、激情和核心竞争力，还包括创业者及其团队的能力、意识、社会关系、市场信息等。

(2)非核心资源。非核心资源主要是指创业团队所需的资金、场地与环境资源，在创业过程中同样具有重要的作用。

①资金资源。资金是创业者在创业过程中进行资源整合的重要媒介。对于创业者来说，创业过程中筹集并投入一定的资金资源，不仅是创业活动得以开展的基础，更有助于筹集社会资源。资金资源包括创业需要的启动资金、创业转型或发展所需要的再次融资。

②场地资源。企业在选择场地时要考虑多方面的因素。良好的场地资源能够大幅度地降低企业的运营成本，为企业提供便利的生产环境与经营环境，帮助企业在短期内积累更多的顾客或质量好、价格低廉的供应商。

③环境资源。环境资源作为一种外围资源影响着创业企业的发展，包括信息资源、文化资源、政策资源、市场资源等。例如，信息资源可以为创业者提供优厚的场地资金、管理团队等关键资源；文化资源是指企业的核心文化，有助于企业凝聚力的形成，促进管理资源的持续发展。

2. 内部资源与外部资源

从控制资源的主体角度，可以将创业资源分为内部资源和外部资源。

(1)内部资源。内部资源来自创业团队内部的积累，是创业者自身所拥有的可用于创业的资源，主要是指创业者个人或创业团队拥有自主支配权的生产资料、具有的知识技能与核心技术以及所掌握的关系网络、营销网络资源等，具体包括：

①团队拥有的资金。创业团队所拥有的资金不仅属于创业的核心资源，更属于内部资源。资金是一种流动性资产，可以通过它迅速获得新创企业所需的各种其他资产，也可以在其他资产难以快速兑现的情况下发挥应急作用。

②知识资产及技术专长。创业者或创业团队所拥有的、有价值的知识性成果被称为知识性资产，包括已经获得的各类知识产权，如专利、软件著作权等。在知识经济形态

下，知识性资产和技术专长是创业团队的创业基础，代表着创业团队的核心竞争力。

③关系网络。关系网络是创业者或创业团队所拥有的各种社会关系的总和，包括创业者的个体关系网络及创业企业的组织关系网络，如已有的客户资源、稳定的合作伙伴等。

④营销网络。新创企业的成功与强大的营销网络是分不开的，营销网络是重要的创业资源之一。创业团队无论是销售自己生产的产品还是销售别人的产品，都需要强大的营销网络作为营销平台。

(2)外部资源。外部资源更多来自外部的机会发现，在创业初期起着重要的作用。创业团队在创业初期，面临着资源不足的重要问题。一方面，新创企业的创新与成长必须消耗大量资源；另一方面，新创企业由于自身还很弱小，没有途径去实现资源的自我积累与增值。因此，创业团队需要识别机会，从外部获取充足的创业资源，实现企业的快速成长。

①市场。一方面，市场是创业项目得以产生、生存并发展的基础，是创业者正确决策的重要信息依据和适时调整创业思路的基础。在千变万化的市场经济中，创业团队需要及时收集尽量完备的市场信息，否则就会因信息滞后而处于竞争的劣势。另一方面，在市场上首先获得客户认同、较早占据市场的新创企业具有更大的优势，消费者容易对此形成品牌忠诚度，这为市场先行者带来更稳定的客户支持。因此，创业团队需要及时收集市场信息，努力开拓市场资源，积极争取更多的客户认同。

②政策信息。政府政策对创业活动的支持主要体现在按照创业企业衍生及发展的需求，提供必要的优惠和支持，包括税收、注册等方面的支持。

创业者及创业团队需要在创业的过程中时时关注政策信息，把握政策改动中对自己有利的一面，及时避开或减轻政策中对自己的创业活动不利方面的影响。对于创业团队来说，信息的收集也十分重要，在竞争十分激烈的情况下需要更加丰富的、及时的信息。

3. 影响创业资源获取的因素

创业资源的获取是创业团队在创业初期所面临的一个重要环节，是新创企业在确定了资源需求以后利用自身的资源获取资源的过程，主要包括外部购买、外部吸引和内部积累三个方面。经过调查分析，以下因素可能影响创业资源的获取，创业者在创业过程中应当尤为注意。

(1)创业导向。创业导向是创业组织解决问题、响应环境变化的一系列相关活动在创业活动中的具体表现。具有创业导向的企业具备创新和风险承担的意识，能够在面对竞争对手时积极应战，面临市场机会时超前行动。创业导向反映了企业追求机会时的态度，驱使企业进行扩张，技术得以进步，这种态度或者意愿会正向激励创业行为，从而创造财富。创业导向被分为多个维度，包括创新性、风险承担性、前瞻性与竞争积极性。

①创新性。它是指创业团队或新创企业在面临挑战时愿意通过具有创意的、创新的方式来解决问题，包括新产品、新技术、新工艺或新的管理思想等。

②风险承担性。它是指新创企业愿意将大量资源投入创业活动中并承担不确定风险。

③前瞻性。它是指新创企业在预测市场需求的前提下，率先将新产品或新服务引入市场并获得利润。

④竞争积极性。它是指新创企业为了成功进入市场而与市场中已有的竞争者进行有效的竞争。

在创业导向的指导下，创业团队能够有创造性地、积极主动地整合并利用资源。因此，创业导向影响着创业团队对于创业资源的获取。

(2)创业团队拥有的初始资源。创业团队拥有的初始资源包括教育程度、创业经验、知识、技术及网络关系。

创业团队在进行创业活动的过程中，将先前的创业经验运用到本次创业活动中，有助于发现和获取创业资源。拥有创业经验的创业者在不确定性和时间压力下，运用先前创业经验做出有利于本次创业活动的判断，更容易获得可取的特定机会，从而从更多途径获取创业资源。创业者已有的行业经验、市场知识等强化了其发现创业机会和获取创业资源的能力。同时，创业者拥有的初始资源能够帮助创业者解决在创建和管理创业团队中遇到的许多困难，更有利于新创企业的发展。

(3)创业网络。创业网络包括社交关系网络与营销网络。创业者拥有的社交关系网络是新创企业最重要的资源之一，有助于提供企业正常运转所需的各种资源。

①社交关系网络能通过促进信息传递的方式，大大降低企业的交易成本，帮助新创企业获得与企业需求相匹配的资源，因此，对于创业资源的获取具有重大意义。

②营销网络是重要的创业资源之一，创业团队在销售产品的过程中需要强大的营销网络作为营销平台。强大的营销网络有助于创业资源的获取。

二、创业资源的获取

1. 资金资源

任何创业活动都需要一定量的资金支持，然而从实践来看，大部分创业者都遇到过资金短缺的问题。能否快速、高效地筹集到资金成为决定创业成败的关键性因素。当商机出现时，创业者应全力筹集各种资源，尤其是资金。需要注意的是，在进行融资之前，创业者不应草率地做出融资决策，而应量力而行。融资意味着需要成本，这些融资成本既有资金的利息成本，还有可能是昂贵的融资费用和不确定的风险成本。因此，创业者只有经过深入分析，确信利用筹集的资金获得的预期的总收益大于融资的总成本时，才有必要考虑通过融资启动创业项目。

鉴于任何筹资方式都需要成本，因此，创业者在筹集资金时，首先要确定本创业项目的资金需求量，对比自身资金持有量，确定差额后再行筹资。否则，筹资过多不仅可能造成资金闲置浪费，增加融资成本，也可能导致企业负债过多，偿还困难，从而增加经营风险；如果筹资不足，则可能影响创业项目经营活动的正常开展。

(1)创业资金的筹资渠道。创业资金的筹资渠道是指取得创业资金的来源，目前主要有以下几种筹资渠道。

①外源融资。创业团队可以通过市场交易途径获取创业资源，其中比较常见的一种方式是通过外源融资的方式获取创业资源。

外源融资是指企业通过一定方式向企业之外的其他经济主体筹集资金，吸收其他经济主体的储蓄以转化为自己投资的过程。外源融资方式包括银行贷款、发行股票、企业债券等。此外，企业之间的商业信用、融资租赁在一定意义上也属于外源融资。

②内源融资。内源融资是指企业不断将自己的资金储蓄转化为投资的过程。它主要由留存收益和折旧构成。内源融资主要包括权益性融资和债务性融资两种方式。权益性融资构成企业的自有资金，投资者有权参与企业的经营决策，并获得企业的红利，但无权撤退资金。债务性融资构成负债，企业要按期偿还约定的本息，债权人一般不参与企业的经营决策，对资金的运用也没有决策权。

（2）创业资金的筹措方式。创业资金的筹措方式是指解决通过何种方式取得资金的问题。根据筹集资金性质的不同，可将创业资金的筹集方式分为投入方式和借入方式两类，两者的区别如表 14-1 所示。

表 14-1　投入式筹资与借入式筹资方式的对比

对比项目	投入式筹资	借入式筹资
投资者的角色	新加入的合伙人(或股东)	债主
本金偿还义务	无偿还义务	到期必须偿还
报酬	随经营情况而定，有利润可分红，无利润则无须支付	事先约定固定金额的利息
经营风险承担	承担经营风险	不承担经营风险
对企业的控制权	按投入时的约定享有	无
典型形式	吸收直接投资	抵押贷款、典当借款、商业信用

具体而言，对于尚处于创业初期的创业者而言，可采取的创业资金筹集方式如下。

①吸收周边人群的直接投资。创业者可联合志同道合的朋友或者家庭成员共同合伙投资，甚至找和自己理念一致的创业伙伴，由整个创业团队的人共同筹资，分担创业经济压力，以获得足够的创业资金，支持创业项目发展下去。

②小额担保贷款。为了支持劳动者自主创业，国家制定了宽松的小额担保贷款优惠政策，具体措施根据各地实际情况有所不同。

③抵押贷款。利用房产、交通运输工具、土地承包经营权、存单、有价债券或保单来办理抵押或质押贷款。贷款到期，借款者必须如数归还，否则银行有权处理抵押物品作为补偿。

④利用非银行金融机构借款。信托投资公司和典当行这类金融机构借款以方便、快捷而著称，资金来源灵活、广泛。

⑤利用商业信用获得短期资金周转。创业者可通过向供应商赊购商品、向采购商预收货款或开具商业承兑票据等形式获得短期的借贷资金。其中，赊购是指购买商品时不付现金，先记账，以后一次或者分为几次还款。

（3）创业资金的筹集原则。

①筹集规模适当。创业者对任何方式筹来的资金均须承担资金成本。过量筹集会导致成本过高，资金不足则可能导致创业项目无法顺利开展。因此，筹资前，创业者首先应合理确定资金需求量，努力提高筹资效率。数量上，应以满足最低必要资金为筹集目

标，一方面保证经营运行的启动资金；另一方面避免借款过多增加负担，也避免无节制开销造成浪费。

②筹集条件良好。筹资要先有较好的吸收资金来源的条件。良好的筹集资金条件，主要包括经营者的经营方向符合社会需要及当地自然、经济条件，经营管理水平较高，经营项目的经济效益较好，经营者的形象和信誉较高，具备偿还债务能力等内容。

③筹集资金及时。创业者应适时获取资金，保证资金投放需要。

④资金来源合理。创业者应合理安排资金来源结构，保持适当的偿债能力，以达到分散筹资风险、降低筹资成本的目的。利率是选择筹资方式的主要标准，利息支出额直接影响经营者的利润，经营者要衡量各种筹资方式，必须选择利率低于预期利润率的借款。对风险较大的产品，经营者不可轻易选择利率高的借款。

⑤融资方法经济。创业者应正确计算资金成本，合理确定融资渠道和方式的组合。

2. 人才资源

创业初期，员工招募工作的主要目的是宣传组织形象，扩大组织在劳动力市场中的影响力，尽量把组织所需的潜在员工吸引过来，同时，达到劳动力供需双方信息的充分交流与沟通，以求顺利达成交易的目的。

(1)员工招募需求确定流程。如图 14-2 所示，在创业初期，招聘需求应遵循如下流程加以确定。

图 14-2　创业初期员工招募需求确定流程

①把该做的工作列出来，明确哪些工作创业核心团队做不了，即识别出哪些工作(或岗位)空缺，需要招募雇员。

②详细列明雇员所需技能和要求。分析空缺岗位的性质、任务、职责、劳动条件和环境，以及职工承担本岗位任务应具备的资格、条件。

③决定每项工作所需人数。考虑到这个阶段业务发展的实际需要及企业拥有的实际资源，在经济性原则的指导下，避免招募人数过少引起的工作效率低的现象，以及人数过多时带来的重复劳动、推诿等职责不明的现象。

④确定人员筛选标准。标准包括筛选简历时的标准、电话约人标准、初试筛选标准等。对于创业初期的企业而言，在确定筛选人员标准时，可以将有无创业经历或想法等作为参考条件；尽量避免招募远程办公的员工，因为文化始终需要人来传播，必须保证每个人都在同一个地方工作。

(2)制定招募决策。招募决策是创业者针对企业的员工招聘制定出的一套决策过程，包括招聘流程、各个岗位的要求、相关表格的制作和评审标准。此决策应在对如下问题进行调研的基础上展开。

· 未来 3~5 年企业的发展趋势是什么？行业的发展趋势是什么？

· 企业的发展战略是什么？该战略需要什么样的技术和人才做支撑？

· 为实现未来发展战略，企业需要设计什么样的人才梯队建设方案？

• 目前企业的员工结构及其状况是什么样的？他们与企业的人才、员工要求相比较还存在什么差距？是哪些方面的差距？差距有多大？

• 本行业劳动力市场的供求状况如何？本企业员工的流动状况如何？

• 企业的晋升制度如何？是否看好并一贯实施内部晋升？

在对上述问题进行调研的基础上，创业者应明确制定招募决策，该决策的主要内容应包括如下问题：

• 哪些岗位需要招募人员？招募多少人？

• 每个岗位的人员任职资格是什么？

• 什么时候发布招募信息？采取何种招募渠道？

• 如何进行人员测试？甄选的依据是什么？怎么甄选？

• 录用决策的依据是什么？谁来决定是否录用？

• 招募费用是多少？

• 招募的截止日期是什么时候？

• 新录用人员何时报到并开始工作？

基于对这些问题的分析，创业者再设计出详细的、适合本创业项目特点的招聘流程、招聘方式、各个岗位的要求、相关表格的制作和评审标准。

(3)选择招募方式。一些较成功的创业公司都会花费比一般人想象中更长的时间来寻找合适的招聘方式与渠道。创业公司可以采取下列招募方式。

①校招。尽管与大公司相比，创业公司对于求职者而言没有优势，但是在招聘时创业公司可能会吸纳到大公司看不到的潜在人才。例如，给一些有不错潜质但是成绩并不那么突出的学生实习机会，并且给予他们足够的成长空间。百度刚创业的时候，校招是主力，百度副总裁李明远就是2004年以实习生身份加入百度的。

②员工推荐。在员工认为公司有希望、有机会的前提下，鼓励员工推荐自己的朋友、前同事，甚至是有能力的亲戚。对于一些创业公司而言，员工推荐是非常重要的获取人才的渠道，甚至比招聘网站的质量还要高。

③影响力建设。影响力建设也是一种很好的招募方式，例如，微博招聘好，那就先提升微博的影响力。

3. 技术资源

在创业初期，创业技术是关键的资源之一，也是决定所需创业资本、创业产品的市场竞争力和获利能力的根本因素。

(1)技术资源获取方式。

①吸引技术持有者加入创业团队。在此种创业技术资源获取方式之下，技术持有者以技术入股，成为创业团队成员。创业者购买技术专利同时雇佣专利的原有持有人。技术的发明者是最熟悉该技术的人，雇佣他成为创业项目的员工，能够节省培训费用，同时能更好地发挥技术并进行进一步开发和创新。创业者与技术持有人合伙的方式，充分体现了组建创业团队必须能力互补的原则。此种方式的优点在于随着技术持有者的加入，创业项目能以更快的速度引入关键技术资源。但这种方式也存在一定的弊端，诸如创业项目受技术持有者是否愿意加盟的影响、创业者对创业项目的控制权减弱等。

②与科研院所合作，取得技术资源。成功企业的核心是要有好的产品，而企业的产品必须做到专业化，这非常重要。企业要做到产品专一，在同一领域内做到最专业，在技术上要一直领先。一个企业（特别是中小企业）没有实力一直保持这样的技术优势，该如何突破这个发展瓶颈呢？企业可以整合企业之外的技术资源，尽可能地与科研院所、大专院校合作，因为那里有技术上的前沿人才，而且科研院所、大专院校的人才也很愿意把自己的技术资源转化为产品，实现技术成果的转化。

③购买他人的成熟技术。购买他人的成熟技术并进行技术市场寿命分析，可大大节约创业项目时间。在对技术进行市场寿命分析的基础上，企业可直接进入量产阶段，有利于创业者及时抓住商机。

④购买他人的前景型技术。企业可以购买他人的前景型技术，再通过后续的完善开发，使之达到商业化要求。前景型技术相对于成熟技术而言，购买的成本较低，企业可以在购买后根据自身的实际情况进行后续的研发，从而提升技术的应用价值，为企业带来效益。

⑤独立研发新技术。自行研发新技术能保证现有创业团队对技术的绝对占有权和团队对创业经营活动的控制权。但在这种方式下，创业者只能依靠自己拥有的创新资源，需要面临的是漫长的开发周期，而创业者需要为此承担较大的资金压力及巨大的开发风险，甚至是未知的市场风险。

（2）技术获取的选择依据。创业者应站在整个创业项目整体的角度，在分析初创企业内外部环境的基础上，综合技术特性及本创业团队的优势和能力等方面加以选择。从实践来看，创业者可从技术特性、企业特性和环境特性三个方面来加以考察。

①技术特性：

a. 技术的生命周期。在技术生命周期初期，由于风险较大且投入较大，一般弱小的初创企业无力承担高额的自主研发成本，因此采用合作研发是比较适宜的方法。在技术生命周期早期，由于新技术的市场前景存在着很大的不确定性，交易定价变得非常困难。但同时，这个阶段也蕴含着大量潜在机会，企业一旦把握住，就可以获得巨大的利润。因此，在这个时期，有一定研发基础的初创企业倾向于采用内部研发的方法。在技术生命周期后期，该技术已经相当成熟，此时企业再进行内部研发的意义不是很大，外部购买将是一种比较适宜的技术获取方式。

b. 研发成本。一方面，高昂的技术研发成本意味着企业要投入大量的资金；另一方面，高昂的研发成本也会给新创企业带来巨大的开发风险。因此，技术的研发成本越高，新创企业应越倾向于采用合作研发或外部购买的技术获取方式。

c. 技术的不确定性。技术的不确定性主要是指技术取得商业成功的可能性不确定。不确定性越高，意味着技术的风险越大，新创企业应越倾向于采用合作研发或外部购买的技术获取方式。

②企业特性。

a. 新企业的技术创新能力。本企业的技术储备越多，能使用的研发设施越好，研发人员素质越高，企业从外部获取技术的需求就会越少，特别是在一个全新的行业或技术领域里，技术创新资源越充足，越不需要从外部获取技术。企业的技术创新能力越强，新创企业越倾向于采用更多依靠自身研发力量的内部研发或合作研发的技术获取方式。

b. 企业对技术的需求迫切度。企业对新技术的需求越迫切，时间就越为重要。内部研发和合作研发在时间上没有确定性，外部购买则迅速方便。企业对新技术的需求迫切度越高，新创企业越倾向于采用外部购买的技术获取方式。

c. 社会关系网络。社会关系网络是获取资源的重要渠道。创业者（团队）的社会关系越广，其获取外部资源的可能性就越大，从而对新企业成长所需的技术资源就越有保证，成长绩效越好。因此，企业的外部社会关系网络越丰富，新企业越可能倾向考虑合作研发或外部购买的技术获取方式。

③环境特性。

a. 市场竞争强度。市场竞争强度是指企业所面临的外部环境中的敌意，以及企业因为资源有限在面对环境敌意时可能面临的生存威胁。市场竞争越激烈，企业越重视其拥有的核心技术，并且希望其核心竞争力不被外界所拥有，此时，新企业应越倾向于内部研发的技术获取方式。

b. 技术独占性。技术独占性是用对各种不同知识的保护程度来衡量的，如对专利、商业秘密、特殊的工艺及其他一些重要知识的保护力度。企业总是希望可以学习到其他企业的特有知识，而在知识的独占性很强的情况下，知识的溢出相对就较少。要实现这个目标，企业只能和其他企业进行合作开发，在合作的过程中达到获取合作伙伴的隐性知识的目的。政府对专利保护越严格，企业越倾向于采用内部研发或合作研发的技术获取方式。

c. 政府相关政策。政府的相关政策支持某一技术获取方式，则会给用该技术获取方式获取技术的企业带来额外收益，创业者（团队）应主动收集相关政策信息，尽量采用政府鼓励的技术获取方式。

三、创业资源的整合

创业资源整合是指创业者用最少的资源量获得最大的收益，是企业间竞争的一个新角度。在当今社会日趋激烈的市场竞争中，企业对资源整合能力的考察很重要。资源整合能力强的企业可以充分利用内部资源与外部资源，获取竞争优势。创业者需要在获得各种创业资源后，有效地对其进行识别，并借助创业团队内部力量或外部力量对创业资源进行组织和整合，实现企业的核心竞争力。

1. 创业资源整合的原则

（1）寻找利益相关者。创业团队在进行资源整合时，要关注与自身具有利益关系的组织和个人。首先寻找出利益相关者，辨别出利益相关者之间的利益关系，强调创业团队自身与利益相关者的利益关系，必要时创造出与利益相关者的利益。

（2）构建共赢机制。创业团队在进行资源整合的过程中，不仅要考虑自身的利益，更要考虑资源提供者的利益，使双方达到利益上的共赢。在与资源提供者进行合作时，创业团队要确立好各方利益都能实现的共赢机制，给资源提供者一定的回报。

（3）维持长期合作。资源整合以利益共赢为基础，用信任来维持，以达到长期合作的目的。创业团队要努力构建制度信任，建立与资源提供者更广泛的信任关系，以获取更长远的合作和更大的回报。

2. 创业资源整合的途径

(1)业务外包。业务外包又称为资源外包,是指企业在拥有合同的情况下,将一些非核心的、辅助性的功能或业务外包给外部的专业化厂商,利用它们的专长和优势提高企业的整体效率和竞争力,从而达到降低成本、提高效率、充分发挥自身核心竞争力和增强企业对环境的迅速应变能力的目的的一种管理模式。

(2)合资。合资又称合营,是指企业通过合资经营的方式将各自的资源整合在一起并分享利润,共同承担风险。

(3)联合研发产品。新产品的开发是复杂的过程,从寻求创意到新产品问世往往需要花费大量的时间,而市场环境的复杂多变又使新产品开发上市的成功率极低。企业间共同开发与提供新产品,可以共同利用资源,促进技术交流,减少人力资源闲置,节省研发费用,分散风险,共同攻克技术难题。多个企业联合开发一项新的产品时,企业可以各自利用新产品改造现有的产品,提高产品的质量或创新卖点,提高市场竞争力。

(4)资源共享。资源共享是把属于本企业的资源与其他企业共享,共享方式可以是有偿的,也可以是无偿的。资源共享一方面可以充分利用现有资源提高资源利用率;另一方面可以避免因重复建设、投资和维护造成的浪费,是实现优势互补和高效、低成本目标的重要措施。

章节自测

一、名词解释

创业机会;创业资源整合

二、简答题

1. 创业机会的特征有哪些?如何识别创业机会?

2. 人们常说创业是白手起家、无中生有,请谈谈你的看法。

3. 创业资源整合的原则是什么?

三、案例分析

牛根生原本只是伊利的一名洗碗工,凭着多年的勤奋当上了生产部门总经理。41岁时,他从伊利辞职,去北京找工作,人家嫌弃他年纪大。无奈之下,他又回到呼和浩特,邀请原来伊利的几个同事一起出来创业。人有了,但是没有奶源,没有工厂,没有品牌,每一项都是致命的。

于是,牛根生开始了资源整合之路。他通过人脉找到哈尔滨一家乳制品公司,这家公司的生产设备都是新的,但是生产的乳制品质量有问题,同时营销渠道也没有打通,所以产品一直滞销。牛根生找到这家公司的老板说:"你来帮我们生产,我们这边的人员之前都是伊利技术骨干,能进行技术把关。牛奶的销售、铺货我们也承包了。"这位老板一听,马上答应下来。这样一来,不仅奶源、工厂的问题得到了解决,他们几个创业伙伴也有了落脚的地方,解决了生存的问题。

第二个问题,没有品牌怎么办?在乳制品这个行业,没有品牌的产品很难销售,因为品牌代表着安全、可靠。于是,他们借势整合,打出了口号:"蒙牛甘居第二,向老大哥伊利学习。"口号一出，连伊利也哭笑不得。牛根生不只盯着伊利这一品牌，还把蒙牛和内蒙古的其中几个知名品牌联系起来，提出："伊利、鄂尔多斯、宁城老窖、蒙牛为内蒙古喝彩!"因为前三个都是内蒙古的驰名商标，将蒙牛放在最后，给人的感觉就是蒙牛是内蒙古的第四品牌。在牛根生的品牌资源整合策略下，"蒙牛"这一品牌很快跻身全国前列。

第三个问题，没有奶源怎么办? 自己去买牛养，一方面牛很贵，另一方面也没有那么多人员去照顾。于是，蒙牛整合了农户、农村信用社和奶站三方面的资源，让信用社贷款给奶农，由蒙牛担保，而且蒙牛承诺包销路。奶牛生产出来的奶由奶站接收，蒙牛又找到奶站合作。之后，蒙牛定时把信用社的钱还了，又把利润给了奶农，还趁机喊出口号："一年养10头牛，过的日子比蒙牛的老板还牛。"

当今时代，市场竞争激烈，一个企业独立经营、单打独斗，其力量是十分有限的，一定要整合各方面的资源才能把一个企业做大。很多事情，不是自己能做就都自己做，即使自己做也很难做好，而且会花费太多的人力和物力。这个时候，我们就要整合资源，发挥自己的长处，整合别人的优势，争取用更少的成本创业。

要求：结合案例分析牛根生创业成功的原因。

四、论述题

曹操有句名言："宁让我负天下人，勿让天下人负我。"他却整合到了很多优质资源并完成霸业。结合曹操的例子及本章所学内容，对创业资源的获取与整合进行分析。

五、实训活动

创业机会探寻活动

活动背景：

当今的创业者常常会感叹自己生不逢时，羡慕20世纪八九十年代的创业者们所面对的大量的空白市场、卖方市场，那时候似乎只要创业者胆子够大、能够筹到钱，无论上什么项目都不愁销路。而当前的市场上，似乎任何领域都有大量的竞争者，即使是有前景的领域，创业还没成功就又陷入激烈的竞争中。这说明依靠信息、资源稀缺性来实现创业成功的路已变得越来越窄。但这并不意味着现在已经没有了创业成功的机会。任何时代的创造者想要成功，都需要有超前的眼光和独辟蹊径的智慧。

活动内容与要求：

仔细观察、认真思考，寻找身边的创业机会。

具体操作步骤为：3～5人一组，每组通过头脑风暴的方式，以书面形式把所想到的创业机会一一列出。

建议：创业机会来源可考虑以下几个方面。

(1)个人生活经历；

(2)偶然的发现(日常生活中、旅行中……)；

(3)个人兴趣爱好；

(4)个人的家庭环境、家庭成员从事的职业及相关的行业背景等；

(5)国家政策导向；

(6)产业结构及技术的变革。

活动检测：

活动结束后，根据表 14-2 探索活动评价表的评分标准对学生进行评分。

表 14-2　探索活动评价表

评分标准	满分	实际得分	备注
积极参与活动	20		
列出创业机会(1 个 4 分)			
有创意	30		
可操作	20		
总分			

第十五章
创业形势与政策

第一节　创业形势

一、就业现状分析

目前，对大学生而言，就业形势总体来说非常严峻，除了就业人数在逐年上升，就业需求结构性的变化、专业的热门与冷门转化快也是我国高校毕业生就业形势严峻的重要因素之一。认清就业现状，能够帮助大学生在严峻的就业形势下找准定位，树立正确的就业观。

1. 我国大学生就业现状

(1)就业结构变化，供给与需求存在矛盾。随着我国高等教育的不断发展以及国民对文化教育重视程度的不断提高，高等教育进入大众化时代。但一些问题也随之产生。比如教育大众化下，普通高校进行大规模扩招，导致高校毕业生(简称"毕业生")快速增长。这种量的快速增长对毕业生择业、就业造成了巨大影响，大学生创业从精英化走向大众化也是大势所趋。图 15-1 所示为 2013—2022 年中国高校毕业生人数及增长情况。

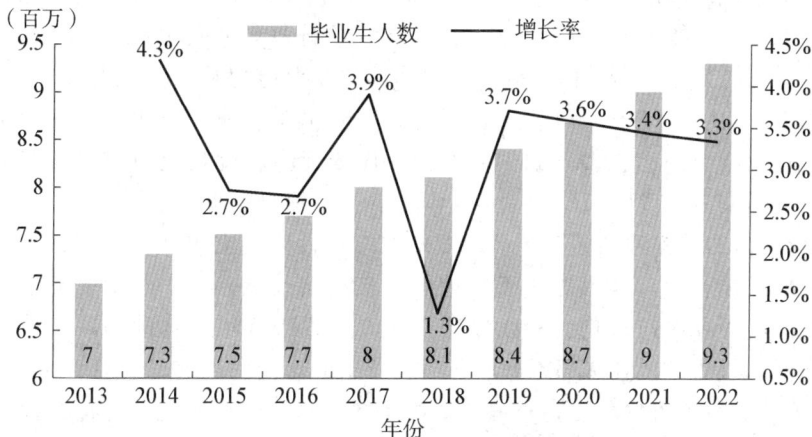

图 15-1　2013—2022 年中国高校毕业生人数及增长情况

相应地，作为人力的需求方，国有大型企业的转型打破了传统的分配供给制，大学生没有了就业保障，不再是"上了大学等于有了工作"。中小型企业对于人才的要求也逐步进入精细化状态，大学生已经失去了高学历优势。

《2021中国人才趋势报告》显示，在充满不确定性和未知性的未来，灵活人才和临时工可以带来企业所需的灵活性。这类招聘不受员工人数限制，可以解决项目用人需求、节约成本并提高用工灵活性。雇主只需根据候选人实际工作的小时数或天数来支付费用。数据显示，26%的企业会雇用短期的灵活就业人才，以弥补现有员工队伍中的技能缺口。

（2）片面的人才观依然存在。近年来，随着高等教育大众化及就业压力的增加，大学生的就业观念也有所改变，就业期望值有所降低，但"万般皆下品，唯有读书高""望子成龙""望女成凤"等思想依然严重，大多数毕业生希望到大城市、大机关、大公司、大院所、大企业等比较体面的岗位就业。毕业生在择业时容易受社会上的一些舆论左右，盲目追随，而不考虑自身条件及职业特点和社会整体需求。

大学生自身定位与社会发展对人才需求的实际状况存在较大的差异性，结果出现了很多大学生找不到工作而又有不少工作岗位没有人愿意去的不正常现象。某些专业相对冷门，用人单位欠缺这类人才，而一些大学生即使专业对口，也会因为工作看来不够体面而拒绝工作机会。

（3）专业的热门与冷门转化快。学习的最终目的是学以致用。为适应社会发展的需求，学校教育也在不断改革，专业设置、课程设置与社会的关联度不断上升。教育改革在一定程度上缩短了学校与社会的差距和理论与实践之间的距离。

高校应该合理调整学科结构和专业设置，使之与未来就业趋向相契合，面向社会、面向市场，立足未来办学。

（4）用人单位对学历的要求进一步提高。随着高校的不断扩招，每年毕业的大学生不断增多，同样一家公司、同一个职位对学历的要求可能每年都会有所提高。虽然学历不代表一切，但在相同的条件下，学历还是用人单位考虑的因素之一。

（5）素质要求大于学习成绩。随着社会经济的发展，用人单位的用人观念也在发生变化。调查显示，用人单位对大学生基本能力的要求依次为环境适应能力、人际交往能力、自我表达能力、专业能力和外语能力。能力成为影响大学生成功就业最基本、最直接的因素。除了专业能力，用人单位还提出了明确的非专业能力要求，主要集中在表达能力、协调沟通能力、人际交往能力、组织管理能力、适应能力和实践能力等方面。影响大学生就业的非专业能力还有很多，如学习能力、应变能力、观察能力和分析能力等，尤其是学习能力，已成为现代用人单位考察大学生的一个重要因素。

（6）创业流向的结构性问题严重。创业地域结构性问题突出表现在到西部、基层就业的毕业生规模还很有限，其根源在于区域间经济社会发展差距、学生就业观念调整、人事分配制度配套等方面的影响。从区域结构来看，尽管近年来我国采取一系列措施引导毕业生在中西部就业，但到东部地区就业的毕业生的比例仍远远高于中西部地区。

（7）政策性的障碍依然存在。我国的就业体制一直在改革和完善，但政策障碍仍然是影响毕业生顺利就业，特别是面向基层就业的一个重要因素。东部地区的一些城市出于人口压力过大的考虑，限制毕业生落户是影响就业的一个颇有争议的政策障碍。同时，在引导毕业生面向基层就业方面也有诸多问题：一是欠发达地区缺乏编制和资金，影响这些地区吸纳毕业生；二是部分中小企业用工不规范、社会保障不落实，使得相当部分毕业生望而却步；三是毕业生自主创业时在实际操作上还存在较多制约，如申请小额担保贷款比较困难，主管部门分工不明确，使得缺乏资金成为毕业生自主创业的一大障碍。

2. 就业的有利条件

尽管目前我国高校毕业生整体的就业形势比较严峻，但还是有一些有利的就业条件可以利用，具体体现在以下四个方面。

(1)适应新形势的管理机制和政策体系初步建立。我国已经建立了市场导向、政府调控、学校推荐、学生和用人单位双向选择的高校毕业生就业制度，确立了就业改革的方向，并为社会各界和广大毕业生所接受。国务院明确了中央和地方两级管理、以地方管理为主的高校管理体制，批准建立了高校毕业生就业工作联席会议制度，各部门加强合作，积极配合，共同做好高校毕业生就业工作，取得了显著成效。各地因地制宜地制定了大量配套的政策，已经形成了比较完善的高校毕业生就业政策体系框架。

(2)高校毕业生创业指导服务体系基本建立。各地高校普遍成立了就业指导服务中心，建立了就业服务信息网，软、硬件条件都在不断加强，就业指导服务的水平也在不断提升。全国各高校普遍采取"走出去，请进来"的办法，利用多种渠道收集就业岗位信息，举办各种规模和类型的校园招聘会，促进供需双方有效对接。高校与用人单位加强互动合作，积极建立就业实习基地，使各高校的就业市场建设取得了长足进展。

(3)高等教育以经济社会需求为导向的改革深化。自从2003年提出以就业为导向推进新一轮高等教育改革，诸多地方已经开始将高等教育规模发展、高校学科专业结构调整、高等院校教学工作改革等工作与毕业生就业状况密切挂钩。全国绝大多数省份开展了高校毕业生就业工作年度评估，并连续公布本地区的高校毕业生就业率。

(4)唱响到基层和祖国最需要的地方去的主旋律。2003年启动大学生志愿服务西部计划以来，每年都有大学生踊跃报名，平均每年约有2万名大学生到西部基层服务。近年来，我国又启动了"三支一扶"计划、"农村教师特岗计划"、大学生到村(社区)任职等多个基层就业项目，各地也结合本地实际情况，启动了各种基层就业项目，规模不断扩大，投入不断增加，政策不断完善，取得了很好的效果。

🏠 **拓展阅读**

王静是安徽农业大学的一个文静内向、不引人注目的女生，但她毕业时，却成了人们关注的新闻人物。因为她放弃了毕业分配时几个合资企业的聘请，毅然回到农村老家，办起了养猪场。她选择了一条许多人不理解而自己热爱的创业之路，并且取得了成功，当年就盈利10万元。

点评：荣获诺贝尔生理及医学奖的托马斯·亨特·摩尔根曾说过，不要把志向立得太高，太高近乎妄想，目标不妨设得近一点，近一点就有百发百中的把握。标标中的，志必大成。

高校毕业生是我国人力资源的重要组成部分，是社会中最有朝气、最有活力的群体。近年来随着我国高等教育规模的扩大，高校毕业生的人数在逐年增加，这在相当程度上满足了我国社会发展的人才需要。但同时却带来了一系列的社会问题，高校毕业生的就业压力持续增大，党中央、国务院对这个问题高度关注。在各级政府和高等院校的共同努力下，毕业生就业工作积累了一系列宝贵经验，取得了可观的成效。在新的历史时期，高校毕业生创业面临着新的机遇和挑战。

大学生创业虽然是个体的过程，但是人的发展不会游离于国家、社会大环境之外，而是与这个大环境息息相关。高校毕业生应该对当前的创业形势有一个全面客观的认识，能主动适应社会发展需要，以实现自己的人生价值。

二、创业面临的问题

1. 缺乏人脉网络资源

人脉是创业迈向成功的桥梁，能够增强大学生创业的成功系数，大量的人脉资源对于大学生创业者快速提升企业名声而言显得尤为重要。良好的人脉资源对大学生创业具有促进作用。首先，良好的人脉关系网可以给予大学生创业者经验教训，分析市场真实现状，以"过来人"的姿态提出积极建议，加快进入市场的速度，缩短创业者与创业成功之间的距离；其次，人脉关系网可以帮助大学生创业者及时了解竞争者的动态，"知己知彼，百战不殆"，这对于行业中的新进入者而言是相当必要的，只有充分了解和透彻分析竞争对手的业务方向，才能使大学生创业者及时做出应对措施，提高企业的市场占有份额；最后，也是最重要的一点，创业者的成功一般都有赖于庞大的人脉网络资源的支持，人脉网络资源又占有土地、矿藏等自然资源以及人力、财力、物力等社会资源。但是，应届毕业生或者在校大学生无论是在社会经验、个人能力，还是在人脉资源方面都处于劣势，对于市场的熟悉度、消息的及时性以及资源的利用率等都处于不利一方。

2. 缺乏专业的创业指导

人们对于"社会经验"一词的定义是不太相同的，有很多人认为社会经验就是大学生毕业后从事工作之后的经历，还有一些人认为社会经验是学生在学校与人交流获得的经验。事实上，社会经验指的是某个社会主体在自己亲身经历的各类事件中所感悟到的积极的和消极的人生哲理和处世技能。从河南省新郑市一所大学的"在校大学生兼职情况的调查报告"中来看，以性别作为分类，有14.3%的男生经常兼职，约76%的男生更喜欢偶尔兼职；有11.8%的女生经常兼职，大约78%的女生偶尔兼职，比男生还要多一些。此份调查表明大学生在校期间越来越重视对社会经验的积累，积极地参与社会兼职工作，兼职成为大学生积累社会经验的一种渠道。另一方面，虽然一些学生在校参加兼职，组织活动、拉赞助也会增长相应的工作能力，但学生并不能获取足够的社会经验。不足的社会经验让他们的眼光局限于眼前，在创业时缺少一个长远的计划。从宏观来看，相对社会中的其他创业者而言，大学生创业者拥有新鲜且丰富的专业知识，这是他们在知识方面的优势。但是换个角度，大学生创业者社会经验不足的劣势同样明显。所以，大学生创业成功离不开良好的基础，创业之初坚实稳固的基础在一定程度上决定了其日后事业的宽度和高度。从长期来看，早期经验对于尚未成熟的人来说尤为重要。创业其实就是一条漫漫长路，在这条漫漫长路之中，经验的不断积累是扫除路途障碍的重要一环。

三、创业现状与对策

1. 高校毕业生创业现状

在我国大学生就业比例中，创业占比小于百分之一，特别是在我国的西部和农村地区，工作机会的缺乏使得更多的人转移工作区域，造成了大量人才流失，迟滞了当地经济发展。从我国大学生创业的整体情况来看，我国大学生在职业初期从事的行业较为集中，大部分为销售行业或者社会服务行业，其次才是软件、网络等有些技术含量的高科技行业，不过大学生的选择更偏向"生存型"就业。创业选择则较为狭窄，不利于创业的后期发展。

当前，大学毕业生要想找到期望的就业岗位，对于市场需求的了解是不可或缺的，同时应该熟悉所期望岗位的职责及要求，有针对性地向用人单位展示自身能力。但是，现阶段高校的人才培养教育对大学生就业技能、能力及态度的培养成效欠佳，导致大学毕业生面对就业市场时适应能力不强，比如大学生所掌握的专业技能不如大中专毕业的技工或者行业工人，导致应届毕业生的就业难度增加。

当前形势下，国家教育部门针对大学生就业不断优化相关政策，通过一些举措拓宽就业渠道，确保大学生稳定就业。同时，高校对于大学生的就业能力逐步加强重视，逐渐将就业能力的市场内涵向着新的创新活动过渡，一方面通过改善就业服务拓展校友企业等资源，进行多形式的招聘；另一方面通过开展一系列就业指导讲座，提升大学生的就业技能和信心，使其能够正确面对就业。

2. 高校毕业生创业对策

(1)政府应不断完善大学毕业生自主创业相关政策。我国十分重视大学生创业，但是目前的创业形势还是不尽如人意。当前大学生创业底子薄弱，相关方面的支持还不到位，政府应尽量将政策方向延伸到对大学生创业的促进上，支持大学生创业，把握高校毕业生创业需求，根据大学生创业实际需求完善并提升创业政策的有效性与受益面；在政策支持力度不断加大的基础上，逐步建立和完善毕业生自主创业支持体系；减少不必要的过程环节，提高工作效率；扩大可以享受政府财政补贴的范围，提高毕业生自主创业的积极性；建立和完善目标考核机制。此外，针对大学生自主创业面临的困境，政府部门可以通过拓展多元化的融资渠道，根据当地的具体情况构建一个根植于当地产业的创业教育和扶持体系。政府可以与高校、企业共同建设各类毕业生创业孵化基地，以此为载体，对资源进行整合，为自主创业的大学生提供信息源以及各种服务指导。

(2)高校应加强大学毕业生创新创业教育培训。培养创新创业教育师资可以为创业提供有力保障，师资在创业的前期，也就是学生接受创新创业教育过程中起着重要作用。创新创业教育对教师的学识、经历和经验有很高的要求，因此高校要重视创新创业师资队伍的培养和锻炼。第一步要聘请有经验的行业专家、企业家等作为创新创业教育课堂的师资在学校进行理论授课；第二步是专门组织自己学校的专业授课老师到基层、企业、公司了解实际情况，使其具备将理论和实践相结合的能力，指导学生进行创新创业的实践；第三步是对参与教育培训的教师定期开展提升性培训，不断丰富指导老师的理论水平和行业认知，使其更好地指导学生如何创新创业，打造一批指导学生创新创业的专业化师资队伍，为大学生创新创业提供指导帮助。大学生创新创业作为一项长期工作，需要社会、政府、学校以及大学生自身多方的共同努力。大学毕业生选择自主创业的主要动机是大学生知识面的拓展、大学提供的理论教育、大学生就业的严峻形势、政府出台的优惠政策、大学生所处的家庭环境等。针对大学生自主创业，可以从完善大学毕业生自主创业相关政策、构建大学毕业生自主创业相关机制平台、加强大学毕业生自主创业教育培训建设、提高大学毕业生主观认识等方面出发，帮助大学毕业生将自己的创业计划转为现实计划，使高校毕业生的自主创业概率得到有效提升。

（3）大学生要树立正确的就业观。当代大学生应理性看待当前的就业形势，把握社会发展的趋势。某些学校和媒体过分渲染就业形势的严峻性，而某些大学生不假思索地全部吸收，导致大学生就业信心不足。其实，我国不断发展的经济给大学毕业生带来了一些新的机遇和条件，面对这些机遇和条件，大学生应积极把握，同时又要理性选择，切忌盲目跟风。因此，广大毕业生应全面、冷静地分析自身情况和社会发展趋势，调整心态，不断充实自己，把握每次就业机会。

大学生在校学习期间，除了努力学习课本知识，还必须培养良好的职业道德，树立正确的世界观、人生观、价值观。大学生还应当具有创新精神，面临激烈的社会竞争，能视变化为机遇，视困难为坦途，对生活、未来充满期望，充满热情。同时，大学生还要注重能力的培养。能力是一个人素质的外在表现，大学生应尽可能培养自己处理信息的能力、处理人际关系的能力、处理人与资源的能力、系统地看待事物的能力、运用技术的能力等。只有这样，大学生才可能在社会上有更好的立足之地。

找准自己的位置是大学生择业最为重要的一点。不管是双向选择还是自主择业，最后大学生只能落实到一个具体的工作岗位。要选择适合自己的岗位，首先要从需求信息入手，信息越多，选择的余地就越大；信息越可靠，越有利于大学生做出决定。同时，要善于筛选信息。筛选信息要从主客观两个方面考虑：从主观来讲，要考虑自身条件适合哪些单位、哪些职业；从客观来讲，要考虑用人单位的工作性质、发展前景、人才结构、需求情况、是否与自己的预期相同。只有综合考虑主客观因素，大学生才能在择业的过程中不至于迷失方向，通过理性的双向选择寻找到适合自己的工作。

第二节　创业政策

一、创业政策概述

创业政策的研究源于 20 世纪中期，最初被许多学者当作创业过程中隐含于创业环境研究的一个方面，是创业环境的一个主要维度。直到 20 世纪 90 年代，创业政策才被学者们系统研究，并逐渐成为一个独立的研究领域。

较早研究创业政策的代表人物，路易斯·史蒂文森和安德斯·伦德斯特罗姆于 2001年提出"创业政策是指国家或地区为提高创业活动水平以及刺激其经济水平而采取的重要手段"这一概念，认为创业政策的主要目的是营造良好的创业环境和氛围，具体目标是鼓励更多人投身创业事业并为他们提供创业动机、机会和技能；德盖特（2004）则从创业和政策两个角度分析创业政策，在政策方面可以采用宽泛政府政策的定义，而创业则可以被定义为开创或扩张新企业的过程。

国内学者张鹏(2003)认为创业政策实际上是从中小企业政策中发展并分化出来的，与促进中小企业发展的政策内容有着密切关系；高建等(2007)认为创业政策旨在促进创业，减少障碍，降低风险，改善创业环境；辜盛强等(2008)认为创业政策是指为提升创业水平，促进创业型经济的发展，从而通过一系列的制度安排或政策工具提高创业机会、技能和创业意愿的政策。

总之，创业政策是国家和地区为鼓励大众参与创业而采取的政策措施，其目的是提高地区创业活跃程度、提高大众创业意识、增强创业意愿从而促进创业活动的开展。

二、国家部委创新创业政策

1. 国家部委创业政策的四个阶段

第一阶段，主要是以高校为政策的实施主体，配合国家"科教兴国"的战略目标，鼓励大学生创业，提倡创新高新技术。但政策的内容较为笼统、单一，局限于创业教育政策，缺乏具体的操作性。

第二阶段，随着高校毕业生人数剧增，就业形势严峻，国家开始重视大学生创业在解决结构性就业问题上的优势。2002年颁布的《关于进一步深化普通高等学校毕业生就业制度改革有关问题意见的通知》(国办发〔2002〕19号)，首次明确提出鼓励和支持高校毕业生自主创业，这标志着大学生创业政策进入实质性的推动阶段。随后，在创业教育、创业融资、创业税收等各方面出台相关政策，加大对大学生自主创业的扶持力度。

第三阶段，由于受到2008年金融危机的影响，以及高校扩招所造成的大学生就业难的问题，我国大学生就业问题成为影响社会和谐的热点问题，因此在此背景下，国家提出了以创业带动就业的经济发展战略，对大学生创业政策的扶持力度加大，内容更为具体全面，且政策的发布主体也逐渐扩展到十几个部门，如人力资源和社会保障部、财政部、教育部、国家税务总局等多个相关部门，政策体系初步形成。

第四阶段，这是我国大学生创业政策全面推进和实施阶段。自2014年时任总理李克强提出"大众创业，万众创新"后，创新与创业成为新常态战略的重要推动力。在此背景下，国家与地方政府相继出台各类大学生创业政策，以促进更多大学生加入创业的队伍。如，2014年我国提出实施新一轮"大学生创业引领计划"，力争实现2014—2017年引领80万大学生创业的预期目标；2018年由国务院颁发的《国务院关于推动创新创业高质量发展打造"双创"升级版的意见》(国发〔2018〕32号)提出要着力促进创新创业环境升级，创新创业服务全面升级，推动创新创业高质量发展以增强创业带动就业能力，提升科技创新和产业发展活力。这个阶段的政策内容主要涵盖创业金融、税收政策、创业教育和培训、创业服务等几个方面，旨在通过提供创业服务，落实创业扶持政策，提升创业能力，帮助和扶持更多高校毕业生自主创业，逐步提高高校毕业生的创业比例。

2. 国家就业帮扶政策与措施

为促进高校毕业生多渠道就业、创业，努力实现更高质量和更充分的就业，2018年，教育部对高校毕业生就业工作做出了以下五个方面的指示。

(1)鼓励毕业生服务国家发展战略。

①引导毕业生到重点领域就业。各地各高校要围绕国家经济社会发展需要，主动对接国家发展战略需求，向重点地区、重大工程、重大项目、重要领域输送毕业生；结合"一带一路"建设、京津冀协同发展、长江经济带发展，大力开拓就业岗位；落实区域协调发展战略，引导毕业生到中西部地区、东北地区和艰苦边远地区就业。

②促进毕业生到新兴领域就业、创业。各地各高校要结合建设科技强国、质量强国、航天强国、网络强国、交通强国、数字中国、智慧社会的要求，引导毕业生到高技术产业、战略性新兴产业、先进制造业和现代服务业等领域就业、创业；深入挖掘互联网、大数据、人工智能和实体经济深度融合；创造新的就业机会，在共享经济、现代供应链、人力资本服务等领域拓展就业新空间。

③鼓励毕业生到国际组织实习、任职。各地各高校要加大政策支持力度，在经费资助、教学管理、就业服务等方面出台具体措施；要结合人才培养特色和学科优势，加快培养具有参与全球治理能力的高素质人才；加强与国际组织的联系，拓宽合作交流渠道；及时收集发布国际组织招聘信息，把国际组织相关内容纳入就业指导教材和课程，通过开展讲座报告、项目推介、组建社团等多种方式，为毕业生到国际组织实习任职提供咨询、指导、培训等服务。

(2)鼓励毕业生到基层就业。

①拓宽毕业生基层就业渠道。各地各高校要深入贯彻《关于进一步引导和鼓励高校毕业生到基层工作的意见》(中办发〔2016〕79号)精神，落实好基层就业学费补偿、代偿等政策，实施高校毕业生基层成长计划；服务乡村振兴战略，引导毕业生到现代种业、农产品加工、农村电子商务等一、二、三产业就业、创业；继续组织、实施好"教师特岗计划""大学生村官""三支一扶""西部计划"等中央基层就业项目；鼓励毕业生到城乡基层从事教育文化、健康养老、扶贫开发等工作，到社会组织就业。

②继续做好大学生征兵工作。各地各高校要加强与兵役机关的协调配合，落实学费资助、复学升学、就业创业等优惠政策，共同组织咨询周、宣传月等活动；加强高校大学生征兵机构建设，面向毕业生、在校生及新生等群体开展宣传员，在高校放暑假前对体检、政考合格的学生发放"大学生预定兵通知书"。

③鼓励毕业生到中小微企业就业。各地各高校要充分发挥中小微企业吸纳毕业生就业的主渠道作用，广泛收集、发布岗位信息，办好全国中小企业网上百日招聘等活动；省级教育部门要积极配合人力资源社会保障、税务、中小企业主管部门等，落实小微企业吸纳毕业生的社保补贴、培训补贴、降税减负等优惠政策；高校要关心毕业生在中小微企业的成长、发展，支持毕业生在小微企业进行产品研发和技术创新。

(3)提供全方位就业指导服务。

①优化就业精准服务。各地各高校要广泛应用"互联网＋就业"新模式，通过新职业网、智慧就业等平台，根据毕业生和用人单位需求，开展精准对接服务；推动搭建跨区域、跨行业、跨类别的招聘信息服务平台，鼓励举办分层次、分类别、分行业的中小型校园招聘活动，更多采用网上初选、线下面试的便捷校园招聘模式。

②加大对就业困难群体的帮扶力度。各地各高校要重点帮扶建档立卡贫困家庭、少

数民族、身体残疾等毕业生就业困难群体，配合有关部门落实好求职创业补贴等政策；要通过开展个性化辅导、组织专场招聘、优先推荐岗位、发放求职补助等方式，确保困难群体就业一个不能少、一个不能掉队；要与人力资源社会保障部门做好离校未就业毕业生的信息衔接和服务接续工作。

③规范就业工作管理。各地各高校要严格落实就业签约"四不准"要求，即不准以任何方式强迫毕业生签订就业协议，不准将毕业证书、学位证书发放与签约挂钩，不准以户档托管为由劝说毕业生签订虚假协议，不准将顶岗实习、见习证明材料作为就业证明材料；建立健全毕业生参与的就业状况统计核查机制；严禁发布带有歧视性内容的招聘信息，严密防范"培训贷"、求职陷阱、传销等不法行为，切实维护毕业生权益，确保校园招聘活动公平、安全、有序；有条件的地区要积极推动建立入职定点体检和结果互认机制，尽力避免手续过于烦琐、重复体检。

④提高就业指导能力。各地各高校要加强对就业指导教师的培养培训，在专业技术职务评聘中充分考虑就业指导教师的工作性质和工作业绩，推进就业指导教师队伍职业化、专业化、专家化；把学生职业发展与就业指导课程贯穿于整个人才培养体系，将课程与学科专业相融合，探索慕课等新型课程形式；要为大学生职业发展提供个性化咨询指导。

⑤充分发挥高校毕业生就业状况反馈作用。各地各高校要认真落实就业情况统计和监测责任制，确保就业数据真实、准确；不断完善就业质量评价指标体系，按时向社会发布高校毕业生就业质量年度报告；鼓励开展毕业生就业、创业与职业发展状况跟踪调查，推动形成就业与招生计划、人才培养、经费拨款、院校设置、专业调整的联动机制。

(4)加强组织领导和宣传教育。

①强化组织保障。各地各高校要认真落实就业"一把手"工程，建立就业工作目标责任制，切实做到就业、创业工作机构、人员、经费、场地到位。省级教育部门要加强与相关部门的协调配合，共同研究、制定就业政策，开展就业服务。高校要完善就业部门牵头，学工、招生、教学、创业、武装等部门参与的工作机制，形成齐抓共管的工作格局。

②加强监督检查。各地各高校要开展就业、创业政策和工作落实情况，督促、检查建立就业、创业情况通报、约谈、问责等工作制度，对工作创新成效显著的现象，要总结经验并表扬推广；对于不履责、不作为的现象，要及时纠正并要求限期整改；对就业率作假等违规行为要严肃查处并追究领导责任，确保政策和工作落实到位。

③深化思想教育和宣传引导。各地各高校要落实全国高校思想政治工作会议精神，把思想政治工作融入高校毕业生就业、创业工作全过程，坚持立德树人，引导毕业生树立科学的就业观和成才观；加强正面宣传，广泛宣传基层就业、创业毕业生的典型事迹，宣传解读国家促进就业、创业的政策措施，努力营造有利于就业、创业的良好舆论氛围。

2020年3月，教育部在大学生就业网（现已更名为：国家大学生就业服务平台）上，为2020届高校毕业生推出"线上就业指导、网上就业服务"专栏，为毕业生提供丰富的就业指导线上资源，全力促进毕业生就业。

一是推出就业指导网络课程。为实现就业指导资源共享，使高校毕业生足不出户就能接受丰富的就业指导服务，全国高校学生信息咨询与就业指导中心精心筛选、整理各地高校教育资源，推出450余门高校就业指导网络课程，参与授课的教师1 000余人，涵盖简历制作、面试技巧、职业规划、心理辅导等内容，毕业生可根据自身特点和实际需要，选择适合自己的课程，随时点播观看。

二是汇总各地高校就业网站。为积极利用互联网开展形式多样、资源丰富的供需对接，给高校毕业生提供全面、丰富的招聘信息渠道，大学生就业网汇总并发布地方和高校的就业服务信息网站2000多个，学生可直接上网查询相关地方和高校发布的就业岗位信息。

三是发布就业政策汇编。国家、地方各有关部门、用人单位和高校纷纷推出有利于毕业生就业的政策，为做好就业政策宣传，做到信息传达全面、准确、及时，大学生就业网汇总了有关促进毕业生就业、创业的优惠政策，覆盖基层就业、征兵入伍、自主创业等多个方面，希望高校毕业生能充分知晓并用好相关政策，以积极的心态主动就业，积极到国家最需要的地方建功立业。

(5)国家完善大学生创业政策体系。通过对我国大学生创业政策内容的梳理得知，近几年来我国在原有政策的基础上进一步完善了大学生创业政策体系，内容更加丰富且具体。

①创业服务的支持力度加大，如推行简政放权，建设覆盖院校、园区、社会的创业公共服务体系，创建政策咨询平台等，旨在为大学生创业构造良好环境，做好创业保障工作。

②在创业金融和税收政策方面，延长担保基金的担保期限，通过设立大学生创业基金为大学生提供多渠道的资金支持；推出各项优惠税收政策，并且进一步简化税收政策程序。

③强化创新创业实践，大力推动大学生孵化基地、创业园、科技园、创业实践中心等创业实践平台的建设，并给予一定的基地建设资金补助。

④在创业教育与培训方面，要求各高校健全创新创业教育课程体系，开设创新创业课程，将创新创业课程纳入学分管理；实施弹性学制，允许调整学业进程、保留学籍休学创新创业；设立创新创业奖学金，鼓励学生积极参与创业活动。

⑤创办由知名企业家、创业投资人、成功创业者等专家作为创业导师的创业指导队伍等。

三、各省、市创新创业政策

高校毕业生的人数连年创新高。面对庞大的大学生求职群体，除了国家，地方也出台了政策、措施，为高校毕业生就业保驾护航。

2020年3月14日，上海市人民政府办公厅印发《关于做好2020年上海高校毕业生就业工作若干意见的通知》，指出市属和区属国有企业要在今年招聘计划中，安排不低于50％的就业岗位，面向本市高校毕业生定向招聘，并扩大"大学生村官（选调生）""三支一扶"等现有基层就业项目面向上海高校应届毕业生的招录规模，2020年计划推出"大学生村官（选调生）"岗位400个，"三支一扶"岗位400个。

2020年4月16日，江西省人民政府办公厅印发《关于促进我省2020届高校毕业生就业创业若干政策措施的通知》，指出加大毕业生创业担保贷款扶持力度，对具有大专以上学历的个人创业贷款最高额度从 15 万元提高到 20 万元；对具有博士学位、正高级专业技术职称、高级技师职业资格的人员创办小微企业，其申请额度在 100 万元以内的创业担保贷款，原则上免除担保、反担保手续；毕业 5 年内自主创业的高校毕业生（含符合政策规定条件的留学回国人员），已进行就业登记并缴纳社保的，给予社保补贴，补贴标准原则上不超过实际缴费的 2/3，补贴期限最长不超过 3 年。

2020 年 4 月 30 日，山东省人力资源和社会保障厅等 13 部门联合印发《关于做好 2020 年高校毕业生就业工作的通知》，指出全省全面放开对高校在校生、毕业生的落户限制，全省 16 市均可先落户后就业。国有企业 2020 年至 2021 年努力扩大高校毕业生招聘规模，新增岗位招聘应届毕业生的比例不低于 50%。2020 年至 2021 年进一步加大基层服务项目招募规模，2020 年招募"西部计划"900 人，"三支一扶"计划 2 000 人。

2020 年 4 月 30 日，浙江省人民政府办公厅发布《关于进一步做好稳就业工作的实施意见》，指出 2020 年和 2021 年，国有企业要拿出不少于 50% 的新增岗位招聘高校毕业生，不得将本单位实习期限作为招聘入职的前提条件，并引导高校毕业生到基层就业，提高事业单位空缺岗位专项招聘高校毕业生的比例。

2020 年 5 月 15 日，四川省人力资源和社会保障厅、省委组织部、省教育厅、省财政厅等 7 个部门联合印发《进一步促进高校毕业生就业十条措施》，指出：2020 年将家庭经济困难和就业困难高校毕业生的帮扶规模扩大至 30 000 人，按 600 元/人的标准给予帮扶补贴，将一次性求职创业补贴标准提高为 1 500 元/人，并将湖北籍 2020 届高校毕业生纳入发放范围。

2020 年 5 月 19 日，云南省人民政府新闻办公室召开新闻发布会宣布，云南将面向全国高校应届毕业生专项招聘 4 万多名事业单位工作人员，并指出此次专项招聘将用好、用足各项优惠政策，对部分地区、岗位和人员给予政策倾斜。例如，应聘教师可"先上岗、再考证"，民族自治地区招聘当地少数民族大学生可单设岗位专项招聘等。

2020 年 5 月 28 日，天津市人力资源和社会保障局印发《天津市进一步促进 2020 年高校毕业生就业工作若干措施》，明确扩大企业招用规模，市属国有企业 2020 年招用高校毕业生规模扩大 10% 以上，提供不低于 3 000 个就业岗位，定向招用应届高校毕业生；强化高校毕业生就业支持政策，本市中小微企业招用应届高校毕业生和离校 2 年内未就业高校毕业生，签订 1 年以上劳动合同，并依法缴纳社会保险费满 3 个月的，按照每人 1 000 元的标准，给予企业一次性吸纳就业补贴。

第三节　创业与职业生涯规划

一、职业生涯与职业生涯规划

1. 概述

（1）生涯。

①生涯的含义。生涯的英文为 career，根据《牛津辞典》的解释原有"道路"之意，可以

引申为个人一生的道路或进展途径。Career 源自罗马文 via carraria 和拉丁文 carrus，均指古代战车。希腊文的 career 最早用作动词，如 to career a horse，有疯狂竞赛的精神，隐含未知、冒险之意。在中国人的观念中，"生"指生命、气息的意思，"涯"就是边界的意思，"生涯"指的是一个人的有生之年。Career 作为名词，有向上的职业流动之意，如军人生涯；career 用作形容词，有职业稳定之意，如职业军人、职业司机。美国国家生涯发展协会（NCDA）于 1973 年提出：生涯是个人通过从事工作所创造出的一个有目的的、延续一定时间的生活模式。生涯的这个定义包含了一些重要的含义，对生涯规划具有重要的意义。

"延续一定时间"——生涯不是作为一个事件而发生的事情，不是局限或束缚于某一特定的工作或职责的时间段。生涯在本质上是持续一生的过程，受到个人内在和外在力量的影响。

"有目的的"——生涯不是偶然发生的事件，对个人来说是有意义和价值的，需要规划、思考、制定和行动，反映了个人的价值观。

"生活模式"——生涯并不仅仅是一份职业或者工作，同时还扮演了父母、配偶、持家者、学生等角色。

知名生涯学者舒伯于 1976 年提出，生涯是生活里各种事态的连续演进方向，它统合了人的一生中依序的各种职业和生活的角色，由个人对工作的献身而流露出独特的自我发展形式；也是人自青春期至退休，一连串有酬和无酬职业的综合。除了职业，生涯也包括任何与工作有关的角色，如学生、受雇者及退休者，甚至副业、家庭、公民的角色。只有在个人寻求的时候，它才存在。

②生涯与工作、职业的关系。工作是指个人对其自认为有价值或他人所渴望目标的追求过程，一个目标导向且持续和花费精力的过程。职业的范围较大，涵盖了工作，是指社会行业或机构中一群相同或类似的工作；是职位和角色的统称，如工人、农民、教师、医生、律师等。生涯不仅仅是工作或者职业，还包括了个人的生活风格。

③生涯的特性。从舒伯的理论来看，生涯具有以下 5 个特性：

方向性——它是生活里各种事态的连续演进方向和历程；

持续性——生涯的发展是一生当中连续不断的过程；

统整性——生涯统合了一个人一生中各种职业和生活角色；

独特性——每个人的生涯发展是独一无二的；

自主性——只有在个人寻求它时，生涯才存在。

（2）职业。随着社会的不断发展与人类需求的不断变化，在人类经济的发展过程中，个人需要运用专业的知识和技能参与社会分工，以满足不同性质、不同内容、不同形式和不同操作的岗位需求。人们在岗位上创造的物质或精神财富在满足个人需要的同时，也能满足社会发展的一般需要，这些岗位的集合就叫作职业。

职业由职业主体、职业客体、职业技术和职业报酬四个因素构成。职业主体与职业客体是相对而言的，如果职业主体指的是提供工作岗位的单位或组织，那么职业客体便是各个工作岗位的从业者，二者以职业技术作为桥梁，并以职业报酬作为纽带。

职业作为人们谋生的手段，在一定程度上体现了个体在社会分工中所处的层次。它在赋予每个人权利的同时，也要求其承担与之对应的社会责任和义务。我们可以从以下三个角度来对职业进行理解。

①历史角度。随着人类社会的不断发展，人们从事不同的社会劳动，于是产生了不同的社会分工，进而形成了不同的职业。因此，从历史角度来看，职业是人类发展到一定阶段，即社会分工出现后的产物。

②社会角度。职业活动不仅维持了个人的生活，而且为社会发展提供了物质基础。因此，从社会角度来看，职业活动对促进社会的稳定运行有积极的作用。

③个人角度。从个人角度来看，职业既是人们谋生的手段，又是实现个人价值的平台。因此，职业对个人来说有着重大意义。

从上面可以看出，职业是社会发展到一定阶段的产物，是人们开始参与社会分工，利用自身的知识和技能为社会创造物质和精神财富，是人们获取一定报酬，实现自我价值的工作过程。职业是社会的重要组成部分，上述三个角度有助于我们更好地理解职业是什么。

(3)职业生涯。

①职业生涯的含义。职业生涯是指一个人终身的职业经历。具体地讲，职业生涯是以心理开发、生理开发、智力开发、技能开发、伦理开发等人的潜能开发为基础，以工作内容的确定和变化，工作业绩的评价，工资待遇，职称、职务的变动为标志，以满足需求为目标的工作经历和内心体验的经历。狭义的职业生涯是指一个人终其一生，与工作或职业有关的经验和活动；而广义的职业生涯则包括个人一生中的各种职业和生活角色。

②职业生涯的分类。职业生涯可以按从事某一项职业时所需的因素划分为外职业生涯和内职业生涯。外职业生涯是指从事职业时的工作单位、工作地点、工作内容、工作职务、工作环境、工资待遇等因素的组合及其变化过程。内职业生涯是指从事一项职业时所具备的知识、观念、心理素质、能力、内心感受等因素的组合及其变化过程。内职业生涯的发展是外职业生涯发展的前提，内职业生涯发展带动外职业生涯的发展，在人的职业生涯成功乃至人生成功中具有关键性作用。因而在职业生涯的各个阶段，我们都应重视内职业生涯的发展，尤其是在职业生涯早期和中前期，我们一定要把对内职业生涯各因素的追求看得比外职业生涯更重要。对我们来说，在职业生涯早期对自己锻炼最大的工作就是好工作；在职业生涯后期，实现人生价值最大化的工作才是好工作。

③影响职业生涯的因素。实现人生价值最大化、获得职业发展的成功，受各种因素的影响，其中影响最大的因素包括以下几个方面。

a. 个人因素：个人的个性、追求、价值观、具体行为等都直接影响职业生涯的进展。

b. 社会环境、组织因素、人脉因素：在人的一生中，对个人职业生涯影响最大的还是他们的工作组织。

c. 偶然性因素：在个人职业发展过程中，不可避免地要受某些被称为机遇的偶然性因素的影响。有时候，这些影响的作用是巨大且难以抵抗的。

因此，在大学阶段就确立正确的职业观，努力适应社会环境，抓住一切可以抓住的机遇，在未来的职业生涯中才会获得成功。

(4)职业生涯规划。职业生涯规划又称职业生涯设计，是指一个人在对个人和内外环境因素进行分析的基础上，确定事业发展目标，并选择实现这一事业目标的职位或岗位，制订相应的工作、教育和培训行动计划，对每一步骤的时间、项目和措施做出合理的安排的活动。职业生涯规划是由早期职业辅导运动发展而来的，职业辅导运动起源于美国 20 世纪中叶，90 年代中期从欧美国家传入中国。一般认为，著名管理学家诺斯维尔首先提出"职业生涯规划"这个概念。他认为，职业生涯设计就是个人结合自身情况以及眼前制约因素，为自己实现职业目标而确定行动方向、行动时间和行动方案的行为。可见，要想做好职业生涯规划，首先个人要对自身的特点(个性特征、兴趣爱好、职业价值观、能力状况、人生理想等方面)进行评估，再对所处的外部环境(家庭条件、社会环境、职业分类、工作性质等方面)进行分析，然后根据评估结果，有针对性地树立目标、制定实施方案、确定阶段任务，并付诸行动。

2. 大学生职业生涯规划

人的生命是有限的，其中职业生涯占据了绝对重要的部分，拥有成功的职业生涯才可能实现完美的人生。谁都希望自己的职业生涯有所成就，大学生更是对未来的事业之途充满很高的期望，并愿意为成功付出勤奋和努力。大学阶段正处于职业生涯的探索期，是人生中最美好的时光，也是人生最关键的阶段，这一阶段对于大学生今后职业生涯的发展有着十分重要的意义。人们在社会舞台上将职业角色扮演得如何、过着怎样的生活，其实在一定程度上是可以把握的。职业生涯规划是帮助我们正确地寻找和追求自己目标的工具。

(1)有利于自我定位。认识自我是职业生涯规划的前提。充分了解和认识自我，我们便能根据自身的能力和需要对职业发展方向进行探索，而不盲目从众、随大流。要想在职业生涯规划中认识自我，我们需要对自身进行深层次的剖析，以便对自己的能力、优势和劣势加以了解，根据生活中掌握的经验，解析出未来工作的方向，从而彻底解决"我想干什么"和"我能干什么"的问题。在此基础上，我们通过对就职要求、就业渠道、工作内容和职业发展前景，以及行业的薪资待遇等相关因素的了解和认识，找到自己的职业和人生定位，理性分析所具备的能力和资本，从而做出长远打算，这是人生规划得以实现的理论依据，正所谓"知己知彼，百战不殆"。

(2)有助于个人确定职业发展的目标。事业成功在于我们能尽早地明确职业生涯的目标，并且为之坚持和奋斗。英国哲学家罗素说过："选择职业是人生大事，因为职业决定了一个人的未来……"事实上，明确的目标能激励人们积极地去创造条件，并为这一目标的实现而努力。大学生在进行职业生涯规划时，首先要对自己进行了解，分析自身的长处和兴趣所在，同时发现缺点与不足，然后结合社会的发展变化和环境特征，制定符合个人实际情况且切实可行的目标。一个人如果缺少对职业生涯的规划，便不能明确自己的理想，从而失去职业方向，导致浪费宝贵的时光，造成职业生涯的延误甚至是人生的失败。若有了明确的职业生涯规划的指引，大学生便能在朝着职业目标努力的道路上，充分发挥自己的才能，从而增加事业和人生成功的筹码。

(3)激励个人努力工作。职业生涯规划的制定不仅需要大学生对自己的未来有明确的看法，而且需要对自己有全面透彻的认识。每个人对未来都有着憧憬和幻想，要将职业目标和人生愿望变为现实，就需要结合自身情况制订具体的行动计划，并努力工作，克服出现的困难，为早日实现目标而奋斗。一般来说，职业目标都会对个人产生强烈的吸引力，大学生要获得职业生涯发展的成功，只有靠自己脚踏实地去完成。对此，大学生需要懂得在学习和工作中珍惜时间，不断地完善自我，朝着自己的目标迈进。

（4）有助于挖掘个人的潜能。每个人都有自己的潜能。潜能大多数时间都是沉睡着的，人们甚至不了解自己的潜能。通过对职业生涯进行规划，憧憬未来、实现理想的强烈愿望便在人们心中扎根。在努力奋进的过程中，一个人若能克服艰难险阻，坚持信念，持之以恒地拼搏下去，即使不能取得令人瞩目的成就，也能把自己的潜能激发出来，获得可喜的成绩。当人们专注于自己热衷的事情时，潜能和优势便会得到进一步的开发与发挥，同时也将增加职业生涯发展前进的动力。

（5）有助于个人抓住生活重点。合理的职业生涯规划需要大学生处理和安排好日常学习、工作和生活中各项事务之间的关系，集中精力去做必须做的事，将生活的重心转向有助于实现和发展职业目标的事务上。有了合理的学习安排，生活就会变得充实；厘清头绪，职业目标也会随之变得形象具体。通过职业生涯规划，大学生能明确生活和学习的重点，从而进行科学合理的安排，提高学习效率，增加职业生涯成功的可能。

（6）有利于实现人与职业的和谐发展。职业生涯规划的目的是促进个人健康、持续、协调和全面发展，将人与职业的发展有机结合起来，从而在人职和谐的基础上，将职业发展作为实现人生价值的内容和工具，让个人的发展成为推动和促进职业发展与进步的主导力量，达到自我与职业的双赢。个体的人生目标是多样的，如生活目标、职业发展目标、社会地位目标、人际环境目标等。在所有目标构成的体系中，各目标之间相互交叉影响。而职业发展目标是整个目标体系中最核心的部分，它的实现与否直接关系着人们对成功与挫折、愉悦与遗憾的感受，影响着生命的宽度和质量。人与职业的和谐发展也是事业成功的保证。

（7）有助于评估自身的收获和成绩。评价人们学习和工作成绩的状况，需要有相对明确的参照物。通过对职业生涯规划的前后分析，人们对自己目前学习和工作的状况便有了评估和比较的标准。大学生可以根据规划实施的进程来评价当前的学习和工作成效，分析自身的收获和不足，并有针对性地进行修正。如果学习和工作的成绩与预期的效果和花费的时间相适应，这便是最好的肯定，在处理后续的学习和工作任务时，会更加明确目标并增强信心；若当前的学习和工作成绩与目标有差距，则需要找出原因，结合实际情况做出适当的调整，以便接受新任务的挑战。若缺少职业生涯的合理规划，必然会缺少对自身取得的进展进行评估的标准，从而难以感知到进步和不足。得不到激励，就会进展缓慢，或半途而废，最终导致职场的平庸和人生的碌碌无为。

（8）有利于寻找实现理想的通道。职业生涯规划能引导大学生树立明确的发展目标，它不仅能为个人成长指明方向，而且能促使每个人去探索适合各自情况的发展方案。围绕职业目标去学习和提升，即使目标与实际情况还不够协调，也会使人朝着既定的需求方向前行，这个方向便是实现理想的通道。实现目标的意愿会转变成实际行动所需要的动力，意愿越强烈，动力也会越大、越持久，成功的机会也随之增加。因此，职业生涯规划为人生旅程设定阶段目标并铺设通道，指引着大学生通往成功的彼岸。确立人生奋斗目标后，围绕这一中心，人们的行为将会变得更有效率和价值。

> **拓展阅读**
>
> 29岁的董宇辉成了近年来直播领域的新星，在担任跨界选手、新东方旗下的农产品直播带货平台"东方甄选"的主播之前，董宇辉曾是西安新东方的一名英语名师，目前他个人短视频的简介为："曾经是老师，现在是售货员。"
>
> 他出身陕西农村，就读于西安外国语大学，2015年毕业时，曾面对保研和年薪20万元的工作难以抉择。父亲问他："如果你造了一辆很好的汽车，或是很贵的手表，然后把它卖给很富有的人，这对社会5~10年后的发展有什么价值或贡献？"一语点醒梦中人，董宇辉意识到能够影响、改变和成就人的工作是最有价值的工作，便决定去做教育。他放弃了3个offer，并从1000多人的面试中脱颖而出，加入西安新东方。2016年，董宇辉当选(新东方)当时最年轻的英语教研主管。2019年，他加入新东方在线教授网课。当国家的"双减"政策落地时，他和所在集团面临转型问题。最终新东方决定尝试直播卖货。
>
> 据董宇辉分享，在培训行业刚刚受到冲击的时候，他感觉到特别迷茫。他热爱自己的工作，却要被迫离开这个熟悉的岗位，觉得自己除了给学生上英语课，不会干别的。他很沮丧，很无助，决定离开工作了多年的新东方。他和人力部门都谈好了，就差签那份离职协议了。在走之前，他找到新东方的孙老师，打算和对方告个别，但是，孙老师对他给予了充分的鼓励和信任，他因此改变了主意，决定继续留在新东方。
>
> 人都有迷茫、无助的时候，尤其是在遭受打击时，会失去信心，否定自己，充满压力，变得脆弱而敏感。处于这种状态时，人最需要帮助，有时一句鼓励的话、一个温暖的微笑、一个信任的眼神就可以起到神奇的效果。
>
> 思考：结合案例，谈谈你对"职业"的认识。

二、创业能力对职业生涯发展的重要意义

1. 创业能力

创业能力与一般意义上的能力有所不同，它是一种与社会职业相关的综合能力，它也具有丰富的内涵。因此，关于创业能力的含义，专家、学者们有着不同的认识。

根据创业的概念，郁义鸿、李能志认为，创业能力是指在一定的条件下，人们发现和捕获商机，将各种资源组合起来并创造出更大价值的能力，即潜在的创业者将自己的创业设想成功变为现实的能力。

严强认为，创业能力是以人的智力活动为核心的具有较强的综合性和创造性的心理活动机能，是与个性心理倾向、特征紧密结合在一起的、在个性的制约和影响下形成并发挥作用的心理过程，是经验、知识、技能经过类化、概括后形成的，并在创业实践活动中表现为复杂而协调的行为动作。

高耀丽认为，创业能力是将自己或他人的科研成果或市场创意转化为现实生产力的

能力，包括专业知识运用能力、创新能力、社会能力（捕捉市场信息及市场分析的能力、经营管理及理财能力、人际交往的能力、团队合作能力、发现人才和使用人才的能力、适应变化和承受挫折能力）等。在这里，专业运用能力是构成创业能力的前提，创新能力是创业能力的基础，社会能力是创业能力的核心。

毛家瑞、彭刚、陈敬朴认为，创业能力是一种具有很强实践性的能力；创业能力是一种具有较强综合性程度的能力；创业能力是一种具有创造性特征的能力，是一种自我开发、自我实现性质的创造能力；创业能力是与个性倾向、特征紧密结合在一起的行为操作方式；创业能力是知识、技能经过类化和概括化后形成的稳定的心理范式。创业能力包括专业职业能力、经营管理能力、综合性能力三种，其中综合性能力又包括发现机会、把握机会、利用机会、创造机会的能力，收集信息、处理加工信息、综合利用信息的能力，适应变化、利用变化、驾驭变化的能力，非常规性的决策和用人能力，社会活动能力等。

2. 大学生创业能力

1998 年 10 月，世界高等教育大会宣言《21 世纪的高等教育振兴计划》第 17 条指出，为方便毕业生就业，高等教育应主要关心培养创业技能与主动精神，要使毕业生不仅是求职者，而应首先成为工作岗位的创造者，并特别提出把创业能力的培养作为"第三本教育护照"，要求把事业心和开拓技能教育提到与学术性和职业性教育护照同等地位。

综合已有文献对大学生创业能力的研究，本书认为，大学生创业能力是指正在接受大学教育的在校学生以及刚毕业还没有找到工作的学生，通过学校、社会、家庭等方面的教育，发现和捕获商机，将各种资源组合起来并创造出更大价值的能力，即将自己的创业设想成功变为现实的能力。

3. 创业能力对职业生涯发展的重要意义

创业已成为大学生职业生涯中的一种选择。但是，创业是一个实践性很强的过程，要求创业者不仅要拥有创业精神、创新意识，同时还要具备足够的创业能力。创业能力与新创企业的成败直接相关，创业能力越强，则创业成功率越高。

创业能力具备与否，对个体是否选择创业具有显著作用。研究表明，在创业环境同质或类似的情况下，有的新创企业能够生存甚至更好地发展，而有的新创企业不得不面临生存问题。归根结底，新创企业成功与否，与创业者的创业能力有着直接的关联。比如，机会识别能力强的人，能对创业环境的变化做出迅速反应，抓住转瞬即逝的机会，成功创业；融资能力强的人，能利用网络资源、人脉资源等获得新创企业生存和发展所需的人力资源、物质资源、资金支持等。因此，大学生创业教育的关键，就在于培养和提升他们的创业能力。

4. 大学生创业能力的构成要素

创业能力可分解为不同的构成要素，要培养和提升大学生的创业能力就是要从这些能力和要素入手。

（1）基础能力——创新意识与创造能力。

①学习能力，善于接受和理解与所办企业经营方向有关的新技术的能力。

②联想、迁移和创新能力，常常从另一问题、事件、物体等得到启发，从而解决当前的问题；以突破常规的思路或方法做事情。

③信息的接受和处理能力，擅长全面收集信息并妥善处理信息。

④实践能力，能把自己的创意付诸实践。

（2）基础能力——组织领导与管理能力。

①适应变化和承受挫折的能力，当遭遇失败时，能够很好地调整心态，理性地面对问题，重新开始。

②合作能力，善于与他人合作，达到双赢。

③沟通能力，能够与他人进行良好的沟通或保持良好的关系。

④谈判能力，能够有效地进行谈判，展现自己的优势，获得他人的认可。

⑤用人能力，善于根据本行业的行为规范来判断、控制和评价他人的行为；具备发现和任用人才的能力，能够有效地组织和管理自己的团队。

⑥控制和调节能力，控制和调节能力控制整个企业的运作。

（3）操作能力。

①机会识别与利用能力。一是市场机会识别能力，即善于识别市场需求与变化，发现商机；二是技术革新识别能力，即能识别技术革新带来的创业机会。

②风险识别与决策能力。一是创业风险的识别能力，即能明确创业风险的来源，预见不同发展时期的企业可能面临的风险；二是创业风险的规避与承担能力，即能将创业过程中可能出现的风险控制在自己所能承担的范围之内。

③创业融资能力。主要表现为对产业过程中所需要的人力、资金、信息和技术等重要资源的汇聚能力：人力资源、资金资源、信息资源。

当大学生选择了创业这个没有上司的职业之后，就需要自我管理、自我决策、自我规划。因此，在选择创业前，应该进行创业实践训练，向成功的企业家学习，在实践中提高自己的组织管理能力、开拓创新能力、人际关系协调能力、决策能力，以及发现问题与解决问题的能力等，然后再去创业，这样无疑可以大大提高创业的成功率。

拓展阅读

宋兴航，1958年出生，河北隆尧人，北京大学研究生、教授，山西应用科技学院创始人、董事长兼校长。现任山西省政协常务委员、山西省中华职教社副主任、山西省教授协会副会长、全国非营利性民办高等学校联盟第一届专家咨询委员会委员、山西省政协智库专家、山西省高职高专评估专家、山西省当代儒学研究会副会长、山西省政府教育督学、山西省汾河书画院院长。

筚路蓝缕办教育，呕心沥血育英才。在开辟民办教育事业的征程中，他始终坚守"捧着一颗心来，不带走半棵草去"的人生准则。他将这种准则升华为一种淡泊名利、甘为孺子牛的人格力量，把对民办教育事业的热爱和心血全部投入教育工作中，无怨无悔。31年栉风沐雨，31年拓荒前行，他在没有伸手向国家要一分钱的情况下，白手起家、艰苦创业，学校从最初的只有少量学生的业余制辅导班逐渐发展成拥有万名大学生的应用型本科高校，使山西应用科技学院成为山西省民办高校中的一朵奇葩。

每一所学校都有自己的办学风格，每位校长办学都有一个共同的追求——办好自己所在的学校，让它成为让学生感动、让教师得到专业发展的好学校。但是，即使是在一定教育理念的指导下，校长的人格、学识、思想各不相同，办学理念往往也各不相同。面向未来，宋兴航校长满怀憧憬，他说："教育工作没有最好，只有更好。做好教育工作是我的本分，我将以更加饱满的热情迎难而上、开拓进取、改革创新、砥砺前行，投入教育改革大浪潮中去，带领山西应用科技学院全体师生向更高更强的目标迈进，为国家，为我们的新时代培养更多的应用型人才做出自己的贡献。"

三、如何培养创业能力

1. 树立远大的创业理想

理想是力量的源泉、智慧的摇篮、冲锋的战旗和斩棘的利剑。大学生创业，要激励自身奋发向上，首先必须确立一个既宏伟又具体的理想。许多人惊奇地发现，他们之所以达不到自己孜孜以求的理想，是因为他们的理想太小而且太模糊，使自己失去达成理想的主动力。如果大学生的理想不能激发自己的战斗力和想象力，理想的实现就会遥遥无期。创业理想是大学生创业者的需要、动机、信念、价值观在奋斗目标上的集中体现，是确定创业价值取向的最高准则，远大的创业理想往往能更大程度地吸引大学生创业者，激发大学生创业者的无限潜能。当然，理想的确立也不能盲目、盲从，应当根据现实情况和可能的发展趋势科学合理地设定，否则容易使大学生创业者产生懈怠妥协的心理，或容易出现好高骛远、眼高手低的现象。

2. 培养浓厚的创业兴趣

兴趣是一种积极探索某种事物的认知倾向，是一个人对一定事物所持的愿意接近、乐于探索和勇于实践的情感状态，是一种无形的强大的心理驱动力。大学生浓厚的创业兴趣会使原本漫长曲折的创业之路充满朝气活力，使大学生创业者始终保持高昂的情绪，使大学生的创业活动不断得到新鲜营养的补充。创业兴趣不像人的天赋那样是与生俱来的，是"上天的恩赐"，它是可以通过后天的熏陶和培养而循序渐进地形成并不断加以巩固。有志于创业的大学生可以通过创业教育、社会实践和榜样引导等方式和途径，根据自身的个性差异、性格特点、能力素质等情况，有步骤、有条理地培养浓厚的创业兴趣。

3. 营造良好的创业文化

要积极营造大学生创业文化，通过各种渠道帮助大学生牢固树立"凡事不坐着空想，而是先试试""凡事自己想办法，自己解决""不安于现状，通过自己努力达到目的""终身创业"等创业意识。当前一些大学生的思想观念很不适合创业，如"小钱不赚，大钱赚不来""没有吃苦耐劳的精神"等。当然，观念的转变与形成并不是一朝一夕能够做到的，要经历现实教育的引导，这是一个长期的教育发展策略。另外，要通过新闻媒体、校园文化等手段广泛宣传大学生的创业成功事迹，让大学生深切体会到创业的价值，认识到通过创业致富的可能性，形成大家都关注创业的良好校园文化。

4. 在社会实践中培养创业意识

实践是检验真理的唯一标准，社会实践是催生大学生创业意识的土壤。大学生在培养创业意识、确立创业目标、树立创业理想的过程中，不应将思维局限于静态的课堂和书本，而应主动走向社会，积极参加各类创业实践活动，充分发挥第二课堂的育人作用，锻炼和提高自身的创新能力、科研能力和协调合作能力。大学生除了积极参加学校组织的社会实践活动、踊跃尝试创业竞赛和活动、认真上好第二课堂的实践课程以外，还可以充分利用大学四年的寒暑假、节假日等时间，不断积累创业经验，深刻感受创业活动。

第四节　创业精神

青春的美好，就在于它意味着无限的可能，青年人的开拓进取，承载着一个国家的未来。"少年强则国强"，这句催人奋进的话语，在百年间伴随着数代中国人砥砺成长，将个人的命运与国家的发展紧密相连。对于在校大学生来说，创业教育是开启未来的一把钥匙，通过创业教育所获得的"攻坚克难，勇往直前"的信念与精神，更是青春岁月中最为光彩夺目的一抹亮色。

一、创业与创业精神

1. 创业的定义

《现代汉语词典》对"创业"的解释是：创办事业。而"事业"是指人所从事的，具有一定目标、规模和系统并对社会发展有影响的经济活动。

大学生创业，是指大学生毕业后不通过传统的就业渠道谋取职业，而是依靠自己的学识智慧、科技发明、专利成果等资源，通过独立或与他人开办公司、创办企业等形式，开创自己的事业。

2. 创业的特征

（1）机遇性。机遇面前人人平等，但往往有准备的、有信念的、有追求的和有渴望的人更能把握机遇。机遇是创业的前提，创业者只有主动作为，才能抓住成功的机会。

（2）创新性。创新是创业的基础和关键，创业的本质是创新。创业过程就是一个不断创新的过程。只有不断创新，创业才会有生命力。

（3）风险性。创业过程存在着极大的不确定性，创业是有风险的。一般来说，创业是一个动态试错的实践过程，在此过程中会面临外部政策法规、行业市场、资本市场等不确定因素的影响，同时会遇到团队、技术和管理等内部因素变化的影响。

（4）利益性。创业以增加财富为目的，没有利益的驱动，就不会有人能够承受创业所面临的风险。创业对于大学生而言，一方面有物质财富利益的回报，更为重要的是他们在创业实践过程中可以收获社会经验和各种资源，从而获得快速成长。

（5）曲折性。创业过程不是一帆风顺的。市场与用户的需求总在变化，创业的过程更像是科学家试图探寻真理的过程，总是充满着让人无法预料的曲折性。

🏠 **拓展阅读**

创业实践经历也是财富

NO.1：西南财经大学有一所大学生实验超市，该超市完全由学生自主经营管理，大量的学生在这个平台上得到了很好的锻炼，何贵钦就是其中一员。他从基层做起，经过努力成为大学生实验超市总经理，这段经历非常宝贵，他不仅综合素质得到了很大的提升，市场意识也得到了锻炼，毕业时成为众多企业争夺的目标。

NO.2：刘彤在大二时就和同学合伙开了一家广告策划公司，在随后的两年里，公司业务逐渐稳定，规模也越做越大，大四毕业时他已经积攒了50多万元。同学们都以为大学毕业后他会继续创业，但是刘彤却放弃了经营两年的公司，进入了职场。当被问及原因时，刘彤说："这两年的经历让我明白，经营一家企业是多么不容易，也让我认识到了自身实力的不足，所以我才会做出这个选择。"最后，一家大型互联网公司因为他的这段创业经历，给他提供了一个管理岗位。

NO.3：对于温州大学的刘聪而言，"大学期间创业实践的最大意义，是让创业精神在自己心中生根发芽，成为自身性格的一部分，让自己拥有了开拓进取、百折不挠的生活态度"。

NO.4：有创业梦想的张辉，在大一下半学期就开始在学校摆地摊卖衣服，虽然很辛苦，但是每天过得都很充实。后来他成为学校培训班的班长，并在省级创业大赛中获得二等奖的好成绩。大三上半学期时，他和创业培训班的同学合伙开了一家管理咨询公司。但是毕业后，张辉没有继续创业，而是进入了当地最大的民营企业。因为有两年的创业经验，所以张辉上岗就被委以重任，担任销售部总经理助理。

正如他所说："我在大一时就开始创业，大三时和同学一起开公司，这段经历极大地锻炼了我的能力，也让我找到了人生方向。其实创业并非一定要开公司当老板，只要有创业精神，在岗位上也能创业，也能实现人生价值。"

二、创业精神的内涵

1. 创业精神的内涵

创业精神是创业的心理基础，是指创新者在创业过程中所表现出的主观思想，它并不是单指一种精神，而是拼搏精神、创新精神、合作精神、坚持精神等的组合。创业精神是促进新企业形成、发展、壮大的原动力。

2. 创业精神的作用

创业是以创新为核心的活动。创新精神作为创业者必备的心理品质，是决定创业成败的重要因素。创业精神能够激发人们进行创业实践的欲望，是一种心理上的内在动力机制。它在很大程度上决定着一个人是否敢于投身创业实践活动，支配着人们对创业实践活动的态度和行为，并影响着态度和行为的方向和强度。

创业精神能够渗透到以下三个方面并产生作用。

(1)个人成就的取得：使个人成功地创建自己的企业。

(2)企业的成长：企业使其整个组织都重新焕发创业精神，以具有更强的竞争力，获得更大的成长。

(3)国家的经济发展：使人民富裕，使国家强大。

总之，创业精神的力量能够帮助个人、企业，乃至整个国家（或地区）在面对 21 世纪的竞争时走向成功。当前，世界产业结构正经历转型，创业精神在我国将发挥更大的作用，它有利于加快转变经济发展方式，促进经济社会又好又快地发展。

【课堂训练】

从《中国合伙人》看创业的价值

回忆电影《中国合伙人》的有关情节，思考并分析：创业对于电影主人公成冬青、孟晓骏和王阳三人来说，在创业的不同阶段有哪些意义和价值？然后，进一步分析新梦想事业对于他人和社会有哪些影响和价值。

三、创业精神的培养

创业精神的培养不可能在一朝一夕之间完成，需要同学们在日常的生活学习中有意识地培养，潜移默化地铸就。

1. 通过知识和技能学习来培养

不论哪种层次的创业精神，都要求创业者或创新者们能够掌握和运用一定的能力来解决问题。这些能力不是先天具备的，都是后天培养的。人们将能力分为知识、技能和特质。没有主动、持续的学习，很难获得有效、实用的知识和技能。树立正确的学习观，运用合理的学习方法，养成主动学习、持续学习的习惯，有助于大学生获取知识和技能，培育创业精神。具体来说有两种方法：一是通过学科教学渗透，将创业意识、创业能力的培养渗透于知识学习、技能训练之中，既避免了空洞说教，又找到了依托和载体，同时能增强学生学习的针对性和实用感。如以文科类课程为载体渗透创业意识培养，以理科和工科课程为载体渗透创业技能、能力的训练。二是开设创业教育类课程，如创业知识和创业技能训练课、创业教育学、创造技能与方法等。

2. 通过实践和实训活动来培养

创业精神是一些高度行为特征的集合，需要在行为的多次、反复的强化中才能形成。任何实践活动以及与创业相关的实训活动都需要参与者付出实际行动来完成。良好创业精神品质的形成重在实践训练，积极的实践能带来及时的反馈和成就感，也能带来节节成功的喜悦；切切实实地投入创业实践中，定能磨炼出坚强的创业心理品质。具体来说有三种方法：一是学校要构建创业实践基地，为学生提供创业实践的便利，如创业见习基地、创业实习基地和创业园等，实现产、学、研一体化；二是社会要为大学生提供更多的创业岗位供学生选择，如勤工俭学岗位、社区服务岗位等，使其经受创业实践熔炉的考验；三是大学生自己课余主动参与创业实践，熟悉各种职业特点和自己的能力特点，积累创业经验，增长创业才干，减少将来创业的盲目性。大学生应多参与各种社会实践、校园活动、创新训练、沟通训练、拓展训练、创业实训、创业大赛、创业讲堂、创业社团等实践活动，这有助于强化自身的行为特征，培养创业精神。

3. 通过承继前人精神来培养

精神是物质的最高产物，与物质相比，它有承续性、超越性、广泛性、不可磨灭性等特点，即某一精神可以代代相承袭，可以为不同的人的族群使用，可以广泛用于不同的领域，不仅不会被磨灭而且可以发扬光大。创业精神自古有之，当代的创业精神已经构成一个精神体系，涉及创业意识、创业观念、创业责任、创业态度、创业激情、创业思维等方面。这些还可以细分为若干创业精神。如创业责任的精神内涵可以包括诚信精神，人与自然和谐的精神，社会利益、集体利益、公众利益高于个人利益的精神等。列夫·托尔斯泰说过，正确的道路应该是这样的：吸取前辈所做的一切，然后再往前走。前人创业时所表现出的精神都是人们宝贵的财富，应该好好学习、好好应用并发扬光大。

拓展阅读

新东方转型之路到底有多难？普通人可以从中学习到什么？

1. 2021年新东方经历了什么

受到疫情影响的新东方培训机构还没有缓过劲儿来，又面临新政策的打击，2021年7月24日，中共中央办公厅和国务院办公厅联合发布《关于进一步减轻义务教育阶段学生作业负担和校外培训负担的意见》(简称"双减")。"双减"政策一发布，以新东方为代表的中概股教育培训机构集体跳水，新东方在一夜之间市值蒸发385亿元。此后几个月，新东方连续关闭多家培训机构，市值下跌90%，营收减少80%，辞退了6万名员工，退学费、员工辞退N+1(赔偿)、教学点退租等现金支出近200亿元。在该过程中，新东方决定全面停止K9地面和在线培训。

面临接踵而来的严重打击，新东方创始人俞敏洪是选择一蹶不振还是浴火重生？

正如俞敏洪在个人公众号里所言："事业就是这样，一旦有了开头，就不可能轻松结束，曾经有人建议一次性把新东方关掉，但那是不可能的事情，从情感上不能接受，现实中也不具备可行性，我能够做的，就是带领新东方团队，为新东方的未来寻找发展的道路。"

2. 新东方目前的转型之路有哪些

(1)抖音直播卖优质农产品。抖音卖货如今司空见惯，普通人也开始在这一行业上发家致富。新东方的直播卖货就要走不一般的路，它卖的货都是高端上档次的农产品。为了实现新的目标，俞敏洪深入了解农业，主动参加一些农业相关的活动，并在2021年12月开始直播卖货。

(2)图书推广。新东方应商务印书馆和化工出版社的邀请，一起讨论图书出版和推广问题，并且在一小时的直播中销售图书近20万元。

(3)抖音橱窗销售。俞敏洪抖音粉丝760.7万，橱窗好物79件，以图书类为主，销售量还是不错的。

新东方橱窗销售还不错，但是新东方还有5万多名员工要养活。此外，2021年12月28日，俞敏洪亲自坐镇宣布新东方转型农产品直播带货后，"东方甄选"抖音号的首场直播，当日销售近500万元。之后在没有俞敏洪亲自上阵后，东方甄选的营业额出现下滑，2021年12月29日至2022年1月9日，东方甄选9场直播的累计销售额不足100万元。

由此可见，新东方的转型之路还很长，不过俞敏洪并不悲观，正如他所言："未来行情、政策还不一定，新东方最终转型模式还不确定。"

3. 从新东方转型之路中可以学到什么

(1)不深恋过去的辉煌，改变自己，重新开始。提到新东方必然会想到俞敏洪，他活得明白、通透，从来不妄自菲薄，更不会妄自尊大。他清楚自己面临的挑战，更明白未来走好脚下每一步的重要性。

人们很少听到俞敏洪的抱怨，他的言辞中都是淳朴且激励人心的语句，他在公众号里写道，人生的意义就在于我们愿意去改变自己，愿意日日新。为了新的生命目标去奋斗，愿意打破自己原有的生活习惯，走向新的生活状态。

(2)抓住机会，立刻行动。"超越苦难，努力发光"，说明俞敏洪是人间清醒，他没有怨天尤人，遇事就退缩，而是选择带领员工转型，找到新的创业方向。

深知很多农业公司和政府因为自己的名声才找自己合作，所以他把握住机会，积极响应合作商的宣传，并成立专门的选品团队，寻找更优质的农产品。这就是新东方做事情的效率：不在想和想做之间徘徊，而是一旦有机会就紧紧地抓住。

(3)规划未来，努力前进，逆流而上。优秀的领导带出一批优秀的员工，优秀的员工们才能把公司越做越大。俞敏洪无疑是优秀的老板，面对严峻的事态没有退缩，而是调整状态，做好对未来的规划，做好当下的事情。他积极向上，努力学习，努力工作，当然也在努力寻找新的方向，不骄不躁，向更多优秀的人学习。这种精神很难得。我们在生活中总能看到一些大老板在遇到挫折后一蹶不振，60岁了还敢于从头再来的人不多。

四、创业精神与人生发展

新东方创始人俞敏洪曾说："人生一辈子不创一次业一定是一件非常糟糕的事情。人一辈子总是要为自己干件事情，创业就是为自己干的事情。"创业精神不是与生俱来的，而是在后天学习、思考和实践中逐渐形成的。创业精神一经形成，就会对人一生的发展产生重要影响。这种影响既体现在创业者创业准备和创业活动的始终，也体现在普通人的日常工作、学习和生活中。从某种意义上说，创业精神不但决定个人生涯发展的态度，而且决定个人生涯发展的高度和速度。所以，创业也是可以规划的。

对于一个立志创业的人来说，职业生涯规划与其创业规划在一定程度上是相同的。要制定一份好的规划，从原则上说，应该把握三个主要内容：自己能够做什么？社会需要什么？自己拥有什么资源？因此，创业者有必要进行自我分析、环境分析和关键成就因素分析。

首先，分析自己能够做什么。作为一个创业者，只知道自己想干什么，这是不够的，更重要的是应该知道自己能够做什么、做得到什么。一个人的潜能发挥是一个逐渐展现的过程，因此创业者对自己的兴趣、潜能要有一个基本的认识，仍然是一项具有前提性的工作。

其次，明确社会需要什么。一个人在明确自己想做什么、能做什么的同时，还应考虑社会需求这一重要因素。如果一个人所选择的创业领域既符合自己的兴趣又与自己的能力相一致，但却不符合社会需求，那么，其创业前景无疑是暗淡的。由于分析社会需求及其发展态势并非一件易事，因此，在选择创业目标时，应该进行多方面的探索，以求得出客观而正确的判断。

再次，审视自己拥有什么资源。要创业，就必然依靠各种各样的资源。创业者应该清楚地审视自己所拥有或能够使用的一切资源的情况，是否足以支持创业的启动和创业成功之后可持续地发展。这里所说的资源，不仅指经济上的资金，还包括社会关系，即通过自己既有人际关系以及既有人际关系的进一步扩展所可能带来的各种具有支持性的东西。

总之，一份创业规划必须将个人理想与社会实际有机地结合。创业规划能够帮助一个人真正了解自己，并且有助于进一步评估内外环境的优势、限制，从而设计出既合理又可行的职业事业发展方向。只有使自身因素和社会条件达到最大程度的契合，才能在现实中发挥优势、避开劣势，使创业规划更具有可操作性。

🏠 拓展阅读

大浪烤肉——年轻的心就是要一直折腾一直浪

回首每一个成功的创业者的创业历程，从来不是一帆风顺的。大浪烤肉的创始人毛佳文的经历也是如此。早在英国伦敦留学期间，毛佳文就接触到了烤肉这一行业。她在伦敦东二区的烤肉店当服务员，深受老板娘的喜爱。

留学归来的毛佳文在上海陆家嘴的一家银行工作，每天坐在格子间里，局促的环境和安逸的生活让她无法适应。顶着家人与朋友的反对、外人的不理解，她毅然决然地选择了辞职，转而创办了一家烤肉店。

初次创业的她高薪聘请了厨师、运营团队和店长。烤肉店风风火火地经营了几个月之后，生意突然急转直下。毛佳文由于没有任何餐饮管理经验，被第三方运营团队绑架，最终其烤肉店被迫关门。第一次创业开烤肉店的毛佳文跌倒了。

经历过失望，也经历过沮丧和不被人理解，倔强的毛佳文面对这次失败并没有认输，而是选择了再次出发。从哪里跌倒就从哪里爬起来，经过复盘研究，她决定要打破传统，做不一样的烤肉品牌，她借鉴了伦敦那家烤肉店的经营方式，在此的基础上进行二次研发和创新，大浪烤肉的主打产品——锁水保鲜的现切炭火鲜牛肉诞生了！

毛佳文与她的创意团队还根据年轻人的喜好对烤肉店进行了彻底的翻新，居酒屋风格的就餐环境，加之有情怀和态度的文化墙使大浪成了打卡胜地，自主研制的网红菜品和精酿啤酒为大浪赢得了不少年轻人的青睐。

谈及自己的创业历程，毛佳文说："自己一路走来，一路折腾，一直坚持，哪怕失败了，也不怕重新来过。年轻没有什么是不可能的。"这就是她的创业精神。

章节自测

一、名词解释

创业政策；创业精神

二、简答题

1. 创业需要怎样的精神？

2. 国家为大学生创新创业提供了哪些支持？

3. 你认为创业精神对创业有哪些积极作用？

4. 大学生如何进行职业生涯规划？

三、案例分析

中国共产党被视为中国历史上最伟大的创业团队之一，一方面是因为它的创业精神和成功创业的历史成就；另一方面是因为它集中了一大批社会领袖和先进人士，在构建合作、创新和互助的合作机制方面表现卓越。

2018年2月26日，《人民日报》刊发文章《艰苦奋斗再创业》，并署名"宣言"。文中指出"中国共产党这个中国近代以来最伟大的创业团队"，1921年从上海的一座石库门小楼里集结出发，立下以马克思主义、共产主义挽救民族危亡的伟大志向，筚路蓝缕、风雨兼程，带领人民不断铸就民族复兴的伟大业绩。

中国共产党人的改革和创新精神奠定了中国革命的基础。自新中国成立以来，中国共产党始终致力于建设社会主义国家，推动全国各族人民享受更高质量的社会、经济、文化和环境福利。同时，中国共产党的创业精神也表现在它的不断自我革命中，如近年来的三大攻坚战、精准扶贫等政策的自我检查和自我调整。

总之，中国共产党作为中国历史上最伟大的创业团队之一，在中国社会的变革与发展历史中做出了重大的贡献并产生了深远的影响。如今，风华正茂的中国共产党领导生机勃发的当代中国，正站在新的历史起点上。要做到一以贯之推进社会革命和自我革命，唯有永葆革命精神和革命斗志，艰苦奋斗再创业。

要求：

根据案例，深入分析中国共产党的创业精神。

四、论述题

结合个人实际，简要谈一谈创业能力对职业生涯发展的重要意义。

五、实训活动

以在山西省创业为例，撰写一份创业市场调研报告，阐述你计划创办的企业类型，分析创业形势和你所了解的创业政策。

第十六章
创业实战

第一节 创业途径与流程

【问题导入】

在做好创业的一切准备后,大学生创业者就可以创办一个新企业来具体开展创业活动,此时创业者绝大部分没有相关经验,难免焦头烂额。本章将对创业途径与流程进行细化讲解,以帮助大学生创业者有条不紊地处理相关事务。

一、创业的基本途径

1. 知识产权成果转化创业

2015 年,我国颁布《科技成果转化法》等相关法律文件;2016 年,教育部与科技部又联合发布相关细则。在此背景下,越来越多的高校重视将科研项目转化为大学生创新创业项目,形成了大学生高质量创新创业项目的重要来源。

2. 大学生创业大赛开启创业

在"人众创业,万众创新"的背景下,大学生创新创业大赛为有志青年提供了创新创业平台。

3. 复制模式加盟创业

分享品牌效应,分享经营诀窍,分享资源支持,采取直营、委托加盟、特许加盟等形式连锁加盟。

4. 代理模式创业

做一个品牌的区域代理或是经销商,开拓自己的市场,增加销售渠道,从中赚取差价。

5. 产教融合协同创业

产教融合为高校和企业搭建了资源共享的平台,学生通过企业提供的实践基地或实训场景,在理论指导实践的过程中实现创新发展,企业则将学生的创新进行产业化。所以,产教融合协同创业的大学生双创项目,成为越来越多地方院校在双创工作中重点关注的发力点。

6. 利用互联网进行创业

有效利用互联网资源,通过技术创新与应用创新进行创业,如 VR(虚拟现实)、

AI（人工智能）、物联网、大数据及云计算深入结合的双创项目；也可以通过电子商务平台进行销售性创业。

7. 曲线创业

先进入欲创业的行业进行就业及学习，积累经验、资源、资金之后再进行创业。

【课堂训练】

你在大学期间做了哪些与创业相关的事，请进行详细描述。

二、创业的一般流程

创业的一般流程包括创业动机的产生、创业机会的寻找与识别、资源的整合、企业的创建、新创企业的成长和创业的收获六个阶段。

1. 创业动机的产生

一个人能否成为创业者，直接受三方面因素的影响：一是个人特质，每个人都具有创业精神，但其强度不同，如温州人有强烈的创业动力，其周围环境起到了很大作用；二是创业机会，创业机会的增多会形成巨大的利益驱动，促使更多的人想要创业；三是创业的机会成本，随着社会保障体系的建立和健全、产权制度改革的深化，原有体制差别形成的特殊利益会逐渐减少，从而可以进一步降低创业成本，激发人们的创业动机。

2. 创业机会的寻找与识别

创业机会一般分为两种：一种是意外发现的，一种是经过深思熟虑才发现的。国家产业政策的调整、新技术的出现、人口和家庭结构的变化、人的物质和精神需求的变化、流行时尚等都可能形成商业机会。作为创业者，应该具有敏感的嗅觉，能够及时地、准确地识别创业机会。识别之后，还要对创业机会进行评估和提炼，这就要求创业者对知识、经验、技能和其他市场所需资源进行整合。

3. 资源的整合

整合资源是创业过程中最为关键的阶段之一，除非成功地完成这个阶段，否则无论多么有吸引力的机会，或者多好的新产品和服务，都形同虚设。创业者需要整合的资源包括基本信息（有关市场、环境和法律问题）、人力资源（合作者、最初的雇员）和财务资源等。

4. 企业的创建

企业的创建需要进行大量的准备工作，其中创业计划、创业融资和注册登记尤为关键。创意能否变成行动，关键看其能否形成一个周密的创业计划。此外，资金往往成为新创企业的"瓶颈"，创业融资在企业的创建过程中至关重要。当创业者完成创业计划并获得融资之后，就可以按照法定程序进行注册登记。注册登记包括确定企业的组织形式、设计企业名称系统，向工商行政管理机关提出企业登记注册申请，领取《企业法人营业执照》等内容。

5. 新创企业的成长

新创企业要在市场上取得成功，就需要在企业营销策略、组织调整、财务稳健管理等经营管理方面更上一层楼，这是企业成长管理的重要内容。

6. 创业的收获

创业结果指在预期阶段内可感知的成功或失败。对创业者来说，回报可能是多种多样的，须从中进行仔细选择，以使收益最大化。对回报的满意程度在很大程度上取决于创业者的创业动机。有调查发现，多数创业者的创业动机首先是自己当老板，然后才是追求利润和财富，对这些人来说，当老板就是创业回报。我国证券市场"中小企业板"的开通，为"二板市场"建设摸索经验，也为创业者获取回报、继续创业创造了条件。

【课堂训练】

创业人物生涯访谈

目的：通过访谈活动，使学生了解不同创业人物的成长过程，感受创业动机对创业行为的重要作用。

内容：以小组为单位开展访谈，各组自行确定访谈对象 2~3 人，拟定访谈提纲，内容包括个人成长经历、创业动机、创业历程、创业心得等，访谈结束后整理一份访谈报告，制作成 PPT，在课堂上以小组为单位进行交流分享。

三、如何成立创业型企业

1. 企业组织形式的选择

企业组织形式包括个体工商户、个人独资企业、合伙企业、有限责任公司、股份有限公司。对这些组织形式要进行分析，并对比区分不同的组织形式。

【课堂训练】

不同企业组织形式既有优势也有劣势，如果你去创业，你会选择哪种企业组织形式。

2. 企业登记注册流程

企业登记注册流程一般包括预先核准企业名称，准备申请材料并在线提交，领取营业执照并制章，银行开户和税务登记五个方面。

【课堂训练】

登录市场监督管理局官网演示网上注册过程。

3. 申请材料清单详解

申请创立企业需要准备的材料有企业设立登记证书、公司章程、股东资格证明、经营范围及前置许可证书等。

4. 企业选址策略和技巧

企业选址的主要影响因素包括市场因素、商圈因素、交通因素、物业因素、政策因素、个人因素、价格因素等。

5. 企业选址的基本步骤

(1)根据自己的企业经营定位列出"必需的"和"希望的"选址条件；

(2)对照选址条件确定 3 处备选地点；

(3)依据选址条件对备选地点进行比较；

(4)在每天营业时间段到各个地点实地考察，并计算有效客流量；

(5)综合分析各种信息和意见；

(6)做出选址决策。

家乐福超市的选址策略

"家乐福每进入一个新的地方，都只派一个人来开拓市场。"家乐福的企划行销部总监罗定中在接受记者采访时曾说道。

罗定中解释说，这个人就是这个地区的总经理，他所做的第一件事就是招一位本地人做他的助理。然后，他这位光杆总经理和他唯一的员工就会开始市场调查。他们会仔细地去调查当时其他商店里有哪些本地的商品出售、哪些产品的流通量较大，然后再去与各类供应商谈判，决定哪些商品将来会在家乐福店里出现。一个庞大的采购链，完完全全从零开始搭建。

这种进入市场的方式粗看难以理解，但却是家乐福在世界各地开店的标准操作手法。这样做背后的逻辑是：一个国家的生活形态与另一个国家的生活形态通常是大大不同的。在法国超市到处可见的奶酪，在中国很难找到供应商；在中国台湾地区十分热销的槟榔，在上海可能一个都卖不掉。所以，国外家乐福成熟有效的供应链对于以食品为主的本地家乐福来说其实意义不大。最简单有效的方法就是了解当地市场需求，从当地组织采购本地人熟悉的产品。

1995年进入中国市场后，家乐福短时间内便在北京、上海和深圳三地开辟了大卖场，并各自独立地发展出自己的供应商网络。根据家乐福内部统计，从中国本地购买的商品占商场里所有商品的95%以上，仅2000年采购金额就达15亿美元。除了已有的上海、广东、浙江、福建及胶东半岛等地的采购网络，此后家乐福又分别在北京、天津、大连、青岛、武汉、宁波、厦门、广州及深圳开设区域化采购网络。

十字路口的商圈这个"空降兵"的落点注定是十字路口，因为Carrefour的法文意思就是十字路口，而家乐福的选址也不折不扣地体现了这个标准——所有的门店都开在了路口，巨大的招牌在500米开外都可以看得一清二楚。而一个投资几千万元的门店，当然不是拍脑袋想出的店址，其背后精密、复杂的计算，常令行业外的人士大吃一惊。

第二节　大学生创业融资

【问题导入】

资金是开启创业之旅的"敲门砖"，如何获取资金是每一位创业者最关注的问题。在进行学习前，请同学们思考以下问题：

(1)创业资金可以从哪些渠道获得？

(2)如何选择适合创业企业的融资渠道？

一、融资需求的确定

资金按照投入企业的时间可以分为投资资金和营运资金。

投资资金发生在企业开业前，是企业筹建期间发生的各种资金，包括办公房屋、机器设备等固定资产投入，购买研发专利权、商标权、著作权等无形资产投入，购买原材料、库存商品等流动资金，筹建期间发生的人员工资、差旅费、培训费、市场调查费、公司注册费、印刷费等开办费用。

营运资金是从企业开始经营之日起到企业实现资金收支平衡为止，企业发生的各种支出。

【课堂训练】

根据投资资金估算表、营业收入预测表，估算出本组创业项目所需的融资金额，并以小组为单位进行论述。

二、创业融资渠道的类型与选择

(1)私人资本融资：包括自我融资、向亲朋好友融资、天使投资。

(2)机构融资：商业银行贷款、担保贷款、信用贷款。

(3)政府的创业扶持资金。

(4)风险投资。

(5)创业板上市融资。

【课堂讨论】

作为一名大学生，你开启创业会采取哪些融资方式？

三、债权融资与股权融资

无论通过哪种渠道融资，融资都不外乎两类：债权融资和股权融资。

1. 债权融资

债权融资是指企业通过借贷的方式进行融资。其特点是融资企业必须根据协议按期还本付息。债权融资不影响企业股东及股权结构。债权融资主要用于短期投资，解决企业短期运营资本的短缺问题。向亲友借钱是债权融资的最初阶段，发行债券是债权融资的最高阶段。

2. 股权融资

股权融资是指企业股东出让部分企业所有权，通过企业增资的方式引进新股东。其特点是引入的资金无须偿还，不需要支付利息，但需要按照企业的经营状况支付红利。当企业引入新股东时，公司的股东结构将发生变化。股权融资所获得的资金用途广泛，可用于企业的战略投资活动，充实企业的营运资金。自己出资是股权融资的最初阶段，发行股票是股权融资的最高阶段。

【课堂训练】

以小组为单位，讨论债权融资和股权融资的区别。

【拓展延伸】创业融资模拟训练

以小组为单位，以前面课程中小组成立的创业公司为基础，根据所学内容为本组创业企业估算需求资金，并形成融资方案，做成PPT，按照分组进行融资路演，并请同学们提出建议。

第三节　创业模式及创业风险

一、选择合适的创业模式

创业模式也叫商业模式是企业创造价值的核心逻辑，描述企业如何创造价值、传递价值、获取价值的基本原理。

常见商业模式主要分以下三种：

(1)长尾商业模式：互联网领域的商业模式；

(2)免费模式：免费增值模式、饵与钩的模式、第三方付费模式；

(3)生产型创业模式：OEM/OAM/OBM 代工模式。

拓展阅读

麦当劳的商业模式

1. 赚小钱：主打产品吸引消费，附属产品增加赢利

麦当劳靠汉堡来吸引客户，但真的靠汉堡包赚钱吗？这么大的汉堡，要用最好的牛肉、最好的面包，面包里的气泡在 4 毫米时口感最佳；用最好的油；而且 10 分钟以后不卖掉就只能扔掉。这么高的成本，加上房租、人员费用、推广费用，而汉堡本身利润非常少甚至不赚钱。但汉堡恰恰是麦当劳吸引众多消费者选择的一个重要理由。那它到底靠什么赚钱？其实赚钱的是那些小小的不被注意的可乐、薯条等小产品。这就是麦当劳赚小钱的方法。

2. 赚"中钱"：运用供应链

(1)通过集中采购获取稳定的利润。当麦当劳把全球几万家门店所用的牛肉、面粉、土豆集中采购时，利润就出来了。

(2)积极而深入地参与到供应链的改造之中。麦当劳通过改造来降低供应链的成本，并与合作者分享，使得整个价值链的整体收益大幅度增加，继而成为最大的受益者。

3. 赚大钱：房地产

麦当劳的总裁克罗克到哈佛商学院讲课，问学生们说："同学们，我是做什么的？"大家冲他笑着说："你不就是做快餐的吗？"

"错了，我是做房地产的。"他说，"如果我不做房地产，仅仅做快餐，麦当劳早就关门了。"

二、创业风险分析

大学生创业过程中常见的风险表现为以下几方面：

项目风险——创业激情下盲目选择项目，导致企业无法盈利；

资金风险——融资渠道单一，企业缺乏发展动力；

法律风险——大学生法律观念不足，维权意识淡薄；

市场风险——市场供给与需求的变化、市场价格、市场战略失误、市场时间的不确定性等；

团队风险——团队的决策分歧、核心团队的协作问题、团队利益分配；

技术风险——技术前景、技术寿命、技术成果转化的不确定性带来的风险规避创业风险。

拓展阅读

一次失败的创业

　　夏琦一直有个创业梦，大学毕业后就和朋友合伙开了一个礼品定制公司，当时两人商量各占公司50%的股权，有钱一起赚，有难一起当。一开始，两人一起努力打拼业绩，公司渐渐发展起来，有了一定收入。但好景不长，夏琦发现朋友工作越来越不上心，公司的业务主要落到了自己的头上，到了后面，甚至公司90%的价值都是夏琦创造的。每天起早贪黑，为了公司的发展而努力，结果却要和不作为的朋友平分股权，夏琦心里越来越不满，最终与朋友分道扬镳。

三、规避创业风险

1. 项目风险防范

项目风险防范是指选择合适的时机、合适的组织形式、合适的项目、适度的规模进行创业。

2. 财务风险防范

财务风险防范是指对创业所需资金进行合理的估算，构建企业的信用体系，多渠道融资，利用好政策性资金，降低融资成本，妥善管理现金流。

3. 团队风险防范

团队风险防范包括选择各方面专业人才组成创业团队；构建团队共同价值观和团队愿景；制定团队管理制度，规范团队纪律，保证团队强大的合力。

4. 市场风险防范

市场风险防范包括广泛收集市场信息，制定有效的市场营销策略；建立符合自身的销售网络；充分了解竞争对手的情况，找到市场突破口；以良好的售后服务赢得消费者的青睐。

5. 技术风险防范

技术风险防范包括高度重视专利申请、技术标准申请等知识产权的保护，通过法律手段降低技术风险出现的可能性；加强技术创新可行性的论证。

6. 法律风险防范

法律风险防范是指创业者必须增强风险防范意识，学习相关法律知识。具体来说，创业之初选择企业形态很重要，一般建议选择有限责任公司，分清公司责任和个人责任，降低个人风险；企业运营严格遵守法律规定，合法经营；依法纳税，依法为企业员工缴纳社会保险，降低企业风险；如果出现纠纷，通过法律途径解决，维护企业合法权益。

章节自测

一、名词解释

商业模式；债权融资

二、简答题

1. 天使投资和风险投资有哪些不同？

2. 企业登记注册的流程有哪些？

三、论述题

创业有风险，但创业风险也可以有效地规避和防范。风险规避和防范的第一步就是要正确、全面地识别可能面临的各种潜在风险。试述创业会遇到哪些风险，该如何防范。

四、案例分析

徐某中专毕业，但是一直有创业的雄心。2010年，一次偶然的机会，他发现网上有一套幼儿识字软件不错，于是产生了自己创业的想法。于是，徐某结合网上的这套幼儿识字软件，经过编程和修改，很快便有了自己的"作品"，并在网上销售，没想到销售情况出乎意料的红火。

2013年下半年，徐某的一位客户朱老师联系徐某，建议他编一套该软件使用的配套教材。徐某觉得非常有道理，便邀请这位老师帮他编教材。很快，5册教材就编好了。徐某没有申请书号，直接找了一个印刷公司印制图书，并和该软件组成了大礼盒一起销售，售价为600元。

这套大礼盒很畅销，两年不到就获得营销收入30多万元。正当徐某初尝创业的喜悦时，2015年12月底，文化行政执法部门联合公安机关对徐某的办公场所进行了突击检查，查获了大量还未销售的光盘和配套书籍。当地检察院以非法经营罪对徐某提起了公诉。

思考：

面对这种情况，徐某应该怎么办？请同学们上网查找并阅读《专利法》《商标法》《著作权法》《反不正当竞争法》《合同法》《产品质量法》《劳动法》等法律文件，掌握相关法律法规知识，避免在就业和创业实践中触及法律红线。

五、实训活动

加盟户外运动品牌的风险探索

活动目的：

通过风险探索活动，掌握风险评估方法，并能针对企业存在的风险找出有效的应对方法。

活动内容与要求：

随着户外运动的兴起，新兴户外运动品牌如雨后春笋般不断涌现。许多传统运动服装企业也嗅到了商机，纷纷开发出户外系列服装。选择一个你喜欢的户外运动品牌，想一想：如果通过加盟该品牌的方式进行创业，那么需要注意哪些风险？应采取哪些防范措施？（主要对加盟前、加盟过程中和加盟后的风险进行评估。）

活动的具体操作步骤如下：

第一步，教师对学生进行分组，每3～5人为一个小组，并选出一个小组负责人。

第二步，小组成员就活动内容中提出的问题进行讨论，然后写一份600字以上的分析报告。

第三步，由小组负责人汇报讨论的结果。

六、课堂互动

创业十问

1. 你的创业动机是什么？

2. 你是否适合创业？

3. 创业者应该具备哪些素质？

4. 创业者的技能有哪些？

5. 什么是创业者的无形资本？

6. 如何选择正确的创业方向？

7. 创业的基本流程是什么？

8. 如何组建优秀的创业团队？

9. 如何打造商业模式？

10. 创业初期如何融资？

参考文献

[1]郭业才，郭燚，张秀再，等. 创造学教程［M］. 2 版. 北京：清华大学出版社，2022.

[2]赵光武. 思维科学研究［M］. 北京：中国人民大学出版社，1999.

[3]闫茂德，左磊，杨盼盼，等. 科技论文写作［M］. 北京：机械工业出版社，2021.

[4]王黎莹，刘云，肖廷高. 知识产权管理［M］. 北京：清华大学出版社，2020.

[5]孔庆新，孔宪毅. 试论创造性思维的定义、特点、分类、规律［J］. 科学技术与辩证
法，2008(2)：25-31.

[6]贝弗里奇. 科学研究的艺术［M］. 陈捷，译. 北京：科学出版社，1979.

[7]爱因斯坦文集(增补本)第一卷［M］. 许良英，李宝恒，赵中立，范岱年，编译. 北京：
商务印书馆，2009.

[8]托马斯·R. 布莱克斯利. 右脑的奥秘与人的创造力［M］. 董奇，杨滨，译. 北京：国
际文化出版公司，1988.

[9]彭加勒. 科学的价值［M］. 李醒民，译. 北京：光明日报出版社，1988.

[10]赵中立，许良英. 纪念爱因斯坦译文集［M］. 上海：上海科学技术出版社，1979.

[11]玻恩. 我这一代的物理学［M］. 侯德彭，蒋贻安，译. 北京：商务印书馆，1964.

[12]笱清泉. 普通物理学：原子物理学部分(修订本)［M］. 北京：高等教育出版社，1964.

[13]张光鉴. 相似论［M］. 南京：江苏科学技术出版社，1992.

[14]汤川秀树. 创造能力与直觉——一个物理学家对于东西方的考察［M］. 周林东，译.
石家庄：河北科学技术出版社，2000.

[15]沈全洪，王旭光. 大学生创业方略［M］. 北京：清华大学出版社，2016.

[16]胡飞雪. 创新思维训练与方法［M］. 北京：机械工业出版社，2015.

[17]张秦龙，易思飞. 大学生就业与创新创业教程［M］. 北京：人民邮电出版社，2016.

[18]张志宏，崔爱惠，刘轶群. 大学生创新与创业训练教程［M］. 北京：现代教育出版
社，2017.

[19]刘平，王婷. 大学生创业能力培养及提升［M］. 成都：西南财经大学出版社，2017.

[20]通识教育规划教材编写组. 大学生职业生涯规划：慕课版［M］. 北京：人民邮电出版
社，2019.

[21]李子毅，刘佩. 大学生创新创业指导［M］. 北京：北京理工大学出版社，2019.

[22]刘霞，宋卫. 大学生创新创业指导［M］. 北京：人民邮电出版社，2019.

[23]刘小庆，曹静，王存芳. 大学生创新创业［M］. 北京：人民邮电出版社，2019.

［24］叶芳，张小斌. 赢在创新——大学生创新创业指导［M］. 北京：现代教育出版社，2017.

［25］邓文达，罗旭，刘春寒. 大学生创新创业（微课版）［M］. 2版. 北京：人民邮电出版社，2019.

［26］National agency for enterprise and construction，background report for the entrepreneurship index 2004：Entrepreneurship education at universities—A benchmark study［R］. 2004.

［27］Katz J A. Fully mature but not fully legitimate：A different perspective on the state of entrepreneurship Education［J］. Journal of Small Business Management，2008（4）：550-566，558.